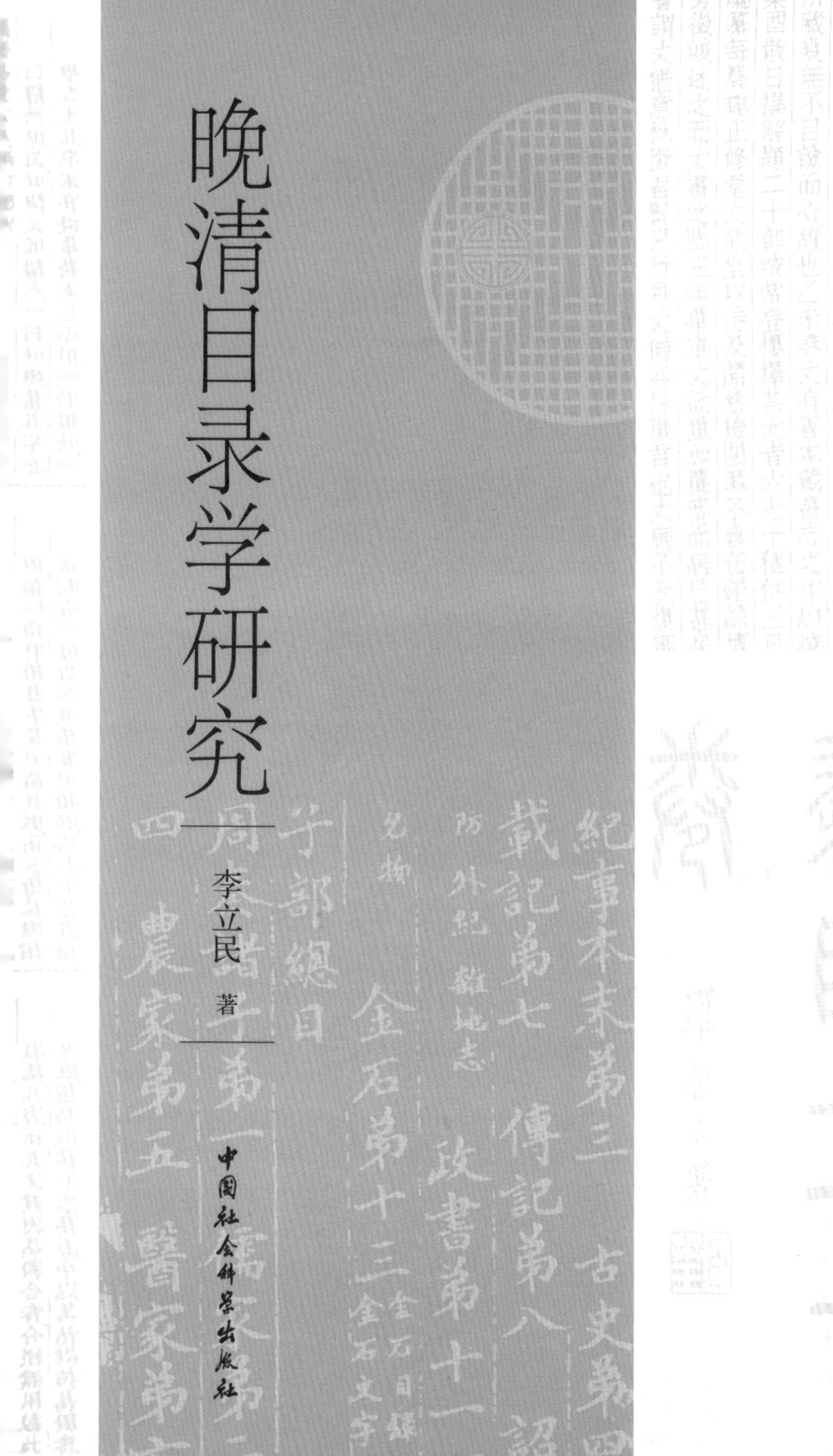

晚清目录学研究

李立民 著

中国社会科学出版社

图书在版编目（CIP）数据

晚清目录学研究 / 李立民著. —北京：中国社会科学出版社，2023.5
ISBN 978-7-5227-1903-0

Ⅰ.①晚⋯ Ⅱ.①李⋯ Ⅲ.①目录学—研究—中国—清后期 Ⅳ.①G257

中国国家版本馆 CIP 数据核字（2023）第 085535 号

出 版 人	赵剑英
责任编辑	吴丽平
责任校对	李 莉
责任印制	李寡寡

出 版	中国社会科学出版社
社 址	北京鼓楼西大街甲 158 号
邮 编	100720
网 址	http://www.csspw.cn
发 行 部	010-84083685
门 市 部	010-84029450
经 销	新华书店及其他书店
印刷装订	三河市华骏印务包装有限公司
版 次	2023 年 5 月第 1 版
印 次	2023 年 5 月第 1 次印刷
开 本	710×1000 1/16
印 张	26.75
插 页	2
字 数	436 千字
定 价	139.00 元

凡购买中国社会科学出版社图书，如有质量问题请与本社营销中心联系调换
电话：010-84083683
版权所有　侵权必究

序

目录学乃根柢之学，是治学的基础。著名史学家陈垣先生一生在史学领域创获无数、所向披靡，目录学就是他治史的开路先锋。他早年由目录学得门而入，进而循径渐深，通过不断的学术积累，将从目录学所得的知识融汇贯通、发扬光大，使目录学不仅仅作为一般寻检书籍和了解版本的工具，而成为上溯学术之源，旁及校勘方法，进而研究历史人物、考察历代学术发展的利器。他将目录学的运用推广到各个领域，除了研究目录，发掘书目所载典籍的具体内容和史料价值；更进一步牵连钩考，因读其书而识其人，考证典籍作者的思想和活动，及其在历史上的贡献和地位。他不仅以目录学为根基，在史学研究中得心应手、左右逢源，而且还以自己运用目录学时的发现，撰写多种目录学专著，评介珍贵文献，纠正古代书目的错漏，为后学指引治学门径。因此，刘家和先生说："援庵先生的文献目录之学，为自己一生之学培植了难得的深厚底蕴与博洽潜能。"①

目录学还可以和文化史、社会史、政治史结合起来进行研究，通过考察书目中记载各类书籍的流通情况和流传数量的升降消长，以分析文化思潮或政治思潮的流变。20世纪上半叶，陈垣先生就意识到这一点，他在《中国佛教史籍概论》中就指出可以利用佛教目录《出三藏记集》，考察三国南朝一些帝王的宗教态度和政治思想，钩稽魏晋南朝士庶的事迹，以为史学之用。②我在为李立民博士的《〈清朝续文献通考·经籍考〉研

---

① 刘家和：《培基固本　精益求精——学习陈援庵先生史学遗产的点滴体会》，《史学史研究》2018年第1期。

② 陈垣：《中国佛教史籍概论》，中华书局1962年版，第4页。

究》一书所作序言中说："随着20世纪末以来文献学和历史学研究的深入，国内学术界已经意识到，其实透过目录学也可以做思想文化史的研究，也可以反映社会历史的变迁。比如，利用晚清的各类书目，庶几可从一个窗口透视中国近代史上中学与西学、新学与旧学、传统与变革的流变，及其彼此之间冲突与融合的具体表现。由此看来，当目录学与学术史、文化史、社会史结合起来进行研究时，书目之用大矣哉！21世纪以来，西方有些学者所主张的'新书籍史'研究，其大致取向和研究范式，亦不外乎如此。"[1]

或许有人认为电子网络时代可以不再需要目录学了。我曾在一篇短文中指出，那种以为只需简单的电脑检索就可以代替目录学的想法是错误的，因为目录学的作用不仅仅在于检索典籍。其实，电子网络时代对文献典籍的数字化、智能化整理，恰恰需要目录学有关分类、排序、著录、解题等基本原理。从这个观点出发，我认为在电子网络时代，目录学依然有多个方面的作用，比如，利用目录学掌握典籍的基本情况；通过目录学认识我国学术发展的源流演变；利用目录学了解考辨典籍的方法和依据；通过目录学帮助我们养成整序、提炼知识结构的良好习惯；通过目录学认识治学门径，不断拓展学术研究的视野和领域。[2] 目录学有这么多功用，然而却仍未引起人们的充分重视。有关目录学的著作很少，研究目录学史的著作都还是几十年前甚至近百年前的作品，如姚名达的《中国目录学史》、王重民的《中国目录学史论丛》、来新夏的《古典目录学》等，这些还主要是关于古代目录学史的研究，研究近代目录学史的专著则至今阙如。

李立民博士的《晚清目录学研究》应该是第一部对近代目录学史（1840—1919）做深入研究的专著，因为作者在《绪言》中交代，该书在时间断限上虽称"晚清"，内容上其实兼顾了1912年至1919年间目录学发展的情况。《晚清目录学研究》一书分六章，全书以学术文化的发展演

---

[1] 载李立民《〈清朝续文献通考·经籍考〉研究》卷首之"序二"，中国社会科学出版社2017年版。

[2] 周少川：《开启知识宝藏的金钥匙——谈学习古籍目录学的作用》，《中华瑰宝》2023年4月号，第22页。

变为研究视角，系统考察了目录学在晚清这一特定历史阶段中的各种成就，阐述了目录学与晚清社会文化的互动关系，这是将目录学与政治史、社会史和文化史结合起来作综合研究的重要尝试。其主要的学术创新有以下几个方面。

一是首次系统梳理了晚清目录学的各类书目成果。其中包括传统的经学目录、小学目录、补史目录、金石目录、辑佚目录、版本目录和地方目录；还有反映道咸以后学术变化的诸子目录、舆地目录、算学目录、佛学目录、敦煌目录和国学导读书目；以及颇具新学特色的译书目录、新式学校的应用目录、图书馆目录和出版业的营业目录，等等。书中对以上目录的一些代表性成果条分缕析，深入阐论其编撰体例、著录范围和学术价值，为学界把握晚清目录学的基本面貌和具体成就提供依据。

二是将晚清目录学的发展演变置于晚清社会的大变局中进行考察。书目是社会思潮和文化的"晴雨表"，因此只有结合社会文化发展变化的实际，才能深刻说明晚清目录学传承创新的动力，及其体例和内容不断更新发展的缘由。该书的第二、第三、第五章在论述晚清目录学成果时，从文化视角说明了晚清社会"数千年未有的大变局"对书目体例和内容的影响；第六章则从目录学文化功能的角度，反过来阐述晚清目录学走出书斋，对晚清社会变革发展所产生的反作用。从文化视角研究晚清目录学与晚清社会、文化的互动关系，是该书有别于其他目录学著作的鲜明特点和创新价值。

三是该书的"附录"内容丰富，与正文起到互为表里、相得益彰的作用。其附录一《晚清目录年表》与附录二《晚清目录类型》纵横交织，记录近500种晚清目录的产生时间和类型特点，为读者更全面地了解晚清目录学的发展总貌提供翔实的材料。附录四《晚清目录分类比较》则配合正文第四章的论述，较为直观地反映晚清图书分类随新旧文化的相识和融合所发生的变化，具体展现了晚清社会文化的知识图谱。附录三《所见晚清目录提要》扼要评介了部分晚清目录的内容和价值，为读者利用晚清目录提供方便。可以说，几个附录为深化正文的内容发挥了重要作用，是十分可贵的。

《晚清目录学研究》不仅是一部目录学著作，对于了解和研究晚清社会思潮和学术文化也有显著的学术价值。衷心祝贺立民博士的新书出版，期待能读到他更多更好的著作。

是为序。

周少川

2023年5月于北京

目　录

绪　言 ……………………………………………………………（1）

第一章　晚清目录学发展的学术文化动力 ……………………（15）
　　第一节　朴实考据的学术风尚 ………………………………（15）
　　第二节　道、咸以降传统学术的演变 ………………………（18）
　　第三节　社会文化领域内的深刻变革 ………………………（22）
　　第四节　目录学自身的发展逻辑 ……………………………（29）

第二章　朴学遗风中的目录学 …………………………………（33）
　　第一节　经史考据之学及其目录 ……………………………（33）
　　第二节　辑佚学的发展及其目录 ……………………………（59）
　　第三节　书籍版本的存录与评析 ……………………………（82）
　　第四节　私家藏书提要目录中的学术考辨 …………………（93）
　　第五节　地方著述目录与乡贤著述的辑考 …………………（111）

第三章　"道咸以降之学新"与目录学的学术演变 ……………（122）
　　第一节　汉宋会通的国学导读目录 …………………………（123）
　　第二节　诸子学的复兴与周秦诸子目录 ……………………（135）
　　第三节　"谈经济，究韬略"：冷门专学的发展及其目录拾零 ……（143）
　　第四节　新史料的发现与刊布：罗振玉及其敦煌目录 ………（154）

第四章　新旧学术交替中目录学的分类理论与实践 …………（160）
　　第一节　传统学术与四部分类法的广泛影响 ………………（160）

第二节　新学中的分科观念与新分类法的诞生 …………… (182)
  第三节　新旧并行分类法的尝试 ………………………… (193)
  第四节　西方图书分类法的引入及其影响 ……………… (200)

第五章　社会文化变革中目录学的新气象 ………………… (207)
  第一节　晚清士人的知识结构变迁与译书目录 ………… (207)
  第二节　"教育强国"与新式学校学堂书目的勃兴 ……… (236)
  第三节　出版业中的市场与读者：营业目录的初兴 …… (252)
  第四节　大众的知识网络：图书馆目录的新样态 ……… (267)

第六章　走出"书斋"的目录学 …………………………… (292)
  第一节　变法的工具 ……………………………………… (292)
  第二节　面向革命 ………………………………………… (300)
  第三节　保存国粹 ………………………………………… (309)
  第四节　目录学家的社会责任 …………………………… (314)

结　语 ……………………………………………………… (328)

附录一　晚清目录年表 …………………………………… (331)

附录二　晚清目录类型 …………………………………… (354)

附录三　所见晚清目录提要 ……………………………… (373)

附录四　晚清目录分类比较 ……………………………… (397)

参考文献 …………………………………………………… (407)

后　记 ……………………………………………………… (420)

绪　言

一　研究缘起

中国古典目录学是一门具有悠久历史传统的学问。自西汉成帝时期，刘向奉诏校书，"每一书已，向辄条其篇目，撮其指意，录而奏之"，撰成《别录》。刘向卒后，其子刘歆继承父业，总群书而成《七略》，将先秦百家学术划分为六艺略、诸子略、诗赋略、兵书略、术数略、方技略，又冠以辑略，即六类之总叙，是为官修目录之开端。嗣后，班固又据《七略》而成《汉书·艺文志》，又开史志目录之先河。自此，目录学的体制渐备。魏晋以降，目录学沿着官修目录、史志目录、私家目录三条主线发展，先河后海而逐渐壮大。至清代，《四库全书总目》问世，集古典目录学之大成。就目录的体制而言，凡部类之下，仅著录书名、作者、卷次者，凭此以断古书篇目之存亡散佚，撷拾遗漏；凡部类之下有小叙，书名之下有解题者，可辨析学术之源流，览录而明其旨要；凡部类下有小叙而书名下无解题者，亦可探类例之分合，明学术之流别。对此，余嘉锡先生云："昔人论目录之学，于此三类，各有主张，而于编目之宗旨，必求足以考见学术之源流，则无异议。"[①] 清人章学诚将目录学的功用精辟地总结为"辨章学术，考镜源流"，诚得其要领。正基于此，清儒王鸣盛曰："目录之学，学中第一紧要事，必从此问途，方能得其门而入。"[②] 由此可见，中国传统学术文化是古典目录学发展的深厚土壤，古典目录学也

[①] 余嘉锡：《目录学发微》卷1《目录学概览》，中国人民大学出版社2004年版，第4页。
[②] （清）王鸣盛著，黄曙辉点校：《十七史商榷》卷1《史记集解分八十卷》条，上海古籍出版社2013年版，第1页。

成为窥探传统学术文化源流的重要途径。

然而至19世纪中叶以后，中国社会面临"数千年未有之变局"。受此影响，传统学术文化也开始了转型。一方面，传统学术文化得以持续发展的同时，其内部也开始了自身的推陈出新；另一方面，受到晚清"西学东渐"的广泛影响，在剧烈的社会文化变革下，传统学术文化也开始融入了"新文化"的元素。那么，脱胎于传统学术文化的古典目录学又将何去何从？目录学在新旧学术交融与社会发展变迁中扮演了怎样的角色？本书即以学术文化的传承与发展为切入点，重点考察目录学在晚清这一历史进程中的发展流变及其所呈现的社会文化功用。

为了完整展现目录学在19世纪中叶以降自身蜕变的历史过程，本书虽然在时间界定上以晚清（1840—1911）为主，但还兼顾了对民国初年（主要指1912—1919）目录学的考察。此时期内的目录学，既蕴含传统又不乏创新，它是古典目录学与近代目录学之间的过渡阶段，表现出了鲜明的过渡性、混合性的时代特征。

二 研究现状

传统目录学发展至清中叶以后，受晚清"西学东渐"的影响，尤其是19世纪后期西方图书馆模式传入后，开始发生流变。在目录的类型、著录分类、编纂体例以及学术功用等方面，都突破了古典目录学的范式。本书聚焦晚清时期的目录学，对已有的研究成果从两大领域来考察。

（一）从学术文化的视角对目录学的研究

对中国目录学史的研究视野在1949年以前主要是对目录学史料的收集和整理，以姚名达先生的《中国目录学史》为代表。1949年后，随着对目录学研究的不断深入，对目录学发展规律的探讨有了新的思路，王重民先生可谓代表。他的《中国目录学史论丛》一书，"开始联系书目编纂者及目录学家的时代情况论述目录学的发展"[①]。此后，彭斐章、谢灼华

[①] 王心裁：《中国文化与目录学发展研究》，博士学位论文，武汉大学，1994年，第4页。

先生又建议："从社会文化科学发展的现象上联系目录学的发展。"① 又提出："从联系的整体的观点出发,将目录学史的发展和当时的社会历史文化背景联系起来。"② 在此基础上,学者钱振新提出了"文化目录学"的主张。③ 至此,从学术文化的角度研究目录学成为目录学研究领域新的发展趋势,学者们开展了以下方面的研究。

1. 对目录学学术文化研究的理论探索

这一研究方向以钱振新、柯平和卿家康为代表。钱振新首先阐明了"文化目录学"的含义及其研究目的,认为:所谓"文化目录学",即将"目录学放在文化背景上,或文化系统中来重新确定其理论结构及相应的一系列问题"。④

柯平则是从目录学与文化的内在联系出发,探究了目录学的本质特征和发展方向,提出了"文化的目录学观"和"目录学的文化观"⑤。

卿家康重点关注了目录学的文化功能。他总结出目录学的文化体系功能应当包括文化积累、文化传播与交流、文化导读与开发、文化控制四个方面,这四种功能是"一个内在关联的整体"⑥。

2. 从文化发展的角度阐释学术文化对目录学的影响

肖明认为,目录学是时空文化的缩影,目录学"成为一门记录和揭示特定时空文化遗产的科学,它具有保存、积累、传播特定时空文化的重要意义"⑦。

王心裁则研究了文化演进与目录学演进的关系,他认为目录学的演进动力是由目录学的内在动力和外在文化合力两大因素作用的结果,目录学的演进与文化的演进是相辅相成的。中国文化从低级向高级的演变经历了"独立文化圈""文化冲突与交融期""文化综合期"三个阶段,中国目录学也相应地经历了"古典目录学""近代目录学""现代目录学"三种

---

① 彭斐章、谢灼华:《对当前目录学研究的思考》,《武汉大学学报》1984年第6期。
② 彭斐章、谢灼华:《四十年来目录学、文献学研究的进展》,载《目录学文献学论文选》,书目文献出版社1991年版,第6页。
③ 详见钱振新《文化目录学断想》,《湖北高校图书馆》1986年第3期。
④ 钱振新:《文化目录学断想》,《湖北高校图书馆》1986年第3期。
⑤ 柯平:《关于目录学文化研究的思考》,《武汉大学学报》1993年第2期。
⑥ 卿家康:《论目录的文化功能体系》,《图书馆》1995年第1期。
⑦ 肖明:《目录学是时空文化的缩影》,《山东图书馆季刊》1994年第3期。

形态。①

付先华综述了文化传统的演绎对目录学发展的影响，而目录学正是在文化传统的演绎过程中，逐步实现了对文化积累、整理、传承与引导的功能。② 余庆蓉以文化的观点对目录学的近代化开展了研究。③

此外，蔡尚思的《中国文化史要论（人物、图书）》一书，把人物、图书与文化有机结合起来，成为从目录学角度总结文化的典范。④ 而乔好勤的《中国目录学史》也注重时代文化对目录学的影响，"使中国目录学史研究达到了一个新的高度"⑤。

3. 对传统目录学的文化思考

钱振新首先分析了从中国文化研究角度和目录学研究与目录学建设的角度开展对传统目录学研究的意义。⑥ 此外，他还从文化功能的角度探讨了传统目录学对文化积累的意义。⑦

贺修铭将传统目录学的研究与中国古代特有的思维方式、发展轨迹、传统特质相结合，理性地分析了古典目录学发展的文化基础。认为：我国目录学的落后现状，"应该从中国文化的传统特质上去寻找根源，只有清楚地把握住目录学发展的文化基础，才会对目录学的落后现状以清醒的认识"。⑧

傅荣贤则深刻地总结了传统目录学的文化价值，他认为，传统目录学重主体、重内涵、重整体的特征是与中国传统文化的精神相协的。⑨ 陈耀盛以魏晋南北朝、明代、近代目录学的发展为例，分析了以上三个时期中"异质"文化对目录学的影响。⑩

---

① 王心裁：《从古典目录学到现代目录学：目录学产生发展演变的轨迹》，《图书情报工作》1999 年第 4 期。
② 付先华：《中国文化传统的演绎与目录学之发展》，《高校图书馆工作》2006 年第 2 期。
③ 见余庆蓉《新文化与我国目录学的近代化》，《图书馆论坛》1991 年第 2 期。
④ 蔡尚思：《中国文化史要论（人物、图书）》，湖南人民出版社 1979 年版。
⑤ 王心裁：《中国文化与目录学发展研究》，博士学位论文，武汉大学，1994 年，第 4 页。
⑥ 钱振新：《传统目录学之文化角度研究论——历史的例证》，《四川图书馆学报》1987 年第 3 期。
⑦ 钱振新：《论传统目录学对文化积累的意义》，《四川图书馆学报》1984 年第 4 期。
⑧ 贺修铭：《试论目录学的文化基础》，《高校图书馆工作》1987 年第 3 期。
⑨ 傅荣贤：《传统目录学的文化价值》，《图书与情报》1995 年第 2 期。
⑩ 陈耀盛：《文化的异质交流与目录学的嬗变》，《图书馆理论与实践》2000 年第 2 期。

(二) 对近代目录学成就和特点的研究①

20世纪80年代以来,一些学者逐渐意识到近代目录学研究的意义。②在彭斐章、谢灼华先生提出了加强近代目录学研究的倡议后,近代目录学的研究状况才有所改善。

1. 对近代目录学编纂特点和发展进程的总结

陈光祚首先总结了近代目录学的三个特点:一是书目的社会作用和战斗性提高了;二是书目的种类和类型有了扩展;三是在图书分类、编排方法上有了新探索。③

20世纪80年代的学者多沿此思路总结晚清（1840—1911）目录学的特点。如谢俊贵便总结了晚清目录学的政治性及其在书目类型上的特点。④陈超对晚清目录类型、著录格式、提要编写等方面的特点作了深入探讨。⑤20世纪90年代,对晚清目录学的特点有了更为广阔的研究视角和更为全面的总结。如吴杰、黄爱平就更全面地总结出目录学在晚清的特点是出现了"新旧并存"的局面。⑥而李瑞良认为,晚清目录学的这种特征除了表现在分类体系内部,还表现为图书馆目录与私家目录两个不同体系的并存。⑦

对近代目录学发展进程的总结以徐华洋、张凤英为代表。徐华洋以洋务运动和维新变法为标志将中国目录学近代化分两个阶段,并指出了每一

---

① 中国目录学大致经历了古典目录学、近代目录学、现代目录学三个发展阶段。而关于近代目录学的时间界定,学界尚无一致意见,有1840—1919年、1840—1949年、1896—1949年、1919—1949年等多种分法。1840—1919年说以彭斐章为代表,见彭斐章、乔好勤、陈传夫《目录学》,武汉大学出版社1986年版;1840—1949年说以吕绍虞为代表,见《中国目录学史稿》,安徽教育出版社1984年版。1896—1949年说以傅荣贤为代表,见《加强对近代目录学的研究》,《图书馆杂志》1996年第2期。1919—1949年说以陈传夫为代表,见《近代目录学的基本流派及其理论成就》,《四川图书馆学报》1985年第5期。由于近代目录学的研究阶段包括了晚清时期,所以笔者以下的考察,接受了彭斐章先生的观点,姑且以1840—1919年的近代目录学为对象。

② 详见彭斐章、谢灼华《关于我国目录学研究的几个问题》,《武汉大学学报》1980年第1期。

③ 陈光祚:《梁启超的目录学理论观点和实践活动》,《武汉大学学报》1963年第4期。

④ 谢俊贵:《清代社会与目录学的关系》,《赣图学刊》1983年第3期。

⑤ 陈超:《晚清目录学初探》,《图书与情报》1985年第1期到第4期连载。

⑥ 吴杰、黄爱平:《论清代目录学》,《清史研究》1992年第3期。

⑦ 李瑞良:《中国目录学史》,文津出版社1994年版。

阶段的历史特点。① 张凤英在此基础上梳理了中国目录学近代化的基本线索，认为："中国传统目录系统的近代化，由梁启超《西学书目表》为之滥觞，中经《古越藏书楼书目》及20世纪初年的新式图书馆目录，到刘国钧的《中国图书分类法》为之完成。"②

2. 对近代目录类型的研究

晚清以降目录学的书目类型可大致分为传统书目类型和新兴书目类型。传统书目类型表现在补史志目录、特种目录和专科目录三个领域。其中，特种目录又可分为读书志和题跋记目录、禁毁目录、地方目录、辑佚目录、版本目录等；新兴书目录类型又可分为译书目录、国学推荐书目、图书馆目录、科技目录、书业书目、书院书目等。

（1）对补史志目录的研究

对清代补史志目录的总结，有谢芦青、吴鹏程的《补史艺文志述略》③、曹书杰的《清代补史艺文志述评》④、韩继章的《正史艺文志补注考略》⑤、辛平的《清代学者对正史艺文志（经籍志）的增补》。⑥

此外，还有对某部著作的专门研究。如王重民、许司东、侯文学对《补晋书艺文志》进行了研究。⑦ 而刘洪全则对姚振宗的《隋书·经籍志考证》作了研究。⑧

（2）对特种目录和专科目录的研究

对读书志、题跋记目录的研究。严佐之研究了几部重要的读书志、题跋记目录。不仅简要地介绍了作者的传略和编纂经过，而且还研究了这些

---

① 徐华洋：《西学东渐与近代中国目录学》，《大学图书情报学刊》1989年第3、4期。
② 张凤英：《略论中国传统目录学系统的近代化》，《湘潭大学学报（图书情报论文集）》1989年S1期。
③ 谢芦青、吴鹏程：《补史艺文志述略》，《黑龙江图书馆》1989年第6期。
④ 曹书杰：《清代补史艺文志述评》，《史学史研究》1996年第2期。
⑤ 韩继章：《正史艺文志补注考略》，《图书馆》1983年第3期。
⑥ 辛平：《清代学者对正史艺文志（经籍志）的增补》，《图书情报工作》2001年第1期。
⑦ 参见王重民《〈补晋书艺文志〉书后》，《北平北海图书馆月刊》1928年第1卷第5期、《补晋书艺文志》，《学文》1932年第1卷第5期；许司东：《〈补晋书艺文志〉五家优劣论》，《山东图书馆季刊》1996年第2期；侯文学：《〈补晋书艺文志（经籍志）〉比较研究》，《古籍整理研究学刊》1999年第1期。
⑧ 刘洪全：《姚振宗与〈隋书·经籍志考证〉》，《内蒙古师范大学学报》1983年第1期。

书目的性质、编纂特点。① 此外，一些学者还对某一部读书志目录进行了专门深入的研究。如邵胜定反驳了将《曝书杂记》看作校勘学专著的观点，认为它应是一部反映版本的目录学藏书志。②

对辑佚目录的研究。对辑佚目录的研究主要集中在马国翰和王仁俊两人。张学军对马氏辑佚书的目的、特点、成果及不足进行了论述。③ 对王仁俊的研究以张升为代表，他分析了其所辑之书的方法、体例和特点。④

对版本目录的研究。郑伟章首先论述了莫氏《郘亭知见传本书目》的编纂特点，梳理了莫氏其他重要的目录著作。⑤ 刘汉忠则对莫氏的另一部版本目录《宋元旧本书经眼录》作了研究。⑥ 此外，李向群还对《增订四库简明目录标注》《贩书偶记》《书目答问补正》的版本流传、种类、内容等作了比较和评价。⑦

对禁毁目录的研究。申畅梳理了姚觐元收访的清代禁毁书目，分析了其存在的价值。⑧

对专科目录的研究。王渭清对罗振玉《经义考目录》进行了研究。⑨ 除此之外，华东师范大学的郑春汛博士在其 2007 年博士学位毕业论文中以《清末民初专科目录研究》为题，从经学专科目录和文学专科目录两个研究视角展开了研究，探讨了清末民初专科目录的发展规律。

（3）有关新兴目录类型其他研究

对译书书目的研究。对译书书目的研究分整体研究和个案研究两个方向。整体方向的研究代表张志伟，他重点分析了近代东西学书目的编制目的和书目在分类、著录方面的特点。⑩ 林立强则是对译书书目的类型加以

---

① 严佐之：《近三百年古籍目录举要》，华东师范大学出版社 1994 年版。
② 邵胜定：《〈曝书杂记〉的性质与钱泰吉的学术》，《广东图书馆学刊》1987 年第 3 期。
③ 张学军：《清代辑佚第一家：马国翰》，《图书馆理论与实践》2007 年第 1 期。
④ 张升：《王仁俊的辑书》，《江苏图书馆学报》1996 年第 4 期。
⑤ 郑伟章：《莫友芝的藏书和目录学》，《贵州师范大学学报》1986 年第 2 期。
⑥ 刘汉忠：《莫友芝〈宋元旧本书经眼录〉的学术价值》，《贵图学刊》1990 年第 1 期。
⑦ 李向群：《近代三种版本目录学专著之比较》，《图书馆杂志》1988 年第 5 期。
⑧ 申畅：《姚觐元与〈清代禁毁书目〉》，《河南图书馆季刊》1984 年第 4 期。
⑨ 王渭清：《谈罗振玉〈经义考目录〉及其〈校记〉》，《广东图书馆学刊》1987 年第 3 期。
⑩ 张志伟：《近代东西学书目初探》，《四川图书馆学报》1989 年第 2 期。

探讨，评价了其在中国目录学史上的地位。①

个案研究主要集中在梁启超的《西学书目表》上。林申清分析了《西学书目表》在分类、编纂体制、著录、功用方面的特点。② 程磊指出了《西学书目表》存在的八大问题，值得深思。③

对国学导读书目的研究。20世纪80年代初期，学者们的研究主要集中在《书目答问》上，运用的研究方法或是利用传统目录学研究的校勘、考证法，如袁行云的《〈书目答问〉和范希曾的补注》；④ 或是局限于从这些目录本身挖掘其特点，评价其地位。如方衍的《论〈书目答问〉》。⑤

20世纪80年代中期对导读书目的研究有了新突破，呈现以下特点：一是对导读目录意义和地位的探索。如余庆蓉指出导读书目不仅在书目类型、社会职能上有所开创，还进一步促进了近代图书分类的发展和演变。⑥ 再如严仲仪探究的《书目答问》的学术渊源。⑦ 二是将导读书目置于广阔的文化视野下加以考察。王心裁认为清末众多导读目录的出现，"使目录学也由整理文献转向了推荐文献，传播思想、学术。由此，目录学之读者一端得到重视，进而成为目录学由古典走向近代的转折点"⑧。

对书业书目的研究。孟昭晋首先对书业书目的定义、成就、发展的基本线索进行了总结。⑨ 徐蜀整理了一些有价值的近代营业书目，并将其影印出版。⑩ 而周振鹤则较有系统地整理了晚清的营业书目，并指出了开展研究的意义。⑪

对图书馆目录的研究。对图书馆目录展开研究的是张志伟。他先是论述了近代图书馆目录发展的时代背景，然后对近代图书馆目录的形式、类

---

① 林立强：《明至清末译书书目的状况和评价》，《东南学术》1999年第3期。
② 林申清：《试论〈西学书目表〉的成就和它在目录学史上的地位》，《江西图书馆学刊》1982年第4期。程磊：《〈西学书目表〉与图书目录》，《广东图书馆学刊》1983年第1期。
③ 程磊：《关于〈西学书目表〉的一些问题》，《图书馆学刊》1984年第2期。
④ 袁行云：《〈书目答问〉和范希曾的补注》，《社会科学战线》1979年第1期。
⑤ 方衍：《论〈书目答问〉》，《图书馆建设》1979年第3期。
⑥ 余庆蓉：《导读书目在近代目录学史上的地位和特点》，《图书馆界》1985年第1期。
⑦ 严仲仪：《〈书目答问〉及其学术源流初探》，《图书馆学研究》1986年第4期。
⑧ 王心裁：《文化冲突交融中的导读目录》，《图书情报知识》1998年第4期。
⑨ 孟昭晋：《书业书目概论》，《青海图书馆》1982年第3期。
⑩ 徐蜀、宋安莉：《中国近代古籍出版发行史料丛刊》，北京图书馆出版社2003年版。
⑪ 周振鹤：《晚清营业书目》，上海书店出版社2005年版。

别、分类、著录等方面做了研究。①

对科技目录的研究。沈国强将1840—1919年的科技目录定义为"近代科技目录的初步形成时期",概要地将之分成自然科学目录和应用科学目录两类,但缺乏对这些书目编纂体制及特点的深度研究。②

对书院书目的研究。对近代书院书目的研究并没有专门的研究专著和论文,仅是对其简单的罗列。如梁子涵在《中国历代书目总录》中记载了14部晚清书院书目。③ 而陈谷嘉又在其著作中增补了44部书院书目。④ 与此相关的是李颖对近代书院的藏书作了专门的研究。⑤

3. 对近代图书分类的研究

蒋元卿首先系统地总结了近代书目分类的三个特点:一是对四部分类法进行增改的旧派;二是打破四分法束缚的改革派;三是分类中的新旧并行制。⑥ 以后的研究者多循此线索对近代书目分类状况展开研究。

(1) 对增改四部分类法的研究

对四部分类法进行增改的代表作是《书目答问》。首先肯定《书目答问》分类的是袁行云。他认为《书目答问》变四部为五部分类是对传统四部分类法的叛逆。⑦

而蓝兰则对此提出了异议,他认为《书目答问》变四部为五部分类仍"没有摆脱四库的混乱和钦定禁区"。其编纂的理论基础和指导思想是"《七略》以来目录著作的独尊儒家的思想,和'中学为体,西学为用'的洋务派哲学思想"。由此,作者得出结论:《书目答问》在分类上仍然是对传统四部分类法的继承。⑧

(2) 对打破四分法的改革派的研究

对打破四分法束缚的研究之作主要集中在《日本书目志》和《西

---

① 张志伟:《中国近代图书馆目录初探》,《图书与情报》1991年第1期。
② 沈国强:《我国近代科技目录学概述》,《四川图书馆学报》1982年第3期。
③ 梁子涵:《中国历代书目总录》,(台北)中国文化事业出版委员会1934年版。
④ 陈谷嘉、邓洪波:《中国书院制度研究》,浙江教育出版社1997年版。
⑤ 李颖:《近代书院藏书考》,《图书与情报》1999年第1期。
⑥ 蒋元卿:《中国图书分类之沿革》,(台北)中华书局1937年版。
⑦ 袁行云:《〈书目答问〉和范希曾的补注》,《社会科学战线》1979年第1期。
⑧ 蓝兰:《〈书目答问〉并非对〈四库〉分类法的突破与创新》,《暨南学报》1993年第1期。

学书目表》两书。姚名达首先提出《日本书目志》是近代新分类法的首创。① 六七十年代的学者多持此观点。

80年代,对《日本书目志》的研究更为深入。白国应在肯定《日本书目志》在分类上的贡献后,也指出了其在分类体系、类目归纳、类目名称方面存在的不足。② 而罗权松、林申清也通过考证相关文献,得出了《日本书目志》成书于《西学书目表》之后的结论。因此,作者认为《西学书目表》实为我国近代目录学新分类法的首创。③ 此后,学者们基本沿用了这一观点。

但傅荣贤则对此持有不同观点,他从书目分类思想的本质层面,对《西学书目表》分类体系的逻辑理据、类别结构、标识态度进行分析后,认为"《书目表》并不是中国近现代书目分类的奠基之作",其真正的历史价值在于"首次实践了'分类与文化相通约'的书目分类理论"④。

(3) 对新旧并行制分类法的研究

对新旧并行制分类法的研究以徐树兰的《古越藏书楼书目》和沈祖荣的《仿杜威十进分类法》为代表。谢灼华等学者都对其在近代图书分类上的开拓意义予以高度评价:认为其"对近代图书馆图书分类和编制目录起到了一定的启发作用"⑤。

罗平等对《仿杜威十进分类法》展开了研究,肯定了沈祖荣在近代分类学上的地位,认为它实行新旧混合制"为学习西方技术,结合中国旧有传统编制新法做出了可贵的尝试"⑥。

4. 对晚清以降目录学家的研究

晚清以降目录学家大致可分为三个派别。一是以姚振宗、孙诒让、叶德辉、杨守敬等为代表,他们继承、因袭传统目录学的思想,注重考证。二是以缪荃孙、张之洞为代表,他们在传统目录学范围内作了些必要的变

---

① 姚名达:《中国目录学史》,上海古籍出版社2002年版,第119页。
② 白国应:《康有为〈日本书目志〉分类的研究》,《山西图书馆学刊》1982年第4期。
③ 罗权松、林申清:《〈日本书目志〉与〈西学书目表〉成书先后问题》,《图书馆杂志》1982年第3期。
④ 傅荣贤:《〈西学书目表〉论》,《山东图书馆季刊》1996年第4期。
⑤ 参见谢灼华《论古越藏书楼在中国晚清图书馆史上的地位》,《图书馆》1961年第1期。武汉大学、北京大学:《目录学概论》,中华书局1982年版,第61页。
⑥ 罗平、赵薇:《中国图书分类法发展中的中西合璧》,《图书馆学刊》1986年第3期。

革，善于发挥目录学的指导阅读功用。三是超越了正统目录学体系范围的维新目录学派，以康有为、梁启超为代表。下面以此为线索梳理对晚清以降目录学家的研究情况。①

（1）对考证派目录学家的研究②

戴维民较系统地总结了姚振宗的目录学成就，将姚氏的目录学活动分成四个时期加以概述。③ 余庆蓉又对姚振宗在目录学史上的地位作了两点补充。④ 朱静雯概要地述明了孙诒让在目录学方面的著作，尤其是对《温州经籍志》的体例作了简明的介绍，并阐述了孙诒让在目录分类、记载情况、著录方法等方面的观点。⑤ 但稍失简略，对孙诒让的目录学思想的阐述也缺乏系统。王晋卿则从叶德辉所著题跋、序文、按语中总结了其"学人共见""海内共读"目录学思想。⑥

（2）对变革派目录学家的研究

对缪荃孙的研究以钱亚新为代表。他总结了缪荃孙的目录学贡献，包括：其一，理解了目录的源流、要求和作用；其二，对目录材料能博收约取。⑦ 方衍结合《书目答问》和《輶轩语》对张之洞的目录学思想作了研究，阐述了张之洞的目录学思想。⑧

（3）对维新派目录学家的研究⑨

对康有为的研究。孟昭晋系统地总结了康有为的目录学实践和理论，认为其目录学思想"具有了通达书目掌握世界范围文献与知识的新意义"。其目录学的成就，"为考察中国近代目录学思想的嬗变留下了宝贵

---

① 此处对晚清以降目录学家派别的划分参考了余庆蓉的观点。详见余庆蓉《新文化与我国目录学的近代化》，《图书馆论坛》1991年第2期。

② 对杨守敬的目录学研究详见士君《八十年来（1915—1995）杨守敬研究述评》，《中国史研究动态》1997年第2期，其中专门对杨氏在版本目录学方面的研究作了详细的综述，则不再赘述。

③ 戴维民：《姚振宗目录学研究》，《四川图书馆学报》1985年第6期。

④ 余庆蓉：《姚振宗目录学研究补述》，《图书馆》1989年第4期。

⑤ 朱静雯：《试论孙诒让的书目实践及其目录学思想》，《新世纪图书馆》1985年第3期。

⑥ 王晋卿：《叶德辉的目录学思想与方法》，《图书馆》1994年第4期。

⑦ 王海刚：《缪荃孙于晚清目录学的贡献》，《图书情报知识》2004年第3期。

⑧ 方衍：《略论张之洞的目录学》，《学习与探索》1981年第3期。

⑨ 对梁启超目录学的研究，详见艾露《梁启超目录学思想与实践研究综述》，《北京图书馆馆刊》1999年第1期。故不再赘述。

的轨迹"①。对维新派目录学家的整体研究方面,如叶树声总结了维新派对目录学的贡献,②闵定庆从文化角度进一步阐述了维新派目录学的文化内涵。③

综上所述,近50年来,晚清目录学领域的研究在目录的类型、分类、目录学家以及对晚清目录线索的梳理等方面取得了丰硕成果,但是在研究视角方面,还有待进一步深化。目录是因文献而构成的,而文献又是学术文化的载体。因此,目录学从本质上说是一种学术文化现象。近些年来,目录学的研究视角不断延伸,有学者提出了"文化目录学"的主张。④ 文化视角的引入的确为目录学的研究注入了活力,但这方面的研究尚在起步阶段,尤其是对晚清目录学的研究更显缺乏。⑤ 鉴于此,本书将在前人研究的基础上,在新、旧学术文化的视角下考察晚清目录学的流变及其社会文化功用。

三 研究思路及说明

本书以学术文化在晚清的发展为视角,探讨目录学的流变及其功用问题。传统学术文化在晚清时期的转型,可以分为"新""旧"。所谓"旧",一是指传统学术文化本身在晚清时期的持续发展;二是指传统学术文化在晚清时期自身的衍变和更新。所谓"新",即传统学术文化在晚清西方自然科学和社会科学传入后所呈现的新气象。鉴于此,本书分为六章。

第一章,从学术发展变迁的角度,总体考察影响晚清目录学的因素。

---

① 陈耀盛:《扬变法、启民智、构建"参采中西"新体系:论康有为目录学思想》,《四川图书馆学报》1995年第1期。
② 叶树声:《论维新派对目录学的贡献》,《四川图书馆学报》1988年第6期。
③ 闵定庆:《维新派目录学的文化内蕴》,《学术研究》1994年第3期。
④ 详见钱振新《文化目录学断想》,《湖北高校图书馆》1986年第3期。
⑤ 有些学者在这方面做了些尝试,但都缺乏整体和系统的研究。如余庆蓉的《新文化与我国目录学的近代化》,文章仅从晚清文化的一个方面论述目录学的近代化。(参见余庆蓉的《新文化与我国目录学的近代化》,《图书馆论坛》1991年第2期。)实际上,晚清的文化既包含"新文化",又包含"旧文化"。传统学术文化对目录学的近代化也有深刻的影响,因此关注目录学近代化的进程不应忽视传统文化的影响。

学术文化是促进目录学发展的重要动力。晚清目录学首先受到了以考据学为代表的传统学术文化的影响。随着考据学退出历史舞台，传统学术内部又衍生出了汉宋会通、诸子学复兴、经世致用等思潮，晚清目录学在此背景下继续得以发展。另外，传统学术文化在受到西学冲击后，引发的社会文化变革，也为晚清目录学注入了新鲜血液。除以上外部因素外，晚清目录学发展也有其自身的发展逻辑。

第二章、第三章是从传统学术文化的角度考察晚清目录学的发展。晚清时期的传统学术文化，承续乾嘉学派的治学余绪，在此影响下，形成了以考据、辑佚为特色的经解目录、小学目录、考补史志目录、金石目录、辑佚目录、版本目录；以辨析学术为特色的读书志、题跋集及藏书志目录；以广征博览为特色的地方著述目录等。另外，道、咸以降，传统学术内部也开始推陈出新，表现在汉宋会通、周秦诸子学的复兴、经世致用思潮的复起以及新史料的运用等方面，使晚清目录学在国学导读目录、诸子目录、算学目录、舆地目录、佛学目录、敦煌目录等方面得到发展。

新、旧文化之间也存在着彼此的渗透与融合。第四章即是从新旧学术文化之间交替发展的角度，阐释了晚清学人对目录学分类理论的发展及其实践探索。

第五章是从"新学术文化"的视角考察晚清目录学。传统学术文化受到晚清西学东渐的影响，催化了社会文化领域的一系列变革，从而使晚清目录学表现出了不同以往的新气象。如西方新学科的引入产生了译书目录；国人对教育的新认识引发了传统学校目录的革新；出版业中的市场、技术与重视读者的新观念促进了以营业目录为代表的新书目文化的形成；而公共藏书价值观的建立与普及，又迎合了图书馆目录在大众中普及知识与文化的时代诉求。

最后，晚清目录学在继承传统目录学"辨章学术，考镜源流"的基础上，又在变法、革命的时代潮流中，形成了一些独特的社会文化功用。这是第六章所欲揭示的内容。

需要指出的是，本书将目录类型与学术文化建立起来的对应关系并不是绝对的。如第二章中"私家藏书提要目录"，兼具了经史考证、版本鉴别、辨析学术等诸多特点。再如第三章中的"诸子学目录"某种程度上也可归入"辑佚目录"。诸如此类，笔者划分的依据是以某类目录所具有的主要学术文化特点为标准。当然,这种确立的标准是否允当,敬祈方家指正。另外,本书附录中的"晚清目录类型",也可视作对这种对应关系的一个辅助性的补充。

第 一 章

晚清目录学发展的学术文化动力

目录学并非孤立学科,其产生、发展于一定社会文化之中。彭斐章先生说:"目录学的产生与发展,总是与当时的政治、经济、文化、教育、科学技术等因素紧密相连的。政治、经济、文化、教育的发展促进目录学的繁荣,而目录学的发展又反过来为政治、经济、文化的发展服务。"[①]可见,各时代目录学皆有其特性。晚清时期的学术与社会是目录学赖以生存的土壤,其不断发展壮大,莫不与此休戚相关。另外,晚清目录学也遵循了传统目录学自身的发展逻辑。外因与内因的有机结合,赋予了晚清目录学鲜明的时代特征。

第一节 朴实考据的学术风尚

中国古代的传统学术大致可以用义理、考据、辞章三者综括之。义理在于发挥微言大义,考据以文献的辨伪校勘为特色,辞章则多在于诗文唱酬。其中,对传统目录学影响深远者,则是考据之学。

先秦时期,孔子在整理文献时,就始终坚持"多闻阙疑"的原则。《论语·子罕》中记载:"子绝四:毋意、毋必、毋固、毋我。"孔子后学中,孟子也主张"尽信《书》,则不如无《书》"。儒家代表者已开启了后世"实事求是"治学的端倪。

秦汉时期,儒学取得独尊地位。董仲舒利用公羊学,大倡天人感应,也导致了谶纬之学的盛行。一些著名的思想家反对治学的虚言妄说。王充

---

① 彭斐章:《目录学与时代》,《图书馆》1992 年第 1 期。

在《论衡·语增篇》中云:"凡天下之事,不可增损;考察前后,效验自列;(效验)自列,则是非之实有所定矣。"① 与此同时,古文经学在西汉末年发展壮大,古文经学者注重通过训诂文字与典章制度来阐明经学,"递禀师承,非惟诂训相传,莫敢同异,即篇章字句,亦恪守所闻"②。以许慎为代表的古文学者,专研小学,"盖文字者,经艺之本,王政之始,前人所以垂后,后人所以识古"③。

魏晋南北朝时期,玄学风靡的同时,小学也得到了发展。孙炎著有《尔雅音义》,采用反切注音,发展了传统的音韵学。顾野王的《玉篇》,博览综考,于字下罗列诸家注释。在训诂方面,郭璞著有《尔雅注》《方言注》,其著书时代距离汉代不远,尚可存汉学余绪,"所见尚多古本,故所注多可据"④。南北朝时期又兴起了义疏体:"夫汉学重在明经,唐学重在疏注。当汉学已往,唐学未来,绝续之交,诸儒倡为义疏之学,有功于后世甚大。"⑤ 经学方面,如崔灵恩的《三礼义宗》、皇侃的《论语义疏》、刘献之的《三礼大义》、徐遵明的《春秋义章》;史学方面,如裴骃的《史记集解》、颜师古的《汉书叙例》、裴松之的《三国志注》等。这些经史义疏之作,"渊源有自,唐人五经之疏,未必无本于诸家者。论先河后海之义,岂可忘筚路蓝缕之功乎!"⑥

隋唐时期,辨伪之学初兴。唐刘知几《史通》中有《疑古》《惑今》二篇,"排斥上圣,几上同于《论衡》之《问孔》《刺孟》矣"⑦。另有《六家篇》《人物篇》《言语篇》《鉴识篇》等,对古今学术多有贬抑,"其贯穿古今,洞悉利病,实非后人之所及"⑧。中唐以后,陆淳又本啖助、赵匡之说,成《春秋集传纂例》《春秋微旨》《春秋集传辨疑》三书,以揭示《春秋》经旨为目的,对《春秋三传》多有订正,"抵隙蹈

---

① (汉)王充:《论衡》卷7《语增》,商务印书馆2020年版,第78页。
② 《钦定四库全书总目》经部总叙,中华书局1996年版,第1页。
③ (汉)许慎:《说文解字叙》,清乾隆三十八年(1773)刻本。
④ 《钦定四库全书总目》卷40经部小学类《尔雅注疏》条,第528页。
⑤ (清)皮锡瑞:《经学历史》,中华书局2021年版,第186页。
⑥ (清)皮锡瑞:《经学历史》,中华书局2021年版,第186—187页。
⑦ (清)周中孚:《郑堂读书记》卷35,史部史评类《史通》条,上海书店出版社2009年版,第530页。
⑧ 《钦定四库全书总目》卷88,史部史评类《史通》条,第1163页。

瑕，往往中其窾会。虽瑕瑜互见，要其精核之处，实有汉以来诸儒未发者，固与凿空杜撰、横生枝节者异矣"①。

宋元明时期，理学逐渐发展成官方主流学术形态。理学家中，如朱熹，也主张义理与考据的有机结合。其云："读书玩理之外，考证又是一种工夫，所得无几而费力不少。向来偶自好之，固是一病，然亦不可谓无助也。"② 可见，朱熹将考据作为阐发义理的辅助之学。对此，日本学者武内义雄有云："朱子之学，不但非凡庸考证家所可望其项背，更可谓开考证之端倪。如清初顾炎武、阎若璩辈，其考证之学也无非出自朱子而更发展起来的。"③ 专门以考据见长者，如王应麟的《困学纪闻》，分说经、天道、地理、诸子、考史、评诗文等篇，虽学出于朱子，然于朱子之学亦有考辨，"盖学问既深，意气自平，能知汉唐诸儒，本本原原，具有根柢，未可视为拿陋，故能兼收并取，绝无党同伐异之私。所考率切实可据，良有由也"④。元人胡三省，又承续宋代考据之风，著《通鉴释文辩误》，对史炤所撰《通鉴释文》，以及海陵司马康所刊本、广都费氏进修堂所刊本《通鉴释文》多有刊正，"其书援据精核，多足为读史者启发之助"⑤。明代王守仁建立了心学体系，轻视训诂考据。但与此同时，杨慎、焦竑、陈第等又承袭了往代考据学传统，宋濂、梅鷟、胡应麟等在辨伪学方面成果颇丰，从而形成了与心学完全不同的治学风格。

明末，王学流于禅老，理学失去了发展动力，"清世，理学之言，竭而无余华"⑥。清初学者多有修正，治学以经世致用为旨归。随着社会环境由乱而治，清初发端的经世致用之学也发生了转向。梁启超便云："凡在社会秩序安宁、物力丰盛的时候，学问都从分析整理一路发展。乾嘉间考证学所以特别流行，也不外这种原则罢了。"⑦ 再加之清廷实施的文化高压政策，导致学术也转向于经史考证。章太炎便曰："多忌，故歌诗文

---

① 《钦定四库全书总目》卷26 经部春秋类《春秋集传辨疑》条，第334页。
② （宋）朱熹：《朱子文集》卷54《答孙季和》，《正谊堂全书》本。
③ ［日］武内义雄：《中国思想简史》，北京联合出版公司2018年版，第224页。
④ 《钦定四库全书总目》卷118，子部杂家类《困学纪闻》条，第1589页。
⑤ 《钦定四库全书总目》卷47，史部编年类《资治通鉴释文辨误》条，第652页。
⑥ 章太炎：《訄书》卷12《清儒》，古典文学出版社1958年版，第30页。
⑦ 梁启超：《中国近三百年学术史》，山西古籍出版社2006年版，第24页。

史枯；愚民，故经世先王之志衰。家有智慧，大凑于说经，亦以纾死，而其术近工眇踔善矣！"① 由此，在乾隆、嘉庆年间，考据之学风靡朝野，形成了以经史考证为主要特色的"乾嘉学派"。对此，陈祖武先生云："无论是经学、史学、语言文字学，还是金石考古、天文历算以及舆地诗文诸学，几乎整个知识界皆为汉代经师所倡导的朴实考据之风所笼罩。"②

在朴实考据学术风尚的影响下，晚清目录学朴学传统表现在以下三个方面：其一，形成了以考据、辑佚为主要特征的目录，如经解目录、小学目录、考补史志目录、金石目录、辑佚目录、版本目录等。这些目录或考作者之行事，或考一书卷帙之分合，或补史志之阙略，或辑前代之亡佚。言之有据，体现了朴实的治学传统。其二，利用书目提要，辨析与评判学术。这种学术传统早在刘向、刘歆父子在整理书目时便已形成。清人章学诚云："刘向父子部次条别，将以辨章学术，考镜源流，非深明于道术精微，群言得失之故者，不足与此。"③ 晚清学人在读书治学中，形成了读书志、题跋集及藏书志目录，正是对学术辨析传统的继承和发扬。其三，搜讨乡贤遗著。朴学考据需要大量的文献基础，因而广征博考就成为其重要的学术特征。晚清目录学中的地方著述目录就继承了博闻强识的治学特色。以上各类目录，承接乾嘉考据学之余绪，以朴实的治学方法，"辨章学术，考镜源流"，继承了古代优良学术传统，推进了目录学的新发展。

第二节　道、咸以降传统学术的演变

清廷在经历"康乾盛世"之后，国力每况愈下。有学者甚至将世道人心之变归咎于考据学："乾隆中叶以后，士人习气考证于不必考之地，上下务为相蒙，学术衰而人才坏。"④ 考据学虽然精善，但其研究方法过于拘泥，在世故多变之际，难于应世。对此，梁启超总结道："嘉道以还，积威日弛，人心已渐获解放，而当文恬武嬉之既极，稍有识者，咸知

---

① 章太炎：《訄书》卷12《清儒》，古典文学出版社1958年版，第30页。
② 陈祖武：《中国学案史》，台湾文津出版有限公司1994年版，第199页。
③ （清）章学诚：《校雠通义·叙》，清咸丰元年（1851）刻本。
④ （清）沈垚：《落帆楼文集》卷8《与孙愈愚》，吴兴刘氏嘉业堂民国七年（1918）刻本。

大乱之将至。追寻根原，归咎于学非所用，则最尊严之学阀，自不得不首当其冲。"① 以朴实考据为特征的乾嘉学派逐渐退出历史舞台，传统学术内部又衍生出许多新的特点。

其一，汉宋会通的学术风尚。汉学与宋学的学术分帜，始于清儒。乾隆年间，经学大师惠栋著《周易述》二十三卷，"其书主发挥汉儒之学，以荀爽、虞翻为主，而参以郑玄、宋咸、干宝诸家之说，融会其义，自为注而自疏之"②。又撰成《易汉学》八卷，追考汉儒孟喜、虞翻、郑玄等论易之大旨，并附以己意，"汉学之古法亦约略尽此矣"③。自此，惠栋所倡导的学风，为钱大昕、王鸣盛、江声、江永、戴震、段玉裁、王念孙、王引之等学者所继承，"海内儒家昌言汉学者，几四十年矣"④。至乾隆末年，汉学穿凿琐碎之弊日益暴露，汉学内部的学者如凌廷堪、焦循等也对考据学进行了反思。在此背景下，嘉庆年间江藩著《汉学师承记》一书，"独坚守汉学壁垒，鼎力撑持，且以他为一方，演为空前激烈的汉宋学术之争"⑤。江藩认为经术一坏于两晋之清谈，再坏于两宋之道学，直至清朝，"三惠之学盛于吴中，江永、戴震诸君继起于歙，从此汉学昌明，千载沉霾，一朝复旦"⑥，极力表彰汉学的学术地位，再次高扬起汉学的旗帜。这一论调，引起了固守宋学学者的不满。道光十一年（1831），方东树的《汉学商兑》付梓。由是，挑起了经学内部势若水火的汉宋之争。咸丰、同治以降，汉宋之争开始逐渐出现了调和的趋势。清末著名学者朱一新便言："学必期有用，功必归诸实践。由训诂进求义理，而如汉学家溺于训诂以害义理者，则不取；由义理探源性道，而如讲学家空衍性天以汩义理者，则不从。"⑦ 更多的学者能够以一种平和的心态来理解汉学与宋学："世之袭汉学者动诋宋学为空疏，尊宋学者又以汉儒为占毕，其实二者道同一贯，两不相妨碍。"⑧ 至此，汉宋会通成为晚清学术发展的一

---

① 梁启超：《清代学术概论》，上海古籍出版社2005年版，第60页。
② 《钦定四库全书总目》卷6，经部易类《周易述》条，第66页。
③ 《钦定四库全书总目》卷6，经部易类《易汉学》条，第67页。
④ （清）程晋芳：《勉行堂文集》卷1《正学论四》，清嘉庆二十五年（1820）刻本。
⑤ 陈祖武：《清代学术源流》，第342页。
⑥ （清）江藩著，漆永祥笺释：《汉学师承记·序》，上海古籍出版社2013年版。
⑦ （清）朱一新：《佩弦斋文存》卷下《答龚菊田刺史书》，清光绪二十二年（1896）刻本。
⑧ 白让卿：《述朱质疑后跋》，民国十年（1921）《景紫堂丛书》本。

个新趋势。诚如陈祖武先生所云："晚清70年间的学术，有一潮流行之最久，亦最可注意，这便是会通汉宋，推陈出新。"① 汉宋会通，也影响了目录学的编纂思想，最具代表者，当属晚清国学导读目录。晚清国学导读目录专门以指导士人读书为宗旨，在所推荐的书籍中，不拘于汉学、宋学的门户之见，成为会通汉宋学术趋向的一个缩影。

其二，经世致用思潮的复起。有清一代，大致形成了两次经世致用的学术潮流。明清易代之际，许多知识分子面临"天崩地解"的遗恨，以明遗民群体为代表，他们将经世的目光投向国家与社会的兴亡。在学术上寻求重建道统，在思想上秉持"为天地保元气""为故国存信史"的理想。清初诸儒崇尚致用的学风，"其标'实用主义'以为鹄，务使学问与社会之关系增加密度，此实对于晚明之帖括派、清谈派施一大针砭"②。但随着乾嘉学派在清中叶的兴起，这种经世致用的学风被淹没在考据学的浪潮之中。鸦片战争以后，以文字训诂为治学特征的考据学俨然不能适应时代发展的新需要，"当天下无事时，文章尔雅，以之润色太平可矣。及其有事，欲以口耳之学当天下之变，宜其束手无策"③。面对国故多变，清统治者也适时调整了学术文化政策。道光十五年（1835），谕曰："从来民风之淳朴，由于士习之端谨。凡有教士之责者，不徒课以文艺，务再敦崇实行，严为甄别，以树风声。"④ 强调士人要"敦崇实行"。同治帝针对当时士人以空疏讲学为尚的学术风气，谕各省学政要引导士人"以格致诚正为本务，身体力行，务求实践，不徒以空语灵明，流为伪学"⑤。与清初经世致用思潮略有不同的是，晚清时期的经世致用思想多是从学术内部衍生而来，学术成为经世的纲领。当时贺长龄所编的《皇朝经世文编》中，分学术、治体、吏政、户政、礼政、兵政、刑政、工政八大类，"经世以表全编，则《学术》乃其纲领，凡高之过深微，卑之溺糟粕者，皆所勿取矣"⑥。尤其是在洋务运动兴起以来，在经世的学术中，以算学

---

① 陈祖武：《清代学术源流》，第370页。
② 梁启超：《清代学术概论》，上海古籍出版社2005年版，第10页。
③ （清）张瑛：《知退斋稿》卷1《读毛传》，清光绪二十四年（1898）刻本。
④ 刘锦藻：《清朝续文献通考》卷97《学校考四》，浙江古籍出版社2000年版，第8568页。
⑤ 《清穆宗毅皇帝实录》卷22，同治元年壬戌三月，《清实录》第45册，第609页。
⑥ （清）魏源：《皇朝经世文编五例》，《魏源全集》第13册，岳麓书社2004年版，第1页。

与舆地学最具代表性。算学被视作学习西方技术的基础学科，舆地学则有助于开阔国人眼界。晚清传统学术内部的这一推陈出新，也促进了目录学领域中专科目录的发展，赋予了晚清目录学更多的经世色彩。

其三，诸子学的复兴。自汉武帝罢黜百家、独尊儒术的政策实行后，先秦时期诸子百家争鸣的局面退出了历史舞台，"直至清之中叶，诸子学可谓全废。若荀若墨，以得罪孟子之故，几莫敢齿及"①。随着乾嘉考据学派的兴起，学者以旁征博引为尚，引据为古是从，清儒始发现于六经之外，尚有诸子典籍可为征引。清儒对诸子学的发展，主要代表作有卢文弨的《群书拾补》、王念孙的《读书杂志》、俞樾的《诸子平议》。卢文弨在《群书拾补》中校释先秦诸子之书有《列子张湛注》《韩非子》《晏子春秋》等。凡所校定，皆据善本，并证以他书，择善而从。王念孙的《读书杂志》对《管子》《晏子春秋》《墨子》《荀子》《淮南内篇》，依据本书及他书旁证校勘，章太炎称其以绝学"释姬汉古书，冰解壤分，无所凝滞"②。俞樾在《诸子平议》中为管子、晏子、老子、墨子、荀子、列子、庄子、商鞅、韩非子等典籍校释，补王氏《读书杂志》所未及者。其他如姚际恒《古今伪书考》中对《鬻子》《关尹子》《子华子》《亢仓子》《鬼谷子》《鹖冠子》《慎子》等先秦诸子之书辨其真伪。马国翰《玉函山房丛书》中，辑录先秦诸子著述，其中儒家十五种、道家七种、名家一种、墨家五种、纵横家两种。他们以校释先秦诸子为旨归，在清代学术史上占有重要的地位。在校勘诸子典籍的同时，清儒也有发明其义者。如汪中在对荀子的研究中，肯定了荀子的学术地位："自七十子之徒既殁，汉诸儒未兴，中更战国、暴秦之乱，六艺之传赖以不绝者，荀卿也。"③ 此后，洪颐煊著《管子义证》、孙诒让著《墨子间诂》、王先谦著《韩非子集释》，均能发前人所未发，"跻诸经而为之注矣，及今而稍明达之学者，皆以子与经并重。思想蜕变之枢机，有揿于彼而辟于此者，此类是已。"④ 对此，陈祖武先生亦曰："先秦诸子学之复兴，后海先河，穷原

---

① 梁启超：《清代学术概论》，上海古籍出版社2005年版，第51页。
② 《章太炎全集》，上海人民出版社1984年版，第222页。
③ （清）汪中著，李金松校笺：《述学补遗·荀卿子通论》，凤凰出版社2020年版，第341页。
④ 梁启超：《清代学术概论》，上海古籍出版社2005年版，第51页。

竟委，更成一时思想解放之关键。"① 诸子之学在晚清的复兴，也为诸子目录的产生奠定了基础。以黄以周的《子叙》与王仁俊的《周秦诸子叙录》为代表，两书都以总结诸子学术源流为宗旨，促进了子部目录学的发展。

此外，随着甲骨文、敦煌典籍、汉晋简牍、内阁大库档案等文献资料的发现，以新文献为载体的学术研究开始形成，新的治学方法和学术理论也初见端倪。这些新的文献类型也促进了晚清新型目录的产生（如敦煌目录）。

第三节　社会文化领域内的深刻变革

晚清的中国在社会文化领域内经历了一个剧烈的变革。在不同的历史阶段，形成了不同特色的社会文化。这些社会文化领域内的变革又深深地影响了晚清目录学的发展。具体而言，有如下几个方面。

一　新学知识被有识之士所接受

鸦片战争时期，林则徐、魏源等人开始接受西方进步思想。林则徐坦言中国武器技术之落后："彼之大炮，远及十里内外，若我炮不能及，彼炮先已及我，是器不良也；彼之炮，若内地之放排枪，连声不断。我放一炮后，须辗转移时，再放一炮，是技不熟也。"② 魏源也说："尽转外国长技为中国长技，富国强兵，不在一举乎?"③ 故在林则徐、魏源等人的积极倡导下，国人开始了从"器物层面"向西方学习"西技"的历程。一些官僚士大夫开始了对西方先进武器的引进和介绍。林则徐不仅从外国人手里购买了战舰，还多方收集各国战舰资料，以备学习。魏源纂《海国图志》详述西洋枪炮制作原理、用法，以增广国人技能；其他官僚士大夫们也都积极编纂了介绍西方武器的著作，如龚振麟的《铸炮铁模图

---

① 陈祖武:《清代学术源流》，第379页。
② （清）林则徐:《致姚椿、王柏心》，载杨国桢《林则徐书简》，福建人民出版社1981年版，第197页。
③ （清）魏源:《道光洋艘征抚记》，载中华书局编辑部编《魏源集》，第206页。

记》、戴煦的《船机图说》、郑复光的《作远镜法说略》等。至1860年，有20余部此类著作问世。① 这些著作编纂的最大意义，在于使"中国人求知方向的转换，中国人思维世界的大拓展"②。因而，从这个意义上看，"一个新的文化运动方向开启了"③。

继林则徐、魏源之后的洋务派把西学之风又向前推进了一步。他们对西方文化的认知已不仅停留在"技"的层面上，而是主张学习西方先进的自然科学知识。经过他们的大力宣传，洋务运动已渐渐深入人心。王韬便云："时在咸丰初元，国家方讳言洋务，若于官场言之，必以其人非丧心病狂必不至是，于是虽有其说而不敢质之于人。不谓不及十年而其局大变也，今则几于人人皆知洋务矣！"④

文化领域里求知方向的转变体现在目录学中便是译书目录的初现。这时期出现了五部具有新学性质的译书目录，即1880年傅兰雅的《江南制造局翻译西书目录》、1890年王韬的《泰西著述考》、1896年梁启超的《西学书目表》、1897年康有为的《日本书目志》和沈桐生的《东西学书录提要总叙》。《江南制造局翻译西书目录》将算学测量、汽机、化学、地理、天文行船、博物学、医学、工艺等方面的书籍分成"已刊成者""尚未刊者""未译全者""已译全者"四类。该书目编纂的宗旨为"凡见西学有益学术，则不惜工费而译成书，以便传通全国"⑤。王韬的《泰西著述考》以《圣教信证》为蓝本，专载西方传教士的译书之作："盖自东西两海道通以来，约有百余年，所至者皆天教会中之修士。凡其初至之年，所著之书，及其卒葬处所，无不班班可考。爰为厘次其姓氏，详述其著作，以胪于篇，用为谈海外掌故者广厥见闻云。"⑥ 但其所考著作，多有遗漏。

---

① 此处的统计数字来源于（美）费正清等编《剑桥中国晚清史》下卷，中国社会科学出版社1993年版，第178页。
② 汪林茂：《晚清文化史》，人民出版社2005年版，第84页。
③ 汪林茂：《晚清文化史》，人民出版社2005年版，第84页。
④ （清）王韬：《洋务上》，载《弢园文新编》，生活·读书·新知三联书店1998年版，第29页。
⑤ 《江南制造局翻译西书事略》第三章"论译书之益"，载张静庐《中国近代出版史料初编》，上海出版社1953年版。
⑥ （清）王韬：《泰西著述考·序》，光绪十六年铅印本。

二　教育理念备受重视，新式学堂不断涌现

中国的传统教育是以儒家思想为核心的教育体系。随着近代西学的输入，传统的儒学渐渐趋向于经世致用，儒学内部各学派之间，儒学与西学之间出现了调和的发展趋势。[①] 儒学正统地位的衰落与近代新兴学科的兴起促使中国传统教育逐步向着近代化的方向转变。随着近代社会政治、经济的巨大变化，传统的书院逐渐演变成学校、学堂，由此，也形成了一些不同类型和性质的学校图书目录。大致有如下两类。

其一，外国教会学校图书目录。近代随着西学东渐的兴起，一些外国传教士开始了在中国大陆的传教活动。他们兴办教会学校，以传播西方文化。据有关数据统计，从1840年到1919年的80年间，共有近13000所外国教会学校成立，学生总数约35万人。[②] 这些外国教会所办的学校，也常常编有目录，形成了外国教会学校书目。如同治十三年（1874），由英国传教士傅兰雅创建的上海格致书院，该书院设有藏书楼，藏有中西各类图书。西书方面，有旧译泰西格致书、各种史志，江南制造局新译诸书、各类西文报刊，各种格致机器新旧之书、格致机器新报、机器新式图形，以及天球、地球各种机器小样。中文书籍包括经、史、子、集四部书籍，"以期考古证今，开心益智，广见博闻"[③]，并编有《上海格致书院藏书楼书目》。又如光绪五年（1879），由美国圣公会驻中国代表施约瑟主教在上海创办的圣约翰书院，后改建为圣约翰大学。该学校便设有专门的图书室，收藏中西图书三万余册，并编有《圣约翰大学罗氏图书馆书目》。它们成为外国教会图书目录的代表。

其二，新式学校、学堂目录。1901年，清政府开始推行"新政"，由此也开启了对传统教育制度的深刻变革。同年，以武科举相沿已久，流弊甚多，且其所习，多与兵务无涉，不切于实用，故下令"嗣后武生童考试及武科乡会试者即一律停止"[④]。随后，张之洞、袁世凯等人请求，废

[①] 详见龚书铎《中国近代文化概论》，中华书局2004年版，第80—97页。
[②] 顾长声：《传教士与近代中国》，上海人民出版社1981年版，第226页。
[③] 《上海格致书院藏书楼书目·章程》，清光绪三十三年格致书院铅印本。
[④] 沈桐生：《光绪政要》第27卷，上海崇义堂石印本。

除科举制度,"自下届丙午科起,每科递减中额三分之一,候来科中额减尽以后,即停止乡试、会试"。① 又在1904年颁布了"癸卯学制",制定了从初等教育到高等教育、从普通教育到实业教育、从师范教育到留学教育一整套新的教育体系。这些新措施推动了中国教育的近代化发展,扩大了学生的知识结构,有利于国民科学文化素质的提高。由此,中国近代出现了许多新兴的学校,这些学校对其藏书也常常编有目录,形成了学校或学堂目录。截止到1908年,国内共设立学校、学堂47995所。这些学校、学堂建有各自的藏书机构。已知的这类目录主要有《京师大学堂书目》《清华学校华文书籍目录》《岭南大学图书馆中籍目录》《武昌高等师范图书馆图书目录》《南洋中学藏书目》《无锡县立第一高等小学校图书馆目录甲编》《仪董学堂藏书总目》《暂定各学堂应用书目》等。

三 出版发行机构的新发展

晚清出版发行机构大致形成了教会印书馆、官书局、私书坊三足鼎立的局面。中国近代出版机构的建立与外国传教士关系密切。鸦片战争以后,中国内地开放了五个通商口岸,为外国传教士在内地的活动打开了方便之门。19世纪末到20世纪初,外国传教士形成了以上海为中心的出版网络。如1843年在上海由英国传教士麦都思创立了墨海书馆,1845年花华圣经书房在宁波建立,后迁入上海,改名为美华书馆。此外,还有英国传教士傅兰雅在上海创办的格致书局、美国传教士创办的广学会等。② 这些外国教会出版机构的建立并不是单纯地为了刊刻书籍。普鲁士教士郭士立便坦言其出版意图,"就是要使中国人认识我们的工艺、科学和道义,从而清除他们那种高傲和排外的观念"③,足见其政治上的别有用心。

官书局创始于同治年间,极盛于光绪年间。孙家鼐在《官书局开设缘由》中曰:"倘能广选贤才,观摩取善,此日多一读书之士,即他日多一报国之人,收效似非浅显。请旨饬下总署及礼部各衙门悉心筹议。"④

---

① 陈学恂主编:《中国近代教育教学参考资料》上册,人民教育出版社1986年版,第575页。
② 参见肖东发主编《中国编辑出版史》,辽宁教育出版社1996年版,第385页。
③ 转引自姚福申《中国编辑史》,复旦大学出版社2004年版,第238页。
④ 张静庐主编:《中国近代出版史料初编》,上海书店出版社2003年版,第45页。

1863 年，曾国藩在安庆创立金陵书局，此后各地书局广泛建立，遍及江苏、安徽、云南、贵州等省份。

私人书坊以北京的琉璃厂和上海的棋盘街为代表。来熏阁在北京设有总店，在上海设有分店，以经营金石考古类书籍为主。此外，山东聊城、四川成都等地的私人书坊也十分集中。19 世纪末期，一些有实力的民营资本也进军出版领域，商务印书馆、中华书局的建立进一步壮大了近代出版业的勃兴。

这些出版发行机构利用其先进的生产技术和文化积淀，广泛地刊印了大量书籍，为了更好地促进书籍在市场的流通，它们编纂了以销售图书为目的的营业目录。营业书目又称书业书目，"是图书翻译、出版、发行以及旧书业为介绍推销图书而编成的统计登记性书目"。① 注重对图书的推销是营业书目的重要特征。从其编纂主体而言，可分为官书局目录和私营书局目录两种。从其编纂的目的与功用而言，又可分为专门以推介图书、售卖图书为目的的售书目录以及各省书局所开列的为教育士人、增广其见识而发行的运售目录。

营业目录反映了近代出版业的成就。龚书铎在《中国近代文化概论》中认为，中国近代出版业的成就不仅表现在出版机构数目的增多，还表现在书业的营业和洋纸的输入总数两方面。② 近代许多营业目录在文献著录上都标明了图书的纸质和价钱。总体而言，纸质大多是赛连纸、连史纸、顺太纸。因纸质不同，书价也各异，这些图书的纸质和价钱在一定程度上反映出近代出版机构的营业状况。此外，有些营业目录还附有与售书相关的"通则"或"说明"。如《湖北官书局书目》后附有"官书局购书章程及通信处"。《直隶运售各省官刻书籍总目》前，编有"运书发售章程"等。这些相关的资料，反映了近代出版业经营的规模和经营的方式。

营业目录还为了解中国近代社会学术文化风尚提供了新视角和新素材。以往谈论近代文化的学者多是从官僚群体、知识分子群体的角度来研究和看待文化的发展演变，而对于近代社会普通大众的文化取向和价值观

---

① 孟昭晋：《书业书目概说》，《青海图书馆》1982 年第 3 期。
② 龚书铎：《中国近代文化概论》，中华书局 2004 年版，第 236 页。

念则少有涉及。其实，普通大众的文化趋向和价值观念也是近代文化的重要方面，这是个不容忽视的问题。正如周振鹤所言："历来的研究只重在统治阶级和知识阶层对西学的认知和体验，对于一般士人及大众于西学的态度并不了解。因此，对于西学在晚清的流行程度实际上有深入研究的必要。因为只有加上这一研究，才能了解当时社会思潮的全貌。"① 而晚清营业目录恰恰体现了普通大众的阅读兴趣和阅读需求。因此，对营业目录的研究为了解中国近代社会学术文化风尚提供了新视角。

四 图书馆文化运动的兴起

晚清时期的图书馆运动大致可分为三个时期，即 19 世纪 40 年代到 60 年代、19 世纪 60 年代到 19 世纪末、19 世纪末期到 20 世纪初期。随着各地图书馆的兴建，产生了相应的图书馆目录。这些图书馆目录在书目类型、编纂结构等方面形成了许多特色。

从 19 世纪 40 年代开始，一些有识之士便开始注意到了西方的图书馆。② 这一时期在中国出现的图书馆主要是一些教会兴办的图书馆和藏书楼。如 1844 年在上海建立的"徐家汇天主堂藏书楼"，该藏书楼收藏的中、外文图书共计近 20 万册。此外，还有 1849 年成立的"工部局公众图书馆""亚洲文会北中国支会图书馆"等。

进入 19 世纪 60 年代，国人对藏书的教化作用有了进一步认识。1861 年筹办的同文馆书阁便首开公家藏书借阅之风："同文馆书阁存储汉洋书籍，用资查考，并有学生应用各种功课之书，以备随时分给各馆用资查考之书。汉文经籍等书三百本，洋文一千七百本，各种功课之书，汉文算学等书一千本。除课读之书随时分给各馆外，其余任听教习、学生等借阅。注册存记，以免遗失。"③ 郑观应也认识到建立公共藏书楼的重要性："泰西各国均有藏书院、博物馆，而英国之书籍尤多。自汉至唐以来，无书不备……独是中国，幅员广大，人民众多，而藏书仅此数处，何以遍惠士

---

① 周振鹤：《晚清营业书目·代前言》，上海书店出版社 2005 年版。
② 例如王韬在《弢园文录外编·征设香海藏书楼》、郑观应在《盛世危言·藏书》、魏源在《海国图志》、徐继畬在《瀛环志略》中皆记载了当时外国图书馆的情况。
③ 《同文馆书阁藏书》，载李希泌主编《中国古代藏书与近代图书馆史料》，中华书局 1982 年版，第 85 页。

林？宜饬各直省督、抚，于各厅、州、县分设书院，购中外有用之书，藏贮其中，派员专管。无论寒儒博士，领凭入院，即可遍读群书。"①

与此同时，一些先进的知识分子还走出国门，对国外的图书馆进行了考察。如张德彝在英国参观了不列颠博物院的藏书处："先看藏书处，室室相连，重阁叠架，自颠至址，节节皮书，锦帙牙签，各有鳞次。所藏五大州舆地历代书籍，共七万数千卷，隔架按国分列。其司华书者为德格乐。前一大堂，中横案凳，四面环以铁阑，男女观书者二百余人，晨入暮归。书任检阅，但不令携去耳。"② 再如李鸿章曾参观柏林大学藏书楼："此书楼地方颇多，而规模古朴。其藏书传递之法，亦皆旧式。……藏书凡一百二十万部，阅书室坐可容百二十人。室中四壁作凭楼式，列书三层，其常用之书举置此，罕用者则别室庋之。司理检查传递者，五十许人。阅者均取票一，自注姓名及著述人姓名、所生地、著述年月于其上，乃投筒中，即可按书检出。定例，取出之书可至三星期，逾时仍不还，则令巡警索还之。"③ 国人的这些出国考察活动为兴建中国自己的图书馆提供了宝贵的借鉴经验。19世纪末到20世纪初，中国的图书馆运动渐渐形成高潮。主要有以下两点表现。

一是人们对图书馆社会功用的认识越来越深刻。罗振玉言："保固有之国粹，而进以世界之知识，一举而二善备者，莫如设图书馆。方今欧、美、日本各邦图书馆之增设，与文明之进步相追逐，而中国则尚暗然无闻焉。鄙意此事亟应由学部倡率，先规划京师之图书馆，而推之各省会。"④ 时人对图书馆的职能也有了新理解："图书馆之设，所以保存国粹，造就通才，以备硕学专家研究学艺，学生士人检阅考证之用。以广征博采，供人浏览为宗旨。"⑤ 保存国粹成为图书馆的重要职能。

二是中央和地方图书馆纷纷兴建。1902年京师大学堂藏书楼正式成

---

① （清）郑观应：《藏书》，载李希泌主编《中国古代藏书与近代图书馆史料》，中华书局1982年版，第85页。

② （清）张德彝：《随使英俄记》，岳麓书社1986年版，第360页。

③ （清）李鸿章：《出使九国日记》，岳麓书社1986年版，第395页。

④ 罗振玉：《京师创设图书馆私议》，载李希泌主编《中国古代藏书与近代图书馆史料》，中华书局1982年版，第123页。

⑤ 《京师图书馆及各省图书馆通行章程折》，载李希泌主编《中国古代藏书与近代图书馆史料》，中华书局1982年版，第129页。

立，并制定了较为完善的管理制度。一年之后，清政府又在颁布的《奏定大学堂章程》中规定了各学堂也要设立图书馆。与此同时，各地方也纷纷建立了省级图书馆。如1906年，湖南巡抚庞鸿奏请筹建湘省图书馆，并附有《湖南图书馆暂定章程》，规定了图书馆的名称、设置、宗旨、职员、捐助章程、阅览章程等诸多事项。1908年，奉天总督徐世昌奏请筹建黑龙江图书馆。1910年，广西巡抚张鸣歧奏请筹建广西图书馆。据统计，从1903年到1910年的8年间，全国各地共建立了近20所图书馆，分布在浙江、湖南、湖北、福建、黑龙江等省。

各地纷纷建立图书馆，兴起了创办公共图书馆的高潮。这些图书馆拥有大量的藏书，它们也都各自编有藏书目录，于是形成了晚清目录学上的一种新的书目类型——图书馆目录。晚清图书馆目录依据其发展的不同阶段产生了各具特色的书目类型。

19世纪末期，我国图书馆主要的表现形式是一些具有开放色彩的旧式私人藏书楼。如国英建共读楼，其藏书"所以不自秘者，诚念子孙未能读，即使能读，亦何妨与人共读，成己成人无二道也"[1]。徐树兰创古越藏书楼，"其书规模粗具，以备合郡人士之观摩，以为府县学堂之辅翼"[2]。这些清末藏书楼多编有藏书目录。代表者如国英的《共读楼书目》、徐树兰的《古越藏书楼书目》、邵章的《杭州藏书楼书目》、杨复的《浙江藏书楼书目甲乙编》等，它们成为19世纪末期中国图书馆目录的雏形。

20世纪初，随着公共藏书观念的兴起，各地纷纷建立了图书馆，由此也产生了诸多官办公共图书馆目录。此外，一些政府机关的附属图书馆也编有目录。如《教育部图书馆目录》《外交部藏书目录》《驻日本使署藏书书目表》等。

第四节 目录学自身的发展逻辑

从外部因素来考察，晚清目录学的发展得益于该时期学术与社会的发

---

[1] （清）国英：《共读楼书目·自序》，清光绪六年（1880）吉林索绰络氏家刻本。
[2] （清）徐树兰：《古越藏书楼书目·呈》，清光绪三十年（1904）石印本。

展变迁。但另一方面，晚清目录学也是中国传统目录学自身逻辑发展的产物。这可谓晚清目录学发展的内在动力。

首先，在目录类型方面，晚清目录学基本上是沿着古典目录学的轨迹前进的。古典目录学在书目类型上形成了官修目录、私修目录、史志目录三大系统。官修目录始于刘向的《别录》，"每一书已，向辄条其篇目，撮其指意，录而奏之"①。此后，各代皆编有国家书目。东汉班固编纂《汉书》时，在十志之中首创《艺文志》，以记录图书状况，开启了后代史志目录的先河。而私家藏书目录的编纂则以王俭的《七志》首开其先。② 晚清目录学依然可以分为官修、私藏、史志三大书目类型，但又有了新的发展。如在官修公藏目录中出现了图书馆目录，"由公共图书馆藏书目录而沿方便检索之路演变"③，这就改变了以往官修目录只是重视收藏是否完备，却忽略了目录对书籍的查询检索和利用功能。在私修目录中出现了导读目录，"由导读目录而沿推荐文献、传播思想之演变"④，更加突出了对读者的关注职能。此外，还出现了大量的读书记、题跋集等私撰目录，起到了剖析传统学术发展源流的作用。在史志目录方面，形成了对正史艺文志或经籍志的补遗考证。晚清目录学在书目类型上的新发展，其根本上还是脱胎于传统目录学的学术文化。

其次，晚清目录学依然使用古典目录学的内容结构来揭示图书信息。古典目录学在内容结构上主要形成了三种编纂体制，即名目、序言、解题。⑤ 所谓名目，即书名、作者、卷数。古典目录就有根据实际情况，增添名目事项的特点。如《汉书·艺文志》增加了对传注者的著录，《四库全书总目》增加了对图书来源的著录等。晚清目录学在名目上，主要增加了两个内容。一是注明了图书价钱。如《西学书目表》言："今取便购读，故从各省官书局之例，详列价值。"⑥《农务要书简明目录》也道："中国购西国图书，往往因不知其价值而惮于搜罗。故此编于各书下，列

---

① 陈国庆：《汉书艺文志注释汇编》，中华书局2011年版，第6页。
② 参见来新夏《古典目录学浅说》，中华书局2003年版，第100页。
③ 彭斐章：《目录学教程》，高等教育出版社2004年版，第94页。
④ 彭斐章：《目录学教程》，高等教育出版社2004年版，第94页。
⑤ 参见周少川《古籍目录学》，中州古籍出版社1996年版，第17页。
⑥ 梁启超：《西学书目表·序例》，清光绪二十二年（1896）时务报馆印本。

其价值，皆美国书楼所定之价。"① 二是注明了著者、译者。如《增版东西学书录》电学类《电学》十卷一书下著为："英脑挨德著，英傅兰雅译，徐建寅述。"声学类《光学》二卷附《视学诸器说》一卷条下著为："英田大里、西里门同辑著，美金楷理译，赵元益述。"又如《译书经眼录》哲理类《社会主义》一书下著为："日本村井知至著，侯士绾译。"而"名目"之外的"解题"，依然是晚清目录学最核心的内容结构。这在新兴的译书目录中最具代表性。其中，有揭示图书思想价值者，如《中西普通书目表》在《治心免病法》的提要中写道："此书专教人培养心术，非特空言其理。且显证其法，其精确处实非古人所已道过，周、程复生，不能不为之心折。夫形上为道，形下为器。近儒皆谓泰西明于形下，昧于形上，读此书当自悔失言也。"② 再如《译书经眼录》对《人权新说》一书的提要云："本书主持进化主义，以优胜劣败为社会之确论，力驳天赋人权之出于妄想。并博引诸说相驳诘，以证其说之可信。书凡三章，皆综论天赋人权及权利妄想进步之理，且以民人有普通选举权之非而以英之限制选举，注意实际为合于立宪之公理。并能力制过激主义，令民人咸有爱国思想。其立论精纯，可谓能见其大者矣。"③ 有向读者鉴别图书、推荐图书者，如《农务要书简明目录》对《肥田法》一书的提要云："书中略论农家令地土肥沃而增益其所产之物。作者教习农务，并试验多年，故著述此书，实于农家大有裨益。"④ 此外，晚清目录学还利用书目提要的形式，对维新派的变法与革命派的革命主张进行了宣传和推介。从这个意义上看，晚清目录学所肩负的新社会文化使命，也是对古典目录学书目功能的一种延伸与拓展。

最后，古典目录学的图书分类对晚清目录学产生了深远影响。自《隋书·经籍志》确立了四部分类法后，历代多有沿袭。在继承传统四部分类法的同时，也存在一些不受四部分类约束的新分类法。如宋代李淑撰

---

① ［英］傅兰雅：《农务要书简明目录例言》，清光绪二十七年（1897）上海制造局刻本。
② （清）黄庆澄：《中西普通书目表》表二言语学类，清光绪二十四年（1898）刻本。
③ 顾燮光：《译书经眼录》卷六哲理类，民国十六年（1927）上海石印本。
④ ［英］傅兰雅：《农务要书简明目录》田园类，清光绪二十七年（1897）上海制造局刻本。

有《邯郸书目》,"经、史、子、集四部分类至五十七,其不恪守《隋志》可知"①。更有郑樵在其《通志·艺文志》中将图书分为十二类,并在《通志·校雠略》中提出了许多图书分类的思想,指出图书的分类要与具体的学术发展阶段相适应,分类不在于多少,关键在于其能否起到统领学术的作用。此后,不守四部分类者有《文渊阁书目》,特别是明代私家藏书目,"多援《文渊目》为护符,任意新创部类,不复恪守四部成规"②。至清代又有孙星衍《孙氏祠堂书目》分书目于十二。实际上,这些不守四部成规的分类方法,为晚清目录学图书分类的变革提供了思想基础。如果说新学术文化的发展是晚清目录学图书分类革新的外因,那么,古典目录学中这些"《隋志》以后闯出'四部'牢笼之十几种分类法"③的出现,便是其变革的内在因素,即目录学分类体制中自身的逻辑发展使然。尤其是道、咸以降,"中学为体,西学为用"的文化观念也渗透至目录学领域,许多学者试图在西学书目分类与传统四部分类法之间架起融会贯通的桥梁。这些理论和方法在被目录学所借鉴、吸收的同时,都可以清晰地寻找到传统四部分类法的学术痕迹。

晚清目录学的产生与发展既是学术与社会日趋进步的结果,又是目录学自身体制不断发展完善的产物。晚清目录学的创新性发展,无疑为目录学增添了新的学术面貌。然而,晚清目录学并未完全脱离古典目录学的母体。在这一意义上看,晚清目录学依然是古典目录学走向近代化的一个重要过渡阶段。

---

① 姚名达:《中国目录学史》,上海古籍出版社2002年版,第83页。
② 姚名达:《中国目录学史》,上海古籍出版社2002年版,第94页。
③ 姚名达:《中国目录学史》,上海古籍出版社2002年版,第83页。

第 二 章

朴学遗风中的目录学

考据，又称考证。考据之萌芽可远溯至先秦时期。汉唐之际，考证渐成风气。两宋以来，考据发展迅速，逐渐形成系统的方法，成果显著。朱熹在主张通晓义理之学的同时，又重视前人的考据成就："汉魏诸儒正音读，通训诂，考制度，辨名物，其功博矣。学者苟不先涉其流，则亦何用力于此？"① 清人治学，与往代最不同者，在于其朴实的考据学风。正如梁启超所云："当时学者，以此种学风相矜尚，自命曰'朴学'。"② 晚清时期，虽然考据学不再占据学术的主流，但考据的余绪依然有其持久的生命力。考据学所带来的研究方法和治学精神，"已渗透到清代学者的风骨之中"③。晚清目录学也同样深深地打上了传统朴学的时代烙印。在目录的类型上形成了经史考据目录、辑佚目录、版本目录、私家藏书提要目录以及地方著述目录，彰显了清人治学朴实无华的学术风尚。

第一节　经史考据之学及其目录

清代的朴学传统，以经史考据为核心。梁启超所云："当时学者，以此种学风相矜尚，自命曰'朴学'。其学问之中坚，则经学也。经学之附庸，则小学。以次及于史学、天算学、地理学、音韵学、律吕学、金石学、校勘学、目录学等。一皆此种研究精神治之。"④ 在经史考证的学术

---

① （宋）朱熹：《论孟精义序》，清同治十三年（1874）公善堂刻本。
② 梁启超：《清代学术概论》，上海古籍出版社2005年版，第40页。
③ 张国刚、乔治忠等：《中国学术史》，东方出版中心2002年版，第564页。
④ 梁启超：《清代学术概论》，上海古籍出版社2005年版，第40页。

氛围下，晚清目录学也形成了经解目录、小学目录、考补史志目录以及金石目录。

一　经学的总结与经解目录

有清一代，是经学昌明的时代。梁启超云："清儒的学问，若在学术史上还有相当价值，那么经学就是他们惟一的生命。"① 康熙年间，有《通志堂经解》成编，如唐李鼎祚以及宋、明之儒著经之书，多有搜罗。清朝自开国以来，亦多饱读经书之儒，如顾炎武、阎若璩、毛奇龄等人的著作，都已收入《四库全书》中。清中叶以降，惠栋、戴震这些名儒之作，虽已广为流传，但尚未有丛书对其加以汇刊。乾隆四年，清高宗下诏，命将《十三经注疏》付刊，并将是书颁发至各地府州县学，唐宋解经诸家之作，已囊括其中，"唐宋人经疏如孔冲远、贾公彦诸人，依据闳深，包罗古训，诚为研经者不可少之册也"②。由此，也开启了士人研读经学古义的学术风尚。道光年间，阮元出任两广总督，深感岭南士人不能备览经书，于是尽出所藏，"取国朝以来解经各书，发凡起例，酌定去取"③，主持刊刻了《皇清经解》，"以表章往哲，鼓舞来学，通经致用之士接踵而起，郁为国栋，蔚为儒林。其伏处者，亦能任干城吾道之重"④。对此，陈祖武先生云："乾嘉之际，阮元崛起，迄于道光初叶，以封疆大吏而奖掖学术，振兴文教，俨然一时学坛主盟。为他所主持编纂的《皇清经解》，将清代前期主要经学著作汇聚一堂，成为近二百年间经学成就的一个集萃。阮元亦以之对乾嘉学派和乾嘉学术作了一个辉煌的总结。"⑤ 然《皇清经解》收书一百八十余种，计一千四百卷，"凡见于杂家、小说家及文集中者，亦挨次编录"⑥。如此浩博之书，读者难于阅览，又寒微之士无力购阅，是以为憾。故沈豫编有《皇清经解渊源录》《皇清经解提

---

① 梁启超：《中国近三百年学术史》，山西古籍出版社2006年版，第56页。
② （清）严杰：《皇清经解序》，咸丰十年（1860）补刻本。
③ （清）严杰：《皇清经解序》，咸丰十年（1860）补刻本。
④ （清）张之洞：《广雅书局史学丛书目录·序》，清光绪二十五年（1899）广雅书局刻本。
⑤ 陈祖武：《清代学术源流》，第268页。
⑥ （清）严杰：《皇清经解序》，清咸丰十年（1860）补刻本。

要》之作，"令阅者见我国家经学昌明，而世之治经者，得其编次而穷究之，知原本之如此美且富也"①。

沈豫（1778—1848），字小敷，号补堂，又号汉语斋，浙江萧山人。道光年间诸生。沈氏在编著《皇清经解提要》之前，于道光十五年（1835）先撰成《皇清经解渊源录》一卷及《外编》不分卷。据沈氏自云："扬州芸台相国，英俊领袖，一时朝士，多出门下。广搜枕秘，粹为菁华，《经解》大集一千四百卷。豫于暇日披寻，大略知各经著述，悉有所自，逐次录之，得若干条。其《外编》，则亦本《钦定四库全书总目》，缮写摘记，寥寥短简，悚惭单薄。椎轮积水，竚俟踵增。"② 可见，《皇清经解渊源录》重在揭示治经诸家的学术渊源。综合而言，主要有两个方面的表现。

其一，明师承。如鄞县万斯大《学礼质疑》条，先引万斯大自序曰："大自丁未学礼以来，心有所疑，取其大者，条而说之，而质之吾师梨洲先生。"随后，沈豫案曰："当时浙东之学，以黄氏为宗，故渊源精博，贯串无涯涘。斯大弟斯同季野，亦以经学名。迄今四名邵氏，尚得乡先辈真法也。"揭示万斯大是编师承有自，总结了浙东学派"渊源精博"的治学特点及其对后辈的影响。又戴震《考工记》条曰："阮相国《江永畴人传》：'同郡戴震，传永之学，复为订定。'盖东原亦受业于慎修氏。"又段玉裁《经韵楼集》中有"江慎修、戴东原师"云云，沈豫认为，"盖玉裁既师东原，又师慎修也"。由于戴震之师为江永，段玉裁之师为江永、戴震，故"玉裁与东原，既师生又同门也"。勾稽了江永、戴震、段玉裁之间的学术师承关系。

其二，述家学。如西河《仲氏易》三十卷称："述其兄锡龄之遗说，故以仲氏为名。大旨谓《易》兼五义，变易、交易、反易、对易、移易五者，皆先儒所未知。其言甚辩。"这里指出了毛奇龄是编乃本其兄之说，其治《易》颇有家学渊源。再如，武进臧玉琳《经义杂记》条曰："深入两汉诸儒阃奥，研覃经训，根究小学。百诗阎氏以下，如嘉定钱少詹辛楣、阮相国芸台、段大令茂堂诸宿老，服膺颛首。元孙在东，克世其

---

① （清）沈豫：《皇清经解提要·序》，清道光十八年（1830）《蛾术堂集》本。
② （清）沈豫：《皇清经解渊源录·题辞》，清道光十八年（1830）《蛾术堂集》本。

家学，而校勘六籍，识别枣梨，尤为殊绝。"臧玉琳学宗汉儒，以小学入经学，多得赞誉的同时，又能传其学于子弟，治学有源有流。又如王引之《经义述闻》条曰："高邮王伯申尚书《经义述闻》秉承怀祖先生道训，兼参己说，汉之刘、贾也。而观察公《广雅疏证》尤极精核，远胜邵、郝《尔雅正义》。"则王引之《经义述闻》秉承其父念孙之学，并附以己意，家学渊源甚明。

  沈豫《皇清经解渊源录》及其《外编》是其编纂《皇清经解提要》前夕的草拟之作，难免会有疏漏之处。如《皇清经解渊源录》中顾炎武《音论》条曰："愚受《诗》家庭，窃尝留心于此。晚年独居海上，惟取三百篇，日夕读之。"沈氏欲揭示顾炎武音韵学的家学传统，然据《音论》卷中"古诗无叶音"条，沈氏所引实乃明陈第《毛诗古音考序》之言。尤其是《外编》，仅寥寥十余部书，且提要多摘录自《四库全书简明目录》，"鲜一字发明，殆钞撮将为论述张本"①。其中也存有诸多改进之处。如《外编》所载《周易玩词集解》条曰："慎行授《易》于黄宗羲，故于《易》家一切杂学，酌然不惑。其《河图说》《卦变说》《辟卦》《中爻互体》及《广八卦说》，辩证具有根柢。"然考之《四库全书简明目录》，《周易玩词集解》之"玩词"作"玩辞"，"授《易》于黄宗羲"作"受业于黄宗羲"。②再如，《周礼训纂》一书，沈氏著录三十一卷，然据《四库全书简明目录》所载当为二十一卷。③又胡煦撰《周易函书别集》一书，沈氏著录八卷，然据《四库全书简明目录》所载当为十六卷。沈氏云，胡煦"持论酌于汉《易》、宋《易》之间，与朱子颇有异同"云云，然据《四库全书简明目录》，"持论酌于汉《易》、宋《易》之间"则作"持论酌于汉学、宋学之间"④。对此，李慈铭评曰："其《经解渊源录外编》，仅列书十二种，皆全据《四库书简明目录》中钞出，并无及'渊源'者，盖系补堂偶然札记，而其门人编集时，妄收之，且妄加以'渊源录外编之名，尤足发一大噱。"⑤

---

① （清）平步青：《霞外攟屑》卷4《蛾术堂集》条，上海古籍出版社1982年版，第207页。
② 《四库全书简明目录》经部易类，华东师范大学出版社2012年版，第35页。
③ 《四库全书简明目录》经部礼类，华东师范大学出版社2012年版，第78页。
④ 《四库全书简明目录》经部易类，华东师范大学出版社2012年版，第36页。
⑤ （清）李慈铭：《越缦堂读书记》，中华书局2006年版，第1121页。

第二章　朴学遗风中的目录学

《皇清经解提要》初成编于道光十七年。据沈豫自云："暇日将各种略观大意，并撮掇其一书之精义，或创解特识者，荟而录之，得提要百数十种。其余各集虽散见于豫所辑《易经》《仪礼》《周礼》《诗经》《大》《中》《论》《孟》各解中，而要务专论。频年心力衰耗，揣难卒业，即将著录者付之剞劂，余则阙焉。"① 可见，是编乃对阮元《皇清经解》中的精要加以概括、总结而形成的一部目录书。道光二十三年，沈豫寓居于何士祁处，得见其藏书目录《震无咎斋书目》，"内经部《皇清经解》各著，都有论断，予所未及者，顾一一列焉"②。于是续补而成《皇清经解提要续编》一卷。

沈豫在《皇清经解提要》中，揭示了清代汉学诸家的治学特点。如对惠栋《易说》一书辨析了其学术大旨："《易说》六卷，其书杂释卦爻，专明汉学。大抵以象为主而训诂尤所加意，虽采掇多未纯而精核处多不可及。"又惠栋《周易述》提要曰："此汉《易》之渊薮，虞、郑义居十之五六，而总以李鼎祚《集解》为蓝本，旁通曲证，四圣人不言之妙，发挥殆尽矣。"惠栋还撰有《礼说》一书，沈氏评曰："至《礼说》十四卷，依经编次，古音古字分别疏通，而郑注汉制皆旁引经史以证明之。"可见，惠氏治学以专宗汉人注疏为宗旨。再如孙星衍《尚书今古文注疏》的提要中，指出："是编采自汉魏，迄于隋唐，不取宋以来诸人注，以其无师传，恐滋臆说也。又采近代王光禄鸣盛、江徵君声，段大令玉裁诸君书，说皆有古书证据，而王氏念孙父子尤精训诂。"可见孙氏治经，能够追本溯源，以古注、训诂为宗旨。又如王引之《经传释词》条曰："六经三史，章句古拙，无语助口气因缘联络，故文义鲜见，怊惝茫昧，伯申尚书所以有《经传释词》之作也。共十卷，始与字至夫字，原本雅驯，旁阐群籍，如水银之泻地，无孔不入，夫而后可读周秦以上之书矣。"揭示了王引之以小学说经校经的学术主张。

汉人治经，最重家法师承。皮锡瑞曰："汉人最重师法。师之所传，弟之所受，一字毋敢出入；背师说即不用。师法之严如此。"③ 沈豫是编

---

① （清）沈豫：《皇清经解提要·序》，清道光十八年（1830）《蛾术堂集》本。
② （清）沈豫：《皇清经解提要·续叙》，清道光十八年（1830）《蛾术堂集》本。
③ （清）皮锡瑞：《经学历史》，中华书局2021年版，第77页。

中亦对清儒治学的家法师承颇多首肯。如惠栋《九经古义》条提要，引其《述首》所云："汉人通经有家法，故有五经师训诂之学，皆师所口授。其后乃著竹帛以汉经师法之说立于学官，与经并行。五经出于屋壁，多古字古言，非经师不能辨。经之义存乎训，识字审音，乃知其义，是故古训不可改也，经师不可废也。余家四世传经，咸通古义。"沈氏特摘此段于提要中，揭示了惠氏以家学传经、以小学治经的学术宗尚，并赞曰："征君此著，可与亭林《五经同异》并垂不朽矣！"又如臧庸《拜经文集》条曰："汉代传经，各持师法，宁固而不肯少变。观明经《答翁覃溪先生〈毛诗·下武〉解》云'庸幼师抱经学士，于经旨未敢穿凿附会'，可知其所学矣。"这里肯定了臧庸守汉学师法的治学特色。在段玉裁《周礼汉读考》一书的提要中，沈豫则追溯了清代汉学的传统与师承："汉学之废久矣。自我朝定鼎，崇尚经术，如竹垞朱氏、西河毛氏、亭林顾氏、百诗阎氏，皆抉发古义，使孔、郑、贾、马不坠于泯灭。其间传授，婺源慎修江氏深得派脉，而东原戴氏又慎修高弟也。金坛段若膺先生，尝从戴公游，故其学最有原本。"段氏之学师承有自，故沈氏评《周礼汉读考》曰："然则此书非特还《周礼》之旧观，倘由此引申，则天下之书无不可读矣。通一经而群经赅，会一议而群义合，其有功于古训，岂小补哉！"又王念孙、王引之父子的治学，亦以家学为根底，素有"高邮二王"之誉。在王引之《经义述闻》的提要中，沈氏评曰："高邮伯申王尚书，三世传经，自文肃公以清正立朝，以经义教子，故哲嗣怀祖前辈家学特为精博，而尚书趋庭鲤对，又得引伸证疏，数千年不尽之秘，廓然丕著。夫汉之贾、郑，唐之颜、孔，夙承家学，蔚为儒宗，良以酹以酿而益醇，钢以炼而愈淬也。"家学师承俨然成为清儒治学的一大特色。

沈豫虽然推崇汉学，但对清人治学的评价却不拘泥于汉学一端。他对汉宋兼顾的治学倾向，也予以肯定。如陈启元《毛诗稽古篇》条曰："是编三十卷，汉诗有《鲁故》《韩故》《齐后氏》《孙氏故》《毛故训传》。故者，古也，合于古，所以合于经也。参伍众说，寻流溯源。大要以《传》《笺》为本，而出入于《大全》《集传》之间。不泥古，不悖古，《周礼》所谓调人，可约略其恉趣矣。"从中可见，陈启元治学仍以汉学为主，在此前提下，对宋人之学兼综并采。对于经学中的今、古文之分，沈豫也持有会通的观点。如孔广森《公羊通义》条提要曰："《春秋》之有三传，犹《诗》之有三家，《书》之有今古，截而分之，则瑕瑜互见，会而通之，则兰艾同芬。故《经解》曰'属词比事，《春秋》教也。'检讨是著，厥名《通义》，岂第习胡母之旧闻，其于《左氏》之艳而富，《穀梁》之清而婉，亦兼有取尔也，非特为《公羊》之功臣，抑且为泣麟之圣哲矣。"《春秋》三传中《公羊》《穀梁》属于今文经学，《左传》属于古文经学，孔氏治经，专主今文经学，然于古文可采者，亦不拘门户之见。沈豫显然认同这一治学方法，故称赞孔氏之学"非特为《公羊》之功臣"。就此一点，清人谭献曰："（沈氏）持论近人，可为初学导师。似不以近代说经辗转稗贩、蔓衍亡涯、徒滋门户之哄者为然。"①

但由于《皇清经解渊源录》与《皇清经解提要》两编均为草创之作，于《皇清经解》之收书多有遗漏。如《孟子生卒年月考》《学春秋随笔》《经义杂记》《尚书释天》《尔雅正义》《读书杂志》《经义知新录》等书，均未著录。再加之沈氏学识有限，"说经气平而语琐，未见其大。群籍亦得途径，识力未卓。……《学海堂经解渊源录》《经解提要》亦无独至之言"②。作为提要目录，缺乏分类体例，每书下的提要过于简略，诚如张舜徽先生所云："大抵薄书短帙，名目繁多。大别之，不过文集与札记二类耳。"③

二 "非训诂则经之义不明"：小学目录举隅

清儒治经，以阐发经义为旨归。但在乾嘉学派的学者看来，经义久为宋元诸儒所窜乱。戴震便曰："自宋儒杂荀子及老、庄、释氏以入《六经》、孔、孟之书，学者莫知其非，而《六经》、孔、孟之道亡矣。"④ 故乾嘉以来的清儒治学，尤其崇尚以文字、音韵、训诂为基础的"小学"，并将之发展成治经的一个重要方法。钱大昕云："六经皆载于文字者也，非声音则经之文不正，非训诂则经之义不明。"⑤ 戴震亦曰："经之至者道

---

① 谭献撰、范旭仑等整理：《复堂日记》，河北教育出版社2001年版，第183页。
② 谭献撰、范旭仑等整理：《复堂日记》，河北教育出版社2001年版，第338页。
③ 张舜徽：《清人文集别录》，华中师范大学出版社2004年版，第403页。
④ （清）戴震：《孟子字义疏证》卷上《理》，载汤志钧校点《戴震集》下编，上海古籍出版社1980年版，第286页。
⑤ （清）钱大昕：《潜研堂文集》卷24《小学考序》，江苏古籍出版社1997年版，第378页。

也，所以明道者，其词也，所以成词者，未有能外小学文字者也。"① 可见，通过研究"小学"，以揭示经义之本旨。由"小学"作为入门经学之途，成为乾嘉学派的共识。"小学"方面的学术成就，亦以清儒为最。梁启超便云："小学本经学附庸，音韵学又小学附庸，但清儒向这方面用力最勤，久已'蔚为大国'了。"②

"小学"之中，首重训诂。上文所述，戴震认为经义晦于宋儒。因而，他主张重新阐明经义，应当寻求"古经"。然而，古经遗文多所不存，今人不得不借助训诂的方法来阐明古经大义。戴震云："故训明则古经明，古经明则贤人圣人之理义明。"③ 由是，戴震于清儒中，首先开展了对《尔雅》的专门研究。其计划先以搜罗前人之注疏为主，以补郭璞之注、邢昺之疏，"折衷前古，使《尔雅》万七百九十一言，合之群经、传记，靡所扞格"。惜戴氏未能完书，今不得见。④ 嗣后，戴震《方言疏证》、邵晋涵《尔雅正义》、郝懿行《尔雅义疏》相继成书。程瑶田、任大椿、洪亮吉、刘宝楠等对《释宫》《释草》《释虫》《释缯》《释谷》等诸篇的名物多有阐述。而卢文弨、彭元瑞、阮元、张宗泰、刘光蕡等又对《尔雅》经注多有校勘，余萧客、臧镛、严可均、黄奭、马国翰等又对《尔雅》之佚文勤加搜讨。至此，《尔雅》这部书"经二百年学者之探索，大概已发挥无余蕴了"⑤。光绪初年，胡元玉在前人基础上，成《雅学考》一书，又以目录学的形式对尔雅学进行了梳理和总结。

胡元玉（1859—?），字子瑞，长沙府湘潭县人。所著《雅学考》一卷，清光绪十七年（1891）胡氏《镜珠斋汇刻》本。自汉文帝时置尔雅博士后，研究《尔雅》之学渐兴。尽管《尔雅》的授受渊源无法尽考，然自汉以迄唐初，著者代出。其中如郭璞之《尔雅注》、孙炎之《尔雅音义》，以及施乾、谢峤、顾野王、江灌、陆德明等相继有作，尔雅之学莫

---

① 汤志钧校点：《戴震集·文集》卷10《古经解钩沉序》，上海古籍出版社1980年版，第191页。

② 梁启超：《中国近三百年学术史》，第200页。

③ 汤志钧校点：《戴震集·文集》卷11《题惠定宇先生授经图》，上海古籍出版社1980年版，第213页。

④ 参见梁启超《中国近三百年学术史》，第201页。

⑤ 梁启超：《中国近三百年学术史》，第202页。

此为盛。中唐以后，韵书大行，《尔雅》之学渐为韵学之附庸；至宋代邢昺之《尔雅义疏》出，则《尔雅》之古注渐废；再加之宋代理学兴起，学者喜谈心性，尔雅之学式微。鉴于此，胡元玉著《尔雅考》一卷，专门考述宋代以前有关《尔雅》之著作。胡元玉自云："爰考宋前雅学诸书，撰稽众言，申以愚管，叙次为五种。宋以后不著录，雅学所由衰歇尔！"是编大致依据体裁类别，分注、序、音、图赞、义疏五类。末附祛惑九篇。注中收录臣舍人、刘歆、郑玄、孙炎、某氏、谢氏、顾氏、郭璞、沈旋、裴瑜之《尔雅》注者十二家，唯郭璞之《注》今存。"序"中录今已亡佚的陆尧春《尔雅序》一篇。"音"中收录樊光、李巡、孙炎、郭璞、沈旋、施乾、谢峤、顾野王、佚名、江灌、陆德明、曹宪、裴瑜、释智骞、毋昭裔凡十五家，今存陆德明一家。"图赞"中收录郭璞、江灌二家，今皆亡佚。"义疏"中收录孙炎、高琏二家，均亡佚。祛惑九篇，乃辨刘歆《尔雅音》、王肃《尔雅注》、刘劭《尔雅注》、李充《尔雅注》、陶隐居《尔雅注》、刘昌宗《尔雅注》、何承天《尔雅纂文》、颜延之《尔雅纂要》、孙林《尔雅注》中之淆讹者。是编于每书下，先辑诸家之论说，后案以己意。宋以前《尔雅》之书多有亡佚者，借此可窥见其书之大略。清儒治《尔雅》之学虽众，然于汉魏之注家多有不明而致误者。如误以"臣舍人"为"郭舍人"，误江灌之书为"江讙"，误将《经典释文》中"某氏之注"定为樊光，甚至有将《周礼正义》所引郑玄之《尔雅注》指为纬文者。是书则一一厘正，考证多为精审。然其于宋元以降之《尔雅》著述多付阙如，于剖析古今《尔雅》学的源流演变，多有未便。故近人周祖谟先生撰《续雅学考拟目》，分校勘、辑佚、补正、文字、音训、节略、疏正、补笺、考释、释例十类，"凡宋以后，属于尔雅之著作，悉行列入，颇足补是编（即《雅学考》——引者）之遗憾"[①]。

训诂而外，清儒还重视文字学，尤其对《说文解字》的研究成果最丰。汉代许慎著《说文解字》一书问世后，并未被学者所重视。南唐间，徐锴撰《说文系传》四十卷，至宋时已多残缺不全。清代乾隆年间，惠

[①] 中国科学院图书馆整理：《续修四库全书总目提要·经部》上册，中华书局1993年版，第1022页。

栋著《读说文记》十五卷,其弟子段玉裁又著《说文解字注》"体大思精,所谓通例,又前人所未知"①。不仅揭示了许慎《说文解字》的通例,而且对《说文解字》在流传中的错讹,亦有所纠正。段氏之外,又有桂馥的《说文义证》、王筠的《说文释例》《说文句读》以及朱骏声的《说文通训定声》,他们被誉为"说文四大家"。清代说文学的成就,为以著录《说文》著述为主的专科专学目录的产生奠定了基础。今所见者,有尹彭寿的《国朝治说文家书目》及叶铭的《说文书目》。

尹彭寿,生卒年不详,字慈经,号竹年,山东诸城人。官至教谕。据《山东藏书家史略》载:"淹雅耆古,工篆隶,能书画,尤好搜访碑刻,有李东桥、黄小松之风。在东武故城获汉朱博残石,为世矜贵,自署曰'博石堂'。然时赝造古器物售人,陈簠斋(介祺)、潘伯寅(祖荫)、王廉生(懿荣)多受其欺。"② 今国家图书馆藏有尹彭寿《国朝治说文家书目》一册,清光绪十九年(1893)诸城尹氏金泉精舍刻本。是编共收录六十四部清人研究《说文解字》之书,每书下先列卷数、撰者、版本,无提要。罗列诸家版本是本书编纂的一大特色,以收录原刻本、家刻本以及诸家丛书重刻本为主。在罗列各家版本的同时,还揭示了其中的版本渊源关系。如《说文解字》十五卷条,记载了孙氏平津馆小字本,而《小学类函》本、苏州浦氏重刻本,均是翻刻孙氏平津馆小字本。又《说文解字》毛氏汲古阁有大字本刊刻,又有朱氏校大字本,实际上就是翻刻的毛氏汲古阁本。再如南唐徐锴著《说文系传》四十卷,有山西寿阳祁氏刻本,此后所出的归安祁氏刻本以及《小学类函》本都是翻刻寿阳祁氏刻本而成。此外,尹氏在记录版本的同时,还能提示版本的某些特征。如《说文解字》一书的众多版本中,毛氏汲古阁大字本经过了"五次剜改",清人陈昌治刻本的特点是"编录一篆一行本",日照丁氏所刻为"仿宋刊本",满洲正红旗人额勒布所刻藤花榭本是"中字本"。南唐徐锴著《说文系传》四十卷,有苗夔校本,又清人马俊良所辑刊《龙威秘书》本乃"小字本"。段玉裁著《汲古阁说文订》一卷,民国元年湖北官书局有黄纸刻本,"附段注《说文》后"。庄述祖所撰《说文古籀文疏证》六

---

① (清)王筠:《说文释例序》,中国书店1983年版,第1页。
② 王绍增、沙嘉孙:《山东藏书家史略》,齐鲁出版社2017年版,第286页。

卷，潘祖荫曾有刻本，尹氏称："潘氏滂喜斋刻不全本。"简明扼要地概括了各版本的特点与不足，为读者利用其书提供了学术参考。

书后另附有《国朝治说文家未刻书目》，凡二十部。列目如下：严可均《段氏说文订订》、钮树玉《说文考异》、钱师慎《说文系传刊误》、朱文藻《说文系传考异》、冯桂芬《段注说文考正》、郑珍《说文新附考》、钱塘《说文声系》、苗夔《说文声读考》、钱侗《说文音韵表》、《说文孳乳表》、臧镛《说文引经考》、张澍《说文引经考证》、钱绎《说文解字读若考》《说文解字阙疑补》、钱侗《说文重文小笺》、许桂林《许氏说音》《说文后解》，宋鉴《说文解字疏》、马宗梿《说文字义广注》、钱大昭《说文统释》。然尹氏于光绪三十年（1904）辞琅邪书院山长，专心致力于金石学研究。故以上诸家未刻书，或有已付梓，但尹氏见闻所未及者。如钱塘《说文声系》二十卷，有咸丰五年南海伍崇曜《粤雅堂丛书》本，郑珍《说文新附考》四卷，亦有光绪年间《益雅堂丛书》本。也有在尹氏身后出版者，如冯桂芬《段注说文考正》十六卷，日本东京中文出版社于1985年据民国十六年原稿影印出版。其他未刻书，今或有藏于国家图书馆者，如钱大昭《说文统释》六十卷，今国家图书馆藏有清抄本，另有乾隆年间艺海堂刻本《说文统释自叙注》一卷。又苗夔《说文声读考》，今国家图书馆藏有朱格抄本。而钮树玉《说文考异》三十卷，全国图书馆文献缩微中心于1992年已发行拷贝片。

尹氏之外，致力于说文目录者又有叶铭的《说文书目》一册。叶铭（1866—1948），字盘新，号叶舟，祖籍徽州新安人，世居杭州，西泠印社创始人。所著《说文书目》，今国家图书馆藏有清宣统二年（1910）西泠印社铅印本。是目书前有汪厚昌叙、叶氏自叙各一篇。自古圣人造字，渊源有自。至春秋战国时期，礼法丧乱，各家纷立异说，古文字也随之日益繁变。秦始皇统一六国后，施行"书同文"的文化政策，程邈又据古文而作八分书，遂开汉儒以隶书写经之始，而古文则式微。汉儒许慎，以去古未远，撰《说文解字》十四篇，探究六书之奥微，继此绝学。唐末五代，经籍道息。宋初徐铉兄弟，始奉命校正《说文》，其学复显于世。清代治说文者，以段玉裁、王筠为代表，不下数十百家。但在叶铭看来，诸家各有所长，未可偏废："诸家之书得失异同至为繁赜，门户淆杂，说解纷岐，故昔日学者往往终身致力是书而汩没不返者，夫亦良可慨已。"①故叶氏取平日所见治《说文》之书，以成一编。书后辑有王念孙、桂馥等名家所作《说文统系图题跋》。该书目收录254种有关《说文》的研究性书籍，又有补遗29种，合计283种。其编纂体例为：每书下记卷数、著者，间标明版本，无提要。所收录之书大致以时代为序，然清人治《说文》者"门户淆杂，说解纷岐"，叶氏并未对其分类整理。

以笔者所见，叶氏是编大致收录了如下类别的《说文》著作。其一，对《说文》的校注者。如进贤包希鲁的《说文解字补义》十二卷、钱坫的《说文解字斠诠》十四卷、顾广圻的《说文辨疑》、黄以周的《说文解字补逸》等。其二，对《说文》的专题研究。如严可均的《说文地理类考》一卷、《说文天文算术类考》一卷、《说文引两汉郡县考》一卷，是为专门的天文地理研究；程际盛的《说文古语考》二卷、毕沅的《说文旧音》一卷、许桂林的《许氏说音》十二卷、钱塘的《说文声系》二十卷等书，是为专门的音韵学研究；《六书考定》《六书本原》等书，则是对六书理论的专门研究。其三，收录了对《说文》的辨证书籍。如毕沅的《说文辨证》五卷、孔广森的《说文疑疑》二卷、姚文田的《说文考异》十四卷、《说文校议》三十卷、黄以周《唐本说文真伪辨》一卷、张寿荣的《说文管见辨误》一卷等。其四，收录了清人综合性的说文读书札记。如何焯的《何氏读说文记》四卷、惠栋的《惠氏读说文记》十五卷、钱大昕的《说文答问》《养新录论说文》、王念孙的《王氏读说文记》一卷。以上都是研究说文的必读书籍，"后之为是学者，庶几有所考索云尔"②。

清儒治经，皆能兼治《说文》，从小学入门，"故能超越汉宋而睥睨一切也"③，然亦不可迷信《说文》。汪厚昌在《说文书目叙》中便云："古圣造字，悉具精意。汉儒以隶书写经，正如柄凿之不相入，诡更古法，向壁虚造，宜后世治经者分门立户，聚讼纷纭而不得其真解也。厥

---

① 叶铭：《说文书目·自叙》，《叶氏存古丛书》本。
② 叶铭：《说文书目·自叙》，《叶氏存古丛书》本。
③ 汪厚昌：《说文书目·叙》，《叶氏存古丛书》本。

后，更为金文之学，又知许书去古已远，亦非尽先王之旧。"① 欲读古书，则在《说文》基础上，又不可不参之籀篆。这也体现了晚清治《说文》学者，推崇汉儒小学成就，但又不拘泥于汉儒的求是精神。

三 考补史志目录

晚清的考补史志目录多表现为对正史艺文志（经籍志）的补遗考辨。正史中的艺文志或经籍志，仅汉、隋、唐、宋、明五史中有，余皆阙如。清儒补史志，其风始自清初黄虞稷。他以搜集明人著述为主，同时兼及宋末、辽、金、元人等著作，撰写成《千顷堂书目》。后来卢文弨、倪灿从中摘取有关内容，编成《宋史艺文志补》《补辽金元艺文志》。补史志目录大致从乾嘉时期兴起，道、咸以降步入鼎盛期。

（一）所见考补史志目录举例

1. 曾朴与《补后汉书艺文志并考》

曾朴（1872—1935），字孟朴，江苏常熟人。光绪十七年举人，官内阁中书。曾朴出生于书香门第，其父曾之撰，光绪元年举人，曾朴自幼入家塾读书，"家大人即课以经史之学"②。曾朴居上海期间，与维新派人士交往密切。著有长篇小说《孽海花》。《补后汉书艺文志并考》成书于光绪二十一年（1895）。曾朴云："取《后汉书》本传、《隋书·经籍志》、《经典释文》叙录，凡涉后汉者，写出之。继乃博考群书，兼及二藏，越五月而共得书五百余部，遂乃创立部目，斟酌出入，分为七志篇，别内外。盖已裒然成帙矣，方欲仿朱氏《经义考》之例，征其旨义，网其散失。"③ 可见，其编纂理念上具有鲜明的考据特色。具体说来，可体现在以下两方面。

一是广稽材料，多方请益。曾朴在编撰该书时，广稽材料，用六年时间，编此十卷之书，"搜罗之功，考核之志，不可谓非勤且苦也"④。其在征引书目时，多选择精本，"凡所引类书，皆据善本，《北堂书钞》则曹

---

① 汪厚昌：《说文书目·叙》，《叶氏存古丛书》本。
② 曾朴：《补后汉书艺文志并考·自序》，《二十五史补编》本。
③ 曾朴：《补后汉书艺文志并考·序》，《二十五史补编》本。
④ 曾朴：《补后汉书艺文志并考·自序》，《二十五史补编》本。

倦圃所藏未改本也,《艺文类聚》则胡缵宗所刊小字本也,《初学记》则安国仿宋刻,《白帖》则华氏北宋刊,《太平御览》则鲍氏,《册府元龟》则黄氏"①。在每书之下,先列众说,后加己意折中,"斯体实便学者省读,通人考核,兹用其例,若其下不引论说者,则必其书无考,不加案断者,则必其说已定者也"②。对每书征引的内容也有严格的标准:"凡引前人论说,空言泛论则不引,郢书燕说则不引,神奇怪诞则不引,家知户晓则不引。"③ 此外,曾朴还多方请益,得到亲人师友的帮助。每成篇前,都经其父的审定,"此书之始,亦本庭闻,其中考证大篇均经呈览而后敢定"④。成书伊始,又请教于汪鸣銮、李穆斋等名贤之士,"咸蒙许可,多所是正"⑤。另有学友唐文治、曹元忠、丁国钧、孙同康、张鸿、蒋元庆等人,"皆获讨论之益,谊不敢没"⑥。

二是对著录图书篇卷的考证。曾朴指出古书"卷""篇"有别:"古书著之简策者为篇,写之绢素者为卷。……兹志篇、卷悉从称引最先者,最先称篇则亦称篇,称卷亦称卷。卷数多寡亦同其例。其篇、卷无考者,则著'卷数佚'三字于旁。"⑦ 进而还针对补史志目录这一体裁的特殊情况,对书籍卷数的标注作了相应调整。历代史志中的《艺文志》或《经籍志》都是在群籍完备的背景下撰修而成的,故在每部下均有"凡若干部若干卷"之谓,然补志的撰修背景则与此完全不同。书籍亡佚多而存世少,偶有存目者,则又多是残篇断简,据此可稽考者往往不过十之四五。由此,曾氏改变史志标注体例,曰:"兹特变例于总计书数。凡若干部之下,加卷数者,或称篇卷数可考者,或称篇章卷数可考者数语。其卷数无考者不列。"⑧

由此可见,曾朴《补后汉书艺文志并考》是一部带有鲜明考据特色的目录学著作。当然,该书目也存在不足之处。尤其是对释家文献的考

---

① 曾朴:《补后汉书艺文志并考·凡例》,《二十五史补编》本。
② 曾朴:《补后汉书艺文志并考·凡例》,《二十五史补编》本。
③ 曾朴:《补后汉书艺文志并考·凡例》,《二十五史补编》本。
④ 曾朴:《补后汉书艺文志并考·自序》,《二十五史补编》本。
⑤ 曾朴:《补后汉书艺文志并考·自序》,《二十五史补编》本。
⑥ 曾朴:《补后汉书艺文志并考·自序》,《二十五史补编》本。
⑦ 曾朴:《补后汉书艺文志并考·叙录》,《二十五史补编》本。
⑧ 曾朴:《补后汉书艺文志并考·叙录》,《二十五史补编》本。

补，陈垣先生对此论曰："曾书大抵从《梁高僧传》汉时译经诸人传钩出所译经名，而以今本《嘉兴藏目录》考其卷数，观其所注藏经千文字号可知也。然佛经同名异译者甚多，今本《嘉兴藏目录》本为当时售经而作，故又名'经值划一目录'。每经只注价目，不注撰人，又安能据目即知为何人所译？"① 则是编于释家类误收失收者也就在所难免。

2. 五家《补晋书艺文志（经籍志）》

《补晋书艺文志》者五家，分别是丁国钧、文廷式、秦荣光、黄逢元、吴士鉴。五家补志中丁《志》最先成书，注重存疑，考证谨慎，在体例上有所创新，但其墨守《隋志》之目，不晓变通。文《志》在五家中用功最深，收书2400余种，详录亡书，取舍严谨，信而有征。秦《志》多注重对作者的考述，"著录之人，本书有传者，不复书其官阀。间与《传》不符者，仍书以俟考。其无传之人，既考其爵里，复为疏通证明"②。在类目设置上，秦《志》分类细密，广置类目，但考证不精，其所新立类名则有待商榷。黄《志》则注重揭示古书的伪托，"后人著书窃名前贤，以相倚重，班志《艺文》注明依托。凡此类者，本《志》录存亦援据班书，别识赝鼎"③。在收录图书方面，不独以《晋书》纪传为准："嵇康、阮籍仕本曹魏；徐广、陶潜卒在刘宋。《晋书》虽立传，本《志》断代，其撰著皆不收，遵《隋志》也。"④ 但不录佛、道二类是其所失。吴《志》考证精审，"事核而文备，择而能精，裁而有要，与晓征书并传无疑"⑤。综合而言，这五部目录书共同具有以下考据学价值。

一是考卷帙的残佚。黄《志》于未亡佚之书则标注"今存"；于亡佚之书但有后人辑录者，注曰"某氏辑存"；若无辑本则注"某书某卷引存"；对于篇卷无所考者，则仅存其目。有些书籍虽已亡佚，但前人曾有援引。如葛洪的《丧服变除》一卷，文《志》注曰："马国翰曰：'今佚，陆德明《仪礼释文》引一事，杜佑《通典》引二节而已。'"

二是考作者之误。如《隋书·经籍志》载魏散骑常侍荀𪸩撰有《周

---

① 陈垣：《中国佛教史籍概论》，上海书店出版社2002年版，第14页。
② 秦光荣：《补晋书艺文志·凡例》，《二十五史补编》本。
③ 黄逢元：《补晋书艺文志·序例》，《二十五史补编》本。
④ 黄逢元：《补晋书艺文志·序例》，《二十五史补编》本。
⑤ 吴承志：《补晋书经籍志·序》，《二十五史补编》本。

易注》十卷。然丁《志》则据《张璠集解序》以及《荀氏家传》，改题其职官为"太子中庶子"。另外，对于"荀煇"本人，《旧唐志》"煇"作"晖"，《新志》又作"辉"。丁《志》认为，两者"要皆形近致误"。又荀氏中有名恽者，字长倩，朱彝尊《经义考》误将"荀煇"与"荀恽"混为一人，"谓煇又字长倩，殊误"。又如《易》向有"蜀才注"者，载于《隋书·经籍志》中。然"蜀才"究竟为何人，则历来莫衷一是。陆德明《经典释文》中引《七录》云不详其人。王俭《七志》则云是王弼之后人。南北朝时期的学者又有疑其为三国蜀汉大臣谯周者。吴《志》则据东晋常璩的《李蜀书》所载，"蜀才"乃西晋流民起义军范长生之自号；又据《华阳国志》载，范贤名长生，陵丹兴人，李雄在成都称王后，迎范贤为丞相，封西山侯。吴《志》通过征引文献，对"蜀才"究竟为何人进行了考证。

三是考卷数异同。有仅罗列不同卷数的记载者，如秦《志》别史类《晋书》九十三卷条："案《隋志》存八十六，《史通》作八十九，《唐志》并同《玉海》引《晋春秋》云八十九。"文《志》集部楚辞类《郭璞楚辞注》两卷条："《唐志》十卷，《通志·艺文略》三卷。"还有在此基础上略加考证者。如虞预所撰的《晋书》，《七录》《隋志》均作二十六卷，然《两唐志》则云五十八卷。丁国钧通过考察《晋书·虞预传》所载，作四十余卷，"与《七录》大数合，不应唐时卷数转增，疑有误"。这里根据旁证，对《两唐志》所记该书的卷数提出了质疑。

四是考书名异同。有同书异名者，如秦《志》子部道家类《黄庭内景经》条："案《御览》引内传云，一名《太上琴心》，一名《大帝金书》，一名《东华玉篇》。"又如文《志》子部医家类《葛洪肘后方》六卷条："《旧唐志》作《肘后救卒方》四卷，本传作《肘后要急》四卷，今存。"又有同名异书者，如《隋书·经籍志》载有王粲撰《去伐论集》三卷，《两唐志》亦同。然吴《志》据《艺文类聚》所引，又有袁宏《去伐论》，"盖与仲宣书适同名耳"。故吴《志》著录于子部儒家类中。

（二）考补史志目录的编纂特点

纵观晚清考补史志目录，在书目类型上呈现出多样化趋势。该时期考补史志目录有三种编纂类型。一是补正史所无艺文志。正史中有艺文志（经籍志）者仅有六部，晚清学人十分重视对典籍存佚与流传的研究，对正史中所缺《艺文志》者，多有补编。如姚振宗编有《补后汉书艺文志》《补三国艺文志》，而《补晋书艺文志》者有丁国钧、文廷式、秦荣光、黄逢元、吴士鉴五家。丁《志》最先成书，在体例上有所创新，但其墨守《隋志》之目，不晓变通。吴《志》也在考证上颇用功夫。二是对已有艺文志的补考。以姚振宗的《汉书艺文志条理》《汉书艺文志拾补》《隋书经籍志考证》等为代表。姚氏以为《汉志》篇中自有章段，故作《汉书艺文志条理》。该书体例严谨，姚氏自云："先以撰人始末，次及本书源流，无可证引者，或自为之说，有所心得者，则附录于篇，分类董理，还其本来自有之条理。"①《汉书艺文志拾补》所据材料多是中秘所无，刘、班所未见者，凡拾补之书过《汉志》之半。其体例为"篇卷数目，各从其是，旧史所无有者则阙；撰人始末各具端倪，无可考证者则阙；诸书见于《释文·叙录》及隋唐宋史志者详著之；见于诸簿录家有关考证者略述之；诸家辑本叙录有资探索者节存之"②。姚氏汉著有《隋书经籍志考证》，其曰："此书多心得之言，为前人所未发，亦有驳前人之未安者。"③是书叙录用辑录体，一书之下广纳诸说，考证精到。三是对补志之补正。如陶宪曾的《侯康补后汉书艺文志补》《侯康补三国艺文志补》等。

考补史志目录在编纂体例上也渐趋完备。晚清考补史志目录的体例可分为辑考体和非辑考体两大类。④所谓辑考体指在评论书目时，不是自己的一得之见，而是博采众家之论。这方面的代表，如张鹏一的《隋书经籍志补》，依据作者本人的传记所载，搜集了经、史、子、集著述三百余部，凡有关评述之言，皆录于书下。⑤非辑考体的代表有王仁俊的《西夏艺文志》。该书目分经、史、子、集四部，经部收书5部，史部收书2部，子部收书8部，集部收书3部，另附西夏书5种。每部书仅列书名，间列卷数，有些书下有简短按语。再有缪荃孙《辽史艺文志》，该书目未明标经、史、子、集，实仍依四部分类，计收书51种，每书列书名、撰者，所收之书皆记出处。

---

① （清）姚振宗：《汉书艺文志条理·叙录》，《二十五史补编》本。
② （清）姚振宗：《汉书艺文志拾补·叙录》，《二十五史补编》本。
③ （清）姚振宗：《隋书经籍志考证·后叙》，《快阁师石山房丛书》本。
④ 参见曹书杰《清代补史艺文志述评》，《史学史研究》1996年第2期。
⑤ 张鹏一：《隋书经籍志补·序》，《二十五史补编》本。

考补史志目录还完善了史志目录的图书分类体系。曾朴在《补后汉书艺文志并考》中从"名实"的角度重新调整了类目设置。如在"六艺志"之后，依阮孝绪《七录》之例设立了"记传志"。曾朴认为，汉代史家的流派已经大致形成，但尚在萌芽期，作者尚少，不能独立为其立传。后汉史家逐渐增多，"卷帙繁重，势难分隶。兹特别立一志，次之经后，依阮孝绪《七录》之例曰记传志"。① 可见，其设立记传志是适应了史学发展的客观情况。曾朴还对各部子目进行了增减合并。曾朴通过考察当时学术发展的实际，在"六艺志"类中增加了"纬候"一类。谶纬之学兴起于东汉时期。据《后汉书·方术列传序》曰："汉自武帝颇好方术，天下怀协道艺之士，莫不负策抵掌，顺风而届焉。后王莽矫用符命，及光武尤信谶言，士之赴趋时宜者，皆驰骋穿凿，争谈之也。"② 汉明、章二帝，亦好纬书，后世争习图谶，名曰内学。曾朴认为，若将谶纬之学仿照《七志》之例入"阴阳类"中，则"不足以昭时尚也"③。故将之列于六艺类之末，依《隋书·经籍志》，谓之纬候。他还依据学术渊源关系，调整了一些子目顺序。如《隋书·经籍志》经部礼类中对《周官》《仪礼》的排列顺序是先《周官》，次《仪礼》。曾朴认为，《周官》是古代圣人设官分职的书籍，而《仪礼》是记载古代仪法、度数者，"所谓礼经三百者，则《仪礼》乃其本经"④。他认为《仪礼》是本经，故将之排在《周官》前。再如古代论述书法的著作，于后汉兴盛一时，常隶属于小学家下。然小学类以著录文字、音韵、训诂之书居多，有关书法之书，"其论点画之疏密，结构之纯杂，则道而近乎艺矣"⑤，故后来小学类下不复设此类。而曾氏则不认同这种做法。后汉之时，出现了曹喜、崔瑗、张芝、蔡邕等书论造诣甚高的名家，他们著书立说，启迪后学。尽管这些著述无关宏旨，然"亦小学之支流别派，不可废也"⑥。故曾氏在书中仍将之列入小学类下。足见其类目的设置多考虑到了学术的发展变化。此外，还对

---

① 曾朴:《补后汉书艺文志并考·叙录》,《二十五史补编》本。
② （南朝）范晔:《后汉书·方术列传序》,中华书局1965年版,第2705页。
③ 曾朴:《补后汉书艺文志并考·叙录》,《二十五史补编》本。
④ 曾朴:《补后汉书艺文志并考·叙录》,《二十五史补编》本。
⑤ 曾朴:《补后汉书艺文志并考·叙录》,《二十五史补编》本。
⑥ 曾朴:《补后汉书艺文志并考·叙录》,《二十五史补编》本。

类目名称的命名也进行了考证。如在对后汉别集的命名上，若题曰诗赋，则未免名不副实；若题为文集，则后汉一代文人并无集名。曾朴认为，后汉时期社会风气崇尚文学，"所著凡诗赋、杂文合为一帙，已开后代别集之端。故《隋志》曰，别集东京所创也"。由此，其仿照王俭《七志》之例，将后汉的集部命名为"文翰志"。①

考补史志目录的发展，是清代史家重视表志的一个缩影。梁启超有云："表志为史之筋干，而诸史多缺，或虽有而其目不备。……清儒有事于此者颇多，其书皆极有价值。"② 旧史所无之艺文志或经籍志，经晚清学人的撷拾丛残，使一代文献蔚为大观，不仅弥补了相关书籍著录的错误，而且有利于学术文化的积累和传承。正如王重民所说："自有补志工作以后，逐渐给没有艺文志的正史作了艺文志，再和原有的正史艺文志连接起来，排列起来，就成了一部由汉至清的历代艺文志，形成一部一两千多年来的全国总书目。这是记录我国文化典籍的最完备的目录资料。"③

另一方面，也应看到，补史、考史志目录受到时代的影响，过于崇信前代的范例。如曾朴便言："凡现存完备之书，谨遵《钦定四库全书提要》照录，全文不敢增损，原书表文有云，原原本本总归圣主之持衡，是是非非尽扫迂儒之胶柱，洵推定论，万世为昭。即馆阁残缺之篇，臣士纂辑之本，亦但补其篇目，拾其残零，至于黑白之分，进退之辨，仍秉宸断，无待赘言焉。"④ 黄逢元也说："本《志》大略固依《隋志》，其中部目卷次篇第甲乙，《隋志》有未安者，则援班《志》出入刘《略》之例，输以两《唐志》通其变。又参以宋明诸家及国朝《四库目》济其穷。小有所异，大无不同。则古遵王，勿敢创制。"⑤ 这种一味尊古的思想在考补史志目录中表现得十分明显。

四 金石目录

"金""石"的名义起源甚早，而"金石之学"则可上溯到汉代，历

---

① 曾朴：《补后汉书艺文志并考·叙录》，《二十五史补编》本。
② 梁启超：《中国近三百年学术史》，山西古籍出版社2006年版，第274页。
③ 转引自王余光《清以来史志书目补辑研究》，《图书馆学研究》2002年第3期。
④ 曾朴：《补后汉书艺文志并考·凡例》，《二十五史补编》本。
⑤ 黄逢元：《补晋书艺文志·序例》，《二十五史补编》本。

经魏、晋、隋、唐的演进到宋代时出现了鼎盛之势。阮元曰："北宋以后，高原古冢搜获甚多，始不以为神奇祥瑞，而或以玩赏加之，学者考古释文，日益精核。……士大夫家有其器，人识其文，阅三四千年而道大显矣。"① 金石学在元明时期出现了衰落的迹象，然至清代，又重新复兴。梁启超云："金石学之在清代又彪然成一科学也。自顾炎武著《金石文字记》，实为斯学滥觞。"② 此后，碑版出土日多，钱大昕、洪颐煊、王昶等学者，或做跋文，或汇众说，皆以考证经史为治学之旨归。又有专举金石目录者，如孙星衍之《寰宇访碑记》，广征博采，考证精审。道、咸以降，金石之学日兴，如刘喜海、吴式芬、陈介祺、潘祖荫等诸家，皆以精博享誉学林。金石学成为考证经史的重要资料。这种学风也影响了晚清金石目录的编纂，使其表现出了鲜明的考据学传统。

（一）所见金石目录举例

1. 陆心源《金石学录补》，《潜园总集》本

该书前有陆心源自序，称："光绪五年之夏，余端居无事，辑《金石学录补》二卷，以补李金澜氏之缺，自汉至今凡得一百七十人。今复搜采群书，证以闻见，又得一百六十余人，重加编次，定为四卷，合之李氏原书，都得八百余人。古今言金石者略备于斯矣。"书凡四卷，将金石按时代分为晋、南朝、宋、金、元、明、清七个部分。其著录体例为以书类人，如晋戴祚条，先介绍戴祚其人："戴祚，字延之，江东人。从刘裕西征姚秦，撰《西征记》二卷。"然后述其与金石相关的著作。有些书目下间有陆氏的按语，以低一格的形式著录，其中多所创获。如郭缘生撰《述征记》二卷条："案：记地理而叙述石刻，李氏以为始于郦道元之注《水经》、魏收之志《地形》，不知郭缘生、戴祚实创于前，郦、魏乃用其例耳。《水经注》引郭、戴之说甚多，是其证也。"

2. 李宗莲《怀珉精舍金石跋》，清光绪三十四年铅印本

是目凡一册，不分卷，书名乃丁卯二月章钰所题。李氏主要对唐宋以来墓志铭加以考证而编成此目，共计66篇。每篇下皆有提要。有考碑文

---

① （清）阮元：《积古斋钟鼎彝器款识·商周铜器说下篇》，浙江人民美术出版社2019年版，第12页。

② 梁启超：《清代学术概论》，上海古籍出版社2005年版，第49页。

正误者，如《唐大安国寺故大德惠隐禅师塔铭跋》碑文云"叔祖思九黄门侍郎"，作者通过考《新唐书·袁朗传》认为，"碑作'思九'疑书丹者误"。有依碑文所载考成碑年代者，如《北齐赵郡王高睿修寺建塔碑跋》条："碑后云，大齐天保八年岁在丁丑，戊辰十五日，壬午刊记。据文时青祇阳值官杏，则缺字当为二月朔。然以长术考之，是年二月为庚午朔，与此不合，惟六月为戊辰朔，或文成于春而碑刊于夏。"有考碑主姓氏者，如《虞世南左武侯将军庞某碑跋》条，作者考察了《唐会要》《唐书·裴寂传》《刘师立传》中有关庞卿恽的记载，皆与此碑所言"庞某"事迹吻合，故得出此"庞某"应为庞卿恽的结论。又有考碑文文字者，如《庙堂碑跋》条，依据该碑的旧拓本补充了此碑所缺文字。

3. 王国维《国朝金文著录表》，民国四年铅印本

该目书前有王国维自序一篇，言当时金文之学虽大盛，但病其搜讨未备，故作此目。书成后又经罗振玉为之补正。又有编纂凡例十则，及罗福颐跋文一篇。其书分六卷，前五卷为三代器，末卷为秦汉以后器。王氏将这些器物分为钟、鼎、甗、鬲、彝、敦、簠、簋、尊、罍、壶、卣、斝、盉、瓿、觯、爵、角、杂酒器 19 部，总计近 3000 件，每件器物分器名、诸家著录、字数、杂记四项，并对所收金文器件进行了考证和辨伪。

4. 王国维《宋代金文著录表》，民国间刻本

该书前有王氏自序一篇，言及作书宗旨。乾嘉以后，古文之学颇盛，学者多鄙薄宋人之书。然宋人所编金石之书皆用功颇多，故王氏收编之而成此目，"以供省览之便云尔"①。该书目将金石器物归为钟、铎、鼎、鬲、甗、敦、簠、盦、盉、尊壶罍、彝、舟、卣、爵、瓿、觯、角、斝、卮、不知名器、盘盂洗、匜、证锭烛盘熏炉、度量权律管、兵器、杂器 26 部，总计收录 643 件。有"既图其形复摹其款"者，有"但以录文为主，不图原器之形"者，有"虽无关图谱而颇存名目"者。② 每器分器名、诸家著录、杂记三项著录。在"诸家著录"项中，王氏广泛收集宋代金石学家著作，如欧阳修《集古录跋尾》、吕大临《考古图》、赵明诚《金石录》、黄伯思《东观余论》等十一家论著，"唯《博古》所图，钱

---

① 王国维：《宋代金文著录表·自序》，民国间刻本。
② 王国维：《宋代金文著录表·自序》，民国间刻本。

啸堂所集《古印》，较近世所出为数甚鲜，姑缺焉"。在"杂记"一项中，王氏对所录金石进行了考证。如薛尚功《钟鼎彝器法帖》藏齐侯钟十三条下，考金石真伪："按：赵《录》（赵明诚《金石录》）齐钟铭跋：'宣和五年青州临淄县民于齐故城耕地，得古器物数十种，其间钟十枚，有款识，尤奇，最多者至五百字。'则同时出土者只十钟。而薛氏所录，并镈钟，计乃至十四。其中，第八、第十、第十一、第十二、第十三，五钟铭文前后凌猎，伪器也。"该书目又经罗福颐校刊，收在《王忠悫公遗书外编》。

5. 罗振玉《雪堂金石文字跋尾》，《永丰乡人稿》丛书本

是书凡二册，四卷，收藏在《永丰乡人稿》丛书中。书前有罗氏自序一篇，言："致二十年辛苦搜集之金石，刻一岁之中。"可见其搜讨之勤。该书卷一为吉金文字，收录45种；石刻文字有上、中、下三卷，分列于卷二、卷三、卷四，共计88种。作者对每书都作了细致考证。首先有对碑文的考释：包括考碑文文字、考立碑时间、考碑文作者、考碑文内容真伪。其次将碑文与史书对考：包括补史之缺、正史之误、以史证碑。最后，还对清人王昶《金石萃编》失于考证之处，予以辨证。

6. 潘志万辑《书籍碑版题跋》，清光绪间抄本

是书不分卷。在分类上采取"以书类人"的方式，先列作者，再列其所撰书籍序跋。该书分书籍题跋和碑版题跋两部分。书籍题跋部分收朱彝尊、全祖望、钱大昕、莫友芝四人所题序跋计七十余部。其中，如朱彝尊的《春秋意林序》《重刊玉篇序》《重刊广韵序》，全祖望的《柳氏水经校本跋》《孙氏水经再校本跋》，莫友芝的《毛诗要义》《仪礼郑注》《汉书》等序跋学术价值极高。碑版部分收有朱彝尊、杨宾、全祖望、钱大昕、汪中、莫友芝、杨翰七人所题碑版题跋，计70余部。这些碑跋多为汉唐年间器物。其中有书法碑帖，如朱彝尊的《书淳化阁帖夹雪本后》《兰亭神龙本跋》《魏鲁郡太守张猛龙碑跋》；有刻石碑跋，如莫友芝的《秦之罘刻石摹本》、杨翰的《跋王稚子石阙》，等等。另外，还有许多有关墓志的碑跋。其在史学、书法方面的价值甚大。

7. 邓实辑《云台金石记》，民国间铅印本

该书目是作者从《云台山志·金石门》中抄出稍加整理而成的。分秦、后汉、隋、唐、宋、金共收二十二部金石著作。每书下编有提要，或

介绍碑文形制，如《郁林观东岩壁记》条："右崔逸文八分书，二十一行，行十七字，字径三寸。"或考释地理，如《秦始皇东海上立石》条："案：《史记》言立石东海上，界朐中，明非立石石朐山也，班固亦只言立石海上。刘昭注《郡国志》朐下，一引《山海经》，明指为郁州本在汉朐县东北，则始皇立石东海上，当为今之云台无疑。"此书最后有缪荃孙跋文一篇。

从上述金石目录中可见，该时期目录学对金石文献的著录形成了以朝代和以名物作为分类标准的两种体例。多数目录中对金石文献的分类是以其所属的朝代为类别的。如陆心源的《金石学录补》将金石按时代分为晋、南朝、宋、金、元、明、清七个部分。先对金石文献的收藏者做简要的介绍，然后述其与金石相关的著作，有些书目下间有陆氏的按语，并撰写了考证性的提要。又如缪荃孙《云台金石记》分秦、后汉、隋、唐、宋、金共收二十二部金石文献。每篇下编有提要，或介绍碑文形制，或考释地理，或考碑文正误等。此外，还有将所收器物按其名称分类者，如王国维的《国朝金文著录表》《宋代金文著录表》两书。在《国朝金文著录表》中，将所收器物分为钟、鼎、甗、鬲、彝、敦、簠、簋、尊、垒、壶、卣、斝、觚、觯、爵、角、杂酒器等19部，总计近3000件。每部之内"器之先后，以字数为次，其为一人所作而文又相同者，则字数虽有出入亦以类从"①。每件器物又分器名、诸家著录、字数、杂记四项记载。《宋代金文著录表》则将金石器物归为钟、铎、鼎、鬲、甗、敦、簠、盨、尊壶垒、彝、舟、卣、爵、觚、觯、角、斝、匜、不知名器、盘盂洗、匜、证锭烛盘熏炉、度量权律管、兵器、杂器等26部，总计收录643件。每器分器名、诸家著录、杂记3项著录。

（二）金石目录的考据学价值

金石目录在编纂上，有的仅列书目、撰者，但多数在书籍下都编写了提要。这些提要重点是对金石器物本身的考据。有考金石器物的真伪者。如王国维《宋代金文著录表》对薛尚功《钟鼎彝器法帖》中所藏齐侯钟进行了辨伪。王氏据赵明诚《金石录》齐钟铭跋文，齐钟在宣和五年，青州临淄县发现时有十枚，然此书所藏齐钟之数与《金石录》存在差异，

---

① 王国维：《国朝金文著录表·略例》，民国间石印本。

故断定:"同时出土者只十钟,而薛氏所录并镈钟计乃至十四。其中第八、第十、第十一、第十二、第十三,五钟铭文前后凌猎,伪器也。"对同一器物而有不同名称记载者,尚不能考证真伪,王氏则罗列众说以存疑。如《宋代金文著录表》文王鼎条:"赵作'文王尊彝';董作'鲁公尊彝';薛作'鲁公鼎。'"这里作者罗列了赵明诚《金石录》、董逌《广川书跋》、薛尚功《钟鼎彝器法帖》三书对"文王鼎"名称的不同记载,以存疑待考。

有考证碑文正误者。晚清金石目录学家会依据史籍所载,来考证金石碑文。东海唐宋古道上,有一座适野亭。据史载,宋金征战之际,宋将范荣守东海,镌刻《适野亭记》于石上,以明其志。该碑文收录于《云台金石记》中,有"乃燕闲游息之地,必寓意以写其忠意之诚,则适野亭其志矣"一句。作者通过考《宋史》隆兴二年七月,金人索海、泗、唐、邓四州地,宋遣使报之等相关史实,认为"此则是时疆场多事,非燕闲息时。"以此证明了碑文所记"燕闲游息"之误。又如李宗莲《怀珉精舍金石跋》中收录有《唐大安国寺故大德惠隐禅师塔铭跋》一通碑文。此碑文中有"叔祖思九黄门侍郎"云云,李宗莲通过考《新唐书·袁朗传》载:"武德初,隐太子秦王、齐王争致名臣以自助,齐王有记室参军荣九思。"又考《高祖诸子列传·郎官》中石柱题名司封郎中有荣九思。由此认为碑文中的"思九"当为"九思"之误。李宗莲以正史所载,考证了碑文所记人名之误。又有碑文因避讳而致误者。如罗振玉的《雪堂金石文字跋尾》中收录《颜书李玄靖先生碑跋》一文,该碑文中记叙了李氏与道教上清派宗师司马承祯的交谊。其中,将司马承祯的谥号书为"正一"。罗氏据《旧唐书·司马承祯传》谥作"真一",《新唐书》本传作"贞一"。由此断定,"乃鲁公避家讳(鲁公父名惟贞),当以新《史》为得"。又考以张从申《书玄靖碑》,作"贞隐先生",由此而确定颜真卿因避家讳而改书"真",碑文误将其改作"正"。

有考成碑时代者。如《北齐赵郡王高睿修寺建塔碑跋》一文收录在李宗莲《怀珉精舍金石跋》中。此碑后仅有年、日而缺月。李氏考碑文后,认为该碑文当成于"二月朔"。然是年二月为庚午,又与碑文末所载"戊辰朔"不符,唯是年六月为"戊辰朔"。据此,李氏推论,"或文成于春而碑刊于夏"。依据碑文所载,不仅考证出了碑文的缺字,还找出了碑文所载岁次与历法不同的原因。另，《怀珉精舍金石跋》中又著录《唐白鹤观碑跋》一文。据《寰宇访碑录》载，此碑立于垂拱二年。李氏通过考察碑文，认定此碑"创基于垂拱初，中有应天皇帝陛下云云，碑当立于神龙元年中宗复位后矣"。纠正了《寰宇访碑录》所记立碑时间之误。刊刻于汉代的《孟考琚碑》，出土于光绪二十七年，收录在罗振玉《雪堂金石文字跋尾》中。然据此碑文末所载，仅知此碑立于"十一月乙卯"，具体年代则无从知晓。于是罗氏"依长术考之"汉代六值丙申，即景帝中元五年、昭帝始元二年、成帝河平四年、光武建武十二年、和帝永元八年、桓帝永寿二年。罗氏依次将此六个年代，与碑文所叙甲子相参考，"惟河平四年十月庚辰朔二十四日得癸卯，十一月庚戌朔初六日得乙卯，与碑中所叙甲子吻合，则此碑河平四年所立也"。又《齐张龙伯造像记跋》文末所署时间为"天保元年岁次庚午十月壬申朔八日辛巳"，罗振玉据有关历法常识推断："是年十月丁丑朔，非壬申；八日，乃甲戌，非辛巳。北朝人造像多出工匠之手，故多舛忤如此。"

有考碑主姓氏者。李宗莲《怀珉精舍金石跋》中著录唐代虞世南所书《左武侯将军庞某碑》，其中"庞某"为何人，文中并未提及。李宗莲依据《唐会要》中有"潭州都督庞卿恽，初给功臣家，实封庞卿恽在二十五家之列。建中元年定功臣第二等"的记载，认为右骁卫将军安化县公庞卿恽的事迹与此碑合。又依据《唐书·裴寂传》最终《刘师立传》中有关庞卿恽的记载，得出结论，此碑所言"庞某"应为庞卿恽。再如罗振玉《雪堂金石文字跋尾》中著录了《乐陵王妃斛律氏墓志》。据该墓志，仅称乐陵王妃为"左丞相咸阳王之孙、司空钜鹿公之女"。罗氏考证云："咸阳王者，斛律金。钜鹿公，则光也。《北齐书·斛律光传》亦言乐陵王百年为皇太子纳其长女为太子妃，则妃为光长女矣。"这里依据相关史书记载考证出了该碑文的所记之人乃斛律光之女。

顾炎武著《金石文字记》，开清代金石学之滥觞，此后钱大昕亦有《潜研堂金石文字跋尾》问世，"专务以金石为考证经史之资料"[1]。则金石文献不仅仅在于鉴赏。晚清金石目录除了对金石器物本身的考据意义，

---

[1] 梁启超：《清代学术概论》，上海古籍出版社2005年版，第49页。

还成为史学考据的重要文献来源。具体表现在以下两个方面。

其一，纠史籍之误。如《魏书·崔敬邕传》载，熙平二年，崔敬邕拜征虏将军、太中大夫，卒年五十七，赠左将军、济州刺史，谥曰恭。清康熙年间，曾出土了《魏崔敬邕墓志铭》，《怀玦精舍金石跋》中收录之。据墓志文称："延昌四年，征为征虏将军、大中大夫，方授美任而君婴疾连岁，以熙平二年十一月卒于位。"而史书所载则"误以卒之岁为授征虏之岁"。又史称崔敬邕谥曰"恭"而碑云加谥曰"贞"，此皆当以碑为正。再如罗振玉在《雪堂金石文字跋尾》中的《景君碑跋》条，驳斥了《三国志·是仪传》中孔融令其改姓之说。据《三国志·是仪传》载："是仪字子羽，北海营陵人也。本姓'氏'，初为县吏，后仕郡。郡相孔融言'氏'字民无，上可改为'是'。乃遂改焉。"罗振玉查考是碑之碑阴，有"营陵是迁、是盛二款"，则与是仪同籍同姓。此碑立于东汉汉安三年，孔融卒于建安十三年，年五十六。由此推之，孔融生于桓帝永兴元年。据此，《景君碑》所立之时，孔融尚未出生，而是碑碑阴则已有"是"氏，"然则子羽因融言改姓之说，不诘而知其诬矣"。又同书《高盛碑跋》中，依据碑文对高盛的官职进行了考证。《北齐书·高盛传》载，高盛曾"赠假黄钺太尉、太师，录尚书事"。"太尉"是古代最高的国家军事长官，据《北齐书》，高盛太尉之职是赠官。然罗振玉考此碑额署"魏侍中赠太师、黄钺太尉，录尚书事。"则"太师"是高盛的赠官。罗氏进而考《北齐书·孝静帝纪》，载有"盛以天平二年三月以司徒进太尉"一语，于是得出结论："太尉为盛历官而非赠官，亦当据碑更正者也。"足见金石碑文在纠正史籍方面价值甚大。

其二，补史之缺。金石文献不仅可以纠史籍之误，还可以补史之缺。梁启超便云："诸器文字可读，其事迹多出古经以外者甚多，因此增无数史料。"① 如李宗莲《怀玦精舍金石跋》中《周开府仪同贺屯公墓志铭跋》条，载有北周大臣侯植所历的官职有卫大将军、右光禄大夫、太子中舍人、河阳郡守司仓大夫等，这些均不见于《周书》本传所载。侯植去世后，由其长子袭位，《周书》本传称"子定嗣"。然李宗莲又考之碑文，知其有世子定远、次子定徽等六人。故而知《周书》"子定嗣"，实

---

① 梁启超：《清代学术概论》，上海古籍出版社2005年版，第50页。

脱一"远"字。再如《龙门敬善寺石龛阿尔陀佛观音大至二菩萨石像铭跋》条，此碑是武后时宰相苏味道所造，碑中记载了苏味道曾封官同州司户，而《两唐书》则仅称"味道举进士，累调咸阳尉"，同州司户之官职则失载。对于一些历史人物的生平事迹，有些史书所载甚略，这也同样需要依据金石文献补其缺漏。如《北齐书》虽有《高盛传》，但传文甚略。《雪堂金石文字跋尾》卷三有《高盛碑》，据罗振玉的跋文可知，该碑文可补高盛生平事迹者甚多。

第二节　辑佚学的发展及其目录

辑佚，又作"辑逸""辑遗"。中国古代的辑佚工作始于何时，目前学术界尚存争议。[①] 但多数学者以宋代为权舆。宋代的辑佚学以王应麟为代表："昔王应麟以《易》学独专王弼，《尚书》止存伪《孔传》，乃采郑玄《易注》《书注》之见于群书者，为《郑氏周易注》《郑氏尚书注》。又以四家之《诗》，独《毛传》不亡，乃采三家诗说之见于群书者，为《三家诗考》。嗣后好古之士，踵其成法，往往缀辑逸文，搜罗略遍。"[②] 明代继承辑佚学的传统，但其辑佚的范围往往局限在以文学为主的消遣之书和谶纬之书。如张溥的《汉魏六朝百三家集》、孙毂的《古微书》等。清代辑佚成果颇丰，梁启超云："吾辈尤有一事当感谢清儒者，曰辑佚。书籍经久必渐散亡，取各史《艺文》《经籍》等志，校其存佚易见也。"[③] 如惠栋及其弟子对古经的辑佚，以《九经古义》《古经解钩沉》《汉学堂丛书》为代表。晚清时期出现了汤球、乔松年、陈运溶、王仁俊、文廷式、顾震福等学者。其中最著名者为王仁俊，所辑佚之书有《十三经汉注四十种辑佚书》《玉函山房辑佚书续编》及其《补编》《经籍佚文》等。清代辑佚学的发展也促进了辑佚目录的诞生。从内容来看，主要分为稽考汉晋目录的佚文、禁毁目录、未刊书籍目录以及专人辑佚目录。

[①] 参见曹书杰《中国古籍辑佚学论稿》，东北师范大学出版社1998年版，第67—84页。
[②] （清）章学诚：《校雠通义·补郑篇》，清咸丰元年（1851）刻本。
[③] 梁启超：《清代学术概论》，上海古籍出版社2005年版，第51页。

一 辑补目录

(一) 姚振宗对《别录》《七略》佚文的辑考

汉成帝河平三年，以书籍散佚颇多，使谒者陈农在全国范围内访求遗书；并令光禄大夫刘向领衔校雠中秘藏书。每校一书毕，"向辄条其篇目，撮其指意，录而奏之"，是谓《别录》。① 刘向卒后，其子刘歆又继承父业，仿其父例，校录群书而成《七略》。刘向《别录》、刘歆《七略》，开启了中国古典目录学"辨章学术，考镜源流"的序幕。然而，至唐末五代时期，这两部目录著作多已亡佚。

清人尤其热衷于对亡佚典籍的搜讨，故辑佚之学十分发达。《别录》《七略》可谓中国古代学术之源，因而也备受重视。有清一代对《别录》《七略》的辑佚，凡有十家，即洪颐煊的《问经堂丛书》本、严可均的《全上古三代秦汉三国六朝文》本、顾观光的《武陵山人遗稿》本、马国翰的《玉翰山房辑佚书》本、陶浚宣的《稷山馆辑补书》本、王仁俊的《玉函山房辑佚书续编》本、张选青的《受经堂丛书》本、章宗源辑本、姚振宗《师石山房丛书》本、章太炎《七略别录佚文征》。十家辑本中，姚本成书最晚，在光绪二十五年（1899），学术界亦公认姚本最优。本节即以姚氏辑本《七略别录佚文》《七略佚文》为中心展开考察。

1. 姚振宗的《七略别录佚文》

姚振宗（1842—1906），字海槎，浙江山阴人（今属绍兴）。其父在扬州曾建狮石山房，藏书甚富。父卒后，振宗返回绍兴鉴湖快阁，博览群书，尤擅长目录学。对亡佚于唐末五代之际的刘向目录学著作《别录》一书，进行了较为完备的辑佚工作。其时，《别录》的辑本凡有四家，即有洪颐煊辑本、严可均辑本、马国翰辑本、张选青辑本。姚氏于洪颐煊辑本未能得见，又因张本与马本基本相同，故姚氏可得者实乃严本、马本。两辑佚本内容上多已完备，但唯其体例稍有改进者。经过初步比较后，姚氏在体例上仿效马本，其曰："马本分著篇目，较为明析，今从其例。"②

---

① 参见《汉书·艺文志》。又，《别录》后世又称《七略别录》。
② （清）姚振宗辑录、邓骏捷校补：《七略别录佚文》，上海古籍出版社 2008 年版，第 6 页。

姚振宗《七略别录》具有以下辑佚特点。

第一，择善而从。在传世的书籍中，有引用《别录》者，姚振宗并非都予以采用，而是有所考辨，择善而从。如《汉书·艺文志·诗赋略》载："骠骑将军朱宇赋三篇"，唐颜师古注曰："刘向《别录》云，骠骑将军史朱宇，《志》以宇在骠骑府，故总言骠骑将军。"宋刘奉世则云："其实唯脱一'史'字耳。"姚振宗认同刘奉世的观点，"颜注颇谬，刘说是也。此条实不足为《别录》佚文，二家辑本皆取之，今删，入刘歆《七略》中。"① 再者，有些书籍中引用《别录》，仅列书名篇卷，甚为简略。在严本、马本中，均有收录。如严本辑有《芈子》，马本辑有《商君》二十九篇、《慎子》四十一篇、《魏公子兵法》二十一篇图七卷、《䥨门射法》二篇、《风后孤虚》二十卷等。在姚振宗看来，这些简之极简的著录，显然属于刘歆删节其父《别录》而然，"此类今并入刘歆《七略》，此不录"②。此外，在书名、篇卷著录的体例上，严本不标书名，间或以小字注出，"有先后失次之处"。马本虽分篇标目，但与辑录的佚文连属，不便阅览。姚振宗则据《汉书·艺文志》之例，"一一标目于佚文之前，别行抬写为之纲领，无佚文者不虚列也"③，条理更为清晰。

第二，考述史源，多有甄别。如《汉书·艺文志·诸子略》农家类中，载《尹都尉》十四篇。严本、马本据《艺文类聚》所引刘向《别录》称，尹都尉有《种葱书》，"曹公既与先生言，细人觇之，见其拔葱"云云。姚振宗考曰："'先生'当为'先主'，此魏武与刘先主事。《蜀志·先主传》注引胡冲《吴历》云云，即其事也，岂《别录》佚文乎？二家辑本皆取之，今删除。"④ 又如《水经注》中有引刘向叙《晏子春秋》称"古冶子曰'吾尝济于河，鼋衔左骖'"云云，姚振宗考曰："此即二桃杀三士故事，见《晏子》内篇第二卷。盖谓刘向叙《晏子春秋》

---

① （清）姚振宗辑录、邓骏捷校补：《七略别录佚文》，上海古籍出版社2008年版，第6页。
② （清）姚振宗辑录、邓骏捷校补：《七略别录佚文》，上海古籍出版社2008年版，第7页。
③ （清）姚振宗辑录、邓骏捷校补：《七略别录佚文》，上海古籍出版社2008年版，第10页。
④ （清）姚振宗辑录、邓骏捷校补：《七略别录佚文》，上海古籍出版社2008年版，第7页。

之文，非《晏子叙录》中语也。马本取之，今删除。"①

第三，伪作不取。《别录》是刘向校中秘藏书时，"每一书已，向辄条其篇目，撮其指意，录而奏之"。今所存刘向当年进奏的叙录者凡七篇，即《战国策叙录》《晏子叙录》《孙卿子叙录》《管子叙录》《列子叙录》《韩非子叙录》《邓析子叙录》，另有其子刘歆《上山海经表》一篇。但后世又流传有《关尹子叙录》《子华子叙录》《於陵子叙录》，姚振宗认为这几部撰写的叙录都是后人之伪作，"《关尹子》见《七略》道家，《子华子》《於陵子》，《七略》并无其书，何有于叙？前人论定久矣，今并不取"②。

第四，保存异文。在诸多所征引的《别录》中，也有今《汉书·艺文志》所未载者。如易类有"救氏之注"，礼类有《古文记》二百四篇；东方朔的诗文在《诗赋略》中也未见著录。还有些是在《别录》成书后所出现的典籍。如扬雄《太玄经》初拟成于汉哀帝时期，然《别录》则成书于汉成帝时期。而隋萧该在《汉书音义》中却引刘向《别录》称扬雄《太玄经》篇目十二篇云云。对于以上诸种情形，姚振宗采取存而附录的原则，"今约略分系各条，不得不附识数语以发明之。诸所引刘向、引《别录》无佚文可采者，仍严氏旧例，低一字写录，各就各事，附录于其次"③。

此外，对于《别录》尚存争议的问题，姚振宗也进行了考辨。

第一，关于《别录》的名称及其与《七略》的成书问题。

据《隋书·经籍志》所载，刘向著书曰《七略别录》，而非《别录》。姚振宗对此认为："刘中垒卒年，史无明文，惟云卒后十三岁而王氏代汉。以王莽篡位之年计之，盖卒于成帝绥和二年，上溯河平三年受诏校书，首尾凡二十年。典校既未及竣事，则《别录》亦无由成书，相传二十卷，殆子骏奏进《七略》之时勒成之。其曰《七略别录》者，谓

---

① （清）姚振宗辑录、邓骏捷校补：《七略别录佚文》，上海古籍出版社2008年版，第7页。

② （清）姚振宗辑录、邓骏捷校补：《七略别录佚文》，上海古籍出版社2008年版，第9页。

③ （清）姚振宗辑录、邓骏捷校补：《七略别录佚文》，上海古籍出版社2008年版，第10页。

《七略》之外别有此一录，当时似未尝奏御者也。"① 姚振宗通过考察刘向之卒年，推断出《别录》成书于《七略》之后的观点。

然近人姚名达并不认同姚振宗的观点。对于《别录》成书于《七略》之后的说法，姚名达曰："《别录》之成书，不必待刘歆校毕之后。时人急于先睹为快，早已随时传录，流行于外矣。故《七录序》所谓'别集众录'者，乃指于'载在本书'之'录'外，别集合为一书，非谓于'《七略》之外，别有此一录'也。据此，则《别录》乃系各书叙录之'别'录，非《七略》之'别'录，可无疑矣。"② 姚名达进而指出，《隋书·经籍志》之所以称刘向的《别录》为《七略别录》，"盖与称《太史公书》为《史记》，同属习俗流传之讹，不得据以为辩也"③。

第二，关于《别录》是否对图书进行了分类问题。

马国翰辑本将《别录》分为《辑略》《六艺略》《诸子略》《诗赋略》《兵书略》《术数略》《方技略》。这实际上是刘向之子刘歆《七略》的体例。据《汉书·艺文志序》曰："成帝时，以书颇散亡，使谒者陈农求遗书于天下。诏光禄大夫刘向校经传、诸子、诗赋，步兵校尉任宏校兵书，太史令尹咸校数术，侍医李柱国校方技。每一书已，向辄条其篇目，撮其指意，录而奏之。会向卒，哀帝复使向子侍中、奉车都尉歆卒父业。歆于是总群书而奏其《七略》。故有《辑略》，有《六艺略》，有《诸子略》，有《诗赋略》，有《兵书略》，有《术数略》，有《方技略》。"④ 刘向的"经传"，即刘歆的"六艺"，其余均可一一对应。这里，虽然未明言《别录》具体的分类，但考虑到刘歆《七略》是承袭其父《别录》而成，由此反推《别录》的体例，亦无不可。但关键是《别录》有无"辑略"一类。

所谓"辑略"，实际上就是《六艺略》等六类各自的小叙，刘歆将这些小叙集于篇首，是为"辑略"。姚振宗继承了马本对《别录》的分类体例，并在《六艺略》等六类基础上，推论了《别录》"辑略"一类的存

---

① （清）姚振宗辑录、邓骏捷校补：《七略别录佚文》，上海古籍出版社2008年版，第7—8页。
② 姚名达：《中国目录学史》，上海古籍出版社2002年版，第38页。
③ 姚名达：《中国目录学史》，上海古籍出版社2002年版，第39页。
④ 陈国庆：《汉书艺文志注释汇编》，中华书局2011年版，第5—7页。

在："荀悦《汉纪》称：刘向典校经传，考集异同，云'《易》始自鲁商瞿子木，受于孔子'以下云云，并与《汉书·儒林传》《释文·叙录》相同，而与刘中垒叙奏之文颇不相合。反覆推求，知为《别录》中《辑略》之文。荀氏节取而为《纪》，班氏取以为《儒林传》，陆氏取以为《叙录》，各有所取，亦各有详略，而其为《辑略》之文，审矣。二家辑本皆置不录，今校补缺遗，分条排比，还《辑略》之旧。虽不能全，犹瘉乎已。"① 姚氏指出，荀悦《汉纪》、班固《汉书·儒林传》、陆德明《经典释文·叙录》均取自《别录》。故主要依据《汉纪》，辑录出《别录·辑略》佚文凡三十五条。

对于这个问题，姚名达提出了不同意见。他依据《汉书·楚元王传》附载刘向传中，有刘歆"卒父前业，乃集六艺群书，种别为《七略》"一句，对"种别"二字加以发挥，称："盖所谓种别者，即依书之种类而分别之，明乎'时又别集众录，谓之《别录》'，并未分类，至《七略》始分类编目也。"② 姚名达又进而从阮孝绪《七录序》中"会向亡，哀帝使歆嗣前业，乃徙温室中书于天禄阁上，歆遂总括群篇，奏其《七略》"一句，认为："温室之中书何以须徙于天禄阁上？盖温室为校雠之地，取便学者坐论，不便庋藏书籍。故校雠既毕，乃庋藏之于天禄阁也。书须插架，自不能杂乱无章，故稍依昔日向等分工合作之界域，再分为若干种即类，遂成《七略》，而准以为插架之次序。在未徙书于天禄阁以前，纵使因校书人之分工而隐约分部，亦未编为固定之目录。故至刘歆然后'种别'为《七略》也。"③

总之，刘向《别录》亡佚后，后人仅能通过《汉书·艺文志》及阮孝绪《七录序》等文献了解其大致成书的状况。姚振宗集这类文献于一编，引《汉书·成帝本纪》及《汉书·楚元王》附传中有关刘向的生平事迹，知人而论世。又从《汉书·艺文志》、荀悦《汉纪·孝成皇帝》、应邵《风俗通义》、《宋书·百官志》、《吴志·韦曜传》、《晋书·荀勖

---

① （清）姚振宗辑录、邓骏捷校补：《七略别录佚文》，上海古籍出版社2008年版，第8页。
② 姚名达：《中国目录学史》，上海古籍出版社2002年版，第39页。
③ 姚名达：《中国目录学史》，上海古籍出版社2002年版，第39—40页。

传》、阮孝绪《七录序目》、《北齐书·樊逊传》、《隋书·牛弘传》等文献中，辑录了《别录》成书的诸多问题，弥补了《汉书·艺文志》记载的不足，学术价值不言而喻。

2. 姚振宗与《七略佚文》

《七略》是刘歆继续其父刘向未竟之业而完成的一部目录书。据《汉书·艺文志》云："会向卒，哀帝复使向子侍中、奉车都尉歆卒父业。歆于是总群书而奏其《七略》，故有《辑略》，有《六艺略》，有《诸子略》，有《诗赋略》，有《兵书略》，有《术数略》，有《方技略》。"① 清代流传的《七略》辑佚本，有洪颐煊、章宗源、严可均、马国翰四种版本。据姚振宗自云：洪颐煊、章宗源未及得见，马本体例不及严本详备，"所得以借手者，唯严氏一本而已"②。由于严可均辑本已经将诸书所见《七略》的佚文辑佚得较为完备，姚振宗是编"不过依据《汉书·艺文志》移易其体裁而已，于佚文无所增益也"③。

尽管姚氏对严本的佚文无所增益，但其对严氏辑出的某些佚文提出了不同见解。如严本引《初学记》曰："论方技为四家，有医经家，有方家，有房中家，有神仙家。"此条姚氏将其移入《辑略·方技·经方家》中。又严本最后五条，辑自《文选注》，严可均称"以下不类《七略》。《齐安陆昭王碑文》注引有左思《七略》，或是其文，今姑附此"。姚氏在此基础上，又增加了"宴处从容观诗书"一条，注云："《文选·王仲宣〈赠答诗〉注》引刘歆《七略》，他书亦有引作刘向者。"又如，严本从张守节《史记正义》引文中辑有"《晏子》七篇，在儒家""《管子》十八篇，在法家"两条。据姚振宗的考证，此乃"张守节泛引《七录》之语"。阮孝绪《七录》中著录《晏子》七篇，刘歆《七略》则著录为八篇；《七录》著录《管子》十八篇，在法家；《七略》则著录八十六篇，在道家，互著于兵家。通过对两书著录书籍的卷数、分类进行对比，姚氏认为："此两条不特非《七略》佚文，'在儒家''在法家'之言，并且

---

① 陈国庆：《汉书艺文志注释汇编》，中华书局2011年版，第6—7页。
② （清）姚振宗辑录、邓骏捷校补：《七略佚文》，上海古籍出版社2008年版，第86页。
③ （清）姚振宗辑录、邓骏捷校补：《七略佚文》，上海古籍出版社2008年版，第86页。

非《七录》本文，今并删除。"①

《隋书·经籍志叙》曰："光武中兴，笃好文雅，明章继轨，尤重经术。四方鸿生巨儒，负帙自远而至者，不可胜算。石室兰台，弥以充积。又于东观及仁寿阁集新书，校书郎班固、傅毅等典掌焉，并依《七略》而为书部，固又编之以为《汉书·艺文志》。"②可见，班固《汉书·艺文志》是在对《七略》删省基础上而成书的。在此过程中，班固会对《七略》原有的体例加以调整。如《汉书·艺文志·兵书略》兵权谋类，著录十三家，凡二百五十九篇，注云："省《伊尹》《太公》《管子》《孙卿子》《鹖冠子》《苏子》《蒯通》《陆贾》《淮南王》二百五十九种，出《司马法》，入礼也。"也就是说，《伊尹》以下九家，其分别收入《诸子略》之儒、道、纵横、杂诸家中，故此处曰"省"；又刘歆《七略·兵书略》中原著录《司马法》一书，因其为五礼之一，"班出之入礼家"③。姚振宗深明《汉书·艺文志》的体例，认为班固的如此设置，"此皆非《七略》旧第，今约略先后，以次补入"④。另外，在著录书籍的体例上，《汉书·艺文志》往往省略书名。如《六艺略·易类》著录《易传周氏》二篇、《服氏》二篇、《杨氏》二篇、《蔡公》二篇等，实则在"服氏"诸书上皆省略了"易传"二字。姚氏认为，这都是班固减省《七略》的结果，故在辑录时，书名上均加"易传"二字，"此体例宜然，非妄有增演"⑤。

此外，姚振宗从《汉书》《汉纪》以及《隋书·经籍志》、两《唐书》等文献中辑录了有关刘歆本人的传略、《七略》成书的概况，丰富了相关史实，最大限度地恢复了《七略》成书的时代背景，也是其不可忽略的学术贡献。

(二) 补《四库》之未收书目

乾隆年间纂修的《四库全书》，可谓集古今文献之大成。然当时征书过程中，对"违碍"书籍多有毁禁，再加之山林隐居之士，但愿将其著

---

① (清) 姚振宗辑录、邓骏捷校补：《七略佚文》，上海古籍出版社2008年版，第86页。
② (清) 魏徵：《隋书·经籍志》，中华书局1982年版，第905—906页。
③ 陈国庆：《汉书艺文志注释汇编》，中华书局2011年版，第189页。
④ (清) 姚振宗辑录、邓骏捷校补：《七略佚文》，上海古籍出版社2008年版，第88页。
⑤ (清) 姚振宗辑录、邓骏捷校补：《七略佚文》，上海古籍出版社2008年版，第89页。

述藏之名山，不肯公布于世，故《四库全书》未备者甚多。

嘉庆年间，阮元视学浙江时曾先后搜访《四库》未收之书，"或借自江南旧家，或购之苏州番舶，或得之书坊，或钞自友人"①，并加以提要进奏当朝，凡一百七十余种。后其子阮福又略加整理而成《四库未收书提要》五卷行世。然《四库未收书提要》"惜书成众手，时有抵牾，又未分门类，不便寻检"②。于是，光绪八年（1882），傅以礼重加编次，改题《揅经室经进书录》四卷，"凡考论偶疏，衍夺失校，辄据他书是正，并就所见新书椠本分别附注，用备嗜古者访求"③。

傅以礼（1827—1898），字节子，号节庵，浙江会稽人，籍隶大兴人。家富藏书，著有《华延年室题跋》二卷，"为学一以乾嘉诸老为宗，多识博闻，长于考订。自历代典章制度，以及故书雅记、金石谱录、逸史稗乘，靡不博综参稽，钩析其同异得失。而明于明季掌故，搜讨尤勤"④。《揅经室经进书录》凡四卷，二册，书前录有道光二年阮福题识一篇。在分类上"谨遵《四库全书总目》，厘为经、史、子、集四卷"⑤。每书下，列卷数、版本，有提要。或指出其书学术价值，如史部编年类《元秘史》条："案，明初宋濂等修撰《元史》，急于蒇事，载籍虽存，无暇稽求。如是编所载，元初世系孛端叉儿之前尚有一十一世，太祖本纪述其先世仅从孛端叉儿始，诸如此类并足补正史之纰漏。虽词语俚鄙，未经修饰，然有资考证，亦读史者所不废也。"或指出其书的体例者，如史部政书类《五服图解》条云："嘉兴路牒称其有裨世教，厚风俗，洵不诬矣。其例以五服列五门，每门立男女已未成人之科分正、加、降、义四等之服，划图分章，展卷厘然，颇足为参考礼制之助。"或考其书之存亡，如史部地理类《两京新记》条云："唐韦述撰，原本五卷，见《宋史·艺文志》及程大昌《雍录》，明郎瑛《七修类稿》亦尝及之。朱彝尊《书熙宁长安志后》云：《东西京记》世无全书，则彝尊所见已非完本矣。"是编收书多为丛书本，如《粤雅堂丛书》本、《守山阁丛书》本、《十万卷楼丛书》

---

① 丁申：《武林藏书录·浙江巡抚续进书》，上海古典文学出版社1957年版，第25页。
② （清）傅以礼：《揅经室经进书录·序》，清光绪八年（1882）刻本。
③ （清）傅以礼：《揅经室经进书录·序》，清光绪八年（1882）刻本。
④ （清）俞人蔚：《华延年室题跋·跋》，清宣统元年（1909）铅印本。
⑤ （清）傅以礼：《揅经室经进书录·序》，清光绪八年（1882）刻本。

本、《平津馆丛书》本等，另载有许多日本《佚存丛书》本的图书。

此外，两浙著名藏书家丁丙，亦对四库书籍的收存、访求贡献甚大。丁丙（1832—1899），字嘉鱼，号松存，浙江钱塘人。丁丙为藏书世家，其祖建有八千卷楼，丁丙有增建后八千卷楼、小八千卷楼（楼中辟一室曰善本书室），总其藏书之所曰嘉惠堂，"然辜较君所藏，固不止三八千也"①。丁丙早年即留心对四库文献遗籍的搜访。时咸丰末年，太平军占领杭州城后，杭州文澜阁藏书遭到损毁，丁丙在市集中见有以字纸包裹卖物者，"取视，皆《四库》书，惊曰：'文澜阁书得无零落在此乎！'君之搜讨文澜遗书，实始此矣"②。丁丙避难他乡，亦不忘对《四库》书籍的搜访："孤山圣因寺，乾隆间敕建文澜阁，天下七阁之一。《四库》所藏，缥题玉检，兵间散乱剽失。君避难留下，收买积万余册。乱定，庋之府学尊经阁。光绪初，禀商抚部茶陵谭公，鸠工架构，巨阁是营。以所得还守藏吏，集写官钞补，复四部八万卷之旧。士人集庑下，传钞无虚日。"③丁氏藏书中，凡四库著录者，均藏于八千卷楼内，"分排次第，悉遵《钦定简明目录》，综三千五百部，内待补者一百余部"④。对于四库存目之书，又搜得一千五百余种，"分藏于楼之两厢"⑤。至于四库所未收之书，则均藏于后八千卷楼中，"以甲、乙、丙、丁标目，共得八千种有奇。如制艺、释藏、道书，下及传奇小说，悉附载之"⑥。丁丙为文澜阁《四库全书》的保存做出了巨大贡献。

二 禁毁目录

与往代相比，清人辑佚工作还出于一特殊原因，那就是清廷因文化专制而屡有对书籍的禁毁。乾隆三十八年，清廷为修纂《四库全书》，开始

---

① 叶昌炽：《藏书纪事诗》卷7，第705页。
② 叶昌炽：《藏书纪事诗》卷7，第705页。
③ 叶昌炽：《藏书纪事诗》卷7，第705页。
④ （清）丁丙：《八千卷楼自记》，载李希泌主编《中国古代藏书与近代图书馆史料》，中华书局1982年版，第62页。
⑤ （清）丁丙：《八千卷楼自记》，载李希泌主编《中国古代藏书与近代图书馆史料》，中华书局1982年版，第62页。
⑥ （清）丁丙：《八千卷楼自记》，载李希泌主编《中国古代藏书与近代图书馆史料》，中华书局1982年版，第62页。

在全国范围内下诏征书。据统计,《四库全书》共计收入典籍3461种。然在征书的过程中,"寓禁于征"的方针也随之展开。乾隆三十九年,谕各省督、抚在采访遗书的同时,还要查办违碍书籍:"明季末造,野史者甚多。其间毁誉任意,传闻异词,必有抵触本朝之语。正当及此一番查办,尽行销毁,杜遏邪言,以正人心而厚风俗,断不宜置之不办。此等笔墨妄议之事,大率江、浙两省居多,其江西、闽、粤、湖广,亦或不免,岂可不细加查核?高晋、萨载、三宝、海成、钟音、德保,皆系满洲大臣,而李侍尧、陈辉祖、裴宗锡等亦俱系世臣。若见有诋毁本朝之书,或系稗官私载,或系诗文专集,应无不共知切齿,岂有尚听其潜匿流传、贻惑后世?"① 对于各省已经征到的书籍,令四库馆臣详加查核,"如有关碍者,即行撤出销毁",并令各省督、抚派诚妥之员,传谕各藏书之家,"如有不应留存之书,即速交出,与收藏之人并无干碍"。如有藏书之家隐匿不出者,"日后别经发觉,其罪转不能逭,承办之督抚等亦难辞咎"。② 据学者统计,从乾隆三十九年起的19年中,就禁毁书籍3100余种,15万部以上,另有书版8万余块被销毁,足见清廷禁之严厉。③

基于被禁之书或散或佚,而编纂禁毁书目,就成为一些学者的学术追求。他们继承了辑佚学传统,利用相关文献钩沉索隐,搜求被禁图书的线索。其代表者有姚觐元的《清代禁毁书目》。

姚觐元(1823—1890),字裕万,号彦侍,浙江归安人,道光二十三年举人。其祖父姚文田,博通经史,"所著书则宗汉学"。姚觐元也秉承家学,善于文字、音韵与校勘之学。家富藏书,有咫进斋藏书楼。姚觐元有感于《四库全书》开馆时期的禁毁政策导致书籍多有亡佚,故勤于在各地搜讨,辑录而成《清代禁毁书目》,于光绪十年刊印,"为目录学者,于艺文掌故,亦有所考焉"④。《清代禁毁书目》由四种书目组成,按照其来源,又分三个渠道:一是乾隆年间四库全书馆所奏进的《全毁书目》《抽毁书目》共320余种;二是浙江布政使司刊发的《禁书总目》1700

---

① 《纂修四库全书档案》,上海古籍出版社1997年版,第240页。
② 《纂修四库全书档案》,上海古籍出版社1997年版,第240页。
③ 参见《清朝通史·乾隆朝下》,紫禁城出版社2003年版,第593页。
④ (清)姚觐元:《清代禁毁书目·书目总跋》,清光绪九年(1883)《咫进斋丛书》本。

种；三是河南布政使司荣柱刊发的《违碍书目》750余种。

禁毁书目并不是藏书目录，因而在分类上也就不是按照传统的经、史、子、集四部划分来著录图书。姚觐元《清代禁毁书目》所辑录的四种禁毁书，都是按照"事类"来收录图书的。如浙江布政使司刊发的《禁书总目》，包括"军机处奏准全毁书目""军机处奏准抽毁书目""应毁钱谦益等23人著作书目""浙江省查办应缴应毁书目""外省移咨应毁书目"。河南布政使司荣柱刊发的《违碍书目》则包括"应缴违碍书籍各种名目""续奉应禁书目"。每部书下，注明禁书的作者和书名。书名之下说明禁毁的原因，间或介绍作者的字号、乡里、职官等。

继姚觐元之后，邓实也致力于对禁书的搜讨。清廷下诏查缴违碍书籍，通行各省一律遵行。然姚氏所辑录者，以浙江一省禁书居多，其他各省亦有禁书之令，"或尚有留存者，苟尽得而考核之，证其异同，校其详略，不更备乎"①。光绪年间，邓实又新得江宁官本《违碍书籍目录》残稿一篇，"持之以校姚氏所刻三种，其前半册即与姚氏所得河南官本《违碍书目》大略相同，惟后半册则为江宁本省《奏缴书目》及《各省咨禁书目》，为姚本所无，而卷首所载谕旨、告示、条款亦有姚本所未载者，因改名曰《奏缴咨禁书目》，为合刊之"②。对姚氏书目做了必要的补充。

禁毁目录保留了当时处理违碍书籍的重要方针。如《军机处奏准抽毁书目》中《渔洋精华录》条曰："查此种系刑部尚书王士祯撰，晚年取生平诗句，令门人盛符升等汇选以成。此书查无违碍，应请毋庸销毁。惟首卷载有钱谦益序一篇，诗一首，应行抽毁。"又如《先拨志始》条曰："查此书系长洲文秉撰，秉乃明大学士文震孟之子，于明季朝政见闻最熟。此书皆所记三案纷争及魏忠贤乱政本末，颇为详确。书中惟涉及当时边事之处四五条，应行删毁外，其余俱系纪明朋党实迹，尚无悖碍，应请毋庸全毁。"从中可见，清廷对违碍书籍并非采取完全销毁的方针。对违碍书籍中具有史料价值的部分，只要不涉及意识形态，即予认可，并准其保留。

有些属于抽毁的书籍，还明确标明了具体的卷数。如《禹贡图注》

---

① 邓实：《禁毁书目合刻·后跋》，清光绪间铅印本。
② 邓实：《禁毁书目合刻·后跋》，清光绪间铅印本。

注曰："查《禹贡图注》，系明艾南英撰。冀州一篇注内，语有偏驳，应请抽毁。"《皇明绳武编》条曰："查《皇明绳武编》，系明吴瑞登撰，其书所纪，俱明穆宗以前诸帝事迹。书内卷二，永乐三年按语一段，卷四洪武丁未年一段，卷五隆庆元年一段，卷九嘉靖庚戌一段，卷十八永乐十年一段，卷二十六隆庆元年一段，弘治十四年一段，卷三十一第十页按语一段，卷三十二汪直大藤峡一段，俱有偏谬，应请抽毁。"对于应毁的书籍，该目中也详列了其书籍名称。如《应毁钱谦益著作书目》中包括《初学集》《有学集》《牧斋文钞》《诗钞》《列朝诗集》《牧斋性理钞珍》《列朝诗集小传》《大方语范》等；《应毁吕留良著作书目》中包括《易经详解》《论文汇钞》《晚村古时文》《评语正编》《晚村续集》《宝诰堂遗稿》《吕留良尺牍》《天盖楼各种文选》等。还有《应毁屈大均著作书目》《应毁金堡著作书目》《应毁王赐侯悖妄书目》《应毁徐述夔悖妄书目》《应毁戴移孝及伊子戴昆悖妄书目》等。这些当时曾被禁止的书籍，有些已经亡佚了，而通过这份目录，为追录亡逸，辑佚旧籍提供了线索。

此外，禁毁目录将与禁书相关的诏令、原奏等文献一并著录，是了解当时政治形势、文化政策的重要史料。如姚觐元在《清代禁毁书目》的"违碍书目"类前，录有乾隆四十三年的上谕，曰："著通谕各督、抚以接奉此旨之日为始，予限二年，实力查缴并再明白宣谕。凡收藏违碍悖逆之书，俱各及早呈缴，仍免治罪。至二年限满，即毋庸再查。如限满后仍有隐匿存留违碍悖逆之书，一经发觉，必将收藏者从重治罪。"这里保留了地方缴书的流程，即先由藏书者自行上缴，再经官方查核。在"销毁抽毁书目"类前，录有大学士英廉乾隆四十五年、四十七年的奏折："臣与总纂官纪昀等公同商酌，以各省内有词义违碍者，业经陆续查出，分次奏缴销毁。但卷帙浩繁，恐其中或尚有应毁字句，应再行通加复检，然后发回，庶无疏漏。"可见四库馆内查缴禁书还有"复检"的流程。这些与禁书相关的文献资料的收录不仅为研究清代禁书史提供了必要的参考资料，而且为我们保存了清代有关政治、文化专制的相关史料。

三　未刊书籍目录

搜讨未刊图书是中国古代目录学的优良传统。北魏孝文帝时期，曾编行《魏阙书目录》，令人按目"借书于齐"。南宋高宗时期还曾编有《续编到四库阙书目》，以作求书之用。郑樵则在《通志·校雠略》中提出了"编次必记亡书论""书有名亡实不亡论""编次失书论"等诸多求书理论。清初，黄虞稷有《征刻唐宋秘本书目》，专门搜讨秘籍旧椠。清初朱彝尊《经义考》，于著录书籍下列佚阙、未见之名，以记载散佚之典籍。乾隆三十七年（1772），诏下各直省，令于民间搜访遗书，凡有未经刊印，以抄本形式存留者，令缮录副本，仍将原书给还。时江浙藏书之家，呈献尤多，仍将原书还于藏家。清廷广搜遗佚，阐扬典籍之意至厚。晚清藏书家也继承了这一传统，对未能付梓的清人著述十分关注。在勤加搜讨的基础上，能够就所见所闻者，将其辑佚成目。代表者有郑文焯的《国朝著述未刊书目》一卷、朱记荣的《国朝未刊遗著志略》四卷。

郑文焯（1856—1918），字俊臣，号小坡，又号叔问，晚岁自署大鹤山人，光绪元年举人，汉军正白旗人，原籍高密，自称郑康成后裔。工诗古文辞，喜金石考证，兼通医理。孙雄《高密郑叔问先生别传》曰："君于国变后，以越人术及鬻画自给。清史馆聘为纂修，北京大学校校长某君聘为金石学教授主任，君均忍饥不就，辞谢笺启，传诵艺林。"其所撰《国朝著述未刊书目》一卷，清光绪十三年苏州书局刻本。清人著述宏富，然佚稿秘编多有散失，整理比次尤难。故郑文焯"爰揭所知，条其名类，或为目较，缀以小言，且冀好事踵是宏搜，摘之隐括，以徇同志，庶为籍征之英谭，无虑枕秘之沦缺焉"①。是编以经、史、子、集四部分类，每书下列卷数、作者，或记其原稿所藏之处，间有提要。

考察书籍流传是此目主要的编纂特点。通过书下提要，揭示书籍的藏所。如臧琳撰、臧镛补《尚书集解》一百二十卷条曰："在东为玉林元孙，其书稿藏缪炎之许。"魏源撰《公羊古微》条曰："魏氏《诗古微》有家刻本，《书古微》十二卷，淮南书局新刊。是书元稿犹存其家。"钱仪吉《晋会要》条曰："稿本落次不可绪正，今在萧山汤氏。"顾炎武《肇域志》条曰："是编金陵有旧钞本，为洪琴西观察所藏。简眉册尾皆亭林先生手自批校，卷帙落次难以辑缀。"对流传一时难以稽考下落者，郑氏亦载其信息，以备查核。如钱塘《易纬稽览考正》一卷条曰："嘉定钱氏未刊著述多未散佚，其稿本时为老书估得之，惜其后人无刊布者。"

---

① 郑文焯：《国朝著述未刊书目·自序》，清光绪十三年（1887）苏州书局刻本。

又惠栋《易大义》条曰："昔闻长洲宋于庭家有录本，今失其所在。"

对已刊本或钞写本，郑氏通过查核原书，重点记载其阙佚信息。如金榜《礼笺》一书原有十卷，道光九年（1829），广东学海堂曾有刻本，"单行本暨学海堂，仅刻三卷"。梁履绳《左通六种》，原包括《补释》《驳证》《考异》《广传》《古音》《臆说》，道光年间所刊刻者，"止刻《补释》三十二卷"。又如沈钦韩《两汉书疏证》条曰："吴越好古家俱藏有钞本，曾从吴氏假读，阙帙甚多。"而杭世骏所撰的《浙江通志》一书，中辍后，"独成《艺文志》如千卷"。戴名世的《戴南山集》，原有刻本存世，后遭禁毁。郑氏记载："岁壬午，桐城刘少涂搜得旧钞本十册，余曾假读一过，凡文字触讳处皆空阙，其中述明季事綦详。"

郑氏在书下提要中还多有考辨。如严可均编撰的《说文长编》七十卷，郑氏记载其书之别名又曰《说文类考》。《群书引说文类》二十九卷，亦名《说文考异》。《钟鼎古籀文秦篆类》十五卷，又称《说文翼》。还有考成书经过者。如汪曰桢所撰《春秋长历》条曰："其第一篇中朔表，闻是杨见山太守岘撰，以下谢城卒成之。"对于有些失传已久的书籍，郑氏还通过考察清人笔记所载，钩玄其书之大致内容。如顾炎武《区言》五十卷条曰："何义门叙亭林《菰中随笔》谓，先生所著《区言》五十卷，皆述治天下之要。又云，曾在东海相国所见一帙，言治河事，亦如此细书者，俱未见传本。"然郑氏亦有失考之处。如《书序述闻》乃刘逢禄所撰，今收入王先谦《皇清经解续编》中。而郑氏在龚自珍《尚书马氏家法》条曰："按定盦《书序述闻》，已刻入潘氏《滂喜斋丛书》。"将《书序述闻》一书误以龚自珍所著。

揭示书籍旨归，评论学术得失也是郑氏撰写提要的一个方面。如有关吕律音韵之学，以清儒江永成就最大。嘉定钱塘，少与钱大昕、大昭同学，于声韵文字之学尤其擅长，亦撰有《律吕古义》六卷，郑氏评曰："是书亦名律吕，考文较江永《律吕新论》《阐微》二书益见精核。"清代音韵学的鼻祖，当首推顾炎武。其所著《音学五书》之《唐韵正》，据唐人以纠宋人之失。嘉道时期，直隶苗夔踵顾炎武之后，撰有《续唐韵正》一书，郑氏论曰："仙麓又有《歌麻古韵考》四卷，稿藏阳湖赵氏。今从惠父假读十日，其大旨本亭林《唐韵正》，而专据汉以前有韵之文。凡用歌麻部中字者，悉以斠今韵之失，能发顾氏所未发，洵亦古音之一綖也。"又如《水经注》一书，赵一清曾取十四家校本，汇而参订之，甚为精核。其后沈文起亦撰有《水经注疏证》一书，郑氏评曰："文起生其后，精于舆地之学，脉水寻经，旁通津绪，当有裨实用，突过前人也。"

通过撰写提要，郑文焯不仅记载了书籍的流传、存亡，还揭示了作者的治学宗旨，评论其学术优劣。继郑氏之后，又有朱记荣，与郑文焯唱为同调，亦以表微清人未刊著述为己任。

朱记荣（1848—1912），字懋之，号槐庐，江苏苏州人。旅居上海，担任扫叶山房经理。在沪期间，"见闻既富，益讲求宋元以来旧刻之真赝，与诸家校雠之精粗，莫不洞然于中"①。著有《国朝未刊遗著志略》四卷，光绪十八年刻本。学者著书，盖有三难："有笃志纂辑，因属稿未定而不及成者一，有成矣而不克及身付刻者一，既刻矣而其子孙居奇市价，不甚印行，旋即毁失者又其一。审此三难，则有书能刻，刻而能传者，致为幸矣。"② 朱氏有感于此，深以为憾。故在郑文焯《国朝著述未刊书目》基础上，重加搜讨而成此目："是编盖踵郑君叔问所录，重为搜讨，祇楬所知，谨志其略，匪矜宏博也。"③ 分经、史、子、集四部著录图书。其中，经部收书 246 部，史部收 108 部，子部收 47 部，集部收 26 部，总计 427 部。每书仅著录书名、卷数、作者，间或有按语以考证。

该书目搜罗了许多清人尚未刊行的孤本、稿本等珍贵书籍。如江声《论语竢质》三卷条曰："艮庭先生精于《说文》籀篆之学，所著是书多从六书点画推论经义，订正近写及注解之讹舛者，自是一家之学问，计有一百七十二条。世无传刻本。"又姚春木撰、陈寿熊补《周易集义》一书，"已脱稿，未分卷次，今藏姚氏从子之烜家"。还有尚未刊行的作者手稿本。如诸锦的《周易观象补义略》一书，"嘉庆间禾人戴光曾得此四册清本于吴中，其《提纲》一卷，及下经自姤初一下至杂卦，皆其手书。今归海宁查氏"。庄仲方的《映雪楼藏书目考》十卷，"稿本五册，今藏石埭徐子静观察所"。还有些书籍虽已刊行，但原本在兵乱中散佚，仅留

---

① 《显考槐庐府君行述》，载《〈朱槐庐行述〉整理并序》，《中国出版史研究》2020 年第 1 期。
② （清）陈其荣：《国朝未刊遗著志略·序》，《观自得斋丛书》本。
③ 朱记荣：《国朝未刊遗著志略·跋》，《观自得斋丛书》本。

有珍贵的副本。如张远览所著《诗小笺》七卷，"张闻远孝廉家藏有副本，兵燹后惟此及《春秋义略》尚存"。

对已刊而不全者，亦详载之。如朱大韶《经义》八卷条："南汇张啸山先生已刻其辩证典礼者四十五篇。"陈其荣《经传离句考征》十六卷条曰："道光十八年刻本止八卷。"但作者限于耳目难周，"果其书系已镌，隘于耳目未及周知，潜发幽光，尤为愿幸固陋之讥，自甘受任尔"[1]。故该书目中对难于稽考流传的书籍，详细备注，以备将来之考察。如钱大昭《诗古训》十二卷条曰："郑叔问谓稿本旧藏嘉兴沈匏庐观察所，自后不知流转何所，未审今尚有存否。"又如冯登府所撰《三家诗余论》甫经付梓，即遇兵燹而亡佚，"犹未刻也，但未审稿本今尚存否"。此外，朱彝尊之孙朱休承，继承家学，曾撰有《续经义考》十卷，卒后此稿为人所取，"无从搜求"。冯浩亦撰有《续经义考》，"孟亭侍御亦有续辑本，闻稿已散佚"。

在有些书籍提要中，朱记荣还能论其学术旨归。如经部《尔雅疏证》条曰："是书博采群经及周秦汉人书，就古音以求古义，谓训诂之学本于声音，声同字异，声近义同，群分共贯，自是一家之学。"揭示了是编汉学宗旨。又桂文灿所著《群经补证》四卷条曰："是编于近儒惠栋、戴震、段玉裁、王念孙诸经说多所纠正，荟萃众家，确有依据。"指出了该书所具有的学术价值。另外，还通过摘录序跋，指明书籍宗旨。如钟士升撰《周易象义观通》十二卷条："徐辛荛司空跋云：言象宗仲翔居多，言义宗伊川居多，而贯串诸家，别裁穿凿附会之说，真能观其通者也。"可见作者易学不拘泥一家，于象数、义理兼治的学术路径。朱广川《毛诗广训》条曰："朱述之大令绪曾序云，《诗毛氏训诂传广义》冠郑《谱》于前，每章专用《毛传》，采汉以来诸说注释于下，于《郑笺》《孔疏》《朱传》无所偏废，皆取与毛无所抵牾者以发明之。引典确实，说理晓畅。"则朱广川是编以宗尚前人注疏之学为本。又钱大昭《诗古训》十二卷条曰："自序谓，守汉儒之遗说，以求无悖于义理。齐、鲁、韩三家之有可证者，引而伸之，兼采众说，考异同，辨通俗，正刊谬，非敢与毛异也。于四家冀有小补耳。"则钱氏于书中虽兼采众说，仍以汉儒之说为

---

[1] 朱记荣：《国朝未刊遗著志略·跋》，《观自得斋丛书》本。

旨归。

因是编在郑文焯《国朝著述未刊书目》一书基础上编撰而成，故对郑书多有正误者。如《说文系传刊误》二卷条曰："案，许庭上舍为竹汀少詹文孙，郑君误以为其兄师征所撰，今从《嘉定县志·艺文》目订正。"此处纠正了郑书对书籍作者的误著。又如《说文统释》六十卷一书，郑文焯于《国朝著述未刊书目》中云："是书自叙并注都三万余言，鄞县郭传璞有单行本。焯疑其书本未成编，故仅传一序。而注之精博，足飨后学矣。"然朱记荣则曰："或疑其仅存一叙，书未成编。然志、传所载卷数已分，当为定稿。"则朱氏对郑氏之说，存而疑之。

是编以"未刊遗著"为收录标准："大凡若其书久佚无存，世无传录，概不采及。"① 由此，许多著名学者的散佚篇卷均未能著录，"以此亭林先生所著零种及王仲瞿孝廉所著各书，均付阙如"②。然其搜讨遗佚，阐潜扬微之功不可没。正如陈其荣所曰："著述之家大则长编巨帙，小或沦落泰半，亦安得大有力者搜求遗佚，为之一一刊布哉？朱生懋之，留心载籍，夙慕通儒，于乡先哲亭林先生著述，搜辑未刊之本，亟为刊行。兹复将国朝诸儒撰述，网罗遗文佚稿秘篇，次其名类，辑杂成编。诸书或非定本，后无留遗，不尽周详，以此佚阙未见，罔敢署明存此名目。且冀后有好事者宣秘发幽，于以刊刻流传，岂惟曩哲之深幸，抑后学之滋益焉。"③ 其有功于清儒者甚大。

四　专人辑佚目录

晚清辑佚目录中，还产生一种专人辑佚目录。这类目录或以某人为中心，辑其散佚著述，或以某类群体为中心，辑其诗文词赋。前者以陈熙晋的《河间刘氏书目考》为代表，专辑隋朝大儒刘炫之著述；后者以黄允中的《宋遗民类集序例总目》为代表，对宋遗民群体诗文显微阐幽。

（一）陈熙晋与《河间刘氏书目考》

隋朝平陈而实现了天下的统一，在学术上也结束了南北朝时期南、北

---

① 朱记荣：《国朝未刊遗著志略·跋》，《观自得斋丛书》本。
② 朱记荣：《国朝未刊遗著志略·跋》，《观自得斋丛书》本。
③ （清）陈其荣：《国朝未刊遗著志略》，《观自得斋丛书》本。

学派的分立,"南北之学"亦归统一。在隋朝能够代表此趋势的学者,当为刘焯、刘炫二人。时值战乱之后,海内儒者多已故去,唯刘焯、刘炫二人,治学兼具南北,博通古今,享誉学林,为后世所敬仰。刘焯(544—610),字士元,信都昌亭人。著有《五经述议》《尚书义疏》等。刘炫(546—613),字光伯,河间景城人。著有《毛诗述义》《春秋左氏传述义》《尚书述义》《古文孝经述义》《论语述义》等书,"学实通儒,才堪成务,九流七略,无不该览。虽探赜索隐不逮于焯,裁成义说,文雅过之"①。历经千余年后,二刘著述多已失传。晚清学者陈熙晋一向推崇刘炫之学,著有《河间刘氏书目考》一书。

陈熙晋(1791—1851),字析木,号西桥,浙江义乌人,优贡生。熙晋治学严谨,"积书数万卷,订疑纠谬,务穷竟原委。每语及经史、《三通》、历朝《会要》,衮衮若成诵"②。尤服膺河间刘炫之学,认为刘炫之学乃集六朝之大成,可堪与郑玄并峙:"古来注家注经之多,未有过于康成者,疏家疏注之多,未有过于光伯者。"③《河间刘氏书目考》一书,清光绪十七年广雅书局刻本,乃陈熙晋专门搜辑隋朝学者刘炫遗著而编成的一部专人目录书。陈氏在该书题识中曰:"六朝经术之盛,南莫著于崔灵恩,北莫著于徐遵明,而学通南北,撰述之多,独推河间刘氏。唐初《五经正义》据刘氏以为本者三,六朝之中一人而已。余既为《春秋规过考信》及《春秋述义拾遗》以存其梗概,今据《隋书》本传并《经籍志》《旧唐书·经籍志》《新唐书·艺文志》《玉海》《通志》《通考》诸书,分别考之,俾后之学者详焉。"其中收经部书24部,史部书1部,子部书1部,集部书3部,凡26部。书下有陈氏所作提要,或详或略,对刘炫传世之作多有考证。

首先,纠正了前人对刘炫著作的错误判断。刘焯、刘炫时称"二刘",后人或有将二人著述相互混淆者。如《尚书述义》一书,《隋书·经籍志》称"刘先生撰",朱彝尊《经义考》以为是刘焯所撰,"度非光

---

① 《隋书·刘炫传》,中华书局1973年版,第1727页。
② 《清史列传》卷68,第17册,第5546页。
③ (清)陈晋熙:《春秋左氏传述义拾遗·序》,载《丛书集成续编》,上海书店1994年版,第13册,第2页。

伯，即士元所著也"。陈氏考之《隋书·儒林传》载："焯卒，炫为请谥，不许，炫因冻馁而死，门人谥曰宣德先生，则刘先生乃光伯，非士元也。"称刘炫为"宣德先生"，由此得出《尚书述义》的作者是刘炫，而非刘焯。又《宋史·艺文志》著录刘炫所撰《春秋述义略》一卷，《崇文总目》称刘炫尝著《春秋述义》四十卷，而《宋志》仅载是编一卷，则《春秋述义》有三十九卷已亡。然陈氏则称："《述义》称'略'，当是掇拾丛残之本，未必如《总目》所言也"。又如《古文孝经》与《古文尚书》同出，汉孔安国为之作传。刘向奉命校录群书时，将《古文孝经》去其繁惑，定为十八章，郑众、马融又为之注，自此孔、郑、马本《古文孝经》广为流传。梁朝时，孔传与郑注《古文孝经》被立为官学，然孔传则亡于梁末的战乱，自此《古文孝经》唯存郑注。隋秘书监王邵偶于京师访得孔安国的《古文孝经传》，送请刘炫校勘。于是，刘炫著有《古文孝经述义》五卷。然刘知几却认为："王邵令刘炫校勘，此书更无兼本，难可凭依，炫则以所见率意刊改，因著《古文孝经稽疑》一篇。"对此，陈氏辨之曰："考元行冲疏所载，光伯《述义》略皆发明夫子自作《孝经》之意，唐之《注疏》盖据刘为本，且有以古文之义施之于今文者。……皆酌然知其依刘本者。"则刘炫《古文孝经述义》为官方所认可，并成为唐玄宗撰定《孝经注疏》的依据。

其次，考辨刘炫遗著。刘炫著作历有年所，或有散佚者，如《尚书百篇义》《尚书孔传目》《尚书略义》三书，见载于宋代国家藏书目《秘书省续编到四库阙书目》中，因该书目是"阙书目"，意味着在此目中者，均是求而未得者，故后世学者疑刘氏三书亡于宋代。然陈氏考之于《新唐书·历志》，尝引刘炫对"辰弗集于房"的解说，故陈氏认为，刘炫的《尚书百篇义》《尚书孔传目》《尚书略义》三书，"宋初尚未尽佚，殆钞撮成书者"。刘炫的著作或有经后人率意分合者，如《旧唐书·经籍志》载刘炫所著《春秋规过》三卷，然陈氏考之《隋书·经籍志》以及《隋书》刘炫本传，均不载刘炫曾著《春秋规过》一书。陈氏又据《旧唐书·经籍志》载有刘炫《春秋左氏传述义》三十七卷，而《春秋左氏传述义》原本四十卷，由是陈氏疑《春秋规过》一书，"盖从《述义》中别出单行者也"。对于有些亡佚已久，但存书名而无从得知刘炫著述宗旨者，陈氏也能依据现存史料，加以推断。如《隋书·经籍志》著录刘炫所著《五经正名》一书，陈氏依据《隋书·经籍志叙》所云"孔子曰必也正名乎，名谓书字"，推断刘炫的《五经正名》一书"盖考订五经文字也"。对于撰书年代不确者，如刘炫、刘焯合著《考定石经》一书，陈氏考曰："《隋·儒林·刘焯传》，六年，运洛阳石经至京师，文字磨灭，莫能知者，奉敕与刘炫等考定。据《北史》，盖开皇六年也。"以上诸条，陈熙晋皆能在提要中对刘炫著述明析是非，论断原委。

最后，陈熙晋不仅整理了刘炫的著述，还能知人论世，考论刘炫的学术与行事。《周礼义》条，据《隋书·儒林传》刘炫自状曰："《周礼》《礼记》《毛诗》《尚书》《公羊》《左传》《孝经》《论语》孔、郑、王、何、服、杜等注，凡十三家，虽义有精粗，并堪讲授。"从中可见其治学不主一家、兼综博采的旨趣。又《礼记义》条，据《隋书·儒林传》所载，考察了其与刘焯的求学经历："刘焯字士元，信都昌亭人也。少与河间刘炫结盟为友，同受《诗》于同乡刘轨思，受《左传》于广平郭懋常，问《礼》于阜城熊安生，皆不卒业而去。武强交津刘智海家素多坟籍，焯与炫就之读书，向经十载，虽衣食不继，宴如也，遂以儒学知名。今熊安生说尚见于孔氏《正义》，可以识其渊源矣。"孔颖达撰《五经正义》，其中如《毛诗正义》就主要参考了"二刘"的著作。这里，陈熙晋欲说明，孔氏在引据熊安生之说，其学术渊源来自"二刘"，亦可见"二刘"在当时的学术影响。另外，《抚夷论》条，陈氏曰："开皇之末，国家殷盛，朝野以辽东为意，炫以为辽东不可伐，作《抚夷论》以讽焉。"至隋大业末年，曾三次征讨高丽国，皆无果而终，从中亦可见刘炫的政治远见。陈熙晋以整理刘炫学术著述为己任，却不为尊者讳。《鲁史记》条曰："隋本传，时牛弘奏请购求天下遗逸之书，炫遂伪造书百余卷，题为《连山易》《鲁史记》等录上，送官取赏而去。后有人讼之，经赦免死，坐除名。"将刘炫的学术与品行，完整地呈现给世人。

（二）黄允中与《宋遗民类集序例总目》

明清鼎革之际，一些知识分子怀有"夷夏大防"的思想，隐居山林而成为明遗民。他们往往将宋元之际的历史与当下时局相比附，以此来隐寓明遗民的气节，寄托对"故国"之思。黄宗羲便云："尝读《宋史》所载二王之事，何其略也！夫其立国亦且三年，文、陆、陈、谢之外，岂遂无人物？顾闻陆君实有日记，邓中甫有《填海录》，吴立夫有《桑海遗录》,当时与文、陆、陈、谢同事之人,必有见其中者,今亦不闻存于人间矣。国可灭,史不可灭,后之君子能无遗憾耶?"① 在这一背景下,"宋遗民录"的编纂成为他们的一种思想寄托。当时,明程敏政的《宋遗民录》十分流行,"遗民志士,转相传诵。秉笔之士,亦有因程氏著书之旨,深事增广"②。李长科、朱明德还分别编有《广宋遗民录》,归庄、顾炎武等名士皆为之作序。毛晋汲古阁亦刻有《宋遗民录》一卷,"附于《忠义集》之后"③。万斯同有《宋遗民录订误》(见《石园文集》),邵廷采亦有《宋遗民所知传》(见《思复堂文集》)。两淮马裕家亦藏有《宋遗民录》一卷,其中还掺杂了元人,"殆书肆贾竖伪托之以售欺也"④。当时坊间书肆有伪造其书者,足见其在文人间甚为流行。

嘉庆朝以降,清廷国势渐衰。尤其是鸦片战争以来,一些学者深感内忧外患,辑录古人诗文以抒其志。顾沅辑有《乾坤正气集》二十卷,网罗商周以来的忠臣义士之诗,以资劝诫。嗣后,顾沅又与姚滢、潘锡恩等合编《乾坤正气集》五百七十四卷,专门收录先秦至明朝志节之士的辞赋杂文,又称大《乾坤正气集》。清末黄节也辑有《宋遗儒略论》,别择谨严,然仅辑录宋遗儒所著之儒学著述。遗民诗文集在清代甚为流行,至清宣统年间,京华印书局刊印了黄允中的《宋遗民类集序例总目》一册,专门汇集宋遗民之诗文于一编,形成了以宋遗民群体为主的专人辑佚目录。

黄允中,未详其人。黄氏尝读《宋昭忠录》及程敏政之《宋遗民录》二书有感,认为二书所载诸人之行,皆合于圣人之道:"家国古今初无二理,览《正气》《遗民》二集者,勿遗其他情感之私。夫亦用之乡人,用之邦国所不废也。"⑤ 于是,汇为《宋遗民类集序例总目》一册,"专辑南宋遗民,补程氏《录》所未备,而用本朝潘氏《乾坤正气集》之例"⑥。将宋遗民或以志节,或以文行,分为义行、苦志、致命、遁迹、

---

① (清)黄宗羲:《南雷诗文集·碑志类·户部贵州清吏司主事兼经筵日讲官次公董公墓志铭》,《黄宗羲全集》,浙江古籍出版社2005年版,第10册,第308—309页。
② 谢正光:《清初所见"遗民录"之编纂与流传》,载《明遗民传记索引·代序》。
③ 《钦定四库全书总目》卷61《史部·传记类存目三》,第847页。
④ 《钦定四库全书总目》卷191《集部·总集类存目一》,第2672页。
⑤ 黄允中:《宋遗民类集序例总目·自序》,清宣统二年(1910)京华印书局铅印本。
⑥ 黄允中:《宋遗民类集序例总目·例言》,清宣统二年(1910)京华印书局铅印本。

清操、正学、宏文、完节八类。每类皆有小序，述本类大旨，集于书后。始事于宣统元年夏初，历经两年而成书一百六十八卷。

是编以搜辑宋遗民的诗赋文词为主。所辑者，各类体裁不能悉备，篇幅多寡亦有不同。黄氏坚持实事求是原则，其云："不参去取，不加移动，悉照本书。有原集者专用原集，无则用别集、选集、选本、别本，剌取裒聚，以次排列。"凡一集中有诗有文，则以多者居前，少者附后，所采之本各于末篇标识。篇数繁多者，列为专集；篇数零落者，与众人合为总集。遇有相同之篇，则"互校字句，异者签出"。①书后附有《月泉吟社诗》《谷音忠义集》《乐府补题》《草堂诗余》等元初选本诗集目，凡七百十三人，另将别辑无文者，列之《宋遗民补录》。

在体例方面，采取以书类人的方式，类下列其书，书下列其卷，总计收有一百七十八人，其中专集四十二人，附二十七人，总集一百零九人。对于"遗民"的界定，尤其是朝代鼎革之际士人身份的界定问题，黄氏曰："易代之际，其人应属何代，但以其仕、不仕为断，便自截然分明。选家取盈卷轴，每多牵混，此关人之名节，何可迁就？"②故是目在人物的收录范围，"专以生于宋不仕于元为断，不论其曾仕宋否也。讨论所及，是是非非，不敢假借"。在此原则下，如陈栎、陆文奎、袁易、赵文、仇远、白珽、戴表元、邓文原等诸家名士，或因生于宋而科举于元，或因生于宋而仕于元，或因科举于宋而仕于元，均未收录。即使是生于宋而未仕于元者，亦据其行事而区别待之。如许谦（白云）、杜本（清江）、张炎（叔夏）三人，黄氏论曰："惟白云遗稿颇多，尊奉新朝，清江早年亦尝驰驱燕塞，叔夏志在功名，奋迹北上，不遇而返。佗傺幽忧，三人均非不忘故国，仍不得以之入集。"足见其体例之严。

黄允中身处一个变革的时代，其通过对宋遗民诗赋的辑录，以表达对现实的不满："湖山歌舞，游宴沈酣。是非无主，赏讨不明。不战不和，坐徼天幸。公田关会，民力既尽。国命以倾，迨至寇逼都城。上危宗社庙堂，以纳土为安，官府则望风而散。以是为中华文物、上国衣冠也哉？"③

---

① 黄允中：《宋遗民类集序例总目·例言》，清宣统二年（1910）京华印书局铅印本。
② 黄允中：《宋遗民类集序例总目·例言》，清宣统二年（1910）京华印书局铅印本。
③ 黄允中：《宋遗民类集序例总目·自序》，清宣统二年（1910）京华印书局铅印本。

这或许正是其对"宋遗民"身份界定的严苛所在。

第三节 书籍版本的存录与评析

注意书籍的不同版本,在我国有源远流长的历史。早在春秋末期,一书便出现了不同的传本,各传本之间也有了差异。① 在经过了由汉至唐的"萌芽期"后,至宋代版本学开始形成。发展至清代,版本学曾一度成为显学,"谈此学者咸视为身心性命之事"。②

版本学与目录学的有机结合,始于南宋尤袤的《遂初堂书目》。该书目编纂还较简略,一书之下仅记书名及版本,"一书而兼载数本"③。至清代,版本目录学取得了丰硕成果,如《读书敏求记》《天禄琳琅书目》等著作大量出现。这些目录著作最大的特色是融入了书籍版本的考证。版本目录学家黄丕烈,"每得一古本,精详考核,将读书之心得与夫书之源流始末详诸题跋"④。与黄氏齐名的顾广圻,"其题跋虽于版本盛有称美,其实皆筌蹄也。若其所未校,或校而未刻者,读其跋,则古今刻本异同之故,可考而知"⑤。又如《天禄琳琅书目》,"首举篇目,次详考证,次订鉴藏,次胪缺补"⑥。

一 所见版本目录举例

(一)杨以增藏、杨绍和编《宋存书室目录》,光绪九年吴县孙传凤钞本

是书书题为孙传凤所写,凡四卷。分经、史、子、集四部。经部分宋本、元本、校本、钞本,而无明本。其中《明本春秋属词》《高丽本玉篇》两书附在元本中。史部、子部、集部分宋本、元本、明本、校本、钞本著录。每书列卷数、册数、函数,不著撰者,间或有按语对书籍收藏情况做简要补充。如经部所收元本七书后,附注曰:"以上七种已编入

---

① 详见姚伯岳《版本学》,北京大学出版社1993年版,第19页。
② 叶德辉:《书林清话》卷一,民国六年(1917)观古堂刻本。
③ (清)杨诚斋:《遂初堂书目序》,中华书局1985年版。
④ (清)孙祖烈:《士礼居藏书题跋续编·序》,上海医学书局1917年版。
⑤ (清)王大隆:《思适斋书跋·序》,上海古籍出版社2007年版。
⑥ (清)于敏中:《天禄琳琅书目·凡例》,中华书局1995年版。

《楹书隅录初编》。"书眉上间有梦庄手稿标记,其称"凡数年间,余收者注一'梦记',见于友人者,注一'庄记',及注流落,尚有友□①未能过目者,则不注也。"

(二)陆心源藏、费寅刊《归安陆氏旧藏宋元书目》,民国海宁费寅复斋钞本

是书不分卷,以经、史、子、集四部分类。书下有附注,指出其版本特征。如经部《周易程朱先生传义》条:"每叶廿四行,每行廿一字,小字双行廿二字,小黑口,卷中有周春松霭诸印。"还有对版本进行评价者,如史部《北史残本》条:"字尽清朗,纸质莹洁,宋版宋印之精者。"书后有"费寅之章"一枚。

(三)缪荃孙《清学部图书馆善本书目》,《古学汇刊》本

该书目凡五卷,分为经、史、子、集四部。每书列卷数,有提要。提要首列撰者,次述版本、版式。如易类《周易会通》十四卷下:"元董真卿撰,明刊本,每半叶十一行,行二十字,高六寸五分,黑口双边。"其提要的特点是对版本的考证用功颇深,归纳起来有以下几个方面。第一,考版本的流传。如《元刻春秋本义三十卷》条:"是书见《元史·儒学传》,而旧本流传绝少,《四库》而外仅见《通志经解》本。据邵懿辰《半岩庐书目》引何卓云:元刻有句读、圈点,甚精。"第二,比较不同版本优劣。如《通鉴纪事本末》四十二卷条:此本为宋刊本小字本,作者将之与宋刊大字本相比较,认为小字本的优点在于"书法秀整,体兼颜柳,讹字极少,远胜大字本"。第三,对版本的鉴定。作者通过考察《诗集传》一书中的避讳字,如玄、匡、恒等字皆缺笔,认为"盖宁宗时刊本也,楮墨大雅,字画端好,又每册签题诗朱氏传几传几,殆宋椠之极精者。"此外,提要中还记载了书籍的存亡,常另起一行,以低一格形式著录。在一些提要中还抄录了一些学者的相关序跋。

(四)江标辑《宋元本书目行格表》,民国三年上海文瑞楼影印本

该书目是专门记录宋元书目行款格式的版本目录书。书前有刘肇隅叙一篇,称其师江标"深惧于异学之争鸣而古籍之将废也"②,故辑是编。

---

① 缺字,作者注。
② 刘肇隅:《宋元本书目行格表·叙》,民国三年(1914)上海文瑞楼影印本。

书目分上、下卷,以行款为类收录。每一行款内按经、史、子、集顺序著录。每书详记款式,如七行《元刊本说文解字篆韵谱》条:"行大九字,小双行,行十八字";《宋本纂图集注文公家礼》条:"行十四字,注双行,行廿一字。"每书下又附有简短注语,有述版本渊源递嬗者,如十行《宋淳熙本礼记注》条:"行十六字,夹注行二十四五字不等。此即抚州公使库本,嘉庆丙寅张氏曾仿刻,《楹书隅录》一本同。"有考版本刊刻时代者,如九行《宋大字残本汉书》条:作者依据对玄、朗、匡等字的缺笔避讳,又据"桓"注"渊圣御名","构"注"今上御名"等判断该书为"绍兴初,蜀中刊本,而孝宗时修改者。"有辨版本同异者,如《宋小字本说文》:"此王兰泉藏本,与黄荛圃行款异。然竹汀先生见黄氏本与述安本无异,唯卷末多一行,有'十一月江浙等处儒学'字,殆元翻刻也。据此,则百宋一廛或别一本。"另有附录一卷,"其称影宋钞本、影元钞本、明翻宋本、明仿宋本者,苟非确有取证,概附卷末,以示矜慎"①。

(五)罗振玉《汉晋书影》,民国七年影印本

是目凡一册,所收汉简十七枚,收晋残卷九部。罗振玉自序谓:"中土人士至今未得寓目,乃选登此集以诒当世之考书法沿革者。"可见该书编纂之旨在于考证书法沿革。如罗氏在其所收汉简中重新考证了草书兴起时间:"其有年号诸简中,若建武永平诸简,书体已为行草,知旧传章帝始为草书,殆未可信,而许祭酒汉兴有草书之说,信有征矣。"又如根据《神爵四年简》所书字体,罗氏认为"虽尚是隶体,然已简省急就,殆为草书之先河。"

(六)王国维《两浙古刊本考》,《海宁王静庵先生遗书》本

是书分上、下两卷,卷首有王氏自序一篇。王氏追述了镂版发展的历史,认为:"镂版之兴,远在唐世,其初见于记载者吴蜀也,而吾浙为尤先。"是书将浙省世有传本及见于记载之书,以行政区划为类,厘为《两浙古刊本考》二卷。其所分之郡有:杭州府刊版、嘉兴府刊版、湖州府刊版、绍兴府刊版、宁波府刊版、台州府刊版、严州府刊版、温州府刊版、处州府刊版。其中,所收杭州府刊本最多,约占全书一半。杭州府刊版下又分北宋监本刊于杭州者、南宋监本、南宋内府刊本、浙西转运司本、杭州及

---

① 刘肇隅:《宋元本书目行格表·叙》,民国三年(1914)上海文瑞楼影印本。

临安府刊本、杂刊本、元官刊本、元杂刊本等。每书下有提要，对书籍略加考证。有考一书同名者，如《武功录》条："明初版亡，此恐即《平宋录》。"有考刊印时间者，如《金陀粹编》条："此岳倦翁刊于嘉兴之版，未几即亡，故至正间又重刊。"有考一书流传者，如《农桑辑要》条："《元史·仁宗本纪》延祐二年八月诏江浙行省印《农桑辑要》万部，颁降有司遵守劝课，明初版亡。《南雍志》所录者，元集庆路刊本也。"

二 版本目录的编纂特点

第一，注重对宋元版本的收录。晚清目录学继承了版本学传统，形成了许多有代表性的版本目录著作。其中，对宋元旧椠的著录是一个显著的编纂特点。清代自康熙时期开始，学者便有"佞宋"之嗜。叶德辉曰："自康、雍以来，宋元旧刻日稀，佞宋秘宋之风遂成一时佳话。"[1] 此佞宋之风亦为晚清学人与藏家所重。如瞿镛撰、江标辑《铁琴铜剑楼宋元本书目》，该书分经、史、子、集四部，著录宋本170余种，元本180余种，抄校宋元本80余种。其著录宋本书多叙版本源流，凡抄校本多注明抄何本，与何本相校。再如江标编《持静斋宋元钞本书目》，分宋、元、抄、校本四类，收录宋刊本60余种，元刊本30余种，校本10余种，抄本400余种。每书有书名、著者、版本，间录印章、藏者。江氏又有《宋元本书目行格表》两卷，以古籍半页的行数为纲，将同行款的宋元刻本书聚为一类，以四部法排列，每书之下注每行字数，详注引用之书，间或记版本特征，并附加按语。莫友芝的《宋元旧本书经眼录》也是其中的代表。该书目分三卷，另有附录两卷。卷一为宋刊本；卷二为金、元、明刊本；卷三为旧钞本、稿本。附录卷一为"书衣笔识"，卷二为"金石笔识"。此外，丁丙在其藏书楼"小八千卷楼"中专辟珍藏善本书籍的书室，著有《善本书室藏书志》四十卷，"所储或宋元明刊本，或精钞孤行本，或经某旧家珍藏，或为某名儒校勘，整比朗列，难更仆数"[2]。可见，这一时期的版本目录著作秉承前代版本学传统，十

---

[1] 叶德辉：《书林清话》卷1，民国六年（1917）观古堂刻本。
[2] 孙树礼：《善本书室记》，载李希泌主编《中国古代藏书与近代图书馆史料》，中华书局1982年版，第65页。

分注重对宋元善本的收录。

第二，该时期的一些版本目录学家不仅在目录书中注重标注版本，而且能够对版本予以严谨考证，依据其见闻，增补前所未见之版本。代表者如邵懿辰的《增订四库简明目录标注》一书，针对《四库全书》未标明典籍之版本的情况，将"《四库》未收之本、后出之书，以类相从，夹注于后"①。其子邵章，又编《四库简明目录标注续录》一书，补咸丰以后各书的版本，使其臻于完备。再如王先谦著有《天禄琳琅书目续编》，王氏自云："光绪七年，于京师购得旧钞，携归长沙。从弟先泰见而惊喜，愿授之梓，以公天下。并假湘潭周氏抄本，与湘潭胡元常、王启原、善化刘巨及从弟先豫，精心雠校。"② 可见，该书目不仅增补了四库书籍的版本，而且对其进行了考校。再者，王国维的《两浙古刊本考》，在每书下标有附注，其中也有对版本的考证者。如《农桑辑要》条："《元史·仁宗本纪》延祐二年八月，诏江浙行省印《农桑辑要》万部，颁降有司遵守劝课，明初版亡。《南雍志》所录者，元集庆路刊本也。"

第三，版本目录的体例趋于完备。版本目录学的体例有简录式、罗列式、提要式三种。③ 晚清时期的版本目录，在体例上都已经较为完备。简录式版本目录，以固定的顺序和格式扼要地记录版本，但往往失之简略，难以掌握版本的形式和内容特征。如姚觐元的《咫进斋善本书目》、傅增湘的《双鉴楼善本目录》等。这些书目记载事项包括书名、卷数、版本、作者、行款、钤印等内容，但著录十分简略。

罗列式版本目录，著录得也较简略，但其罗列一书的各种不同版本，成为该类目录的最大特色。如邵懿辰《四库简明目录标注》，"是书之命意，在分别本之存佚、与刻之善否"④。其所收版本有四库所不收者，有四库所收而原书尚有旧刻旧抄版本者。再如莫友芝的《宋元旧本书经眼录》和《郘亭知见传本书目》，皆在书籍之下罗列了许多不同于《四库全书简明目录》所著录的版本。其他如《书目答问补正》《贩书偶记》皆属

---

① 缪荃孙：《增订四库简明目录标注·序》，（台北）世界书局1977年版。
② （清）王先谦：《葵园四种》，岳麓书社1986年版，第28页。
③ 参见姚伯岳《版本学》，北京大学出版社1993年版，第235页。
④ 缪荃孙：《增订四库简明目录标注·序》，（台北）世界书局1977年版。

此类。

提要式版本目录，即以提要的形式对一书的版本做详细描述或考证。缪荃孙言及这类版本目录的编纂方法曰："先举书名，下注何本；举撰人之仕履，述作者之大意；行款尺寸，偶有异同，必详载之；先辈时贤手跋、题跋、校雠岁月，源流所案，悉为登载，使人见目如见此书。收藏印记，间登一二，不能备载也。"① 这类目录如《铁琴铜剑楼藏书目》，"既列其目，而每书之后，必载其行款，陈其同异，以见宋元本之至善"②。其书还详记作者及版刻时代、地点、刻工，间录原书序跋。它如《善本书室藏书志》《皕宋楼藏书志》《持静斋藏书纪要》《楹书隅录》等书目皆是此类版本目录。

第四，该时期的版本目录还产生了一种新的书目类型，即书影目录。书影目录是影印的古籍版本目录，首创于杨守敬《留真谱初编》。《留真谱初编》分经部、小学、史部、子部、医部、集部、佛部。傅增湘在《嘉业堂善本书影·序》中便论及此书曰："广采群籍，上起六朝，下逮朱明，旁及外邦，举凡古钞旧刻，铜木活字，世间罕见之本，咸入网罗。或影首篇，或采序跋，或录其校刻、其公牒衔名，或勒其官私幡鼎牌式，多则数叶，少乃数行，咸著其有关考订者，俾览者一展卷而行款格式、版刻风气粲然呈露。既省记录之繁，兼获比较之益。"③ 但其影摹之书体例稍失简陋。傅氏又曰："顾其为书，取类过博，偶涉滥收。又缘惜费省工，字缘四周，而匡中空白，未为雅观。"④ 随后，缪荃孙《宋元书影》则进一步完善了书影书目的体例。柳诒徵云："惺悟杨氏，访书东瀛韧《留真谱》以饷学者。澄江缪师踵为《宋元书影》刊载全员，目示杨书为进矣。"⑤ 缪氏将原书的版式完整的保存下来，所收之书以四部分类为次，每一类下又以时间为序。尤为可贵的是，有些书目记录了多个版本，借此可以考察版本的源流。晚清书影书目在体例上不断完善，在仿摹方法上不

---

① 缪荃孙：《适园藏书志·序》，民国五年（1916）刻本。
② 宋翔凤：《铁琴铜剑楼藏书目录·序》，上海古籍出版社2000年版。
③ 傅增湘：《嘉业堂善本书影·序》，民国十八年（1929）嘉业堂影印本。
④ 傅增湘：《嘉业堂善本书影·序》，民国十八年（1929）嘉业堂影印本。
⑤ 柳诒徵：《盋山书影·序》，转引自黄实《浅谈书影目录的发生与发展》，《图书馆学研究》1982年第6期。

断进步,同时也存在一些不足。如版本选择上以收录宋元旧椠为主,影印的技术不高以及影印的范围有限等。20世纪20年代以后,随着陶湘的《涉园所见宋版书影》、瞿启甲的《铁琴铜剑楼书影》以及顾廷龙编纂的《明代版本图录初编》等书目相继出版,书影目录的体例才不断得以完善。①

三 版本目录的考据学价值

书籍本身的成书过程中,能够形成初稿、修改稿等不同版本。在刊印过程中,因印者不同也会有不同的版本。晚清是中国古代典籍的一个集大成时期,不明一书的版本,则读书难免会事倍功半。因此,考察版本源流成为学者从事学术研究的必要素养。晚清版本目录通过对一书版本的考述和评判,彰显了重要的学术价值。

(一) 揭示版本的渊源嬗递

晚清版本目录多是通过收录书籍所载序跋来考订其版本渊源的。如莫友芝《宋元旧本书经眼录》中《礼经会元》条,此书载有"临海陈基序及江浙行省右丞兼同知行枢院事海陵潘元明仲达序"一篇,后接竹野先生传,传末有"至正二十五年八月六世孙江浙等处儒学副提举叶广居识"。莫氏据此所载认为,此书乃重刊本:"盖元明从广居得本所重刊也。"又同书卷二《农书》二十二卷条:"首载嘉靖庚寅临清阎闳序,盖山东巡抚邵锡、布政使顾应祥始刊,而左布政使李绯成之……此书明万历末邓溪刊本,删并为十卷。四库本亦二十二卷,乃依《永乐大典》本,约用王氏元卷,第重编以聚珍版印行,恐亦未能悉还其旧,惜未见此本耳。"不仅对《农书》版本源流作了梳理,还针对四库本进行了考评。

通过相关目录书籍的记载来考察其版本渊源,也是当时学者常用的方法。如《宋元本书目行格表》七行《宋残本说文解字系传》条:"《瞿目》有残本十二卷,即皕宋旧物十一卷者,以叙目一卷系赵凡夫钞补,不入数中也。"这里考察出《宋残本说文解字系传》来源于陆氏皕宋楼所藏,并指出了其卷数出入的原因。又如《群碧楼善本书录》中对《增补六臣注文选》一书版本源流的考察。此书有木记,云淳祐丁未刊本,而

---

① 参见黄实《浅谈书影目录的产生与发展》,《图书馆学刊》1982年第6期。

丁氏《善本书室藏书志》中载此书有"大德己亥茶陵古迂陈仁子识"。作者认为:"丁未与己亥相距五十三年,岂仁子入元后始刊行耶?诸家有目茶陵本者而翻刻乃有大德己亥识语,是元本也。"由此可见,题陈仁子茶陵本是以淳祐丁未刊本为祖本而翻刻的。

此外,还有些学者则是通过不同系统的版本比较来考察其渊源。如莫友芝在《邵亭知见传本书目》中对《史记正义》一书,先是梳理出《史记正义》有明嘉靖四年震泽王延哲刊本和金台汪谅先刊、柯维雄校本,以及明嘉靖十三年秦藩刊本三个版本系统,然后对它们的行款进行了比较。认为这三个版本"俱翻宋版"。而柯维雄校本后记有"绍兴三年四月十二日右修职郎充提举茶盐司干办公事石公宪发刊至四年十月二十日毕工"。由此推知,这三个版本系统"并从绍兴本出也"。三个版本系统的内容也各不相同。王延哲刊本所据本《周本纪》脱第二十七页,柯维雄校本《秦本纪》脱第三十一页,"各以意补缀,注各有不全,然可以互补"。秦藩刊本相比而言,内容较全,"所以为胜"。

对于成书较古、流传有所亡佚的书籍,后世往往有不同的辑录版本,它们与原书的渊源关系,也需要加以说明。《子夏易传》旧题"卜子夏撰",乃诸家论《易》最古之书。然晁说之在《传易堂记》中称,是书非子夏所撰,而是唐末张弧伪作。至清代,此书既有通志堂刊本,又有王谟、吴骞、马国翰、臧镛等人的辑佚本。对此,莫友芝在《邵亭知见传本书目》中云:"通志堂所刊,已非张弧之旧。王谟以下诸人所辑,则并非此书,皆他书辑出。惟吴骞本最精审。"这里对《子夏易传》的原著及其刊本、辑本作了说明,并对其作了简评。

(二) 记载不同版本的卷数、行款差异

卷数是古籍目录著录的重要一项。通过著录卷数,可知古籍在流传中的存佚情况。古籍在长期流传过程中难免会产生卷帙的残缺,这样现存的古籍卷数就会与原书著录出现差异。版本目录书记载了残本古籍现存卷数的详细情况。如《咫进斋善本书目》卷一经部春秋类《春秋胡传残本》十八卷条:"原书三十卷,今存卷一至四,卷十一、卷十二、卷十四至十七,卷二十一、卷二十二、卷二十五、二十六至三十。"又《春秋集注残本》五卷条:"原书十一卷,今存卷七至十一。"指出了这些古籍残存的卷数,有利于后人据此而查考辑佚。

同一古籍在不同目录书中会著录不同的卷数，寻求其中的原因，不能忽略版本的因素。如《大易粹言》，《四库总目》作十卷，而朱彝尊《经义考》则作七十卷。《四库全书总目提要》据蒋曾莹家所进宋本，推断《经义考》所记为误。然据《清学部图书馆善本书目》所指出，《大易粹言》各家所记卷数的不同是版本不同所致，四库馆臣混淆版本，故"宋时自有两刻，不必疑为误也"。还有些古籍各版本的卷数不同，是因为后来在流传中不断被合并而造成的。《仪礼》郑玄注，原本十七卷，另有单疏本五十卷。据莫友芝考证，明正统初年，陈凤梧曾刊印《仪礼注疏》将单疏本五十卷，并入郑注中，故《邵亭知见传本书目》中著录《仪礼注疏》十七卷。清嘉庆年间，则又有张敦仁所刊《仪礼注疏》五十卷。莫友芝又考证曰：是本"以宋严州本经注及景德单疏合编，顾广圻为之校，补缺疏之六卷，多依魏鹤山《要义》。"由此，将不同版本卷数的《仪礼注疏》，考证得十分清晰。

通过卷数，也可以考察古籍的版本。如元刊本《礼记集说》十六卷，而通行本具作十卷，六老堂本作三十卷。对此，瞿镛在《铁琴铜剑楼宋元本书目》中考证曰："《季沧苇书目》有元版《礼记集说》十卷，则元时已合并矣。海宁陈仲鱼藏有天历刻本十六卷，为建安郑明德所刊，此本与之暗合，当是元时初本也。"以卷数作为考察版本的主要依据。

此外，行款也能反映不同版本的特征，晚清版本目录中也常常有对版本行款异同的比较。如莫友芝《邵亭知见传本书目》所载《汉书》鹭洲书院大字本"半页八行，行大字十六字，小字二十一，较景祐本尤爽目。"宋湖提举盐茶司小字本"每半页十四行，行二十七至二十九字不等，注行三十三至三十五字不等。"而宋刊元修本则"每页二十行，行十九字，注二十五字至二十八字不等。"又如《铁琴铜剑楼宋元本书目》集部《文选》二十九卷附《李善与五臣同异》一卷条："行款字体与淳熙辛丑尤文简刻本无异，惟尤刻版心中分注大字若干，小字若干，此本作总数若干字。"

（三）评版本之优劣

书籍在流传中会形成不同的版本，晚清版本目录的提要中也有对不同版本的比较，大致有如下形式。

评字体。如《通鉴纪事本末》四十二卷，初刊于南宋淳熙二年严陵，是为小字本；宝祐五年，又经赵与筹校勘后，改刻于湖州，称大字本。《清学部图书馆善本书目》史部著录的《通鉴纪事本末》四十二卷，为宋刊小字本，作者对该书的大、小字本进行了比较。认为小字本比大字本的优点在于"书法秀整，体兼颜柳，讹字极少，远胜大字本"。再如《清学部图书馆善本书目》诗类著录了宋本《诗集传》，作者对该书的字体予以评论曰："楮墨大雅，字画端好。又每册签题诗朱氏传几传几，殆宋椠之极精者。"又如《资治通鉴》元兴文署本，莫友芝在《宋元旧本书经眼录》中著录此书，称"是刻字体多波折，四边线极粗"。该版是元末所刻，当时刻书业尚能敬业，未染漫漶刻工之弊，"虽丹墨碍目，其质地实极精美"。此后，清嘉庆年间鄱阳又有此书的仿刻本，虽称善本，"而未能毕似也"。

论刻工。近代藏书家邓邦述藏书中有"京本《增修五代史详节》十卷"，著录在其所编的《群碧楼善本书录》中。邓氏对此书的刻工评曰："此殆当时坊刻取便巾箱。凡世所称京本、麻沙本、睦亲坊本、尹氏书籍补本，皆坊本也。然刻工之不苟如此，避讳字亦谨严。古人艺事工贾之间，洵可师者多矣。"这表明即使是坊刻本，在内容上也有十分精湛者。此外，邓邦述还总结了元人刻书的三个发展阶段。他在《群碧楼善本书录》中对《纂图互注荀子》一书的版本鉴定时，曰："元人刻书凡三变，其笔画圆整与此相类者，乃元初承南宋之后，故不易判。其一则用赵承旨体，其一则写刻俱不甚工而尚有古拙之气，下逮洪武、成化，自为一派。"这便为鉴定宋元版本提供了有益的参考。

记脱讹。如莫友芝《宋元旧本书经眼录》卷一《汉书》一百卷，宋湖北提举茶司小字本条："以校明汪文盛本，时有互胜、互脱字，而足正汪误者多。汪本自八表下每附刘氏说，而此本皆不附。"这里以《汉书》宋小字本为底本，对汪本进行了校勘。

（四）版本的断定与考辨

晚清版本目录学家也会对古籍的版本作以识别。如莫友芝《宋元旧本书经眼录》著录有《梁江文通文集》十卷，该书无序跋，无法考证刊于何时。但是书中"镜""敬"等字缺笔，据以初步断定为宋本书。作者又通过考察此本与所见《陆士衡集》版式大小皆相似，而《陆士衡集》又是宋庆元中华亭县斋刊本，由此，作者得出推论："文通此集，即是宋刊，意宋时必有魏晋六朝名集汇刻之本，故两集式样若一耳。"又如瞿镛的藏书《杏溪傅氏禹贡解集》二卷，在《铁琴铜剑楼宋元本书目》中考证道："书中恒、桓、慎字有缺笔，'贞观'改作'正观'，'魏徵'改作'魏证'，惟惇字不缺，当是孝宗时刻本。"

在断定古籍版本的过程中，也会纠正前人对版本的错误鉴定。如清学部图书馆藏有一套《汉书》，前人以此书《食货志》管仲相桓公，"相"字下注曰"渊圣御名"，与陆心源《皕宋楼藏书志》所载宋蜀字本《汉书》卷六十四下乌桓之垒，乌字注"渊圣御名"合，且两者行款相同，故断定其本为高宗时刊蜀大字本。但是，在《清学部图书馆善本书目》一书的提要中，作者发现，与此同时，所刻的宋大字本《后汉书》中，也有"渊圣御名"四字。又据《容斋续笔》所载，宋高宗绍兴年间，曾分命两淮江东转运使司刊刻《汉书》《后汉书》，内凡涉及钦宗讳者，均书四字曰"渊圣御名"。据此，作者推翻了此前原有的结论，认为是本《汉书》"为两淮江东转运司本而非蜀大字本明矣"。又如，《龙龛手镜》是辽僧行均所著的一部字书，钱曾在《读书敏求记》中著录有《龙龛手鉴》四卷，卷首有辽圣宗统和年间序文一篇。钱氏据此断定，是本为辽刻。然而，瞿镛在《铁琴铜剑楼宋元本书目》中亦著录有《龙龛手鉴》四卷，认为《龙龛手镜》之"镜"字，改为"鉴"字，乃因宋人避太祖祖父赵敬之讳而改，"钱氏所见既作'鉴'字，此本亦然，安得复为辽刻耶？且辽僧所刻必不为宋帝讳也"。这里指出了该书为宋人翻刻本，而非辽刻本。

宋版书在清代备受藏家与学者的重视，有些书商也往往会作伪，冒充宋椠售卖。翰林院编修袁漱六曾赠予曾国藩《汉书》一套，据称乃宋景祐刊本。时《汉书》版本，以宋景祐本、绍兴本最为珍贵。是本行款与景祐本、绍兴本皆同，然无佐证，故曾国藩请莫友芝代为考证。是本《列传》中，有据乾道三年刊本影补者。乾道本版心下端有"乾道三年刊"五字，而是本皆于此处有所剜补；另外，卷首无中书牒，及屡次校详官衔，及小颜叙例、注家爵里、余靖上言也一并删除。莫氏在《宋元旧本书经眼录》中认为："意其间有刊版年月，必非宋时，而售者必欲充北宋，泯其迹。"又据书中之避讳，北宋讳避缺笔至钦宗之"桓"，南宋讳自"构""慎"皆不缺笔，则是本又非南宋乾道、庆元本，"可知贾人劳心作拙,以冒北宋,即由于此"。莫氏又据其字体、版式,断定是本乃宋末元初之刊本,"盖金元间以绍兴本翻雕,而大德修补之本,其刻于善少劣多,故不能精好夺目"。

总之,晚清版本目录继承了古代版本学的优良传统,在版本源流、版本优劣及考订鉴识等方面,推动了古代版本学的发展。其对版本的考述与评价,体现了晚清以来严谨求实的学术文化风尚。

第四节 私家藏书提要目录中的学术考辨

我国古代私家藏书源远流长,早在春秋中后期,便有了"学在四夷"的记载。魏晋南北朝之际,出现了私家藏书。《梁书·任昉传》载:"昉坟籍无所不见,家虽贫,聚书至万卷,率多异本。昉卒后,高祖使学士贺纵共沈约勘其书目,官所无者,就昉家取之。"[①] 宋元时期私家藏书渐渐兴盛。明清时期,私家藏书不仅在数量上大大超过前代,还积累了许多可贵的藏书经验,使私家藏书的规模达到鼎盛。晚清时期是清代藏书的一个重要发展期,南北藏书家辈出,山东聊城杨氏的海源阁、浙江杭州丁氏的八千卷楼、浙江归安陆氏的皕宋楼、江苏常熟瞿氏的铁琴铜剑楼并称四大藏书家。他们有高尚的爱书、求书素养,使得私家藏书得以继续发展。

晚清私家藏书目录中,依据编纂特点,可分为登记目录和提要目录两大类。登记目录一般都没有序言和提要,仅在书下著录卷数、作者、版本等项。如《书钞阁行箧书目》《焦山藏书目》《持静斋书目》《书钞阁行箧书目》《瓠醁楼藏书目录》《积学斋书目》等皆属于此类。由于这类书目偏重于对藏书的整理,所以特别对一书的本数、册数的著录十分完备,对于考察典籍的流传和存佚,是必要的参考资料。另外,有些藏书家在登记书目时,还使用了互著法。如吴墀的《南窗藏书目》杂家类《鬼谷子》条曰:"又一部,无注,入汇刻类。"释道类《南华经》条曰:"又一部入杂家类。"互著法的使用便于藏家查找图书。此外,有些登记书目下还附有简明的按语。如《持静斋书目》经部《续礼记集说》下曰:"未知世有

---

① (唐)姚思廉:《梁书》,中华书局1983年版,第254页。

刻本否，当宝而广传之。"史部《东都事略》下曰："钱遵王《读书敏求记》所称钱牧斋屡求不获者即此。迄今又二百年而纸墨如新，手若未触，殆造化默为呵护，非偶然也。"又如，《南窗藏书目》于每书下，"钤秘藏、雅玩、备览、拾遗二字，大抵以得之难易为别，其书每册末简亦识是印"①。可见这些按语也仅仅是对自家藏书的自赏自玩而已。

私家藏书中的提要目录，又可细分为读书志目录、藏书志目录以及知见目录三类。这些目录在提要中或记作者的读书心得，或辑诸家的题跋，或以增广见闻为旨归，体现了对书籍的考辨与学术的评析。本节主要以私家提要目录为主，考察其所具有的学术价值。

一 读书志、题跋集目录

潘祖荫云："夫藏书非难事也，而守之为难，守之为难事也，又不若读之之为难，读之难又不若读之而有心得能题之、跋之之尤为难也。"② 读书志目录便是学者在读书时所作的读书札记，并将其汇编成目。③ 此外，一些学者还以题跋的形式来阐述书籍旨要，综述其所蕴含的学术价值，并将此汇集成题跋集目录。

（一）所见读书志、题跋集目录举例

1. 杨守敬《邻苏老人手书题跋》，民国五年石印本

是目凡四册，不分卷。书名用篆体书写，署有"丙辰中秋清道人"并有其印记一枚，后有杨氏相片两幅，其一署"惺吾七十五岁小像"。该书所收杨氏手书题跋多为光绪、宣统年间，每篇跋文后，杨氏皆详署其撰写时间及书写时年龄，并印有印记。这些跋文的内容主要有：（1）诗文跋，如《张二水书前赤壁赋跋》《陈白沙先生诗卷跋》；（2）史书跋文，如《通鉴纪事本末跋》《北宋本古史跋》；（3）墓志跋，如《隋太仆卿元公墓志跋》《隋美人董氏墓志跋》；（4）碑文跋，如《皇甫诞碑跋》《宋拓本麓山寺碑跋》。这些跋文多是杨氏平时读书心得之作。如《通鉴纪事本末跋》条，杨氏认为，该书体例是对《史通》六家二体的继承："昔刘

---

① （清）吴焯：《南窗藏书目·凡例》，清咸丰八年（1858）抄本。
② （清）潘祖荫：《士礼居藏书题跋记·序》，书目文献出版社1989年版。
③ 参见周少川《古籍目录学》，中州古籍出版社1996年版，第33页。

知几作《史通》，谓六家、二体，数千年莫能出其范围，而同为一事，分在数篇，所续相离，前后屡出，二体之短已有先觉。至袁枢撰《通鉴纪事本末》，论者谓为创作，不知其从《史通》悟出。后来继作，著录家遂别立一类。"

2. 罗振玉《雪堂校刊群书叙录》，《永丰乡人稿》本

是目凡二册，两卷，收藏在《永丰乡人乙稿》中。前有王国维序一篇，称："先生校刊之书多至数百种，于其殊者，皆有叙录。戊午夏日，集为二卷，别行于世。"可见是编亦为罗氏平日读书之所得。该书上卷收罗氏为群书所作序，计77篇，下卷为跋，计97篇。其中如《殷墟书契前编序》《殷墟书契后编序》《鸣沙石室佚书序》《流沙坠简序》《唐残本易王注跋》《唐残本古文尚书跋》《唐残本春秋经传集解跋》《六朝残本晋记跋》等，多是当时新出之古器古籍，"其初出，举世莫之知，知亦莫之重也。其或重之者，搜集一二以供秘玩斯已耳。其欲保存之，流传之者，鉴于事艰巨，辄中道而废"。① 罗氏于序文中记其原委，述其价值。其中有均其所见之珍本书籍，揭示了其所具有的学术价值。而罗氏亦以整理这些新发现的史料为己任："独以学术为性命，以此古器古籍为性命所寄之躯体。视所以寿其躯体者，与常人之视养其口腹无以异。"② 可见这些序跋是罗氏多年来学术积累的结晶，价值弥足珍贵。所见版本为北师大藏（089.82\8482—6\6834：4—5）。

3. 江藩《半毡斋题跋》，光绪间刻本

是书凡一册，分上、下两卷。上卷收书二十部，以文集为主。下卷收书二十一部，为金石文献。每书皆有提要。有指出其书价值者，如下卷《礼器碑》条云："《礼器碑》汉隶之正宗，如楷书之《多宝塔》《醴泉铭》也，精拓本甚鲜。是本较《隶释》所录全文惟连字模糊耳，可下宋拓一等。"有指出其稀有者，如《梁祠堂画像》条云："是刻何三梦华所赠，自欧、赵以下金石家皆未之见。"有考辨书籍真伪者，如《孟子注疏》条："《隋书·经籍志》《郡斋读书志》皆十四卷，今本从十四卷分为二十八卷，孙宣公有《音义序》，而《疏序》与之略同，议论多附王氏

---

① 王国维：《雪堂校刊群书叙录·序》，《永丰乡人稿》丛书本。
② 王国维：《雪堂校刊群书叙录·序》，《永丰乡人稿》丛书本。

新学，盖熙宁以后人伪为之。"有纠正前人之误者，如《中华古今注》条："读马缟序始知缟取崔豹书而为之注，昔人未见此书，题作马缟撰，非也。书中如唐革隋制云云，乃缟之注也，今本与豹书混而为一，无从是正，岂非恨事哉！"书前有"北京图书馆藏"印一枚。

（二）读书志、题跋集目录的编纂特点

晚清读书志、题跋集目录具有鲜明的学术性，能够对书籍的作者、成书流传以及学术源流等内容做精审的考证。如叶德辉的《郋园读书志》，"体近《述古》《敏求记》，较多考证之资，例本甘泉《杂记》，兼寓抉择之意"[①]。又如陆心源的《仪顾堂题跋》则对《四库总目》所录之书作了精审的考证，对《四库》未收之书予以标注。每书之题跋均有版本、行款、印章等，间叙版本源流、考订异同。潘祖荫赞曰："刊落野言，纠正讹字之义，牵连如瓜蔓之杪，精诣绝特，有风叶之喻。"[②] 而傅以礼的《华延年室题跋》则着重收录晚明史书题跋，考证精良，评论允当，深受谢国桢的推崇。具体而言，读书志、题跋集目录在编纂上形成了如下特点。

1. 论考作者之史实与学术

读书先要知人论世。读书志、题跋集目录在考辨一书学术大旨的同时，都十分注重对其撰者的介绍、考辨。《华延年室题跋》便介绍了《鲁春秋》一书的撰者查继佐："继佐字伊璜，号与斋，一号左尹，别署东山钓叟，海宁人。崇祯六年举于乡，鲁王监国授兵部职方主事，监郑遵谦军。浙东失守，归里不复出。庄氏私史之狱，尝连染被逮，以先事检举得白。晚辟敬修堂于杭之铁冶领，著书其中，学者称敬修先生。"《开有益斋读书志》也介绍了《管氏读经笔记》的撰者管凤苞："凤苞字翔高，号桐南，康熙己丑进士，高阳知县罢归，晚号长耐老人，卒年八十六。惠氏栋序称其学以四子为纲领，以诸经为条目。凡礼、乐、朝、祭祀、冠、裳等制大要以《仪礼经传通释》为主，参以诸经及宋元诸儒之说……翔高之父宏淳，字右民，晚号读易老人，康熙辛酉举人，秀水教谕，著有《秋林读易》六册。"对管氏父子作了简要介绍，从中可以看出管凤苞的

---

① 刘肇隅：《郋园读书志·序》，上海古籍出版社2010年版。
② （清）潘祖荫：《仪顾堂题跋·序》，清光绪十六年（1891）刻本。

家学渊源及其为学大旨。

在介绍撰者生平大要的同时，还注重对图书作者进行考辨。如《周易口义》一书乃宋人倪天隐为述其师胡瑗之说而作，《四库全书总目提要》云："天隐，始末未详。叶祖洽作《陈襄行状》称襄有二妹，一适进士倪天隐，殆即其人。董棻《严陵集》载其桐庐县令题名《碑记》一篇，意其尝官睦州也。"陆心源在《仪顾堂题跋》中也对倪天隐进行了考辨："愚按，天隐字茅冈，桐庐人，学者称为千乘先生。治平熙宁中，曾为合肥学官，尝作《草堂吟》。晚年主桐庐讲席，弟子千人，见彭汝砺《鄱阳集》、黄宗羲《宋元学案》所述。"增补了四库馆臣未述的该书作者字号和有关行迹等信息。

2. 梳理一书之成书、刊印与流传

读书治学不仅要知人论事，还要对其成书、刊印状况有所了解。如傅以礼的《华延年室题跋》便梳理了《明鉴易知录》成书及其流传情况。《明鉴易知录》一书，乃康熙年间山阴吴楚材在编《纲鉴易知录》时，由于《通鉴纲目三编》未出，明代事迹便仅据上虞米圣淮钞本续成《明鉴易知录》十五卷，附于《纲鉴易知录》后。乾隆年间奉诏重刊《纲鉴易知录》，便将所附《明鉴易知录》撤去，换以《钦定通鉴纲目三编》，于是《明鉴易知录》传本遂佚。后来傅氏伯兄在山东任官，购得吴氏原椠，"藏之三十余年，乱后惟在《明鉴》一书，虽纸敝墨渝而首尾完具……其书所载与《钦定三编》详略互见。"这里阐述了《明鉴易知录》成书及其失而复得的经过。又如《仪顾堂题跋》卷三《毛抄天圣明道本国语跋》条："此书从绛云楼北宋本影写，原装五本，见《汲古阁秘本书目》。后归潘稼堂太史。乾嘉间为黄荛圃所得，黄不能守，归汪士钟。乱后归金柜蔡廷相。余以番佛百枚得之，毛氏影宋本尚有精于此者。"通过记载众多藏书家的收藏，可以窥见是书的流传概况。

还有些是通过其所载印记、序言的内容，梳理出其流传刊印情况的。如《雁影斋题跋》卷一《新雕添注白氏事类出经六帖》三十卷条："卷首有汪士钟藏白文印，考《艺芸书舍》《宋元本书目》子部内有此书。又有'茂苑周锡瓒藏于漱六楼'十字，系墨书，及'香严漱六楼'二朱文印。又有'汪振勋及汝南仲子刘藏'等印。卷尾有'梅原吴下汪'三印，又有'袁廷涛借观'印。"这里通过记载该书上的六枚印记，梳理了图书转相授受的具体经过。再如卷三《方舆胜览》条："卷首有钱谦益印、牧斋藏书印、季振宜印、沧苇印。目录前有何焯之印、屺瞻印。"可见此书至少经过钱谦益、季振宜、何焯三家的收藏。而《开有益斋读书志》卷三宋人所撰《乾道四明图经》条，则是通过摘录缙云县主簿三山黄鼎为该书所作的序言内容，对《乾道四明图经》单刻本的形成过程进行了详细梳理。

3. 学术评析

读书志、题跋集目录继承了目录学"辨章学术，考镜源流"的学术传统，通过对图书内容的介绍、考辨，揭示了其所具有的学术价值。乐史的《太平寰宇记》一书，《四库全书总目提要》及钱大昕《十驾斋养新录》皆盛推之。而李希圣在《雁影斋题跋》中却认为："乐氏此书所叙州县沿革，大概本之《元和郡县志》，而以《旧唐书·地理志》益之。其山川事迹杂采群书，意在务博，往往一卷之中，前后重复，一人之事彼此抵牾，不独如竹垞所云不合正史也。"指出其因务博而有烦琐之弊。但另一方面，"于庞杂之中，亦有网罗之益。如淮南、山南诸道可采补《元和志》缺卷。"这里作者既看到了该书的不足，又指出了其可补史之用。又如，关于《明实录》，阎若璩在《潜邱札记》中也云："《实录》之所载，以方正学之抗节而史臣至诬之为乞哀，以谢余姚之特正而史臣至诋之为媚后，然则佞如泌阳固不足信矣，而贤如文贞抑果可谓之信史乎？他如世、穆两朝，独裁于江陵，则简赅而可喜。神宗一代，补缀于众手，则舛驳而不伦。光宗欲正其讹而不果，怀宗欲捕其缺而未能。"李希圣在阎若璩论述的基础上，对《明实录》也作了评价："明之《实录》是非颠倒，本不足凭。王弇州《史乘考误》纠正颇多，沈德符《野获编》亦载马昂妾事，《武宗实录》与《世宗实录》自相矛盾。……是明代已有攻之者。"李希圣通过引证著名学者阎若璩对《明实录》的评价，进一步有力地揭露了《明实录》所存在的问题。再如朱绪曾在《开有益斋读书志》中对《温公年谱》《荆公年谱》两书的史学价值进行了评述："温公于真宗天禧三年己未十月十八日生于光山县舍，于哲宗元祐元年丙寅九月初一日薨于相位，年六十八岁。荆公于真宗天禧三年己未九月二日生，于哲宗元祐元年丙寅四月初六日薨于金陵，年六十八。两公生死皆同在一年，而其学术之异同、政事之得失、朝廷之用舍、人材之消长、宋室之盛衰合两公年谱观之，粲然在目。其有功于读史者匪浅也。"这里对温公和荆公的生平进行了简要比较，评价了两者的学术大旨，尤其是指出了该书的史学功用。

清代藏书界有嗜古的风气，许多藏家致力于宋元旧椠的搜讨，秘不示人。而读书志、题跋集目录以读书治学为宗旨，正基于此，多数的读书志、题跋集目录都不讲求宋元旧椠。如叶德辉的《郋园读书志》凡收书七百余种，"各家题跋、日记于宋元佳处已详尽靡遗，虽有收藏，无庸置论。惟明刻、近刻他人所不措意者，宜亟亟为之表彰"①。可见其所读之书，多近刻而少宋元刻本。而朱绪曾的《开有益斋读书志》六卷，所收图书170余种，是书多收录近人之作，所记其乡里地方文献尤其丰富。刘寿曾论曰："先生《四库》在胸，言成典则，其叙录宗旨，以表微扶佚为先。大者在经训儒术，典章法则；次者亦多识前言往行，为征文献之资，旁涉校雠，亦多精审。方架晁、陈，殆有过之，诚有得于目录家之原者。"② 这也是读书志、题跋集目录在编纂思想上的一个独特之处。

二 藏书志目录

"藏书志"也是私家藏书中重要的一个目录类型。最早的藏书志目录，始于宋代董逌撰的《广川藏书志》。读书记、题跋集目录重在体现作者的读书心得，是一种读书札记性质的目录，而藏书志目录则主要反映藏书家的藏书概况。两者在典籍考证与学术考辨方面多有相通之处。晚清时期是藏书志目录发展的高峰期，代表性的著作有《皕宋楼藏书志》《艺风藏书记》《善本书室藏书志》《抱经楼藏书志》《随庵徐氏藏书志》《积学斋藏书记》《适园藏书志》《楹书隅录》等。

藏书志目录不仅有书目的提要，还著录了书籍本身附带的题跋及相关信息。如缪荃孙，字炎之，号艺风，江苏江阴人，光绪二年进士，庶吉士，翰林院编修，清末著名藏书家、目录学家，著有《艺风堂藏书记》八卷。是目编于光绪二十六年（1900），仿孙星衍《孙氏祠堂书目》之例，将图书分为十二类，对著录之图书，多辑录原书之序跋。如《艺风藏书记》诸子儒家类《敬斋古今注》十二卷条，在介绍了其版本特征后

---

① 叶启鋆：《郋园读书志跋》，上海古籍出版社2010年版，第757页。
② （清）刘寿曾：《开有益斋读书志·序》，清光绪六年（1880）刻本。

收录了黄丕烈的手跋。在这篇跋文中黄氏主要考察了该书卷数:"是编十二卷,为李氏原书首尾完具,中十一、十二两卷合为一卷,疑一缺其末,一缺其首而并为一也。"并通过与殿本的校勘后,认为《永乐大典》本所记该书四十卷之数"或十四二字之倒抑,先时未定之目,迨后有所删,并其定本则为十二未可知也"。这里通过收录该书的题跋,考订了其书卷数的偏差。又如史学第五《北史》一百卷条,收录了徐元叹的手跋,介绍了该书的版本流传状况:"此书尚有南监本,系至正年信州路刊刻,糊突脱败,几不可读。嘉靖元年,增补十分之一,新陈错杂,日就剜落。秀水冯梦祯为祭酒,复用全刻,其功甚大。"此外,在《历代钟鼎彝器款识法帖》条中收录了孙星衍的题跋;在《隶释》条下收录了沈杜村、盛仲交、何义门的题跋。缪氏对各书题跋的搜集,正是他广收博采治学传统的集中体现,不仅提高了该书目的学术价值,还为研究这些图书提供了丰富的参考资料。再如沈德寿,字药庵,浙江慈溪人,清末著名藏书家,"抱经楼"乃其藏书之所,著有《抱经楼藏书志》一书。是书编于光绪三十二年(1906),以经、史、子、集四部分类,共收入150余部图书。据沈氏自云:"书目载序跋自马氏《经籍考》始,张、陆二氏《藏书志》悉仿其例。是编仿载诸书序跋。"因此,该书目的提要中汇集了学者对所录书籍的一些重要序跋题识,具有很高的学术价值。张钧衡,字石铭,号适园主人,浙江吴兴人,清末举人,官兵部车驾司郎中,我国近代著名藏书家,著有《适园藏书志》十六卷。是编刊成于民国四年(1915),以经、史、子、集四部分类。《适园藏书志》在每书下"先举书名,下注何本,举撰人之仕履,述作者之大意,行款尺寸偶有异同,必详载之。先辈时贤手迹题跋,校雠岁月源流,所寄悉为登录,使人见目如见此书"①。有些目录虽然未冠以"藏书志",但其体例实际上与藏书志无异。如《楹书隅录》"每获一书,必仿前人之例,撮其旨归,与夫源流所自,簿而录之。其尤罕异者,则更详其行款、版式、印记,以备与藏书家相质证"②。通过对书目版本特征的记录,不仅能"使人见目如见此书"③,而且"以见

---

① 缪荃孙:《适园藏书志·序》,民国五年(1916)刻本。
② 刘承幹:《楹书隅录·序》,清光绪二十年(1894)刻本。
③ 缪荃孙:《适园藏书志·序》,民国五年(1916)刻本。

旧本之至善而校雠家之盛心不可没也"①。对此，黄永年先生认为：藏书志"不仅像通常的书目那样有书名、卷数、撰人、版本，还加有题跋性质的文字，或抄录刻书序跋、前人题跋，或详记流传经过，或比较版刻优劣。因此，它实际上是题跋和书目合二而一的产物"②。可见，从反映藏书的特点出发，采录题跋，揭示藏书信息是藏书志目录最重要的学术特点。

通过阅读这些序跋，可以了解该书的思想内容、学术大旨、学术源流。如沈德寿《抱经楼藏书志》卷四经部诗类元梁益所撰的《诗传旁通》一书提要中，便收录了翟思忠的序和梁益的跋。翟思忠在这篇序中阐述了《诗经》的学术源流："夫《诗》，六经中之一也。三百篇一言以蔽之，曰思无邪。六义以该之，曰风、赋、比、兴、雅、颂。盖其言之美恶劝焉惩焉，使人各正其性情也。自圣人删之后，分而为四，曰齐，曰鲁，曰韩，曰毛。校之三氏，独毛与经合，学者多宗之，故曰《毛诗》。由汉而唐，诸大名儒有传有笺，有疏有注，异焉同焉，各成一家。"大致勾勒了《诗经》的宗旨及其流传中的学术流派。再如张钧衡《适园藏书志》经部书类《尚书集解纂疏》条提要曰："是编以疏通蔡传之意，故命曰疏；以纂辑诸儒之说，故命曰纂。又以蔡传本出于朱子指授，故第一卷特标朱子订正之目，每条之下必以朱子之说冠于诸家之前，间附己意，题曰'愚谓'。"通过解释该书的体例，阐述了该书的学术宗尚。

除详载序跋外，对有关图书版本信息的记载也是藏书志目录重要的编纂特征。藏书志目录十分注重对版本的著录，在体例上，藏书志目录"以考述版本为主，撰写解题为辅，体例规范的目录"③。这些版本信息，能够明晰版本的源流。莫友芝《持静斋藏书记要》中详细而客观地描述了书籍版本形态。如郑玄撰《仪礼注》十七卷条："每卷末分计经注字数，宋本经史常有此例。每叶版心上端有'淳熙四年刊'五篆字，尝见乾道本《汉书》隶书刊年于版心中，此亦其例。"又如《五代史记》条："刊本半叶十行，行十八字，注行二十一字，略如今行王、柯两《史记》

---

① 张钧衡：《适园藏书志·自序》，民国五年（1916）刻本。
② 黄永年：《古籍整理概论》，上海书店出版社2001年版，第19页。
③ 祁晨越：《"藏书志"界义初探》，《图书馆杂志》2006年第8期。

之式，而字尤圆好，不载附刊年月。"这些相关版本形态的记录，为研究图书版本源流和版本的鉴定提供了参考。再者，张钧衡《适园藏书志》中《吕氏家塾读诗记》三十二卷，明刊本条，记录了该书的行款、版式及体例："此明御史傅应台氏刻于南昌，有嘉靖辛卯冬古鄞陆鈫序，每半叶十四行，行十九字，经顶格，注低一格，注中有注旁行，而字略小，不作双行。各家姓氏以黑质白文别之，黑线口，象鼻下标卷几，无书名，书法以篆作楷。"在此基础上，又进而指出了其版本来源，并与万历本进行了比勘："宋讳有缺笔，盖从宋巾箱本翻雕者。较万历刊本卷一《礼记》'天子五年一巡守'之前多一条；卷二十七'王之职有缺能'下多千余字；卷二十八自'彼成康奄有四方'下多十四字。"

有些藏书志目录不仅能记载版本形态，更能对版本予以比勘与评价。缪荃孙甚爱藏书，凡遇书即购之，"所积遂多，通籍后，供职十六年，搜罗群籍，考订版片"①，并与当时著名藏书家张之洞、文治庵、汪郎亭等藏书"互出所藏，以相考订。旧刻旧钞、四库未收之书、名家孤传之稿共计十余万卷"。②足见缪氏不仅收书广泛，还对其藏书进行了精审的校勘。这种藏书特点，往往反映在其所著的《艺风堂藏书记》中。如《艺风堂藏书记》经学类《诚斋易传》条提要，对明代敏学书院刊本的《诚斋易传》与明嘉靖壬寅尹庚所刻版本进行了比较："此两本同刻相去不过两年，朱刻自云正尹刻之误，而瞿氏《书目》所云讹字，则两本相同。惟书院本标题张先生校正杨宝学《易传》，次行庐陵杨万里廷秀，三行门人张敬之显父校。尹本标题《诚斋先生易传》，次宋宝谟阁学士杨万里廷秀著。已非旧式，似书院本较胜。"这里利用瞿氏《铁琴铜剑楼藏书目》所载，考证两书版本差异，又通过该书两种版本版式差异，推断出版本优劣。利用校勘，也是判明版本优劣的好方法。如《艺风堂藏书记》地理类《元丰九域志》十卷条："旧钞本棉纸黑格，纸墨极旧。取冯集梧校刊本核之，如西京河南府土贡注，冯本蜜蜡各一百斤，（阙）器二百事，此本作'磁器'。县一十三注，冯本复以孟州泛水县隶府省入（阙）县为行（阙），又省寿安颍阳（阙）□□氏（阙）□王（阙）县为镇，此本作省

---

① 缪荃孙：《艺风藏书记·藏书记缘起》，清光绪间钞本。
② 缪荃孙：《艺风藏书记·藏书记缘起》，清光绪间钞本。

入河阴县为镇,又省寿安颍阳伊阙氏偃师王屋县为镇,无阙字。"这里用旧钞本校勘了冯本在文字方面的缺漏,从而也表明旧钞本优于冯本。通过考察版本,亦可详析书籍之刊刻流传。莫友芝《持静斋藏书记要》中"宋景祐刊本《汉书》"条,详载了其流传经过:"宋景祐刊本不足七十卷,据景祐本影钞者七卷,余以元人覆本补足之,历藏陈继儒、曹溶、黄丕烈、张蓉镜、郁松年诸家。其原刊钞补之卷及大德元统修补之页,丕烈悉记其目帙卷端,影补数卷犹出自倦圃前,颇为精善。黄丕烈有此书完本,为倪瓒凝香阁物者,后归汪士钟,此其次也。"从莫氏所采有关宋景祐刊本《汉书》的流传信息中,可以看到其刊印历经修补,这就为研究《汉书》的版本提供了参考。

此外,藏书志目录中还记载了其他一些有关书籍的重要信息。如莫友芝《持静斋藏书记要》中《元新刊礼部韵略》条:"是书初刊于金正大己丑,此本五卷,末有木记,则元重刊本也。卷首载贡举三试程式:一曰御名庙讳回避;二曰考试程式;三曰试期;四曰章表回避字样。可见当时制度,可与史志选举科目条互证。"莫氏所采该书卷首的文字信息,对研究当时科举制度具有一定的参考价值。缪荃孙《艺风藏书记》则通过备录名人印记以考察其流传收藏情况。如诗文类《李文公集》十八卷条,记载了该书上刻有的"白堤钱听默经眼"朱文小长方印、"南昌彭氏"朱文方印、"知圣道斋藏书"朱文长方印三枚印记。又《揭文安公文粹集》条,记载了该书序文中有"当湖小重山馆胡遂江珍藏"朱文长方印、"文瑞楼家在黄山白岳之间"两朱文方印。缪氏对各书印记的搜集,为研究这些图书的流传提供了研究线索。

尽管藏书志的学术研究性居于主导地位,但其毕竟是反映藏书家藏书的目录。有些藏书家偏好旧椠秘籍,在其编纂的藏书志中也就形成了广收善本的特点。如沈德寿《抱经楼藏书志》中收录的善本书籍居多。沈氏自弱冠时,便有广收群书的爱好:"余弱冠时,好古人书画及历朝诸家尺牍,遇有所获,必详其姓氏,识其真赝,乃以采拾二十年来,属目者以数千计。所蓄既夥,非敢自诩珍藏。"① 在其《抱经楼藏书志》所收书中,特别关注善本图书。其同乡陈邦瑞便言:"同里沈君药庵,习陶白业,家

---

① (清)沈德寿:《抱经堂藏书志·自序》,民国十三年(1924)铅印本。

仅中人产，而性好聚书。一日见友人陆君存斋藏书之富，心窃慕之，乃遍访通都大邑，故家遗族，闻有善本购之，不惜重资，不数年积书五万余卷，言其楼曰抱经，以藏庋之。"① 可见其藏书以善本众多。再如张钧衡的《适园藏书志》，也注重广收善本秘籍。缪荃孙为该书作序曰："吾友张君石铭，以名孝廉广收善本。一日举其籍而数之，曰宋刻四十五种，元刻五十七种，黄荛圃跋二十六种，有前人未著录、海内未经见者，有四库采自《大典》而今获其原书者又十余种，至名人手抄手校者几及百种，可谓富矣。"② 张氏所收既有善本珍籍，又不乏名家题跋、手抄。又如莫友芝为丁日昌整理其藏书而作的《持静斋藏书记要》中，也不乏许多要籍、秘籍。该书目收有宋代魏了翁所撰《毛诗要义》一部。魏了翁所撰诸经《要义》皆举当时善本，为治经家所宝。然流传至清代，《四库全书》所收仅《周易》《仪礼》两书是全帙，《尚书》《春秋》《左传》皆为不完之本。后来，阮元督学江浙，力尽搜访，乃得《尚书》《礼记》之阙卷，进之于朝，然唯独《毛诗要义》一种，未能得见。经莫氏力尽搜访，《毛诗要义》"乃岿然独存于东南兵燹之余，首尾完整，神明焕然，诚无上秘籍矣"。可见其传世稀有，弥足珍贵。

值得注意的是，晚清一些藏书家对善本秘籍的购藏已不单纯出于鉴赏的目的，他们更注重善本旧椠所具有的"学术治道"的社会功用。张钧衡在《适园藏书志》中曰："昔虞山张月霄曰：'宋元旧椠有关经史实学而世鲜传本者，上也；书虽习见，或宋元刊本，或旧写本，或前贤手校本，可与今本考证异同者，次也；书不经见而出于近时传写者，又其次也。而要以有裨学术治道者为之断。'其言可谓至精至确。"③ 宋元旧椠因其校刊精审，的确会在经史研究中发挥重要的学术价值。因此，晚清藏书志目录在评析宋元版本价值时，已经超出了文物鉴赏的意义。

三　知见目录

知见目录是作者对亲眼所见图书的编目，这类目录往往与作者的特殊

---

① 陈邦瑞：《抱经堂藏书志·序》，民国十三年（1924）铅印本。
② 缪荃孙：《适园藏书志·序》，民国五年（1916）刻本。
③ 张钧衡：《适园藏书志·自序》，民国五年（1916）刻本。

经历有关。如杨守敬清末曾随何如璋访问日本，在日期间，守敬"从事搜罗放佚，日游于市，凡板已坏者皆购之，不一年遂有三万余卷。旋交日人森立之，见所著《经籍访古志》，遂按录索之。时日本维新伊始，唾弃旧学。所有善本悉以廉价得之，满载海舶以归，有屋数十间充栋"①。回国后，据其见闻而成《日本访书志》十六卷。还有些知见目录是作者在游历过程中，据其随处访闻所得。如莫友芝的《邵亭知见传本书目》，据叶德辉云："先生是目虽与邵注同注，而见闻各别。盖邵官枢曹，居恒在北。先生则往来苏、扬、沪渎，值粤匪乱后，江浙间藏书散出，先生寓目颇多，南北收藏，各以地限，两目所载，正可互证参稽。"② 可见，莫氏自身的游历，也使得该书目具备了广收博采的特征。③

（一）知见目录举要

1. 杨守敬《日本访书志》

杨守敬（1839—1915），字惺吾，晚号邻苏，湖北宜都人。同治元年（1862）举人。著有《留真谱初编》《邻苏老人题跋》《续补寰宇访碑录》，影刻《古逸丛书》等。光绪六年，杨守敬随何如璋出使日本。在日期间，杨守敬刻意搜访日本流传的中国古籍，每得一书，则作题跋一篇，附于书中。杨氏回国后，又对这些题跋作了增补修改，编纂而成《日本访书志》十六卷。该书目具有如下特点。

其一，广泛收集了从日本得来的中国古籍。这些古籍有些是在日本书市购得，有些是与日本好古家彼此交换而得："守敬为之力任搜访，而藏于好古家，书不可以金币得，以行箧所携之古今石刻文字，多日人所未见，彼此互易。于是古钞旧椠，孤本秘籍，纷集于箧。"④ 如宋刊本《春秋谷梁传》十二卷条曰："原本为日本学士柴邦彦所藏，文政间，狩谷望之使人影摹之，纤豪毕肖，展转归向山黄村。余初来日本时，即从黄村求得之。"该书目中有许多医籍，杨氏多是得自日本医员的藏书："日本医

---

① 乔衍琯：《日本书目志叙录》，载杨守敬《日本书目志》，台北广文书局1968年版。
② 叶德辉：《邵亭知见传本书目序》，清宣统元年（1909）铅印本。
③ 张剑先生认为，该目是莫氏"撮录邵懿辰、张金吾、阮元、于敏中、彭元瑞、钱曾等人著述，并杂以己见而成，因而存在诸多缺陷，莫友芝并无意成书。"参见张剑《〈邵亭知见传本书目〉真相发覆》，《文献》2015年第1期。
④ 乔衍琯：《日本书目志叙录》，载杨守敬《日本书目志》，台北广文书局1968年版。

员多博学,藏书亦医员为多。喜多村氏、多纪氏、涩江氏、小岛氏、森氏皆医员也。"

其二,重视说明书籍的校勘情况。如《足利活字本七经》条,指出了该书刊印时所参校的版本:"是书印行于日本庆长时,当明万历年间,其原系据其国古钞本,或去其注末虚字,又参校宋本,故其不与宋本合者,皆古钞本也。"又如《诸病源候论》五十卷条下曰:"小岛学古校本。日本医官小岛学古据宋本、元本、日本国刊本、聿修堂钞本,又以《外台秘要》《医心方》所引,合校于胡益谦刊本上。凡订正不下数千事,最为精审,似无遗恨。"旧钞本《贞观政要》十卷条曰:"此本系文政元年阿波介、藤原以文以其国诸古本及戈本合校者。"宋嘉定何氏本《脉经》十卷条曰:"余从日本得宋刻何氏原本,又兼得元、明以来诸本,乃尽发古医经书与之互相比勘。凡有关经旨者,悉标于简端,非唯可据诸经证此书,亦可据此书订诸经。"

其三,记载了杨氏在日访书的掌故。在广泛搜罗图书信息的同时,还介绍了与之相关的人物史实。如《晋书》一百三十卷明刊本条,该书每册首有"留蠹书屋储藏史编"印记,杨氏便增加了有关留蠹书屋及其主人的介绍:"留蠹书屋为吉汉宦藏书库名。吉军有《论语考异》及《近闻寓笔》二书,盖日本校订名家。"再如《足利活字本七经》条,追溯了日本刻经的历史:"日本刻经,始见正平《论语》及翻兴国本《左传》,又有五山本《毛诗郑笺》。其全印七经者,自庆长活字本始。余至日本之初,物色之,见一经即购存,积四年之久,乃配得全部。盖活字一时印行虽多,久即罕存,其例皆然。"又如古钞卷子本《春秋左传集解》三十卷条下曰:"初,森立之为余言,日本惊人秘笈,以古钞《左传》卷子本为第一,称是六朝之遗,非唐宋本所得比数。此书藏枫山官库,不许出,恐非外人所得见。"杨守敬为此专门请托岩谷修至枫山官库借书,可惜未能查到。于是,杨氏将小岛学古所摹第三卷首半幅刻至《留真谱》中,以待后来者访求。此后某日,岩谷来告,已查到此书下落。杨守敬又记曰:"余即欲借出一观。岩谷云:'此非吾所敢任。'余谓:'贵国有如此奇书,韫椟而藏,何如假吾传录于西土,使海内学者得睹隋唐之遗,不尤贵国之光乎?'岩谷辗然,即遍商之掌书者借出,限十日交还。"于是,杨守敬雇用书手,改原书卷本为折本,日夜影钞而成之。

2. 莫友芝《郘亭知见传本书目》

莫友芝（1811—1871），字子偲，号郘亭，贵州独山人，道光十一年（1831）举人，著名版本目录学家。著有《宋元旧本书经眼录》《持静斋藏书纪要》《郘亭行箧书目》等目录著作。是书凡十六卷，以经、史、子、集四部分类，该书目是莫氏平日研读《四库全书简明目录》所作笔记的汇编。莫氏将其平日所见经籍的刊版情况，凡有补于《四库总目》者，皆记载其下。有《四库》未收的书籍，亦补而记之。又参之以邵懿辰《四库全书简明目录标注》之言，莫绳孙序曰："采录邵位西年丈懿辰所见经籍笔记益之。邵本有汪夷樵先生家骧朱笔记，并取焉。"[1] 是编收书甚博，张寿平在为该书目作的叙录中对莫氏评价曰："莫氏为一代目录版本大家，其一人之知见既极浩瀚，况又收汪、邵二氏笔记汇为一编，故本书虽为私家著录，而亦如数罟之入污池，几几乎巨细无遗矣。"[2] 提要中以摘录诸家序跋为主。如《丙子学易编》有元初俞琰的手钞本，莫氏录俞氏跋文曰："此书系借闻德坊周家书肆所鬻者，天寒日短，并日而抄其可取者，盖所存不及十之一矣。"通过阅读此跋文，则此本乃俞氏在书肆访得是书后，手录而成，且多有节略，有助于后学的读书治学。

3. 王颂蔚《古书经眼录》，《写礼顾遗著》本

王颂蔚（1848—1895），原名叔炳，号芾卿，江苏长州人。光绪六年（1880）进士，官户部湖广司郎中。著有《考证捃逸》《礼顾堂诗文集》等。该书目凡一册，有民国四年刻本。在图书分类上，以传统四部分类为序，每书下有提要，博采相关书目，对所见图书进行考辨。如明抄本《广客谈》一书，在《国史经籍志》《绛云楼书目》中有载，但俱不著录撰人。王氏查考《广客谈》卷末有"洪武十二年岁次己未八月二十九日壬辰云间映雪老人孙道易写于平溪草舍，时年八十有三矣，正德纪元十月初二日录"一条，由此推论出《广客谈》一书的作者当为明人孙道易撰。又引《四库全书总目》子部小说类存目孙道易撰《园客谈》一卷，称："道易字景周，自号映雪老人，华亭人云云。"对孙道易其人又作以简介。

---

[1] 莫绳孙：《郘亭知见传本书目序》，清宣统元年（1909）铅印本。
[2] 张寿平：《郘亭知见传本书目叙录》，载莫友芝《郘亭知见传本书目》，台北广文书局1968年版。

又如戴帅初所撰《剡源集》三十卷条，王氏先从各家书目中梳理出了该书的版本源流。是书始刻于明初，隆、万年间周孝廉又锐意搜集，成书三十卷刊行。万历辛巳，戴氏后裔戴洵又依据周本梓行于南雍，即今《四库》著录之本。四库本《剡源集》卷首有《剡源先生年谱》一部，所题为蛟川陈景沛编次，版心又有"巾山陈景沛草创"七字。可见《剡源集》中的《剡源先生年谱》为陈景沛所作。

(二) 晚清知见目录的编纂特点

知见目录的收书十分广博，这主要是因为知见目录的作者本身都具有良好的文化素养。他们都是当时知名学者，有着丰富的藏书经验和阅历。因此，这些书目的编纂都是他们多年学术积累的结晶。综合考察这些书目，具有以下两个编纂特点。

1. 广收各书的版本

杨守敬《日本访书志》史部著录《贞观政要》一书，收录了古钞本、影旧钞本、旧钞本三个版本，分别介绍这三个不同版本的各自特征。古钞本下曰："前二卷末有安元三年二月五日奉授主上既讫云云，有永久、建久、建保、嘉禄、建长等名记……每半叶七行，行十七字，字体精妙，神似唐人写经之笔。原本当是卷子影写改为摺本，然首无吴兢表文，犹不免有脱漏也。"此外，还罗列了古钞本《贞观政要》的篇目次第。影旧钞本下曰："此本影文化六年钞本，每半叶九行，行十七字，与狩谷藏本第三卷以下皆同。首有吴兢上《贞观政要表》，而无吴兢《贞观政要序》。其第二卷后有建保、嘉祯……等年管氏历世题记。每卷后均有文化六年六月等日写记。"在该提要中还附有"上《贞观政要表》"一篇。旧钞本的特点是："此本系文政元年阿波介、藤原以文以其国诸古本及戈本合校者，篇首载其国古墨笔，凡十三通，又朱笔二通。一为永本，一为江本。又载汉本奥书题识，奥书卷子反面书也。"可见，在考察《贞观政要》古钞本、影旧钞本、旧钞本三个版本系统特征的同时，还揭示了其各自所具有的学术价值。杨氏还能将日本所藏版本与国内流行的版本作以比较，评其优劣。如朝鲜古刻本《龙龛手鉴》八卷，此书当时国内有张丹鸣刻本及李调元《函海》丛书本两个版本系统，但两者均非善本，存在诸多遗漏谬误之处。而朝鲜古刻本"虽有后人羼入之字，而其下必题以'今增'，与原书不混。其文字精善，足以订正张刻本、《函海》本不可胜数。迩来著录家虽有此书传钞旧本,而无人翻雕,得此本固足宝贵。"杨氏还通过考察其所见书籍的不同版本,纠正前人的错误认识。如《足利活字本七经》一书,有学者因是本凡近宋讳者,多有缺笔,故疑其当是全翻宋本。杨氏却不以为然:"盖其刻字时仿宋本字体摹入,故凡遇宋讳亦一例效之,实不尽据宋本。"进而又证之其所得诸古钞本,"而后知参合之迹显然,且《尚书》《礼记》字体非仿宋本者即不缺笔,可以释然矣"。

莫友芝在《邵亭知见传本书目》中也广录一书的不同版本,并略评其优劣。如经部易类《乾坤凿度》二卷,为《永乐大典》所载《易纬》八种之一。莫氏记载了此书十种版本,即内府十行本、聚珍版本、闽覆本、杭缩本、又重刊稍大本、嘉庆十四年侯官赵氏刊《七纬》本、天一阁刊本、钱曾藏宋刊本、《经学汇函》本。其中,钱曾所藏宋刊本,曾与天一阁本校勘,"多讹脱"。又史部别史类《逸周书》条,罗列了《汉魏丛书》本、《古今逸史》本、钟评秘书本、《三代遗书》本、姜仲文刊本、章檗刊本、卜世昌与何中允刊本、《秘书》二十一种本、《五经翼》本、抱经堂校刊本。其中,"抱经堂校刊本为善"。又如《尚书地理今释》条下,罗列了《借月山房汇抄》本、《泽古堂丛钞》本以及《指海》本,并评曰:"三书皆一版,易主而易名。"又如宋人黄度所撰《尚书说》条,罗列了明吕光洵与唐顺之校本、昭文张氏旧钞本、通志堂本、黄氏家塾刻本。四个版本中,以张氏旧钞本最优,其出自千顷堂旧钞,在体例上,"经、注皆大字,又有双行小注,补注所未及"。而以通志堂本最劣,竟改注为小字,"删其注中之注,不得为完书,脱文阙字更难枚举"。黄氏家塾刻本"较通志堂为完善"。

王颂蔚在《古书经眼录》中广收异本,并予以互相比勘。如元刊本《周书》十卷条,王颂蔚将此本与程荣《汉魏丛书》本进行了比较。西晋太康年间,汲郡人不准盗魏襄王墓,得《周书》之残余数本,经荀勖校定,著录于《中经新簿》中。《隋书·经籍志》据之著录《周书》十卷,注曰"汲冢书"。元刊本所著录者,即《周书》十卷,其标题与《隋书·经籍志》相合。然程荣《汉魏丛书》本则在标题上冠以"逸"字,"非汲冢旧题也"。元刊本每卷均有总目,而程本则无之,仅将总目移于卷首。可见,程本失其旧处甚多。另外,通过比较元刊本与程本的字句异同,"足证程本者甚多"。尤其是元刊本卷七第八叶"王会解自卜人以丹沙"至"其西鱼复鼓钟钟牛注"数行，"程本全脱，是尤足资补正者也"。此外，王颂蔚又从刘履芬处借得卢文弨校本，经比勘后，"是本胜处往往与卢氏所称宋元本合。如柔武解注：'言，感也'，卢云：元本作'言，威也'。克殷解：毛叔郑奉明水，卢云：'毛叔'宋本与《史记》同作'毛伯'者，误。……核诸是本，无不吻合。"

2. 博采许多稀有珍贵图书

莫友芝《郘亭知见传本书目》史部编年类，著录宋人赵鼎所撰《建炎笔录》三卷。该书诸家藏书目中皆未见载，乃莫氏从旧钞本中写录，"所记自高宗建炎三年正月车驾在维扬起，迄于绍兴七年十二月十二朝辞上殿，本末粲然。盖鼎耳目所亲，见闻自确，南渡杂史中最有典据者"。指出了该书所具有的史学价值。再如南宋袁枢《通鉴纪事本末》一书，未详载崇信佛老亡家亡国之事。清人张星曜鉴于此，专取佛老怪诞之言以辨之，而成《通鉴纪事本末补后编》一书。是书分历代君臣奉佛之祸、佛教事理之谬、佛徒纵恶之祸、儒释异同之辨、禅学乱正之失、历代圣君贤臣辟佛之正、历代君臣求仙奉道之祸、道士纵恶之祸、儒老异同之辨、历代圣君贤臣辟老之正等目，"乃杂引正史所载，附以稗官杂记及诸儒明辨之语，条分类列，以为此书"。该书成于康熙二十九年，然并未付梓，直至同治六年，才被丁禹生发现，并收其手稿。由于该书仅存手稿，更显珍贵。

《日本访书志》是杨守敬在日本访书所得，故有些书籍是国内已罕见或亡佚者。杨氏从日本搜讨得之，揭示了其具有的学术价值。如《一切经音义》一书，据史载，该书自周显德年间就已无传本。杨守敬曾在日本东京三缘山寺见到此书的《高丽藏》本，杨氏揭示了该书具有的辑佚学价值："引《说文》则声义并载，引《玉篇》则多野王按语，引《左氏传》则贾逵注，引《国语》则唐固注，引《孟子》则刘熙注。此外佚文秘籍不可胜计，诚小学之渊薮，艺林之鸿宝。"又如《东国史略》，是明初朝鲜李朝史臣所撰的本国史。杨守敬所见者，为朝鲜古刻本，成都杨葆初氏重刊。杨守敬揭示了该书重刊的意义："方今朝鲜，为我外藩最重之区域。俄人俯瞰于北，日本垂涎于东，英、法各国又皆与之互市立约，几成蜂拥之势。则欲保我边陲，尤宜详其立国本末，而资我筹策。此葆初大令所为亟谋刻此书之意。固不徒侈见闻，为考列史、外传之助也。"

王颂蔚在《古书经眼录》中也广收稀见之书。李焘是北宋著名史学家，其所撰《续资治通鉴长编》，学者多所赞誉。王氏通过广收博采，又发现了李焘还曾撰有《续宋编年资治通鉴》一书。由于该书未被刊刻，故世鲜传本，"世俗第知焘之《长编》，而不知其有《续通鉴》，则是书洵称秘籍矣"。又据《四库全书总目》云："光修《通鉴》时，先成长编，焘谦不敢言'续通鉴'，故但谓之《续资治通鉴长编》。"① 这里，王颂蔚还对《四库总目》的观点作了修正，认为《总目》编修此条提要者，未见李焘还曾著《续宋编年资治通鉴》一书，"《四库书目》云，焘不敢言'续通鉴'，故但谓之《续资治通鉴长编》，由未见是书故也"。又如《陈众仲文集》四卷条，该书为残元本，"是本一、二、三卷诗已全，文仅存一卷，卷首林泉生序缺半，翻张翥序已佚，序后有明人沈麟所录《国史本传》。"诸家书目皆不载有此书，唯《四库全书总目提要》《千顷堂书目》两书中著录，作《安雅堂集》十三卷，而《元史·陈众仲传》但云《文集》十四卷，书名与此书所题不同，亦不能断定即此集否。可见其流传稀有，虽为残本，亦足珍贵。

私家藏书目录以收书的广博而著称，尽管一些藏书家流于习俗，结撰藏书目不过是为了玩赏珍本秘籍。但多数藏书家均能知书爱书，尤其是私家提要目录，受到朴实考证学风的影响甚多，藏书家也兼具学者的身份，他们通过对学术的辨析，揭示书籍旨要，梳理学术发展源流，使私家藏书目录往往集考证、校雠、收藏、鉴赏于一体，具有不可忽略的学术价值。

第五节　地方著述目录与乡贤著述的辑考

重视乡贤文化，是中国古代学术发展的一个十分鲜明的特征。北齐、北周年间，宋孝王所撰《关东风俗传·坟籍志》，开地方著述目录之先河。而南宋高似孙在《剡录》中收录了一些剡地的图书文献，使之成为现存最早的地方目录。② 此后，明代祁承爜《两浙著作考》、周天锡《慎江文征》、曹学佺《蜀中著作记》相继问世，地方著述目录逐渐蔚为大

---

① 《钦定四库全书总目》卷47，史部编年类《续资治通鉴长编》条，第654页。
② 参见周少川《古籍目录学》，中州古籍出版社1996年版，第98页。

观。清人于私家旧藏的整理中，秉承传扬乡邦文献的精神，以辑考乡贤旧帙为任者代不乏人。章学诚认为，地方志的纂修应当与掌故、文征相辅而行。其晚年编修《湖北通志》时，即纂有《湖北文征》，以搜地方之文献，为纂修方志提供史料。

晚清时期地方著述目录又分为两种，即综合性的地方著述目录和专学专书性质的地方著述目录。前者以金武祥的《江阴艺文志》、盛宣怀的《常州先哲遗书》、项元勋的《台州经籍志》、徐世昌的《大清畿辅书征》、顾凤鸣的《武陵著作谭》、孙诒让的《温州经籍志》为代表；后者以卢靖的《四库湖北先正遗书提要》《四库湖北先正遗书存目》为代表。此外，地方志中的艺文志也有对乡贤著述的罗列。

一 综合性的地方著述目录举要

金武祥《江阴艺文志》，清光绪十七年（1891）江阴金氏粟香室刻本。是目凡两卷，一册。书前有金武祥自序一篇，凡例六则。金氏以为："近世郡县志艺文一类，徒采辑诗文芜杂猥琐，转失其义。江阴新旧《志》，乃只有词翰而并无载籍，识者尤病之。咸丰庚申之变，邑中耆旧著述多毁于兵燹，或昔存今佚，或彼有此无，或副墨偶留，或残本间出。"① 于是金武祥与缪荃孙一同收集江阴先贤著作，编成此目。该书不以四部分类，而是以时代为序，缘于"江阴各家著述类多未见，原书难于校核，若分四部，强为配隶，必致循名失实"②。是编收录自宋至清书籍共得933部，凡502家著作。这些著作取材于历代正史及常州府志、江阴县志的人物传中。此外，也有从有关诗文著作中辑录而成的。其中有未见或原书存佚不可知者也列于目中，以待后来者采访。在著录上，每一书下先是对作者的介绍，然后指明所著录书籍的出处。如《豆亭集》条："俞远，字之近撰，见《府志》《县志》，又见钱大昕《补元史艺文志》《秀野草堂元诗选》。"间或记有版本，如《诗经讲说》二十卷下注："有知不足斋刻本。"《东家子十二篇》条："有粟香室覆刻，汲古阁本。"

姚福钧《海虞艺文志》，清光绪二十三年（1897）刻本。姚福钧在编

---

① 金武祥：《江阴艺文志·自序》，清光绪十七年（1891）江阴金氏粟香室刻本。
② 金武祥：《江阴艺文志·凡例》，清光绪十七年（1891）江阴金氏粟香室刻本。

纂《海虞艺文志》之前，已有海虞陈子准所编《海虞艺文志》问世，但遭庚申之乱后，陈氏之目片纸无存。于是，姚氏重辑自宋至明海虞先贤之作，仿陈振孙《直斋书录解题》之例，记明存佚。是编中，姚福钧十分注重对乡贤生平的介绍。如陆缙所撰《春秋新解》一书的提要中，对陆缙其人生平介绍曰："字枚叔，本名绛，字伯厚。常熟人，居西北乡庆安镇。仁宗宝元元年进士，苏明允赠诗，美其笃学好文，于诸经有造诣。官至淮南等路制，置发运司，病卒于真州。"又《听雨集》条，对其撰者王伯广的介绍为："字师德，常熟人，家于今东乡梅李镇。高宗绍兴十二年进士，官温州教授，调常州，未赴而卒。"尤其注重表彰先贤的事迹。如《五经旁注》一书的提要里，姚氏介绍了该书作者钱璠为官廉洁的事迹。钱璠官奉化时，在县六年，"不以妻子自随，虽自食之，粟必取给于家。"为后人树立了廉洁为官的好榜样。

盛宣怀《常州先哲遗书》，清光绪间武进盛氏思惠斋刻本。《常州先哲遗书》成书时值乱世，"郡志艺文自经兵燹，遗编散佚，一二孤集，大抵有目无书。斯文将坠，桑梓足征，亦后学之责也。"[①] 可见盛氏对保护地方文献的忧患意识。是目凡八册，不分卷，以经、史、子、集四部分类。其中经类仅有《诗传旁通》《三续千文注》两部书，史类有《崇祯朝记事》等五部书，子类收《景仰撮书》等七部书，集类收二十七部。后有"常州先哲遗书在事诸君姓氏"并附有盛氏题识一篇，称"是编自梁迄明，书四十种，作为《常州先哲遗书》初集，附存《国朝集》三种，共订六十四册。"该书编纂体例严谨，先列书名，随后全文抄录原书。每书后都有盛宣怀跋文一篇，多所考证。如梁益所撰《诗传旁通》条曰："朱子《诗传》详于作诗之意，而名物训诂仅举大凡。益是书仿孔、贾诸疏证明注文之例，凡《集传》所引故实，一一引据出处，辨析原委。因杜文瑛先有《语孟旁通》，体例相似，故亦以旁通为名。"盛氏又将该书与朱熹《诗传》校勘后，总结出了"有附会朱《传》而误者""有前后倒置者"等谬误之处。书前有"京师图书馆藏书印"一枚。

项元勋《台州经籍志》，民国四年铅印本。是目凡四十卷，十六册。书前有浙江巡按使屈映光及章炳麟、王舟瑶、褚传诰、曾士瀛、金嗣献等

---

① 盛宣怀：《常州先哲遗书·题识》，清光绪间武进盛氏思惠斋刻本。

七篇序文。后有项氏自定书目例言十五则。在项氏此前有关记录台州乡贤书目者,有《赤城新志》《康熙府志》《雍正浙江通志》等,而这些书目或收录稀缺,或失于舛陋。故项氏仿孙诒让《温州经籍志》体例,成《台州经籍志》。本书以四部分类,由于作者所辑文献浩博,有十之七八未曾寓目,"若强为详析,恐蹈见名不见书之弊。"因此,四部之下所设的二级子目较为疏略。在体例上,是编仿马端临《文献通考》之例,详载各书序跋,论断书籍存佚。每一书下各标书之出处,"虽矜淹博,亦以存著录之源流也"①。如经部易类元黄严盛所撰《易学直指本源》条,先据《台州府志》考黄严盛生平:"盛象翁,字学则,太平人,由荐辟为汀州教授,仕终昌国判官,学者称为圣泉先生。"又据《台州外书》载其学术源流:"圣泉出黄寿云之门,寿云作《易经通义》,圣泉更删其芜说,独标真旨,皆主于明洛闽之说,详于理而略于数,其后孙侍道更为之注。"再如史部编年类柯浚所撰《历朝帝纪》四十卷条,据《黄严县志》辑录柯浚之生平曰:"浚,本名禧,字羽生,别字茗柯,号容堂。诸生明大参夏卿长子也。富于腹笥,不愧行书厨之目,著述凡十种,并见其弟渐所为,传此其一也。"

孙诒让《温州经籍志》,民国十年刻本。晚清目录学家孙诒让,字仲容,别号籀庼,浙江瑞安人,"年十六七,读江子屏《汉学师承记》及阮文达公所集刊《经解》,始窥国朝通儒治经、史、小学家法"②。他继承并发展了乾嘉考据学成果,在古文字方面,注重将古文字与古文献结合研究,在校勘方面有《札迻》,"雠校古书七十又七种……至其精熟训诂,通达假借,援据古籍,以补正讹夺,根柢经义,以诠释古言"③。他的目录学代表作《温州经籍志》便体现了这种考据学风,在每一书下写有案语,旁征博引,对《四库全书总目》错误之处有所订正。孙诒让还注重对乡贤著作的整理。《温州经籍志》经部收有《周氏(行己)易讲义》一书,此书不见于宋以来书目,孙氏便从《永乐大典》中辑佚出了其著作的某些逸文。孙诒让还注意利用乡贤事迹来鼓舞后学。如《温州经籍

---

① 项士元:《台州经籍志·例言》,民国四年(1915)铅印本。
② (清)俞樾:《札迻序》,上海千顷堂书局本。
③ (清)俞樾:《札迻序》,上海千顷堂书局本。

志》史部纪事本末类收有王致远所撰《开禧德安守城录》一书。该书乃记其父王允初守德安之事。开禧二年十二月，金人围德安府，允初时为通判，郡守李师尹不习兵事，凡有关战守之事都交于允初处理。允初招棘阳溃兵2000余人防守，措置多方，出奇制胜。金人百计攻之，不能突破，共围德安百余日，最终退去。通过介绍王致远守城的事迹，以激励了乡人英勇爱国的精神。

徐世昌《大清畿辅书征》，民国间铅印本。是目凡四十卷，附闺秀一卷。书前有徐氏自序一篇，称"今既撰有清一代《畿辅先哲传》，书成而窃叹宿儒硕彦、淹雅方闻之士，往往其人事迹不少概见，而生平撰述时时见于他说者，所在皆是。余与同人网罗搜辑，无论其书之传或不传，及见与未见，凡可征而信者，则为采录，以备后人之甄择，都得书四千一百八十八种，颜之曰《大清畿辅书征》。"该书以地域分类，即顺天府、保定府、永平府、河间府、天津府、正定府、顺德府、广平府、大名府、宣化府、遵化府、易州、冀州、赵州、深州、定州十六地区。在著录上采用了"以书类人"的原则，即先列作者，其下简要介绍其生平，后列其所著述。每一书下，抄录《四库全书总目》之提要以及诸家序跋，"旁及方志、传记中涉及经籍者"①，以揭示其书之大旨。但全书缺乏作者之考证，乔衍琯论曰："别无片言只字之按语，惟于序文之于本书无所发明者，略事删节，颇有别裁，是收辑钞纂之功多，而不能如孙诒让之《温州经籍志》等自出枢机，深具史裁。"② 其书未署编书时间，"当在《畿辅先哲传》后（民国三年自序），或更在《诗汇辑成》之后（民国十八年序）"③。

此外，管庭芬《海昌艺文志》，收录自晋至清海昌文人1400余人，其中明清占其大半。人名之下，先述其生平，再列其著作，并加考证。王琛《淮安艺文志》分文、诗两类著录淮人著述。先列姓名，再附小传，后为其作品目录。还有杨晨，仿郑樵《通志·艺文略》之例，编成《台州艺文略》，共收台州著作1400余部。先列撰者，再记书名、卷数，无提

---

① 乔衍琯：《重印〈大清畿辅书征序〉》，载《书目三编》，台北广文书局1969年版。
② 乔衍琯：《重印〈大清畿辅书征序〉》，载《书目三编》，台北广文书局1969年版。
③ 乔衍琯：《重印〈大清畿辅书征序〉》，载《书目三编》，台北广文书局1969年版。

要。顾凤鸣《武陵著作谭》，凡一卷，所收录历史上武陵学者著作，从三国迄清，其中吴1人，晋3人，刘宋1人，南齐1人，梁1人，陈1人，隋5人，唐5人，明49人，清140人，都207人。体例上以人类书，先列作者姓名，然后对其简要介绍，最后列其著书目及卷数。这些学者都有着十分强烈的保存、继承、发扬乡贤文化的意识。上述地方著述目录保存了许多乡邦文献，不仅可以使我们了解各个历史时期地方文献的著述、收藏、流传、存佚状况，而且为我们研究某一地区的历史文化提供了学术参考资料。

二 专学专书性质的地方著述目录拾零

这类目录以卢靖的《四库湖北先正遗书提要》《四库湖北先正遗书存目》以及卢弼的《四库湖北先正遗书札记》为代表。卢靖（1865—1948），湖北沔阳（今湖北仙桃市）人，字勉力，号木斋。近代藏书家，尤精通古代算学。辛亥革命后，致力于教育事业，兴办了许多学校和图书馆，编有《沔阳丛书》《慎始斋丛书》等。其弟卢弼（1876—1967），字慎之，号慎园，曾留学日本，于三国史用力颇多，代表作有《三国志集解》《三国志职官录》等。

《四库湖北先正遗书提要》前有卢靖自序及编纂绪言各一篇。四库开馆所收书虽多，但其有关湖北先贤之作，尚不及《湖北通志·艺文志》所载十分之一二，故卢靖有志于此，"广加搜求，彰旧书德之名氏，探倚相之典坟，庶江汉英灵，荆襄耆旧，得重光于今日"①。起初，卢氏从其家藏书目中仅得书百余种，后偶过甘鹏云处，得其日记所载鄂人书籍近二百种，故复加校写成《四库湖北先正遗书提要》四卷、《四库湖北先正遗书存目》四卷，后附《四库湖北先正遗书札记》一卷。

《四库湖北先正遗书提要》以经、史、子、集四部分类，经部凡收书12部，史部15部，子部38部，集部26部。每一书下，列卷数、版本，有提要。《四库湖北先正遗书存目》经部46部，史部42部，子部49部，集部64部，体例亦如《四库湖北先正遗书提要》。后附有《四库湖北先正遗书札记》一卷，共收32部书。两书在抄录《四库全书总目》湖北先

---

① 卢靖：《四库湖北先正遗书提要·自序》，民国十一年（1922）刻本。

贤遗著提要时,还对其内容进行了补充和考证。

首先,考篇卷之异同。有些书籍在流传过程中其篇卷之数常常出现记载的差异。如经部《黄公说字》条,《总目》收录湖北巡抚采进本,无卷数。谢启昆《小学考》载此书一卷,喻文鏊《湖北先贤学行略》又称一百三十卷。然卢氏从武昌柯氏息园处见到本书实一百卷,与《湖北通志》所载合。由此卢氏将此书卷数之疑,涣然冰释。有些则是由于对篇卷标识的不同而造成的差异。如《总目》载宋人宋祁《笔记》三卷,而《湖北通志》有宋祁《笔录》一卷,卢氏检其内容皆同,但卷帙所以不同,"盖以帙为卷,不以上、中、下为卷"。还有些则是由于后人附加了内容而造成篇卷之差异。如子部《鬻子》一卷条,卢氏考《汉书·艺文志》载《鬻子》二十二篇,《隋书·经籍志》载《鬻子》一卷,叶梦得称《鬻子》一卷十四篇,本唐永徽中逢行圭所献。又考庾仲容《子钞》、马总《意林》皆言六篇,"其所载与行圭先后不伦,恐行圭或有附益。按今亦十四篇,标题甲乙数目杂乱不可晓……今本其糟粕耳。小说亦有《鬻子》十九篇。"通过比较篇卷差异,指出今本《鬻子》为后人所附益之作。

其次,《四库全书总目》中对有些图书作者的记载存在错误,卢弼一一指出。经部《大学管窥》一卷条,《总目》称撰者为明人廖纪,东光人,弘治乙丑进士。然卢氏考《湖北通志》载廖纪为黄海人,弘治十八年进士,官至广西按察司副使。卢氏又考《太学题名碑录》得知明有两廖纪,一为东光人,弘治三年庚戌进士;一为黄梅人,弘治十八年乙丑进士。由此《总目》将两者混为一谈。又《易经通注》九卷条,《总目》载"清傅以渐、曹本荣撰",卢氏考《湖北通志》得知,顺治十二年至十三年,曹本荣充日讲官,该书即编修于此时,故"虽冠以大学士傅以渐之名,乃大官领局之通例,书实成于本荣一人之手。盖当时即以供日讲者,故原稿独藏其家。"再如子部《智品》十三卷条,《总目》载"明樊玉衡撰",卢氏考《湖北通志》指出了《总目》将"樊玉冲"误刊为"樊玉衡","冲"与"衡"古文字形相似,故《总目》错刊。图书作者的籍贯历来是古籍目录学中不可缺少的一项。卢氏还纠正了《四库全书总目》对图书作者籍贯的错误记载,如史部唐人段公路所撰《北户录》条,《四库全书总目》据《新唐书·艺文志》称段公路为宰相段文昌之孙,当为临淄人。卢氏考《新唐书·段志玄传》载段志玄三世孙段文昌世客荆州，太和四年自淮南徙荆南。又据《录异记》有段文昌镇荆南买宅一事，由此卢氏指出《总目》所据失实，段氏当为荆州人。

最后，补《四库全书总目》版本之缺。《四库全书总目》向以不重版本而成学界憾事。晚清以来，有学者相继加以弥补，如邵懿辰著《增订四库简明目录标注》，其子邵章又编《四库简明目录标注续录》，补咸丰以后各书版本。再如王先谦《天禄琳琅书目续编》，不仅增补了四库书籍版本，还对其进行了考校。卢氏在邵氏、王氏两书基础上记载了许多常见易求的版本。如经部《易经通注》九卷条下则列有"通行巾箱本"，有些通行之本则多是与卢氏兄弟同时之人所刻。如史部《南方草木状》三卷条下列"近影印本"，子部《麈史》三卷条下列有"近安陆县刊本"，集部《北湖集》五卷条列有近人李之鼎校刊宋人集乙编本，《汉滨集》十六卷下列有"近蒲圻张氏无倦斋钞库本"，等等。有清以来，私人编刻丛书盛行，卢见曾《雅雨堂丛书》、鲍廷博《知不足斋丛书》、伍崇曜《粤雅堂丛书》、张海鹏《学津讨源》《墨海金壶》等丛书皆广收博采，流传甚广。卢氏兄弟也收录了众多丛书本书籍。如经部《四书逸笺》六卷条下列有"墨海金壶本""海山仙馆丛书本""粤雅堂丛书本""湖北丛书本"等，史部《益部方物略记》一卷条下列有"津逮秘书本""说郛本""学津讨源本"等，子部《竹谱》一卷条下列有"百川学海本""汉魏丛书本""龙威秘书本"等。这些通行易用之本为读者查找图书、阅读图书提供了方便，学术功用甚明。

此外，卢氏兄弟十分注重对乡贤事迹与学术的宣扬。卢弼便在《四库湖北先正遗书札记》中补充介绍了一些湖北先贤的行事。如集部《丁鹤年集》一卷条："元丁鹤年撰。《提要》作色目人，按《大清一统志》丁鹤年其先西域人，父知默特罗丹为武昌县达噜噶齐，遂为武昌人。淮兵袭武昌，奉嫡母走镇江，母冯已前死，不知殡处，痛哭行求，母告以梦，乃齿血沁骨，敛而葬焉，乌斯道为作《丁孝子传》。鹤年好学洽闻，精诗律，晚学浮屠。"卢氏依据《大清一统志》补充了丁鹤年行孝的事迹。又如《读书考定》三十卷，为明代程良孺所撰。卢氏据《湖北通志》对其所任官职进行了补充："良孺，字稚修，孝感人，由选贡任行唐知县，历户部员外郎，榷浒墅关，卒于任。"这些对乡贤事迹的简要介绍，有助于知人论世，为研究古代湖北学者提供了传记参考资料。卢靖则在其所编地方目录中表扬了其乡贤崇实的学风。《四库湖北先正遗书提要》子部有项安世所撰《项氏家说》一书，卢氏赞曰："安世学有体用，通达治道，而说经不尚虚言，其订核同异，考究是非，往往洞见本源，迥出同时诸家之上。"

然而，对有些乡贤空疏的学风卢氏兄弟并不姑息，也进行了批评。如《四库湖北先正遗书存目》集部就对明人钟惺所编《宋文归》提出了质疑："宋文多朴实，而惺以纤巧之法选之，以佻薄之语评之，是为南辕北辙。其去取之得失可以不必问矣。"又如《四库湖北先正遗书提要》史部对陈士元所撰《江汉丛谈》体现出的附会、夸饰乡贤的做法，提出了批评："旧籍相传，事涉神怪，正可存之不论，士元必辗转征引以实之，未免失于附会。盖夸饰土风，标榜乡贤，乃明地志之陋习，士元亦未免是。"卢氏对乡贤事迹、学术精神的宣扬，客观上起到了崇文重教、指引后学的社会功用。

卢氏兄弟《四库湖北先正遗书提要》集湖北先贤文献于一编，不仅梳理了各个历史时期湖北一地乡贤文献的著述、收藏、流传、存佚状况，为我们研究这一地区的历史文化提供了学术参考资料。尤为可贵的是，其补充了《四库总目》所未载一书之版本，对提要内容也进行了有益的考辨，为后人学术研究提供了更加翔实的资料，学术价值不言而喻。[1]

三 地方志中的艺文志

除上述地方著述目录外，清代地方志中的艺文志或经籍志也记录了地方先贤的著述。清代是地方志纂修的一个高峰时期。康熙十一年，出于编修《大清一统志》的目的，清廷令各省先修省通志。是年，保和殿大学士卫周祚奏曰："各省通志宜修，如天下山川、形势、户口、丁徭、地亩、钱粮、风俗、人物、疆圉、险要，宜汇集成帙，名曰通志，诚一代之文献也。迄今各省尚未编修，甚属缺典，何以襄我皇上兴隆盛治乎！除河南、陕西已经前抚臣贾汉复纂修进呈外，请敕下直省各督抚，聘集夙儒名

---

[1] 参见拙文《〈四库湖北先正遗书提要〉的编纂及其学术价值》，《武汉科技大学学报》2010年第1期。

贤，接古续今，纂辑成书，总发翰林院，汇为《大清一统志》。"①诏下各省后，各地长官均以纂修本省通志为务，"旧志未湮，新志踵起。计今所存，恐不下二三千种也"②。在修志的过程中，搜讨保存地方乡贤文献，就成为地方志纂修的重要使命："一郡之山川、疆域、赋税、土田，与夫古今之忠孝、节义、科甲、文章，下逮闺阃、方伎、仙释、怪异之事，靡不犁然具备。"③由此在地方志中，专设有《艺文志》，以收录地方乡贤之著述。

这类目录的代表有吴庆坻的《杭州府志·艺文志》、唐炯的《续云南通志稿·滇人著述目录》、王晋卿的《新疆图志·艺文志》、杨堃的《渑池县志·艺文志》、《新安县志稿·艺文志》、杨士骧的《山东通志·艺文志》、吕调元的《湖北通志·艺文志》等。此外，随着晚清图书馆运动的不断深入发展，各地都建有自己的图书馆。这些图书馆在收录综合文献的同时，也十分注重对本地文献的收录。如《山东图书馆书目》卷八中特别设立了"山东艺文"一目。

在地方志的纂修中，往往聘请一些知名学者参与其中。如《湖北通志》之《艺文志》就是由姚振宗编撰而成的。姚振宗，字海槎，山阴人。生于章学诚、章宗源之后，以目录学享誉学林，著有《汉书艺文志拾补》《汉书艺文志条理》《隋书经籍志考证》等，"目录之学，卓然大宗，论者谓足绍二章之传"④。光绪十年（1884），姚振宗应友人之邀，赴湖北通志馆，开始担任《艺文志》的修撰工作。《湖北通志·艺文志》中，于每书下皆有考证。然而，因艺文志仅是其纂修通志的其中一目，故该类目录著录的文献十分简略。诚如章学诚所言："近世志艺文者，类辑诗文记序，其体直如文选；而一邑著述目录，作者源流始末，俱无稽考，非志体也。"⑤大多数都是按照时代顺序，著录自秦汉至明清本府或县的先贤著述。其最大的价值也仅仅在于检索。又由于时代久远，有些乡贤的著述无

---

① 王锺翰点校：《清史列传》卷79《卫周祚》，中华书局1987年版，第6590页。
② 梁启超：《中国近三百年学术史》，山西古籍出版社2006年版，第286页。
③ 《康熙宁波府志·序》，载《清代宁波府志》第1册，宁波出版社2014年版，第1页。
④ 《清史稿》卷485《文苑传》，第44册，第13398页。
⑤ （清）章学诚著，罗炳良译注：《文史通义》卷8《修志十议》，中华书局2021年版，第1329页。

法搜集殆尽。如古代浙东地区是人文之渊薮。该地区的名儒硕彦众多,或阐先王之道,辅遗经于不坠,或述一代之典制,明古今之变。康熙年间,曾编有《宁波府志·艺文志》,但亦未能对宁波先贤的著述搜讨殆尽,浙东地区名贤的著述仍多有零落者:"缃帙浩繁,难以悉括,而世远人湮,卒至覆瓿唊蠹者有之。故汇其篇目,以诏后人。虽志之所列,已不可得而详。然博习之士,循是而求焉,或亦存什一于千百乎!"① 由于这类目录缺略较多。于是一些学者便以专门搜讨本乡先贤著述为职责,形成了专门的地方先贤著述目录,成为对地方志艺文志的有益补充。

"辨章学术,考镜源流"是中国古典目录学最为核心的学术功能。随着晚清时期西学在中国传播的不断深入,对传统学术文化产生了重大影响。中国古典目录学的学术功能也开始发生了诸多变化。然而,传统学术文化仍然具有持久的生命力。以朴实的经史考据为特点的学术传统,依然有其社会基础。晚清目录学对朴学传统的继承,不仅是对传统学术文化的记录、整理与保存,更是对古典目录学"辨章学术,考镜源流"学术功能的承扬与深化,从而为目录学的近代化进程,注入了传统学术文化的因子。

---

① 《康熙宁波府志》卷31《艺文志叙》,载《清代宁波府志》第4册,宁波出版社2014年版,第3287页。

第三章

"道咸以降之学新"与目录学的学术演变

民国学人王国维曾对有清一代学术总结为"三变":"我朝三百年间,学术三变:国初一变也,乾嘉一变也,道咸以降一变也。顺康之世,天造草昧,学者多胜国遗老,离丧乱之后,志在经世,故多为致用之学。……雍乾以后,纪纲既张,天下大定,士大夫得肆意辑古,不复视为经世之具,而经史小学专门之业兴焉。道咸以降,途辙稍变,言经者及今文,考史者兼辽金元,治地理者逮四裔,务为前人所不为。……故国初之学大,乾嘉之学精,道咸以降之学新。"[1] 道咸之新学走出了"汉学专制"的传统,治学范围开始延展。经学呈现出"汉宋兼采"的取向,诸子学异军突起,"出乎孔子六艺之外"而立为"周秦学派"[2]。以算学和舆地学为代表的实学也开始与传统的经史考证之学分庭抗礼。而新史料的发现,又是对传统考据学方法的继承与超越,是对朴学方法的一次深刻变革。对此,罗志田先生揭示道:"大体言,由于时代政治风俗之变和国势不振的大语境促成了道咸以降'变革一切'的愿望,不仅治学不循国初及乾嘉诸老二派之'成法',更处处反其问学路径而行之。沿此取向发展下去,学问的范围也进一步扩大到'治一切诸学'。"[3] 学术发展之"新",也成就了晚清目录学学术思想内涵的新发展。

---

[1] 王国维:《沈乙庵先生七十寿序》,载谢维扬、房鑫亮主编《王国维全集》第 8 卷,浙江教育出版社 2009 年版,第 618—619 页。

[2] 邓实:《国学今论》,《国粹学报》第 1 年第 5 期,1905 年 6 月。

[3] 罗志田:《能动与受动:道咸新学表现的转折与"冲击、反应"模式》,《近代史研究》2022 年第 1 期。

第一节　汉宋会通的国学导读目录

汉宋会通是晚清时期传统学术发展的一个显著特点。陈祖武先生曰："晚清七十年间的学术，有一潮流行之最久，亦最可注意，这便是会通汉宋，推陈出新。"① 会通汉宋的学术思想在晚清目录学领域也产生了深远影响。许多目录书或在收书方面，或在提要的编纂方面，都能够不存门户之见，客观的评价汉学与宋学。这里，笔者以国学导读目录为代表，借以考察有识之士在向士人推荐阅读书目时，对汉宋会通学术潮流的主张与认同。

一　所见晚清国学导读目录举例

导读目录也称举要目录、推荐目录。我国最早的导读目录产生于唐释道宣的《历代众经举要转读录》，此目录是专门推介佛经的导读目录。而以介绍国学为主要内容的导读目录则兴起于晚清。② 最早的国学导读目录当属道光年间龙启瑞编刻的《经籍举要》。③ 随后，《书目答问》《经籍要略》《书目答问笺补》《读书举要》《桂学答问》《读书次第表》等一些国学导读目录相继产生。以下，笔者就所见导读目录，作一简要介绍。

（一）龙启瑞：《经籍举要》，光绪七年重刊本

《经籍举要》是我国第一部国学导读目录，是龙启瑞为官湖北期间所编。是编开列了经类、史类、子类、集类、约束身心之书、扩充学识之书、文字音韵之书等七个类目，"所举各书，皆于诸生有益，所宜置之案头以备观览"。开列具体书目可以使读者直接获取读书门径，具有方便、

---

① 陈祖武：《清代学术源流》，第370页。
② 参见王心裁《文化冲突与交融中的导读目录》，《图书情报知识》1998年第4期。
③ 关于最早出现的导读目录，学者们各有己见。王重民先生认为敦煌出土的《杂钞》是最早的指导阅读学习的书目（见王重民《中国目录学史论丛》，中华书局1984年版，第131页）。乔好勤先生认为元代程端礼的《程氏家塾读书分年日程》是"一部相当成熟的导读书目"（见乔好勤《中国目录学史》，武汉大学出版社1992年版，第276页）。而徐有富先生则对两者提出了异议，指出作为导读书目皆有不足，"现存最早、成熟的、以独立形式出现的推荐书目应为龙启瑞于道光年间编着刻印的《经籍举要》。"（见徐有富《谈谈〈经籍举要〉》，《古籍整理研究学刊》2002年第6期）

明晰的特点。其类目十分简要，"由此扩而充之，可进于博通淹雅之域。即守此勿失，亦不至为乡曲固陋之士"，体现了博而不杂的学术特点。①然清人邵懿辰曾批评此书过于简陋，而袁昶则反驳曰：此书"指约而易循，事简而功多"②，学者若能熟读此目，贯而通之，"则能如东坡所云：'八面受敌，显处视月之广，往往不若牖中窥日之精'"③。正是在袁昶的倡导下，龙氏此书重刊于光绪七年（1881），再刊于光绪十九年（1893），渐渐为学人所重视。诚然，此书在社会影响方面不及《书目答问》，但该书却对《书目答问》的编纂起到了引领作用。姚名达云："清道光末，龙启瑞《经籍举要》始择取诸生急需精读之书，略述其内容得失，指示读法，……颇合初学之用。张之洞之《书目答问》即仿其意而作者也。"④

（二）杨希闵：《读书举要》，同治八年刻本

是书凡一册，两卷。杨氏在自序中指出了编纂起因："每见今之学者，务求速化，不事根本，经未读完，已出应试。"于是甚为慨叹，"暇日因汇先哲教人之法，合以闻于庭训者为一编，曰《读书举要》。存之家塾，为子弟息黥补劓之方。"该书目分上、下卷。上卷是先哲教人读书法，又分"课程之法""体认之法""记诵及作文之法"。下卷为"家塾课读书籍论略"。可见，其重点是向读者介绍读书之法。是书编纂特色有以下几个方面：①重经史而略文集的编纂原则。杨氏在"家塾课读书籍论略"中云："人于经史不乐深求，以其难也。诗文则喜博览，以其易也。一孔子之学则溷风雅，嚚其滥矣，不可不戒也。故诗文之书，汗牛充栋而所举甚简。"②在图书分类上多有己见。杨氏曰："古分书目，以经、史、子、集为大纲，如政书、方志之属，旧皆入史部。窃谓史以记事，政事、地理虽史家所有，然关一代，与衷成专书不同。凡衷辑各家为一专书均宜入集部总集类。"故其将政书、地理诸书皆入集部，特设"集部总集类撰集政书之属""集部总集类撰集舆地之属"。另外，其把小学之书列于经部之首，其下又分"蒙训之道""文字、音韵、训诂之学"，体现了

---

① （清）龙启瑞：《经籍举要》，清光绪十九年（1893）刻本。
② （清）袁昶：《经籍举要·跋》，清光绪十九年（1893）刻本。
③ （清）袁昶：《经籍举要·跋》，清光绪十九年（1893）刻本。
④ 姚名达：《中国目录学史》，上海古籍出版社2002年版，第340页。

其注重基础知识的治学思想。

(三)裕德:《经籍要略》,光绪十六年山东书局刊本

是目编于光绪十四年(1888),书前有裕德序文一篇,其云:"文达督学山东,至今近百年矣,治教昌明,学问之途日辟。其间,淹贯经史,著述宏富者,更不乏人。自粤匪倡乱,所至图籍焚如。今幸海内粗安,各直省承诏开局,刊刻书籍,经、史、子、集,渐次大备。寒畯之士,诚能节衣贬食,按籍购求,亦不至无书可读。特患穷乡僻壤,问学未得门径,则耷陋者固囿于见闻之不广,而务为泛滥者,又终于勤苦而鲜成。予暇日因参阅龙氏书目,稍为增删,名曰《经籍要略》。"可见,该书目以龙启瑞的《经籍举要》为基础,专门为方便寒士阅读而编纂的指导性书目。书后另附有"劝学八则",提出了读书的具体指导意见。是目分为经、史、子、集四部,并参用了《书目答问》的分类原则,"务归简要,故所分门类与《四库书目》间有出入"。该书目有以下编纂特色:一是打破了龙启瑞《经籍举要》在书下写有导读性按语的范例。龙氏在书目下常写有"最便初学""此书最简括"等导读性按语,这些按语乃为应试诸生所写,可以为他们提供读书的便利。而《经籍要略》则不然:"阮、龙两书目皆兼举场屋应试诸书,是编欲为寒士稍示读书门径,故于揣摩之术不复及。"该书目下的按语皆是以如何指导读书方法为宗旨,因此不从龙氏著书之例。二是著录了钦定、御纂书目。裕德认为:"《举要》不载御纂、钦定诸书,殊使言六艺者无所折衷。"因此,在四部之中编入钦定、御纂书目。其中,经部编入 10 部,史部编入 13 部,子部编入 10 部,集部编入 6 部。其著录格式皆比众书提前两格写起。三是著录之书便于士人索求。是编于一书之下,往往罗列众多版本。裕德云:"所录除各直省书局官书外,凡注通行本者,今京都及江浙各书坊均易购求,并非难得之本。"可见其之所以选择一些易购的版本,是出于方便读者阅览的需要。如在《大学衍义》下著录了"金陵局本""浙江局本""通行本"等常见版本。正基于此,对于以鉴赏为目的的宋元旧椠之本,以及清初的精刻本,则一概不予著录,"间有注殿本者,皆外间无翻刻,又不能径略,故特为著明"[1]。四是编纂上多"从"而少"创"。在图书分类方面,其子目

---

[1] (清)裕德:《经籍要略·凡例》,清光绪十六年(1890)山东书局刻本。

的隶属多从先例。如儒家类议论、经济之学下曰:"近日张孝达尚书《书目答问》于儒家类分列以上诸书为议论、经济之属,兹从其议。"四书类下曰:"朱彝尊《经义考》于四书之前仍立论语、孟子二类,略存古义,兹从其例。"此外,在书目下常转录龙启瑞《经籍举要》的相关按语,如在《十三经注疏》下便全录龙氏的按语,后又申明了张之洞等学者对读经的观点。

二 倡导汉学、宋学会通的治学思想

汉宋兼采的读书治学传统在清初便有体现。以顾炎武、黄宗羲、王夫之为代表的清初学者,继承了前代考据学传统,反对学问的空疏,同时又主张"经世致用",不存在门户之见,"在诸公当日,不过实事求是,非欲自成一家也"①。乾嘉时期,以惠栋和戴震为代表的乾嘉学派,兴复古学,推崇汉学。惠栋云:"汉人传经有家法,当时备五经师训诂之学,皆师所口授,其后乃著竹帛,故汉经师之说立于学官。五经出于屋壁,多古字古言,非经师不能辨。经之义存乎训,识字审音,乃知其义。是以古训不可改也,经师不可废也。后人拨弃汉学,薄训诂而不为,即《尔雅》亦不尽信。其说经也,往往多凭私臆,经学由兹而晦。"②可见,乾嘉学派主张通过文字音韵以明经义,治学具有鲜明的考据色彩,"皆以博考为事,无复有潜心理学者。至有称颂宋元明以来儒者,则相与诽笑"③。惠栋弟子余萧客,江声亦推衍师说。嗣后,江藩著《国朝汉学师承记》以及《国朝经师经义目录》,大肆表彰汉学。汉学家著书驳议宋儒,对朱熹思想提出异议:"近世有为汉学考证者,著书以辟宋儒,攻朱子为本,首以言心、言性、言理为厉禁。海内名卿巨公,高才硕学,数十家递相祖述。"④ 这便引起了崇尚程朱学者的不满。道光年间,方东树著《汉学商兑》,认为汉学家专攻宋学,尤其是对朱子的诘难,"名为治经,实足乱经;名为卫道,实则叛道",且此种学术风气的蔓延,"将害及人心学术"⑤。由此,在学术界形成了汉宋分帜的局面。

---

① (清)皮锡瑞:《经学历史》,中华书局1959年版,第305页。
② (清)卢见曾:《雅雨堂文集》卷1《经义序》,清道光二十年(1840)刻本。
③ (清)姚莹:《东溟文外集》卷1《复黄又园书》,清道光十三年(1833)刻本。
④ (清)方东树:《汉学商兑·序例》,古籍出版社2018年版,第1页。
⑤ (清)方东树:《汉学商兑》卷上,古籍出版社2018年版,第26页。

咸、同以降，虽然汉、宋学者之间也不乏互相的攻击，但总体而言，儒学内部汉宋调和的趋势逐渐取代了两者间的纷争。曾国藩一方面称"考据之学，吾无取焉"，①但又主张汉宋之学的会通："近世乾嘉之间，诸儒务为浩博。惠定宇、戴东原之流钩研古训，本河间献王实事求是之旨，薄宋贤为空疏。夫所谓事者，非物乎？是者，非理乎？实事求是，非即朱子所称即物穷理者乎？"②清儒陈澧宗尚汉学，但他也不赞同汉宋纷争、各执一端的学术态度："合数百年来学术之弊而细思之，若讲宋学而不讲汉学，则有如前明之空陋矣。若讲汉学而不讲宋学，则有如乾嘉以来之肤浅矣。况汉、宋各有独到之处，欲偏废之，而势有不能者。故余说郑学则发明汉学之善，说朱学则发明宋学之善。道并行而不相悖也。"③

该时期的国学导读目录也受此影响，表现出了汉宋会通的趋势。如《书目答问》一书"为告语生童而设"，其附二《国朝著述诸家姓名略》中曰："由小学入经学者，其经学可信；由经学入史学者，其史学可信；由经学、史学入理学者，其理学可信；以经学、史学兼词章者，其词章有用；以经学、史学兼经济者，其经济成就远大。"④其专门列有152人为汉学家，"诸家皆笃守汉人家法，实事求是、义据深通者"⑤。又开列了汉宋兼采经学家50余人，"诸家皆博综众说，确有心得者"⑥。可见，《书目答问》在学术上并不拘泥于汉、宋门户之见。

杨希闵在《读书举要》中将汉儒以后的学术分为三类："大概后汉学者有三类：一义理，一考证，一经世，苦不能和同。其实义理明体也，经世达用也，考证介乎二者间以为经纬。不能体，亦不便达用，径离之，亦不得。三者正互为资，胡相病乎？"⑦指出义理、考证与经世之学三者之间应该互相贯通，不能拘泥于门户之见。在《读书举要》中，杨氏十分注重对小学书籍的推荐。在"家塾课读书籍论略"中所开列的书籍，经

---

① （清）曾国藩：《曾国藩全集》，岳麓书社1995年版，第55页。
② （清）曾国藩：《曾国藩文集》，岳麓书社1995年版，第166页。
③ （清）陈澧：《东塾杂俎》卷2《东汉》，《敬跻堂丛书》本。
④ 《增订书目答问补正》附二，中华书局2011年版，第570页。
⑤ 《增订书目答问补正》附二，中华书局2011年版，第589页。
⑥ 《增订书目答问补正》附二，中华书局2011年版，第595页。
⑦ （清）杨希闵：《读书举要》卷下《家塾课读书籍论略》，清光绪八年（1882）刻本。

部首列小学类，类下又分文字之学、声韵之学、训诂之学。小学类中尤其注重对清儒小学书籍的著录。"文字之属"下著录有钮树玉的《说文新附考》《段氏说文注订》，汪宪的《说文系传考异》；"声韵之属"下著录顾炎武的《音学五书》、江永的《古韵标准》、安吉的《六书韵征》《古韵溯源》；"训诂之属"下收录了阮元的《经籍篡诂》等书。并对清儒的小学成就十分赞赏："书有后起胜者，如音韵、考证，顾、阎、江、戴诸家，实胜前人也。"① 但另一方面，杨氏又强调治经要以经义为旨归："大段道理不可走错耳。道理非宋五子书不能透彻。近来汉学家好与宋儒为难，及居官行事，为世诟病者甚多，亦可哀矣。宋五子门下人诚有空疏者，然其端本善，则究占地步宽宏确实也。"② 无论是汉学还是宋学，在杨希闵看来，都要以躬行实践为旨归："孔子曰，文莫吾犹人也。躬行君子，则吾未之有得。圣门之教非以躬行为尤要哉？先正有言，学者一自命为文人，无足观矣。旨哉言乎！读书子弟先须讲明此意，然后程功乃不妄用心力。"③

裕德在《经籍要略》中则将学术流派分为四科："夫圣门立教，学分四科，今世所谓义理、词章、经济、考证，其源流已具于此。而欲收温故知新之益，则多见多闻，尤不容偏废。"④ 鉴于此，其对清儒的学术分为经学、词章、经济、理学四类："国朝经学，如张稷若尔岐、马宛斯骕、薛仪甫凤祚、孔洪谷继涵、鬶轩广森，词章如王文简公士正、宋荔裳琬、田山薑雯、赵秋谷执信，经济如李文襄公之芳、郭华野制军琇、徐雨峰中丞士林、刘文正公统勋，理学如刘直斋源渌、韩理堂梦周、阎怀庭循观诸人，其学术、勋业、文章，皆炳著国史。"⑤ 其对清儒学术的评判，并不拘泥于汉宋之分。汉儒治学，去古未远，尤重家法师承，故汉学有值得肯定之处。但后世宋儒又从中分化出义理之学，则有待商榷。裕德便曰："汉儒无道学之名，所谓儒者，皆诵法圣贤，务以通经致用而已。"⑥ 而宋

---

① （清）杨希闵：《读书举要·后跋》，清光绪八年（1882）刻本。
② （清）杨希闵：《读书举要·后跋》，清光绪八年（1882）刻本。
③ （清）杨希闵：《读书举要·后跋》，清光绪八年（1882）刻本。
④ （清）裕德：《经籍要略·自序》，清光绪十六年（1890）山东书局刻本。
⑤ （清）裕德：《经籍要略·自序》，清光绪十六年（1890）山东书局刻本。
⑥ （清）裕德：《经籍要略·子部儒家类议论经济之学》，清光绪十六年（1890）山东书局刻本。

儒所谓的义理,"在孔门为德行之科,近世目为宋学是也"①。正是基于对汉宋会通的理解,其在《皇清经解》条下,引龙启瑞《经籍举要》的观点曰:"通志堂所刻,多宋元诸儒发明义理之书,《皇清经解》乃汉儒专门训诂实事求是之学,似相反而适相成。有是二者,而说经之书始备。至其中亦有不必尽读者,则在学者博观而慎择之。要使言义理者无空疏之失,说训诂者去支离之弊,斯可为通经致用者矣。"可见,在裕德看来,学术的评析当以博通今古、明体达用为旨归。故其在《经籍要略》中所推荐的书籍,"于经学不偏主汉宋,史学不专尚文章,子书必期有用,集部必取正轨。学者由博返约,庶几可以类求"②。

值得注意的是,该时期国学导读目录中,对待理学家内部的流派,也并无门户之见,颇能辩证看待。《书目答问·国朝著述诸家姓名略》所举理学家中,有陆王兼程朱者,有通经史之学而兼理学家者,"举其有实际而论定者。所举诸家,其书皆平实可行,不涉迂陋微眇。诸家虽非经史专门,亦皆博通古今,无浅陋者"③。杨希闵在《读书举要》卷上,录有陆九渊之语,曰:"后生看经书,须著看注疏及先儒解释,不然执己见议论,恐入自是之域,便轻视古人。"杨氏后按曰:"象山极高明,人都疑不甚留意古训。不知其教人乃如此靠实用功。然此为师心自用者下药也。明道程子又有言曰,学者多蔽于解释注疏,不须用功深。似与陆子相反,而不知此为死于言下无昭旷之观者下药也。两先生言各有对证处,学者宜互相消息。"④ 这实际上也是对宋儒学术会通的一种阐释。裕德也告诫士人,不要对程朱、陆王之学存有偏见:"士子必先立志,志在圣贤,勿为乡愿。下手工夫,宜熟读朱子《小学》,为躬行之本,然后研究性理,进以《五子近思录》《大学衍义》等书,潜心体会。至于陆王之学,首重良知,虽与程朱有别,然其知行合一,鞭辟近里处,亦有功世道人心。切勿囿于一偏,党同伐异,斯为善学。"⑤ 汉宋分帜已经逐步退出历史舞台,

---

① (清)裕德:《经籍要略·子部儒家类义理之学》,清光绪十六年(1890)山东书局刻本。
② (清)裕德:《经籍要略·凡例》,清光绪十六年(1890)山东书局刻本。
③ 《增订书目答问补正》附二,中华书局2011年版,第602页。
④ (清)杨希闵:《读书举要》上卷《先哲教人读书法中·体认之法》,清光绪八年(1882)刻本。
⑤ (清)裕德:《经籍要略·劝学八则》,清光绪十六年(1890)山东书局刻本。

学术之间的融合贯通，俨然发展成了新的潮流。

三 晚清国学导读目录的社会意义

在"西学东渐"之风的催化下，晚清学术界出现了前所未有的新气象。西方一些近代自然科学和人文社会科学知识渐渐进入国人视野，并产生了深刻影响："国家欲自强以多译西书为本，学子欲自立，以多读西书为功。"① 这在一定程度上动摇了中国传统学术的独尊地位。在此背景下产生的国学导读目录，从某种程度上说具有了维护传统学术地位的意义。学者王心裁便称："一般说来，文化冲突越激烈，在冲突中深觉危机的一方就越会充分利用各种方式宣传自己，发展自己。导读目录是人们找到的一种较好的宣传各自文化的工具。"②

为什么学习传统文化，这是国学导读目录首先要解决的问题。对传统学术文化的教育，与国家兴衰密切相关。杨希闵在《读书举要》中曰："国家人才之兴，本于学校，学校之盛，在于教育。安定湖学，供宋室百十年之用者，教育有方也。每见今之学者，务求速化，不事根本。经未读完，已出应试。侥侥而售，率籍谈、原伯鲁之伦，世安所用之？甚可慨也，暇日因汇先哲教人之法，合以闻于庭训者为一编，曰《读书举要》。"③ 这里，杨氏以北宋著名思想家胡瑗的"苏湖教法"为例，实际所欲提倡的，是一种"明体达用"的传统学术文化。读书还是学者"立身"的基础。梁启超曰："学问之道，未知门径者以为甚难，其实则易易耳。所难者，莫如立身。学者不求义理之学，以植其根柢，虽读尽古今书，只益其为小人之具而已，所谓借寇兵而赍盗粮，不可不警惧也。故入学之始，必推义理是务。"④ 传统文化中的义理之学成为士人安身立命之基。传统学术文化还可以陶冶士人的气质。龙启瑞在《经籍举要》中引用陈文恭在豫章书院时的学约和程子有关的读书语录，指出："此数语诚为切要，又读书原所以明理，使我之身心受其约束，我之立身行事胥有范

---

① 梁启超：《西学书目表·序例》，清光绪二十二年（1896）时务报馆印本。
② 王心裁：《文化冲突交融中的导读目录》，《图书情报知识》1998年第4期。
③ （清）杨希闵：《读书举要·自序》，清光绪八年（1882）刻本。
④ 梁启超：《学要十五则》，载《万木草堂集》，青岛出版社2017年版，第33页。

围……诸生于此处尤当加意用功，学问所以变化气质。"① 传统文化起到了提高士人修养与气质的作用。

国学导读目录还提出了学习传统文化的方法。裕德指给士人先经史、后百家的阅读次序。他认为："士子必先通经，经术既明，出可应世，处可修身。凡《十三经注疏》及《皇清经解》《困学纪闻》《日知录》等书，尤宜时常诵习，然后加以史学，明古今之事，储经济之才，识见既充，发为文章，斯有根柢。"② 在此基础上，阅读子集百家之说，以与经史之学互为表里："士子于经史之外，又宜参考子集百家之说。互有异同，能取其精华，遗其糟粕，择与圣经相表里者，时加考证，虽寒士不能遍采群书而随时购置，多一书则多一家学问，足以开拓心胸，斯为渊博之士。"③ 读史可明古今之通变，然各类史书浩如烟海，卷帙繁富，士人无法尽览尽诵。龙启瑞在《经籍举要》中则向士子推荐了几部必读的史书："《史记》为历代文章之鼻祖，班《书》实后世国史之权舆，斯二者，定当熟复。至若范《书》之取材宏富，陈书之用笔简严，李延寿则号称良史，欧阳公则长于叙事，《明史》时事去今最近，观胜国之所以亡，即知本朝之所以兴，尤足为考证得失、通知世事之助，皆学人所当先务者。"对于读史的方法，龙氏又云："今日诸生读史，手边必须置一札记，随其所得，分类记之。记古人之嘉言懿行，则足以检束身心；记古人之善政良模，则足以增长学识。以至名物象数、片语单词，无非有益于学问文章之事。当时记录一过，较之随手翻阅，自当久而不忘。此为读史要诀，诸生所宜尽心。"告诫士子读史要随时摘记，以备遗忘。读书还要分清主次。江人度认为，读书有应诵读者、只浏览者、待备考者三个要领："所谓应诵读者，凡圣经贤传及一切诗古文辞是也；所谓止浏览者，凡诸子、诸史及一切有用之书是也。至若野史稗官、金石碑版，以及类纂、丛钞之属，读之既力有不逮，览之亦惟日不足，则姑以备吾之考证焉。"④ 梁启超在《学要十五则》中建议，治学不可泛读："理学专求切己受用，无事贪多，

---

① （清）龙启瑞：《经籍举要》经部《十三经注疏》条，清光绪十九年（1893）刻本。
② （清）裕德：《经籍要略·劝学八则》，清光绪十六年（1890）山东书局刻本。
③ （清）裕德：《经籍要略·劝学八则》，清光绪十六年（1890）山东书局刻本。
④ （清）江人度：《书目答问笺补序》，清光绪三十年（1904）刻本。

则未尝繁也。经学专求大义，删除琐碎，一月半载已通。何繁之有？史学大半在证经，亦经学也。其余者，则缓求之耳。子学通其流派，知其宗旨，专读先秦诸家，亦不过数书耳。西学所举数种，为书不过二十本，亦未多也。遵此行之，不出三年，即当卒业，已可卓然成为通儒。"① 应择要而习，化繁为简，不失为一条学习传统文化的捷径。

学者在读书治学时还要制订严格的学习计划，杨希闵便制订了一个每日读书学习的计划，分早、中、晚三个时段，包括读书、讲书、温书及各时间段的阅读进展，在其制定的表格中都有详细的记载（见表3-1）。②梁启超在《学要十五则》后，也编有《读书次第表》，将经学、史学、子学、理学、西学，"庐列其次第，略仿朝经暮史，昼子夜集之法，按月而为之表"③。其所举各类图书按六个月划分，列表以标明每月应读之书。④在该表所列书籍中，有些是先读必读的篇章。如经学第一月《公羊释例》条曰："择其要数篇先读之，一二日可卒业，六七八日可卒业矣。"《春秋繁露》条曰："先择其言《春秋》之义者读之，其言阴阳天人者暂缓之，五日可卒业矣。"第一月所读的《孟子》条曰："宜留心其言养气厉节各条。"可见，《读书次第表》不仅提供了读书的详细计划，更蕴含了对读书方法的指导。

表3-1　　　　　　杨希闵《读书举要》中的读书计划

月	日	学生
晨起	读书	起止计行页
	又讲	
上午	读书	起止计行页
	又读	
	温书	起止计行页
	临帖	计字
	讲书	起止计行页

---

① 梁启超：《学要十五则》，载《万木草堂集》，青岛出版社2017年版，第33页。
② （清）杨希闵：《读书举要》"先哲教人读书法上：课程之法"，清光绪八年（1882）刻本。
③ 梁启超：《学要十五则》，载《万木草堂集》，青岛出版社2017年版，第39页。
④ 按梁启超的《读书次第表》，载《万木草堂集》，第39页。

第三章 "道咸以降之学新"与目录学的学术演变 / 133

续表

月	日	学生
下午	读	
	温	
	讲	
		空此二行以备填写间功课,如看史,看通鉴,作对语之类
夜上	读诗	
	赋	
	温	
	讲	
是日课,填写何题目于下		
是日应酬,填写何事于下		
是日感冒,填写何证据于下		

晚清国学导读目录倡导读书风气,指示传统的治学路径,发挥了国学教育的社会功用。如张之洞的《书目答问》分经、史、子、集、丛五类,收录中国传统图书近2000余种,该书目"翻印重雕不下数十余次,承学之士视为津筏,几于家置一编"①。李慈铭曰:"所收既博,条例复明,实为切要之书。"② 尤其是经部所列诸书,"为读书先务,既欲以诱人,宜最其菁华,条注书名之下,使人知涂辙所先,不可不读"③。李时也云:"公之书目出,四方学者闻风兴起,得所依归,数十年来成就学者不知凡几。"④ 可见,《书目答问》在编成时就产生了巨大影响。近代许多国学大师也都从这部书中获益匪浅。梁启超云:"启超本乡人,曾不知学。年十一,游坊间,得张南皮师之《輶轩语》《书目答问》,归而读之,始知天地间有所谓学问者。"⑤ 刘乃和先生在忆其师陈垣先生时也说:"他并未得到什么大师指引,只是由《书目答问》入手,自《书目答问》而《四库

---

① 范希增:《书目答问补正·跋》,上海古籍出版社2008年版。
② (清)李慈铭:《越缦堂读书记》,中华书局2006年版,下册,第1122页。
③ (清)李慈铭:《越缦堂读书记》,中华书局2006年版,下册,第1122页。
④ 转引自徐雁《〈书目答问〉传世百年三论》,《编辑学刊》2001年第6期。
⑤ 梁启超:《饮冰室合集·文集之一》,中华书局1989年版,第19页。

提要》，以此为阶梯而去读他所要读的书。"① 顾颉刚在研究目录学时，"《四库总目》《汇刻书目》《书目答问》一类书，那时都翻得熟极了"②。鲁迅也告诉青年学子说："姑且靠着张之洞的《书目答问》去摸门径去。"③ 而张舜徽先生则从小就常常翻阅《书目答问》，"《书目答问》末附清代学者《姓名略》，开首便说：'由小学入经学者，其经学可信；由经学入史学者，其史学可信……'我对这段话深信不疑。认为做学问应循序渐进，不可躐等，不可急躁"④。可见，《书目答问》在对大众的传统国学教育方面发挥了积极的社会功用。

值得注意的是，晚清国学导读目录虽然以推介传统学术书籍为主，但又不拘泥于传统，而是能够在传统学术基础上，做到中西学术的兼顾。如江人度在编纂《书目答问笺补》时便补充了一些西学书籍。他说："近来西书华人多译刻者，颇足辟精理，而扩闻见，故续录之。"⑤ 舒龙甲则在此书序中也云："时至今日，异学纷起，士之才智自喜者，往往骛于新奇，不复折衷于圣贤之道，视古儒先之著述皆为陈腐，而不知其中有万不可磨灭者在焉。其拘者有钮于故常，置时务于度外，至使当世引为诟病。……是书出，将使学子读之各厌其欲，无偏重，无歧趋。他日人才辈出，明体达用，胥于是乎！"⑥ 指出了学者不可不读圣贤之书，也不可"置时务于度外"，须兼顾古今中外的读书态度。又如梁启超在《学要十五则》后，列有"最初应读之书"，包括了经学、史学、子学、理学、西学之书。西学书中，梁启超建议："先读《万国史记》，以知其沿革，次读《瀛环志略》，以审其形势，读《列国岁计政要》，以知其富强之原，读《西国近事汇编》，以知其近日之局。至于格致各艺，自有专门，此为初学说法，不琐及矣。"⑦ 包含了兼读中西图书的学术宗旨。

---

① 刘乃和：《书屋而今号励耘》，载《励耘书屋问学记》，生活·读书·新知三联书店1982年版，第134页。
② 转引自徐雁《〈书目答问〉传世百年三论》，《编辑学刊》2001年第6期。
③ 鲁迅：《而已集·读书杂谈》，人民文学出版社1952年版。
④ 转引自徐雁《〈书目答问〉传世百年三论》，《编辑学刊》2001年第6期。
⑤ （清）江人度：《书目答问笺补·自序》，清光绪三十年（1904）刻本。
⑥ （清）舒龙甲：《书目答问笺补序》，清光绪三十年（1904）刻本。
⑦ 梁启超：《学要十五则》，载《万木草堂集》，第33页。

第二节　诸子学的复兴与周秦诸子目录

中国传统学术在六经以外，又有诸子之学。诸子学最初与经学并未有明显的划分，自刘歆《七略》成书后，名品始定，在班固《汉书·艺文志》、阮孝绪《七录》中诸子均有一席之位。梁庾仲容《子钞》、唐马总《意林》、宋高似孙《子略》则又专考子部。传统的诸子之学，除了儒家，还有兵家、法家、农家、医家、天文算法，"皆治世者所有事也"。又有术数、艺术，"皆小道之可观也"。此外的谱录、杂家、类书、小说家，则"皆旁资参考者也"[1]。然自汉代儒学天下一统后，诸子学的研究渐趋衰落，诸子学被当作儒学的辅翼加以研究。

清代诸子学的兴起与明清时期对诸子学的研究和整理密不可分。如明代宋濂的《诸子辩》在承袭前人研究的基础上，有所补充和辩驳。宋氏自言："孔子门人之书，宜尊而别之，今亦俯就其列者，欲备儒家言也。"[2] 可见其著书卫道之旨。明清之际，傅山的诸子学研究也很有特色。他通过评注《老子》《庄子》《墨子》等书批判当时空疏的学风，采用考据与义理相结合的研究方法，发挥诸子学说的义理，进一步提高了诸子学研究的地位和影响。乾嘉时期的学者多注重对诸子学的校勘。卢文弨在《群书拾补》中校释先秦诸子之书有《列子张湛注》《韩非子》《晏子春秋》等。凡所校定，皆据善本，并证以他书，择善而从。王念孙《读书杂志》对《管子》《晏子春秋》《墨子》《荀子》《淮南内篇》，依据本书及他书旁证校勘，章太炎称其以绝学"释姬汉古书，冰解壤分，无所凝滞"[3]。

晚清以来，诸子学的研究异军突起。晚清的诸子学多受乾嘉遗风的影响，注重考据。如龚自珍"以周秦诸子吉金乐石为崖廓"[4]。孙诒让则集中开展了对《墨子》的研究，"乃集诸说之大成，著《墨子间诂》，凡诸

---

[1] 《钦定四库全书总目·子部总叙》，中华书局1997年版，第1191页。
[2] （明）宋濂：《诸子辩·自跋》，四川人民出版社1998年版。
[3] 《章太炎全集》，上海人民出版社1984年版，第222页。
[4] （清）魏源：《定庵文录叙》，载《魏源集》，中华书局1976年版，第239页。

家之说，是者从之，非者正之，缺略者补之"①。俞樾在《诸子平议》中为管子、晏子、老子、墨子、荀子、列子、庄子、商鞅、韩非子等典籍校释，补王氏《读书杂志》之未及。马国翰《玉函山房丛书》中，辑录先秦诸子儒家十五种、道家七种、名家一种、墨家五种、纵横家二种。此后，章炳麟对诸子学的研究在方法上跳出了考据的束缚，引入了义理的思想。胡适道："到章太炎方才于校勘训诂的诸子学之外，别出一种有条理系统的诸子学。太炎的《原道》《原名》《明见》《原墨》《订孔》《原法》《齐物论释》都属于贯通的一类。"②

随着先秦诸子学的不断繁荣，相关的学术史梳理也就被提上日程。王仁俊的《周秦诸子叙录》一书，实际上就是以目录学的形式对诸子学学术发展源流的概括和总结。

王仁俊（1866—1913），字捍郑，号籀许，江苏吴县人。光绪十八年进士。治经专宗许、郑之学，以保存国粹、尊经卫道为己任。《周秦诸子叙录》一册，今笔者所见者为光绪三十四年（1908）存古学堂铅印本，国家图书馆所藏。该书全称为《拟汇刊周秦诸子校注辑补善本叙录》。仁俊稽古好学，曾以马国翰编《玉函山房辑佚书》多有遗缺，有志续补，相继而成《玉函山房辑佚书续编》《玉函山房辑佚书补编》。其在《玉函山房辑佚书续编·自序》中曰："历城马国翰辑唐以前佚书凡五百八十余种，为卷六百有奇。其有目无书者阙四十余种，其散见各叙所谓已有著录者，如陆希声《周易传》之类九种，今亦无之。匡君源所谓待后之君子搜补焉。仁俊幼嗜搜辑奇书硕记，露钞雪纂，马《编》之外，时多弋获。"③ 今《周秦诸子叙录》每篇叙录中或载"可据录""拟删""可刊"等语，故是编或乃其欲补马氏《玉函山房辑佚书》子部诸籍时搜辑的资料。从中亦可窥见王仁俊与马国翰在辑佚原则上的不同。如《世子书》，《汉书·艺文志》载二十一篇，今佚。马国翰据《春秋繁露》《论衡》诸书，辑其佚文一卷，并附王充之说数条。王仁俊则曰："今考充说，无关《世子》本书，拟删。"则马氏辑佚在博，而王氏在精。

---

① （清）俞樾：《墨子间诂序》，上海书店1986年版。
② 胡适：《中国哲学史大纲·导言》，上海古籍出版社1997年版，第21页。
③ （清）王仁俊：《周秦诸子叙录·序》，清光绪三十四年（1908）存古学堂铅印本。

《周秦诸子叙录》将周秦诸子分11大类，为64部子书作了提要。其分类依次为：（一）儒家类：晏子、子思子、曾子、漆雕子、宓子、景子、世子书、魏文侯书、李克书、公孙尼子、荀卿子、内业、谰言、宁子、王孙子、李氏春秋、董子、徐子、鲁连子、虞氏春秋。（二）道家类：管子、老子、文子、关尹子、庄子、列子、公子牟、田子、老莱子、黔娄子、鹖冠子、郑长者书。（三）法家类：李子、商君书、申子、慎子、韩非子。（四）名家类：邓析子、尹文子、公孙龙子、惠子。（五）墨家类：史佚书、田俅子、随巢子、胡非子、墨子。（六）杂家类：由余书、尹子、吕氏春秋。（七）农家类：神农书、野老书。（八）小说家：鬻子。（九）兵家类：司马法、孙子、吴子、尉缭子、风后。（十）医家类：内经。（十一）《汉志》不录附见六种：《穆天子传》《鬼谷子》《太公金匮》《周髀算经》《九章算术》《难经》。

上述著录的书籍，于每书下都编有提要。考书籍篇目之存亡，是这些提要编写的一个特点。如《晏子》一书曰："今存。《汉书·艺文志》云八篇。案：今所传止七卷，疑后人以篇为卷，而又合杂上下二篇也。"《子思子》一书，《汉书·艺文志》载二十三篇，今佚不存。王仁俊据马总《意林》录《子思子》八节，则唐时子思子尚在。而《文选注》《太平御览》所引及者，多据《意林》之文，故王仁俊认为，《子思子》亡于唐以后，并指出："今宜据诸书所引，重辑一本，疏通证明，以表述圣之绪言。"《曾子》一书，《汉书·艺文志》载十八篇，此书久佚。然高似孙《子略》、陈振孙《书录解题》皆载有《曾子》，故是编"宋时尚有传本"。又如《商君书》，据《汉书·艺文志》所载二十九篇，王仁俊考证道："今传二十六篇，《刑约篇》亡，《弱民篇下》一篇亦亡。据此，则二篇有录无书。宋时止存二十四篇矣。瞿氏藏邑人冯知十抄本，以宋本校之，共五卷。瞿曰篇目有二十六，与晁《志》合，而第十六、第二十一篇已有目无书。"指出了亡佚的篇目。

在亡佚的诸书中，历代均有不同的辑佚版本，王仁俊还能评论这些辑本之优劣。《子思子》一书，宋汪晫有辑本一卷，分为九篇。《四库全书》子部收之。王仁俊据《四库总目提要》称："《提要》讥其割裂古经，强立篇名，则非善本可知。且其书或取《孔丛子》伪书所引子思之文，非尽可据。"指出了汪晫辑本的不足。又《子思子》有魏源所著《子思子章句》一书，魏氏自云："世人惟知《史记》子思作《中庸》，故著蔡之，而此三篇（即《坊》《表》《缁衣》——引者）之为弟子述所闻者，则自唐后二十篇原书不存，亦遂如渎迷济，海沦碣矣。予悼斯道之湮微，乃别而出之，各为抽绎，而《中庸》则专以《易》道发之，用补苴先哲。其轶言时时见他说者，亦辑成篇。"① 然王仁俊评魏氏之作曰："近邵阳魏氏源，取《中庸》《坊》《表》《缁衣》四篇为《子思子章句》，亦一家之学也。"又如，《曾子》一书，宋汪晫有辑本，王仁俊论曰："晫所辑《曾子》，似较《子思子》为可信。"此外，赵汝腾、刘清之、章樵、宋鸣梧、曾承业（周厚堉藏本）、戴良各有《曾子》辑本，"分见于各家著录，不尽可信"。王仁俊更认同清儒对于《曾子》的辑录及编撰，其曰："阮氏元，取《大戴》曾子立事十篇，定名《曾子》，为之注释，最精当可据。邵阳魏氏源《章句》本，亦备考核。近东湖王氏定安编《曾子家语篇》，内采录曾子，尚为谨慎，宜参订之。"《宓子》一书，马国翰有辑录本，王仁俊评曰："其遗说尚多可考，如《家语》《韩非子》《吕氏春秋》《淮南子》《说苑》诸书并引起文。马氏据以参订，诚善本也。宜据《玉函》本刊入。"

对于今存之书，王仁俊还能梳理历代的研究概况。如《吕氏春秋》条曰："今存，《汉志》云二十六篇。案古本有李瀚本，今本经训堂校。又梁玉绳《吕子校补》二卷《续》一卷，蔡氏云《校补献疑》一卷，陈氏昌齐《正误》一卷，王氏念孙《读书杂志余编》有《读吕览》三十八则，俞氏樾《平议》三卷，孙氏诒让《札迻》，当附刊。此书为先秦古书遗文佚事，包孕最富，须有通博之士为之疏证。"揭示了历代学者对《吕氏春秋》的刊印、考校情况。从中也能够考察出版本的源流。如《庄子》一书，向有瞿氏藏元刊《纂图互注》本十卷、明邹之峄刻本及世德堂刻本。光绪二年，浙江书局曾出版十卷精刻本，王仁俊揭示道："今杭刻本即据世德堂本。"指出了浙江书局本《庄子》的版本来源。又清人郭庆藩撰有《庄子集释》十卷，王仁俊称，郭氏所据者乃唐人成玄英疏本。又进而指出，《古佚丛书》中收有影宋本成元英《庄子疏》十二卷，"聊城杨氏藏宋本及《吕太尉经进庄子全解》本，多与之合，惜多空衍耳"。凡

---

① （清）魏源：《子思子章句序》，《皇朝经世文编》卷5，岳麓书社2004年版，第241页。

有诸家校雠、刊印者,亦能对其优劣略加评说。如《晏子》条曰:"此书有孙氏平津馆校本,后孙氏复得元刻影钞本,近吴氏鼒、顾氏广圻、王氏念孙皆见其书。王氏又以此书合诸本及《群书治要》诸书所引校正,此最可据。卢氏文弨又校一卷,补孙刻所未及,在《群书拾补》中。"据此,《晏子春秋》的诸家校勘版本中,唯王念孙《读书杂志》中的校勘乃后出而愈精。又《商君书》有明万历年间程荣《汉魏丛书》本、棉眇阁所刻《先秦诸子合编》本、吴勉学刻《二十子》本以及清代钱熙祚《指海》本、孙星衍《问经堂丛书》本。在诸家版本中,王仁俊指出:"惟严可均辑平津馆刻本最为善。此外有西吴严氏万里本,浙局刊之,后有附考十三条。"

王仁俊在考证诸子典籍的基础上,从总体上又追溯了诸子学的发展源流,梳理了其发展的线索。诸子之学兴起于周秦之际:"中国学术自六艺以外,则有诸子之学,并起于周秦之际。"[①] 王仁俊认同诸子之学皆出于王官之说,"盖九流之学,皆出于周官之典守,班氏所谓某家者流出于某官是也。"[②] 然自周道衰微,官司失职,散在四方,流为诸子,"其源始于东迁以后,其流极于秦火以前"。春秋时期,齐桓公称霸,"不特成周之典章文物流入于齐,即文士术人挟策以干诸侯者,亦皆归齐如流水。观于管子对齐桓,屡以游士为言,可以想见当日之情势",故有管子著书八十六篇。[③] 战国时期,社会动荡,出现了《庄子·天下篇》《荀子·非十二子》等,"其时能著书以评其学派,叙其源流,明其得失者"。秦统一六国后,吕不韦"徕英茂,聚俊豪,人人自著所闻而百家之说乃大备",成书《吕氏春秋》二十六篇,中多九流之佚说、诸子之绪言。[④] 汉武帝独尊儒术后,诸子之学流于淮南王门下:"汉淮南王隐师其智,八公九师之徒,雷奋云集,《鸿烈解》成,可谓杰作矣。今观《要略》一篇,即其自叙,实能甄明流别,有所折衷,盖所以表是书之兼采九流也。"[⑤] 而司马谈之《论六家旨要》、刘向之《别录》、刘歆之《七略》,皆能剖析诸子

[①] (清)王仁俊:《周秦诸子叙录·后序》,清光绪三十四年(1908)存古学堂铅印本。
[②] (清)王仁俊:《周秦诸子叙录·后序》,清光绪三十四年(1908)存古学堂铅印本。
[③] (清)王仁俊:《周秦诸子叙录·后序》,清光绪三十四年(1908)存古学堂铅印本。
[④] (清)王仁俊:《周秦诸子叙录·后序》,清光绪三十四年(1908)存古学堂铅印本。
[⑤] (清)王仁俊:《周秦诸子叙录·后序》,清光绪三十四年(1908)存古学堂铅印本。

原委，纵论学术得失。班固又以《七略》为基础，编纂而成《汉书·艺文志》，所列凡十家，即儒家、道家、阴阳家、法家、名家、墨家、纵横家、杂家、农家、小说家。自班固以下，有阮孝绪《七录》、梁庾仲容《子钞》，唐马总《意林》、宋高似孙《子略》，专门评论考析诸子之学。王仁俊通过梳理主要的子部典籍，揭示了诸子学从先秦到唐宋的发展概况。

除了王仁俊，光绪年间又有黄以周的《子叙》刊行。黄以周（1828—1899），号儆季，同治九年（1870）举人，经学家黄式三之子。精于礼学，著有《礼书通故》一百卷。《子叙》是黄以周对先秦诸子所作的考证性质的序跋集。今考《子叙》若干篇末，均有对时人辑录诸子佚文的不满。如《王孙子叙》末云："马竹吾辑是书，尚有疏舛，今重辑之。"《申子叙》末云："马竹吾所辑，又未尽善。今重搜而审订之。"《桓子新论叙》末云："近寻严辑文目互相比校，重编之如左。"据此可知，黄以周欲重新辑录诸子佚文，故先撰写诸子之叙录而成《子叙》。今笔者所见《子叙》，乃《儆季杂著五种》之一，清光绪年间江苏南菁讲舍刻本。该书共收有《太公金匮叙》《鲁连子叙》《范子计然叙》《随巢子叙》《王孙子叙》《申子叙》《桓子新论叙》《崔氏正论叙》《王子正部叙》《仲长子昌言叙》《通语叙》《典论叙》《魏子叙》《任子叙》《杜氏体论叙》《杜氏笃论叙》《顾子新言叙》《钟子刍荛叙》《典语叙》《默记叙》《裴氏新言叙》《袁子正书叙》《袁子正论叙》《苏子叙》《桓子世要论叙》《陆子叙》《析言叙》《幽求子叙》《孙子叙》《志林广林叙》《顾子义训叙》《黄石公记叙》《万毕术叙》《梦书叙》《意林校本叙》三十五部。每书下皆有提要，旁征博引，考其流传。

黄以周通过考察诸子书名与卷数的异同，揭示其存佚状况。王孙子，战国时人，其名不传。《汉书·艺文志》著录《王孙子》一篇，注曰"巧心"。黄以周《子叙》之《王孙子叙》则指出，此"巧心"二字，乃《王孙子》一书之别称，非王孙子之别名；又据《艺文类聚》所载，指出《王孙子》一书又别称《王孙子新书》。关于《王孙子》一书之卷数，《汉书·艺文志》载一篇，《隋书·经籍志》称"梁有《王孙子》一卷，亡。"则其书至南北朝时已经亡佚。而唐人马总《意林》又载《王孙子》三卷，黄以周认为，这是由于《意林》所载"字误"。又如《申子》一书的卷数，《汉书·艺文志》载六篇，《七录》与《意林》均载三卷。又据明人陈第《世善堂书目》所载，有《申子》二卷。黄以周认为，《申子》的六篇大概出于"中秘书言也"，今所能得知的篇目，仅有三篇："今篇名之可考者，曰《君臣》，曰《大体》，曰《三符》，余三篇之名不可知已。"其中的《君臣篇》，黄以周还考察道："孝宣皇帝重申不害《君臣篇》，使黄门郎张子乔正其字。"揭示了其中的掌故。又如在《鲁连子叙》中，黄以周考察了各时期史志目录对《鲁连子》的篇卷著录。《汉书·艺文志》儒家类载《鲁连子》十四篇。至隋唐时期，已多亡佚。故《隋书·经籍志》载《鲁连子》五卷、《录》一卷。唐人马总之《意林》，仍载五卷，黄以周认为，《意林》乃"从庾仲容《子钞》之旧题也"。黄以周还进而对唐宋以来诸家所辑《鲁连子》的史源进行了考察，认为诸家所辑者，均取于"《国策》所载鲁连子语"。

在书名、篇卷比较之外，黄以周还能对相关史实予以考辨。在《范子计然叙》中，黄以周则驳斥了晋人蔡谟的说法。《汉书·货殖列传》颜师古注，曾引蔡谟之言，曰："计然者，范蠡所著书篇名耳，非人也。谓之计然者，所计而然也。群书所称勾践之贤佐，种、蠡为首，岂闻复有姓计名然者乎？若有此人，越但用半策便以致霸，是功重于范蠡。蠡之师也，焉有如此而越国不记起事，书籍不见其名，史迁不述其传乎？"蔡谟不仅否认历史上存在计然此人，亦怀疑其非范蠡之师。黄以周则云："《汉·艺文志》范蠡二篇，属兵权谋。其师计然，治阴阳家言，《汉志》未收，后人并合两书，于是有'范子计然'之名。计然，一作'计倪'，一作'计倪'。'倪''倪'，形近，'倪然'音近。其言行具详《吴越春秋》及《越绝书》，《史记·货殖列传》亦采其阴阳家言一段，其别有书明矣。晋蔡谟以为越臣无计然，蠡亦无是师，或又谓计然本无书，俱谓之不学。"通过对史实的考辨，纠正了蔡谟之误。

周秦诸子之书今多不存，或存而不全，故而古今学者多有对其补辑者。黄以周对这些辑录本作出了简要的评价。如影宋本《意林》卷二《鹖冠子》之后，曾录"王孙子卫君重裘累茵"一事，黄以周在《王孙子叙》中指出："其文较《艺文类聚》为详，明人刻本无此节文，又误以《庄子·杂篇》系王孙子，反置在《鹖冠子》之前，与标目次第不符，聚珍本已校正其说矣。"清人马国翰《玉函山房辑佚书》有对《王孙子》佚文的辑录，黄以周则评曰："马竹吾辑是书，尚有疏舛。"又如《申子》一书，严可均《全上古三代秦汉三国六朝文》、马国翰《玉函山房辑佚书》中均有辑录，黄以周在《申子叙》中评曰："严铁桥辑其佚文，遗漏颇多。马竹吾所辑，又未尽善。"又如，孙冯翼在《问经堂丛书》中曾辑有《桓子新论》，黄以周在《桓子新论叙》中对孙氏以己意断定《新论》的篇目次第提出了异议："孙凤卿辑是书，深虑昔人征引其辞未显标题，必欲臆为分别，难免武断。惟《文选注》明引《琴道》，遂以是篇尻首，次以《意林》所载，余皆以所采书为先后，淆杂而无伦，重复而迭见，无由见本书之隐括。"此外，严可均也辑有《新论》，黄以周未见其书，但从《铁桥漫稿》所收是编序中得知其辑录之大要，对严氏所辑亦不认同："严铁桥叟为编辑其书，未见。读其《漫稿》中所载自叙，乃以《群书治要》所录十五事，《意林》所录三十五事为纲，而以义之相类者比附其间，是岂能一复本书之旧哉？武断之讥，恐不能免矣。"黄以周在前人基础上，以《群书治要》的篇次为依据，亦辑有《新论》："今举其语之明显者，以类相从，而不标题篇目，残文片语无由知其命意所在，别附属后，俾读是书者，生千百季后，犹寻见其具体，岂不愈于孙辑之杂陈迭见哉！"从中也可窥见黄氏辑录古书的"实事求是"精神。

  黄以周还能对诸子的思想予以客观评价。清人马国翰曾辑录《鲁连子》一卷，收录《玉函山房辑佚书》中。马氏认为，鲁连子"恉意在势数，未能纯粹合圣贤之义"。而黄以周在《鲁连子叙》中，则对鲁仲连予以正面评价："自古隐逸之士不陨穫于贫贱，不充诎于富贵，其志尚矣。然乐己之乐，而无悯斯世之心，适己之适，而无济天下之才。有鲁连子，其耻为之一洒。"因而，他认为马氏的评论有失公允："夫圣贤之义，诚未易几也，而以尚势数少之，隘矣。"从对鲁仲连的评价中，也可看出黄以周在学术上所具有的"经世"情怀。

  先秦诸子学在清代的复兴，在学术史上占有重要的地位。梁启超对此评曰："晚清先秦诸子学之复活，实为思想解放一大关键。此种结果，原为乾嘉派学者所不及料，然非经诸君下一番极干燥极麻烦的校勘工夫，则如《墨子》《管子》一类书，并文句亦不能索解，遑论其中所含义理。所以清儒这部分工作,我们不能不竭诚感谢。"① 诸子学不仅拓展了乾嘉考据学的治学范围,更是对中国古代先哲思想文化典籍的一次系统整理,而晚清目录学在其中起到了提纲挈领的历史作用。

第三节 "谈经济,究韬略":冷门专学的发展及其目录拾零

晚清七十余年的思想和学术,有识之士高举"经世致用"的旗帜,"本朝嘉道间,学者著书,稍稍谈经济,究韬略,明习国家掌故"②。对于守旧者,"若坐井观天,视四裔如魑魅,暗昧无知,怀柔乏术,坐致其侵凌,曾不知所忧虑,可乎?甚矣,拘迂之见,误天下国家也"③。经世思潮的崛起开启了中国近代学术思想的序幕。目录学也在这种经世致用思潮的侵染下,表现出了新的学术风尚。以下就算学、舆地学、佛学三个领域内有代表性的专科目录为主,分别论述之。

一 丁福保与《算学书目提要》

中国自古就有天文算法之学:"三代以上制作,类非后世所及。惟天文算法则愈阐愈精。容成造术,颛顼立制,而测星纪闰,多述帝尧,在古初已修改渐密矣。"④ 自明末传教士来华后,传入了西方算学,与中国传统算学多有相异之处。然算学乃实证之学,清初中西算学逐渐形成融合发展的趋势。康熙帝《御制数理精蕴》诸书,"于中西两法权衡归一,垂范亿年。海宇承流,递相推衍"⑤。此后王锡阐、梅文鼎推衍算法,修明律数,"王氏精而核,梅氏博而大。各造其极,难可轩轾"⑥。道、咸以降,算学在清代又呈现复兴之势。焦循、汪莱、李锐有"谈天三友"之誉。李锐善于继承古人之说,汪莱则多发古人所未发。道光初董祐诚发明

---

① 梁启超:《中国近三百年学术史》,山西古籍出版社 2006 年版,第 240 页。
② (清)王定安:《湘军记·粤湘战守篇》,岳麓书社 1983 年版,第 1 页。
③ (清)姚莹:《康𬨎纪行》卷 12,黄山书社 2014 年版,第 358 页。
④ 《钦定四库全书总目》卷 106《子部·天文算法类叙》,中华书局 1997 年版,第 1385 页。
⑤ 《钦定四库全书总目》卷 106《子部·天文算法类叙》,中华书局 1997 年版,第 1385 页。
⑥ (清)阮元:《畴人传·王锡阐传》,商务印书馆 1955 年版,第 446 页。

"割圜连比例率",戴煦的《求表捷术》为英人所叹赏。当时江浙之间如金观光、马钊、时曰淳、刘熙载等均能发明古人之算意,推本见源。对此,梁启超先生论曰:"清代算学,顺、康间仅消化西法,乾隆初仅杂释经典。其确能独立有所发明者,实自乾隆中叶以后,而嘉、道、咸、同为盛。"[1] 同治年间,大臣李鸿章、沈葆桢等人甚至提出将算学作为开科取士的新科目。[2] 尽管这一主张并未实施,但算学作为"觅制器之器"之法,已得到重视则是不争的事实:"因思洋人制造机器、火器等件,以及行船、行军,无一不自天文、算学中来。现在上海、浙江等处讲求轮船各项,若不从根本上用着实功夫,即习学皮毛,仍无裨于实用。"[3] 晚清时期算学的兴起为算学专科目录的产生提供了学术发展的契机。丁福保的《算学书目提要》就是其中的代表。

丁福保(1874—1952),字仲祜,号畴隐,江苏无锡人。清末诸生。经史、小学外,尤擅长算学。关于编纂《算学书目提要》之缘起,丁氏自云:"象数之学,肇自轩帝,及近古,作者飙兴,自远西通涉,译籍尤多,骤窥其藩,茫无崖涘,今括取大端,次为提要,由浅入深,引繁就简,以示来者。"[4] 本书分中算类、西算类、中西算总类三部分,其收录图书的原则是以时间的先后为序。先秦时期的有《周髀算经》《孙子算经》;汉魏两晋时期的有《数术记遗》《夏侯阳算经》;隋唐时期的有《五曹算经》《五经算术》《张邱建算经》《细草》《辑古算经》《九章算术细草图说》《海岛算经》,宋元时期的有《详解九章算法》《数学九章》《测圆海镜》《益古演段》《算学启蒙》《四元玉鉴》,等等。这样从追溯中国古代算学源流开始,将中国古代算学的发展线索勾勒得十分清晰。

丁福保从学术的角度对算学形成的流派作了恰当分析。他认为算学家术例虽繁,但撮其大要,大致可分为经济家之算学与著作家之算学两派。经济家之算学,"商功积尺,三角测量,其用止于加减乘除、

---

[1] 梁启超:《中国近三百年学术史》,第329—330页。
[2] 参见李世愉、胡平《中国科举制度通史·清代卷》,上海人民出版社2015年版,第721页。
[3] 中国史学会主编:《洋务运动(二)》,上海人民出版社1961年版,第22页。
[4] 丁福保:《算学书目提要·例言》,清光绪二十五年(1899)《畴隐庐丛书》本。

开方、八线，近易能挟其术，足以大得名利，有益家国，此经济家之算学，人人所能者也"①。著作家之算学，则"博通旧说，创造新法，苦心孤诣，索隐钩深，成则后学蒙其福，不成则空费心血，掷于无何有之乡，此著作家之算学，非人人所能者也"②。高度概括和总结出了算学的两个功用。

在《算学书目提要》中，丁福保还考察算学书籍的成书经过。在"中算类一"李潢所撰《九章算术细草图说》一书下，指出了该书的史源："原本久佚，经戴氏东原从《永乐大典》辑出，其时古籍甫显，校订颇难，潢谓有数皆有象，有象皆可绘，乃逐题演草，一一显之于图，其舛误者均疏而通之，诚《九章》之善本也。"说明了现存该书史源出自《永乐大典》。又如西算类二林绍清所撰《合数述》二卷条，该书原共十一卷，原作者为英人白尔尼。是书学术价值甚大，"凡方根之杂糅，函数之深邃，以及一切难题，为他法所不易驭者，以是术求之，简易什倍，此亦代数之别派也。"但因卷帙浩繁，并未刊行。于是林绍清"于其立数之源，洞若观火，择其紧要，另述二卷。上卷明合数之法，下卷详合数之用，篇幅虽简，词义颇深，非精于算者不能读也。"将《合数述》的成书、刊印始末概括得十分清晰。据此，《合数述》乃林绍清据英人白尔尼的原著节略改编而成。

丁福保还能对算学书籍予以中肯评介。《数术记遗》是东汉时期徐岳所编著，记载我国古代大数的记法，北周甄鸾为之注，作者称受业于泰山刘会稽，对此丁福保辨曰："是书称在太山受算于刘会稽，会稽因述天目先生之语，大抵言其传授之神秘。首列天门、金虎等语，皆道家隐诡之说，于算术无所发明。"这里指出了该书利用道家附会算学的做法。再如《决疑数学》一书，由华蘅芳和傅兰雅合译，是介绍西方概率论的算学著作。丁福保曰："决疑数理在算学中最为精妙，能以彼例此，以虚课实。小则施诸博戏之事，大则用诸格物之学，以及人寿之修短，狱讼之多寡，商舶之遇风涛，货廛之兆焚如，皆可求其定率，推其中数。此西人所以创保险之各公司也。决疑之用广矣！大矣！"指出了决疑数理规律在实际社

---

① 丁福保：《算学书目提要·学算提要》，清光绪二十五年（1899）《畴隐庐丛书》本。
② 丁福保：《算学书目提要·学算提要》，清光绪二十五年（1899）《畴隐庐丛书》本。

会中的功用甚大。中国古代算学发展至清末,受到了西方学术的挑战。在丁福保看来,传统算学也有其不可磨灭的贡献。他在评介梅文鼎的《弧三角举要》一书中就体现了这一思想。《弧三角举要》是清人梅文鼎所撰的一部球面三角学著作,探讨了球面三角的解法。丁福保将之与西方的测量学作了比较,"故西人测量,其术虽精,终不能外句股以立算。三角即句股之精义,八线乃句股之立成也"。指出了古人在三角勾股法上早就已有建树,进一步指出了其对西方测法的优势。

丁福保的《算学书目提要》体现了当时一些知识分子以实学经世的学术志趣。其于每书下所撰写的提要,提纲举要,揭示了算学书籍的学术价值及其在社会发展中的功用。对此,华蘅芳评曰:"其择言简要,持论平允,附记刊误,尤为切实,知非钞撮序跋之语、以泛论空言为提要也。"①

二 汇通中外的舆地目录

舆地学是中国古代传统的学科之一。古代方志载区域、山川、风俗、物产,然自元明以降,地方志书"《列传》侔乎家牒,《艺文》溢于总集。末大于本,而舆图反若附录"②。综其功用,无外乎辅助于经史之考证。嘉、道以后,随着西北局势的动荡以及沙俄在恰克图地区的挑衅,研究西北史地以及中俄边境的地理之学开始兴起。再加之西方地理知识在道、咸以后进一步扩大了在华传播,增广了国人视野,"昔之梦梦然不知有大地,以中国为世界上独一无二之国者,今则忽然开目,憬然知中国之外,尚有如许多国,而顽陋倨傲之意见,可以顿释矣"③。许多士大夫游历海外,著为地理游记,"其佳者,奇文创见,足裨輶轩之采"④。晚清学者也开始将中外地理之学汇于一编,以目录学的形式学以致用。清光绪二十九年(1903),京师大学堂官书局出版了邹代钧的《中外舆地全图目录序列》一书,就是其中的代表。

---

① (清)华蘅芳:《算学书目提要·序》,清光绪二十五年(1899)《畴隐庐丛书》本。
② 《钦定四库全书总目》卷68《史部·地理类总叙》,第923页。
③ 梁启超:《戊戌政变记》,中华书局1954年版,第26页。
④ (清)孙诒让:《东游日记序》,《甲午以前日本游记五种》,岳麓书社2008年版,第77页。

邹代钧（1854—1908），字甄伯，号沅帆，湖南新化人。曾在武昌创办"舆地学会"。任京师大学堂总教习，主讲舆地学。邹代钧早年曾以随员身份出使英、俄等国，将沿途经过的亚非欧诸国的史地著成《西征纪程》一书，为其此后的地图编修奠定了基础。在武昌期间，邹代钧曾与"舆地学会"同人编成西伯利亚、中亚细亚地图90余幅；又计划拟编选世界地图500余幅。在时任管学大臣张百熙建议下，邹代钧从中甄选了世界地图及中国各省地图68幅，题名《中外舆地全图》以供教学之用。世界地图部分，主要以德国出版的地图为基本资料；中国地图部分，以胡林翼的《大清一统舆图》为基础，增加了会典馆各省进呈的舆图。[1]

此外，受到西方地理学的影响，地图学在清代也得到了长足发展。康熙五十七年编成的《皇舆全览图》为图230幅，首列全国总图，次列各省图，"以六合为疆索，以八方为门户，幅员该广，靡远弗届，从来舆图所未有也"[2]。但当时由于西藏和新疆政局未稳，两地未被纳入《皇舆全览图》。乾隆年间，平定了西藏朱尔墨特叛乱，大小和卓的分裂势力也被清廷压制，为两地的地图测绘奠定了基础。乾隆二十六年，基本完成了对西藏、新疆两地山川险易、道里远近的测绘，在《皇舆全览图》的基础上编成了《乾隆内府舆图》。嗣后，又有李兆洛的《皇朝一统舆图》以及胡林翼的《大清一统舆图》。光绪年间，全国政区发生了较大变化。在盛京、吉林增设了州县（清人曹廷杰编有《东三省地理图说录》，民国间抄本），新疆和台湾也相继设省，其他地区的行政区划也多有并裁。此外，河流迁徙、疆域变更等情况亦需对现有地图重新编次。故光绪十五年（1899）正值开馆续修《大清会典》之际，张之洞便提出重编会典舆图的建议，"敬请饬颁各省将军、督抚，遴派留心地理、精于测绘之官绅士子，限期一年，每省绘一省图及所属各府、直隶州、厅分图，解送到

---

[1] 《中外舆地全图目录序列》一书，今国家图书馆古籍馆有藏，笔者曾几次前往欲查阅是书，但据古籍馆工作人员称，是书因故暂不能查阅。以上笔者参考了周茹燕的《我国最早的教学地图集——清代〈中外舆地全图〉》一文，《地图》1988年第1期。

[2] 《清圣祖实录》卷283，康熙五十八年二月乙卯，《清实录》，中华书局1985年版，第6册，第765页。

馆"①。由此各地也掀起了修图志的高潮。光绪十六年，会典舆图中的全国舆图《皇舆全图》编次初成。至光绪二十二年（1896），各省绘制的舆图也相继进呈至会典馆。各类舆图的完备，为刘铎的《地图分编简明目录》成书奠定了基础。

刘铎，字振愚，湖南善化人，曾在上海设立书局，刊印《古今算学丛书》，编有《若水斋算学书录》。今笔者所见《地图分编简明目录》，是清光绪三十二年（1906）铅印本。晚清以来有关地图的编修成果颇丰，但也存在许多问题，尤其是在边界方面，尚有完善之处。如李兆洛的《皇朝一统舆图》、胡林翼的《大清一统舆图》，"详于中原而略于边外。绘图测地狃于开方计里之说，斩圆为方，万里之遥便不能合"②。光绪初年，大臣崇厚受任与俄国商谈伊犁问题，也因不识地理，不明边界，致使俄国四面包围了伊犁。所得伊犁"只剩一片荒郊"③。虽云收复，"或不如不收之"④。因而，在既有地图的基础上，重新编次国土的边界就显得十分必要。刘铎的《地图分编简明目录》正是在这样的时代背景下编写而成的，"《地图分编》为界务而作"⑤。

《地图分编简明目录》凡一册，不分卷，将有关地图的书籍按照所属方位，分作东、北、西、南、中、外6编。其中，东、北、西、南4编收录的是边地地图书籍。各编下则按地区分类，如东编下分奉天（朝鲜界）、吉林（朝鲜界、俄界）、黑龙江（俄界），另附朝鲜；北编下分蒙古（俄界），附俄罗斯；西编下分新疆（俄界）、帕米尔（俄界、英界）、坎巨提（英界）、西藏（哲孟雄界、布鲁克巴界）；南编下分云南（怒夷界、球夷界、野人山界、缅甸界、老挝界）、广西（越南界）、广东（越南界），附怒夷、球夷、野人山、缅甸、老挝、暹罗、越南。此外，东南沿海地区，在作者看来，并不属于"边地"，故将有关沿海地图书籍收入中编内，主要包括旅顺、大连、胶澳、烟台、威海、香港、澳门、广州湾等地区，内地的租界并入中编，而以矿务、铁路、电线、邮政附于中编内。

---

① （清）张之洞：《张之洞全集》卷98，河北人民出版社1998年版，第2689页。
② （清）薛福成：《出使英法义比四国日记》，岳麓书社1985年版，第237页。
③ 左宗棠：《左文襄公全集》卷55，清光绪十七年（1891）刻本。
④ 《清季外交史料》卷16，书目文献出版社1981年版，第27页。
⑤ （清）刘铎：《地图分编简明目录·自序》，清光绪三十二年（1906）铅印本。

外编则以收录有关各国主地、属地、山川、疆域的书籍。每书下皆注明该图绘制的时间及绘制者，间或有简短提要。参以条约中的地名，有对图中地名考证者，如西编新疆《摹本伊犁定界图》下云："自别珍岛起，至罕颠葛里，一作'罕颠格里山'，光绪八年约作'杭杭延格哩山'为伊犁府属。"北编蒙古《科布多初次定界图》条曰："自布克素山起，至玛呢图噶图勒干卡伦止。布克素山，约做'布果素克达巴哈'，《乌里雅苏台定界图》做'伯果索克岭'，约作'柏郭苏克山'。"有对图中所载地理位置考辨者。如西编新疆《满文俄文科塔定界图》下云："自奎屯山起，至塔尔巴哈台岭止。奎屯山在大阿勒泰山北，塔尔巴哈台岭在木斯岛西南。"北二俄罗斯《石印中俄交界全图》三十五幅条曰："自图们江起至乌仔别里山止。《中俄全界》皆译俄国，故地多异名。许景澄《中俄西北界考证》上下卷，自沙滨达巴哈至乌仔别里山，考释异名，亦有阙略。"此外，作者在提要的撰写中对边界的有关用语十分严谨："凡画数界线，题曰议界，凡经两国画押，题曰定界，或虽画押，越数年而易者，题曰初次定界，曰二次定界，以别有定界图也。"①

中外地理学著作的大量涌现，也促进了地理丛书的发展，从而也产生了一部地理丛书目录，即王仁俊的《小方壶斋舆地丛钞目录》及其《续编》。《小方壶斋舆地丛钞》的作者是王锡祺，该丛书初成于光绪六年（1880），此后陆续又有增补，至光绪二十四年（1898）最终完成，"凡山经地志，以至集部诸书，无不泛览，编摩捃摭，分别部居，为《舆地丛钞》"②。该丛书共收录清代中外舆地著作1500余种，王仁俊就以此丛书为纲，对其编目而成《小方壶斋舆地丛钞目录》一册。该书目按《小方壶斋舆地丛钞》收书次序，分以十二帙。概括而言，第一帙以地学总论及通志为主，第二帙以蒙古、青海、新疆地志为主，第三帙为西藏地志，第四、第五帙以山水游记居多，第六、第七帙以风俗物产为多，第八帙记海防，第九、第十帙记邻国，第十一、第十二帙记西洋诸国。每书下仅列作者。是编主要记载清人的地理学著作，但同时也关注了许多外国人的地理学成就。主要有概述各国史地者，如韦廉臣的《埃及纪略》、慕维廉的

---

① （清）刘铎：《地图分编简明目录·自序》，清光绪三十二年（1906）铅印本。
② 《续纂清河县志》卷10，民国十七年（1928）刻本。

《英属地志》、李提摩太的《三十一国志要》、丁韪良的《泰西城镇记》、林乐知的《阿比西尼亚国述略》《三得惟枝岛纪略》,高理文的《美理哥国志略》,冈本监辅的《美国记》《墨西哥记》《亚非理驾诸国记》《埃及国略》等。有专门介绍外国风俗者,如立温斯敦的《黑蛮风土记》、冈本监辅的《印度风俗记》。有介绍史实及外交者,如艾约瑟的《土国战争述略》《水洋事迹述略》、李提摩太的《欧洲各国开辟非洲考》、林乐知的《使法事略》《中西关系略论》、马礼逊的《外国史略》等。而葡国玛吉士的《地球总论》《欧罗巴各国总叙》,林乐知的《地理浅说》、戴德江的《地理全志》、伟理哲的《地球说略》、慕维廉的《地理志略》则是西方地理学总论的著作。

晚清时期的舆地学,作为"实学"的一种,经世致用的学术风气蔚然形成:"夫记载地理之书,体裁近史,贵乎简要。倘不足以信今而证古,是无益之书,可以不作。"① 舆地之学不再仅仅记载疆域、建置、山川、古迹、城池、风俗、人物等内容,而是开始探究"天地之故"②。晚清舆地目录中所著录的中外舆地著述,不仅揭示了传统舆地学发展的新趋向,也赋予了传统目录学新的学术文化内涵。

三 "晚清思想界一伏流":杨文会与《佛学书目表》

佛教自汉代传入中国后,在隋唐时期发展成天台、华严、净土、禅宗等不同派别。尤其是禅宗,将佛教理论与中国本土学术相结合,实现了佛法的内在转向,在中国佛教史中具有里程碑意义。宋元时期,儒、道、释走向三教合一,并渗透到中国传统学术文化的各个方面。清统治者在全国建立政权后,延续了明朝的佛教政策,出于羁縻蒙藏地区的政治需要,尤其对藏传佛教倍加重视。在汉传佛教中,以禅宗最盛,净土宗的影响最大。乾隆五十五年编译完成的满文大藏经,在体例上依据汉文大藏经的编次,收入般若、华严、涅槃诸部以及其他大、小乘佛教书籍近700种。

晚清时期,禅宗鼎盛的局面已不复存在,"僧徒安于固陋,不学无

---

① (清)祁韵士:《西陲要略·自序》,《祁韵士集》,三晋出版社2014年版,第63页。
② (清)刘献廷:《广阳杂记》,中华书局1957年版,第150页。

术，为佛法入支那后第一隳坏之时"①，净土门则"不假勤修，不废俗谛，一念净信，顿超彼岸"②。与佛学没落形成对比的是，知识分子以居士身份研究佛学者日益增多，并随着佛教世俗化的不断加深，佛教与政治开始更为紧密的结合，对晚清学术思想界产生了重要影响。诚如梁启超先生所称："晚清思想家有一伏流，曰佛学。"③ 彭绍升、龚自珍、杨文会、康有为、谭嗣同、梁启超、章炳麟、严复等人均能将其政治理想与佛学相结合，"故晚清所谓新学家者，殆无一不与佛学有关系，而凡有真信仰者，率皈依文会"④。佛学经世的色彩也更加突出地表现在知识分子身上，孙宝瑄便言："我国向来治佛学者，大抵穷愁郁抑不得志之徒，以此为派遣之计，故堕于空也。若能真治佛学者，其慈悲热力，不知增长若干度，救世之心愈切矣。"⑤ 在晚清知识分子中，能将佛学经世思想融会贯通者，当以杨文会为代表。

杨文会（1837—1911），字仁山，安徽石埭人。10岁受读，不喜举业，"生平好读奇书，流离转徙，异敝簏贮书以随。凡音韵、历算、天文、舆地，以及黄、老、庄、列，靡不领会"⑥。同治初年，始以居士身份专心参研佛法。他认为治家齐国与参禅学佛并不矛盾："立身成己，治家齐国，世间法也。参禅学教，念佛往生，出世法也。地球各国于世间法，日求进益。出世法门，亦当讲求进步。"⑦ 佛法可以导化世间苦乐，"恶因，免受苦果，渐渐增进，以至成佛"，这正是体现佛法辅助政教、扶植人心的社会功效："此乃佛教济世之方，与世间法相辅而行，非虚无寂灭之谈也。"正基于此，杨文会以传播佛教为己任，"地球各国，皆以宗教维持世道人心，使人人深信善恶果报，毫发不爽"，最终实现"太平之世"的理想。⑧

《佛学书目表》就是杨文会践行传播普及佛教的一次尝试。是目凡一

---

① （清）杨文会：《杨仁山居士文集》，黄山书社2006年版，第272页。
② （清）杨文会：《杨仁山居士文集》，黄山书社2006年版，第259页。
③ 梁启超：《清代学术概论》，上海古籍出版社2005年版，第83页。
④ 梁启超：《清代学术概论》，上海古籍出版社2005年版，第83页。
⑤ 孙宝瑄：《忘山庐日记》，上海古籍出版社1983年版，第392页。
⑥ 欧阳渐：《杨仁山居士事略》，载《经典发隐·附录》，崇文书局2016年版，131页。
⑦ （清）杨文会：《杨仁山居士文集》，黄山书社2006年版，第272页。
⑧ （清）杨文会：《杨仁山居士文集》，黄山书社2006年版，第273页。

册,光绪二十八年(1902)铅印本。书中首页有"北京图书馆藏",次页有"国立北平图书馆藏"印各一枚,书后有"廿七年三月廿九日王荫泰先生赠送"字样。据杨氏自云:"先圣设教,有世间法,有出世法。黄帝、尧、舜、周、孔之道,世间法也,而亦隐含出世之法。诸佛菩萨之道,出世法也,而亦该括世间之法。"体现了释、道、儒相融合的思想。该书体例严谨,分华严部、方等部、净土部、法相部、般若部、法华部、涅槃部、秘密部、阿含部(小乘经)、大乘律(小乘律专为出家者设,故不载)、大乘论(小乘论未刻)、西土撰集、禅宗、天台宗、传记、杂集、道家(与佛法相通者附录于此)17部,总计110部佛书。每书分书名、著者译者、卷数、刻版处、售处价值、识语六项著录(参见表3-2)。其识语中有指导阅读者,如法严部《华严疏钞》条曰:"以四分科经,发挥精详,后人得通华严奥旨者,赖有此书也。"有介绍其内容者,如净土部《观无量寿佛经四帖》条曰:"从日本传来,内分玄义、分序分义、定善义、散善义,故名四帖。"有指出其价值者,如净土宗《往生论注》条曰:"唐以前谈净土之书,除《十疑论》外,仅见此本,其精妙处后人所不能及。"杨氏在是编中不仅著录了学习的佛经典籍,还进而指出了专研佛学的途径。在书前《学佛浅说》中,作者依据人的资质,入门佛家的途径略分三等。利根上智者,唐宋时期已有之,但近世罕见,主要凭借天资灵性,"直下断知解,彻见本源性地,体用全彰,不涉修证,生死涅槃,平等一如"。利根中智者,须从产生知见情解的途径入门,杨氏还推荐了需要阅读的经论:"先读《大乘起信论》,研究明了,再阅《楞严》《圆觉》《楞伽》《维摩》等经,渐及《金刚》《法华》《华严》《涅槃》诸部,以至《瑜伽》《智度》等论,然后依解起行,行起解绝,证入一真法界,仍须回向净土,面觐弥陀,方能永断生死,成无上道。"利根下智者,则须用普渡法门,"专信阿弥陀佛,接引神力,发愿往生,随己堪能或读净土经论,或阅浅近书籍,否则单持弥陀名号,一心专念,亦得往生净土"。作者提出了"由约而博,由博而约"的学佛方法,"虽见佛证道有迟速不同,其超脱生死,永免轮回一也"。

另据欧阳渐《杨仁山居士事略》载:"居士悯宗教之颓衰,悲大道之沉沦,非具法眼,难免不为邪见所误。见日本重印《续藏经》,多至一万余卷,似驳杂,特加以选择,归于纯正。详订书目,编辑提要,以示门径。志愿未遂,慧灯辍照,悲哉!"① 则其晚年又欲撰写《续藏经提要》之志,然事未竟即辞世。

表3-2　　　　　　　　《佛学书目表》著录体例

书名	华严疏钞	华严悬谈	华严经
著者、译者	唐澄观撰	唐澄观撰	唐实义难陀译
卷数	二百二十卷	八卷	八十卷
刻版处	金陵刻经处	长沙上林寺	扬州藏经院
售处价值	八千文	金陵代售,八百六十文	金陵刻经处代售,二千六百文
识语	以四分科经发挥精详,后人得通华严奥旨者,赖有此书也	悬叙十门统明全经大旨即疏钞之首	佛初成道时七处九会,说圆融无尽法门,为诸经之王,非阅疏论著述,鲜能通其义也

值得注意的是,"谈经济,究韬略"的经世思想,不只局限在上述的目录类型中。许多致力于实务研究的学者,将其平日所读所见之经世书籍,汇编成目。如萧开泰撰有《求实济斋书目提要》一册,清光绪十二年(1886)车冈萧氏刻本。萧开泰(1857—1918),字汝陞,四川中山坪人。曾以贡生身份入京师同文馆学习。留学日本回国后,致力于科技事业。《求实济斋书目提要》收录有《太平经略》《历算纲目》《新创秒微仪说》《医学得心》《陆海临镜》《月星仪式》《算学济用筹略》等共十部书,皆有关实用者。萧氏自云:"二十年来,举凡天学、算学、光学、重学、水学、化学与一切有用之学,颇皆凿凿能言其故,是非徒托空谈也。"② 可见其编纂之旨务在经世致用。

又有署名为"曼陀萝花馆主人"所著的《书目提要初编》六卷,清光绪二十四年(1898)刻本。是编前有曼陀萝花馆主人序一篇,称"今者湘中贤士大夫,首倡学报,云雾大开,风气日转,自强之基,或此是

---

① 欧阳渐:《杨仁山居士事略》,载《经典发隐·附录》,崇文书局2016年版,134页。
② (清)萧开泰:《求实济斋书目提要·自序》,清光绪十二年(1886)车冈萧氏刻本。

赖。其报端付有书目提要百余种，条分缕析，究本穷源，已译之书略备一二，惜简零编断，浏览为艰。兹当一刻之余，汇成全帙，使欲习时务者得识其门径，不至叹迷津无筏也"。可见该书目内容多辑录自湖南学报。是编集中、外著作于一编，凡六卷，注重"时务"是该书目的显著特点。卷一为史学书目提要，卷二为掌故书目提要，卷三为舆地书目提要，卷四为算学书目提要，卷五为商学书目提要，卷六为交涉书目提要。每书下列卷数，所列版本皆"据近日最精之本也，因坊间翻刻脱略甚多，不便初学"①。书下未列价钱，"因纸墨之价有不常，南北之地有各异，不能一律相同，概从删去"②。在提要中，首先指明一书编者、译者及口述者，然后是对书籍内容的简介，其中多带有指导阅读性质。如《四裔编年表》条云："学者先取此书与《纪元篇历代帝王年表》参看，于四千五百余年景象了如目前，然后遍读诸史，迎刃而解矣。"又如《戴校水经注》条云："诸家考地理者，皆以郡国为主而求山川，戴氏以山川为主而求郡县，故精审能出诸家之上。"这些书目于传统考据学外，彰显了时代变局下新的治学风尚。

第四节　新史料的发现与刊布：罗振玉及其敦煌目录

　　道咸以降学术之新，不仅体现在治学范围上，还有新史料的发现、刊布与研究："敦煌写经，殷墟龟甲，奇书秘宝，考古所资。其有裨于学术者尤多，实集古今未有之盛焉。"③清末敦煌藏经洞的发现，便是学术界的一件大事。以罗振玉为代表的学者首先注意到了其具有的学术价值，开始董理相关文献，编纂成目，出版发行。由此也诞生了目录学领域中的敦煌书目。

　　甘肃安西州敦煌县之东南有山曰鸣沙山，山脚有道观两座，寺庙一座。寺之左近有石室千余，由唐讫元皆谓之莫高窟，俗名千佛洞。各洞中皆有壁画，唯第十六窟中藏有五万余件唐、五代、北宋时期的佛、道、儒

---

① 《书目提要初编·例言》，清光绪二十四年（1898）刻本。
② 《书目提要初编·例言》，清光绪二十四年（1898）刻本。
③ 《清史稿》卷145《艺文志叙》，第15册，第4221页。

家典籍和官方文书。或乃西夏兵革时所藏，因壁外有所象饰，故不为人所知。光绪二十六年（1900），敦煌莫高窟的道士王圆箓扫除积砂之时，偶然间壁破发现了这些藏书。王圆箓，原籍湖北麻城县人，早年在酒泉出家后，云游至敦煌，"纵览名胜，登三危之名山，见千佛之古洞，乃慨然曰：'西方极乐世界其在斯乎！'于是建修太清宫，以为栖鹤伏龙之所"①。这些敦煌遗书从内容上看，大部分属于汉文佛经，其余的典籍内容涉及儒道经典、史地政书、医学占卜、天文历书、词曲赋文以及绘画、刺绣等艺术品。官方文书从形式上看，包含了符、牒、帖、榜文等，对于考察古代地方行政运作具有很高的学术价值。除了汉文，还有少数的藏文、回鹘文、梵文等文献典籍，弥足珍贵。

这批重要的敦煌遗书在清末被发现后，并未得到足够重视，敦煌县当局仅令原地封存。此后，敦煌遗书相继被斯坦因、伯希和等人以欺骗方式盗走，偷运至国外。宣统元年五月，伯希和再次来华，将敦煌发现遗书之事告之时任两江总督的端方，此消息不胫而走。七月，伯希和抵京后，王式通、董康、罗振玉一同到访其住处，伯希和将敦煌发现藏经洞之原委告之。据罗振玉所云："鸣沙之藏，则石室甫开，缥缈已散。我国人士，初且未知。宣统改元，伯希和博士始为余言之。既就观目录，复示以行箧所携，一时惊喜欲狂，如在梦寐。"② 罗振玉随即四处奔走呼吁，以整理、刊布这批重要的敦煌遗书为己任。其云："呜呼！天不出神物于乾嘉隆盛之时，而见于国势凌迟之日，今且赤县崩沦，礼亡乐斁，澄清之事期以百年。而予顾汲汲为此，急若捕亡，揆以时势，无乃至愚。而冥行孤往，志不可夺。"③ 于是将所闻见者，记录而成《敦煌石室书目及发见之原始》。

《敦煌石室书目及发见之原始》凡一册，书前有罗氏序一篇，称："伯君知洞中所藏皆唐写本，乃亟往于道士处购得十余车，然仅居石室中全书三分之一，所有四部各书及经卷之精好者，则均已囊括而去矣，大半寄回法国，尚余数束尚未携归。昨往观，特以所见及已寄回之书目略记于左。"其中已经寄回法国者有颜师古《玄言新记明老部》五卷、《二十五

---

① 《王法真墓志》，转引自杨秀清《敦煌》，甘肃人民出版社2019年版，第27页。
② 罗振玉：《鸣沙石室佚书序》，民国十七年（1928）东方学会石印本。
③ 罗振玉：《鸣沙石室佚书序》，民国十七年（1928）东方学会石印本。

等人图》、《太公家教》、《辨才家教》、《孔子修问书》一册、《开蒙要训》、《天地开辟以来帝王记》一卷、《百行章》一卷、何晏《论语集解》（存卷一、卷二、卷六）、《毛诗》卷九、《范宁谷梁传集解》（存闵公至庄公）、《孟说秦语·晋二》、《庄子》第一卷、《文子》第五卷、《郁知言记室修要》、《文选李善注》（存卷二十五、二十七）、《冥报记》、《新集文词九经钞》、《新集文词教林》、《秦人吟》、《鹦子赋》、《李若玄略出籯金》、《老子道德经义疏》第五卷、《唐韵》、《切韵》、《唐礼图》（数页）、《辅篇义记》（存第二卷）、《新集吉凶书仪》二卷、《李荃阃外春秋》（存卷一、卷四、卷五）、《唐律》一卷（残）、《故陈子昂集》（存卷八至卷十）、《敦煌十咏》一卷，凡31部。此外所著录者，均为罗氏所目见。多数书仅著录书名、册数，间或表明所存卷数。该书目保存了许多稀有传世文献，如颜师古《玄言新记明老部》五卷，为诸史志目录所未载。五代刻本《唐韵》《切韵》及《唐礼图》数页、《唐律》残卷等，均极为珍贵。《故陈子昂集》虽存卷八至卷十，然仅此两卷，即有现行十卷本所不载者。其书于1909年9月，交由董康"诵芬室"刊印。随后登载于《东方杂志》第6年第10期。该书目"是迄今所知中国第一篇有关敦煌莫高窟藏经洞出土文物的文章，在'敦煌学'学术史上具有划时代意义"①。

宣统元年七月，伯希和抵京之时，随身携带了部分未运走的敦煌遗书若干部，罗振玉到访伯希和住处之时，或影照，或抄录了部分遗书。据罗氏自云："石室秘藏，此次借影者，计书卷六、雕本二、石刻三、壁画五，其纸敝，故不可影者则录之，但期日匆遽，不获备写，心长晷短，此憾如何。"② 罗氏将之结撰成目，是为《鸣沙山石室秘录》。今笔者所见是目，为国家图书馆所藏，民国间国粹学报社铅印本。分书卷、雕本、石刻、经象、壁画、古器物，末附余记，共著录81部书籍。其中书卷34部，雕本8部，石刻4部，经象8部，壁画4部，古器物3部。书卷之中，不乏珍贵稀有之书，如《唐礼图》乃唐人册子本，《唐历日》卷子

---

① 王冀青：《罗振玉〈敦煌石室书目及发见之原始〉版本问题研究》，《敦煌研究》2012年第1期。

② 罗振玉：《鸣沙山石室秘录·余记》，《国粹学报》社民国间铅印本。

本，凡三卷，以及残本《唐律》，等等。

罗氏于伯希和处所所见敦煌遗书，多为残卷珍本，故罗氏于每书下皆载其卷帙之存亡。如《尚书顾命残叶》条载："已影照。仅存九行，然经注并有异文。此叶以糊经帙之背。"《范宁谷梁集解》条载："存庄公至闵公。"何晏《论语集解》条载："未见，存卷一、卷二、卷六。"李筌《阃外春秋》条载："存卷一、卷四、卷五。"罗氏还能查检史志目录，载卷帙之异同。如《冥报记》条载："未见，案此书唐临撰，《唐书·艺文志》史部、《宋史·艺文志》子部小说家均著录，作二卷。日本西京博物馆藏唐写卷子本则三卷。"《老子西升化胡经》条载："存卷一、卷十。案此经诸氏《经籍志》不著录，惟《日本现在书目》有《老子化胡经》十卷。"

罗氏通过查考书籍内容，断定版本信息。如书卷第一《毛诗卷九》中《鄘柏舟训传》条："案，陆德明《释文》'邶'本作'鄘'，汉《衡方碑》感背人之凯风，字又作'背'，此本作'鄘'，知是六朝古本。"又如《沙州志》条，伯希和称书中有五代地名，然罗氏通过考察书法及避讳，认为："其书法则似唐人笔也。且卷中改民间为百姓，间书隆作□，避太宗、玄宗讳，为唐人笔无疑。"又如《老子西升化胡经》今存卷一、卷十，罗氏将此两卷与元释念常《佛祖通载》中的《老子化胡成佛经》一书作以比较，"署名均不合"。又将之与元释祥迈《辨伪录》所引《化胡经》《西升经》相校，亦多不合。故罗氏曰："盖元代所传之本，又非唐人之旧矣。"

罗氏还于每书下简短的提要中，对书籍略加考证。如将《西州志残卷》一书，证之《新旧两唐书·地理志》，两《志》均言西州领县五，今此卷内所载凡六县。又此书载十一道当是西州都护府所分诸道，足可补史地之缺。又如《老子西升化胡经》一书，在唐总章元年，曾敕令各地焚毁此书。元至元年间，在全国范围内又兴起了禁毁道家伪经运动，此书亦在禁毁之列。经过唐、元两代的焚毁，自明以后此书不复传世。罗氏进而据《辨伪录》《辨正论》等，查考出此书是晋代王浮所造，"唐人所禁之本，乃王浮所撰，至元人所毁者，恐又为宋人伪托者也"。然而，由于时代久远，有些书籍难以考证，罗氏不得不疑而存之。有对书名存疑者。如《孟说秦语中》条，伯希和认为此书即是《战国策》，但罗氏则不以为然："《国语》中无《秦语》。《唐书·艺文志》史部杂史类有孔衍《春秋时国语》十卷，又《春秋后国语》十卷，不知即此书否。"再如《新集吉凶书仪》二卷，罗氏考之《宋史·艺文志》史部仪注类，载有刘岳所著《吉凶书仪》二卷，"不知即此书否"。又如，慧琳《一切经音义》中载有惠超《往五天竺国传》的节本，敦煌遗书中亦有一部首尾残缺的有关五天竺国见闻的书籍，伯希和将其认定为惠超《往五天竺国传》一卷本。然罗氏认为："慧琳《音义》卷一百载惠超此传凡三卷，今此卷首尾虽残，似是一卷，俟再详考。"有对未见书籍内容推测者。如残本《唐律》，罗氏未得寓目，但据伯希和称，是编无疏义，又有新增之例。罗氏据其所云，推断"疑即《显德刑统》类也"。还有对书中人物存疑者。如乡贡进士郁知言《记室备要》条，罗氏称，其友董康考日本旧钞卷子本《五行大义》背记引古韵书有"郭知言"，疑此书作者"郁"与"郭"形近，或将"郭"误为"郁"，然"伯君则言此书确是郁而非郭"。

除《敦煌石室书目及发见之原始》《鸣沙山石室秘录》两部敦煌目录问世外，在《雪堂校刊群书叙录》中还收录了罗氏对一些敦煌遗书的读书题跋，并对敦煌写本与传世版本的异同进行了比较。自1910年开始，罗振玉编《敦煌石室遗书》《石室秘宝》等书，刊布敦煌文献20余种，图5幅。嗣后，又相继编著了《鸣沙石室佚书》《鸣沙石室佚书续编》《鸣沙石室古籍丛残》《敦煌零拾》《敦煌石室遗书三种》《敦煌石室碎金》《贞松堂藏西垂秘籍丛残》等著述，刊布了敦煌遗书百余种。对于罗振玉的学术贡献，王国维评曰："近世学术之盛，不得不归诸刊书者之功。……若夫生无妄之世，小雅尽废之后，而以学术之存亡为己责，搜集之，考订之，流通之，举天下之物不足以易其尚，极天下之至艰而卒有以达其志，此于古之刊书者未之前闻，始于吾雪堂先生见之。"① 尽管罗振玉在"学术存亡之际"刊布的敦煌文献十分有限，但其对敦煌学的发展贡献不容忽视。

与罗振玉并驾齐驱者，还有王仁俊的《敦煌石室真迹录》凡五卷，三册，清宣统元年（1909）石印本。书前有王氏《敦煌石室真迹录述》一篇，言："若夫经像壁画、古器物之仅资玩赏，无裨儒术者概未敢录。"② 揭示了是编纂修的主旨。其将敦煌石室内发现的文献资料分甲上、

---

① 王国维：《雪堂校刊群书目录·序》，民国十七年（1928）石印本。
② （清）王仁俊：《敦煌石室真迹录·自述》，清宣统元年（1909）石印本。

甲、乙、丙、丁、戊六部分,后有附录一卷。其中,甲上收《邕禅师铭》《温泉铭》《金刚经》三帖,皆用影印而成,使人能睹其真迹。七部分共收68件文献资料,每部文献后都有王氏按语,详加考证。有依据铭文考书名者。如甲上所收一碑文,因卷前残缺,不可知其撰写年代及作者。王氏从铭文中考知,此乃《唐太宗御制御书温泉铭》:"今题温泉铭者,以文有鉴灵泉,而肃心及凝温镜彻词也。题太宗御制御书者,以文有朕字,不讳民字末笔也。"有据文中避讳,考成文时间者。如甲部《沙州志》条,此写本避唐讳,遇"民"字则写作"百姓",遇"隆"字则写为"降"字,凡遇"大周"则多空格。王氏据此得出结论:"此《志》当是伪周后僭位时所撰。观于'显'字不避中宗讳,可知在伪后废帝之后,神龙复辟之前矣。当是元宗登极之后矣。"王氏还揭示了其所收录的敦煌写本所具有的史学价值。如甲部《唐张淮深传》条,王仁俊考证道:"此《唐张淮深传》写本,大致与《唐史·吐蕃传》载淮深事同。惟写本淮深卒在大顺元年二月二十二日,而《旧唐书·吐鲁番传》以淮深卒在咸通十三年,今考写本是也。"又以此写本校《唐书·吐蕃传》《五代史记》《东都事略》《宋史》等传世文献,上述四部史书均将"张淮深"写作"惟深",将其叔父"张义潮"误写为"义朝"。可见,敦煌写本具有纠史之谬的价值。

这一时期的敦煌学还属于起步阶段,主要的学术工作多集中在敦煌文献的整理刊布及文献校勘等方面。总体上看,有关敦煌的目录著作还很简略,但毕竟为敦煌文献的介绍和宣传做出了贡献,"对以后敦煌学的发展产生了深远的影响,奠定了中国敦煌学发展的基础"[1]。

综上所述,传统学术文化内部的推陈出新,是晚清社会变革的产物。传统学术在治学范围上,突破了考据学的学术藩篱,开始关注朴学之外的"一切诸学"。王国维便言:"道咸以降,途辙稍变,言经者及今文,考史者兼辽金元,治地理者逮四裔,务为前人所不为。"[2] 传统学术内部的流变,使得晚清目录学的学术发展注入了时代内涵,拓展了晚清目录学承扬传统学术文化的深度和广度。

---

[1] 林家平等编:《中国敦煌学史》,北京语言学院出版社1992年版,第6页。
[2] 王国维:《沈乙庵先生七十寿序》,载《王国维全集》第8卷,浙江教育出版社2009年版,第618页。

第四章

新旧学术交替中目录学的分类理论与实践

"类例既分,学术自明"这是宋人郑樵提出的目录学分类理论。目录学可以将繁杂的古今学术通过分类的形式表现出来。至清代,章学诚提出通过目录的叙录、分类以及互著、别裁的方式,以实现"辨章学术,考镜源流"。因此,目录学的图书分类"不徒为甲乙纪数之需"①。可见,目录学的图书分类,从本质上说是一种学术文化现象。一方面,由于传统学术的继续发展,为传统的四部分类法提供了生存空间。因此,其广泛的社会影响依然存在。另一方面,随着西学传入的不断深入,新兴学科的兴起推动了目录学分类思想的发展。晚清目录的图书分类理论便在这种新旧学术文化的交融中酝酿成长。

第一节 传统学术与四部分类法的广泛影响

严复云:"吾国自发捻荡平之后,尔时诸公,实以窥旧学之不足独恃。惟然,故恭亲王、文文忠立同文馆于京师;左文襄、沈文肃开前后学堂于马江;曾文正亲选百余幼童以留学美国;李文忠先后为水师、武备、医学堂于天津。凡此皆成于最早而亦各著成效者也。然除此数公外,士大夫尚笃守旧学。"② 可见,传统学术在近代社会依然有其影响。这种传统

---

① (清)章学诚:《校雠通义·原道》,清咸丰元年(1851)刻本。
② 严复:《论教育与国家之关系》,载《辛亥革命十年间时论选集》(第二卷,上册),生活·读书·新知三联书店1963年版,第366页。

学术文化的持久影响是四部图书分类法继续得以维系的重要原因。

一 四部分类法在晚清的持续发展

四部分类法始于曹魏时期的郑默。郑默官魏秘书郎，采掇秘书、中、外三阁藏书之遗，编纂而成《中经》一书。在《中经》这部书中，郑默对图书进行了四分法的初步分类整理工作。随后，西晋秘书监荀勖，又根据郑默之《中经》，著成《中经新簿》十卷，对其中的典籍总之以四部分类。关于《新簿》的"四部"分类，《隋书·经籍志》中详加记载："魏秘书郎郑默始制《中经》，荀勖又因《中经》更著《新簿》，分为四部，总括全书。一曰甲部：纪六艺及小学等书；二曰乙部：有古诸子家、近世子家、兵书、兵家、术数；三曰丙部：有史记、旧事、皇览簿、杂事；四曰丁部：有诗赋、图赞、汲冢书。大凡四部。"① 至此，四部分类始见端倪。但其尚属草创，各部类的次序与名称还未确定。

东晋李充对此加以完善。清代学者钱大昕曰："晋荀勖撰《中经簿》，始分甲、乙、丙、丁四部，而子犹先于史。至李充为著作郎，重分四部。五经为甲部，史记为乙部，诸子为丙部，诗赋为丁部，而经、史、子、集之次始定。"② 李充的分类方法产生了深刻的影响："充删除烦重，以类相从，分作四部，甚有条贯。秘阁以为永制。"③ 至唐修《隋书·经籍志》便在此基础上确定了经、史、子、集的部类名称，正式确立了四部分类法的主导地位，"自后，唐宋以下为目者，皆不能违"④。清乾隆年间组织编修的《四库全书总目》，进一步改进和完善了四部分类法。其中，经部分十类，史部分十五类，子部分十四类，集部分五类（参见表4-1）。至此，传统四部分类法在清代目录分类体系中占据了主流地位。

---

① 《隋书·经籍志序》，中华书局1973年版，第1918页。
② （清）钱大昕：《补元史·艺文志序》，《广雅丛书》本。
③ 《晋书·李充传》，中华书局1974年版，第2391页。
④ （清）王鸣盛著，黄曙辉点校：《十七史商榷》卷67《经史子集四部》条，上海古籍出版社2013年版，第912页。

表4-1　　　　　　　　《四库全书总目》图书分类

经部	史部	子部	集部
易、书、诗、礼周礼、仪礼、礼记、三礼通义、通礼、杂礼书、春秋、孝经、五经总义、四书、乐类、小学训诂、字书、韵书	正史、编年、纪事本末、别史、杂史、诏令奏议、传记圣贤、名人、总录、杂录、史钞、载记、时令、地理总志、都会郡县、河渠、边防、山川、古迹、杂记、游记、外记、职官、政书通制、典礼、邦计、军政、法令、营建、目录经籍、金石、史评	儒家、兵家、法家、农家、医家、天文算法推步、算书、术数数学、占候、相宅相墓、占卜、命书相书、阴阳五行、艺术类书画、琴谱、篆刻、杂技、谱录类器用、食谱、草木虫鱼、杂物、杂家杂学、杂考、杂说、杂品、杂纂、杂编、类书、小说家杂事、异闻、琐语、释家、道家	楚辞、别集、总集、诗文评、词曲词集、词选、词谱词韵、南北曲

以《四库全书总目》为代表的四部分类法在晚清时期依然影响深远。一些著名藏书家如瞿镛的《铁琴铜剑楼藏书目录》、陆心源的《善本书室藏书志》及其《八千卷楼书目》、孙星衍的《廉石居藏书记》及其《平津馆鉴藏书籍记》、周中孚的《郑堂读书记》等藏书目在类目设置和编排的次序上与《四库全书总目》完全一致。

还有些藏书家的书目，也都是以《四库全书总目》的分类为基础编纂而成的。如山东杨氏《楹书隅录》仍将图书总之以经、史、子、集四部分类，但因其藏书有限，未能如《四库全书总目》分类之广，故一级类目下不再设具体的子目。尽管如此，从其经部图书的著录次序来看，仍以《四库全书总目》经部的类目设置为参考。藏书家国英的《共读楼书目》，"经、史、子、集皆按钦定《四库全书总目》序次编列，以书无多，未与详分子目"[1]。张钧衡在编纂《适园藏书志》时也"依四库分类"[2]。

除著名藏书家外，清末民初兴起的公共图书馆目录，其分类体系也多以四部分类为规范。有些图书馆目录的分类在类目的名称和次序上完全沿

---

[1] （清）国英：《共读楼书目·自序》，清光绪六年（1880）吉林索绰络氏家刻本。
[2] 张钧衡：《适园藏书志·自序》，民国五年（1916）刻本。

袭了四部分类法，例如：1916年《常熟县图书馆藏书目录》的分类为：

经部：易、书、诗、礼、春秋、孝经、群经总义、四书、乐类、小学

史部：正史、编年、纪事本末、别史杂史、诏令奏议、传记、史钞、载记、时令、地理、职官、政书、目录、史评

子部：儒家、兵家、法家、农家、医家、天文算法、术数、艺术类、谱录类、杂家、类书、小说家、释家、道家

集部：楚辞、别集、总集、诗文评、词曲、丛书类

该书目与《四库全书总目》的差异在于类目设置上只有两级类目，而传统四部分类法则是由三级类目所构成。经部将《四库全书总目》的"五经总义"改为"群经总义"；史部合"别史""杂史"于一类；子部、集部的分类则与《四库全书总目》完全相同。

有些图书馆目录在一级、二级类目上仿照了《四库全书总目》，主要的变化在三级子目上。如《江南图书馆善本书目》的分类为：

经部：易、书、诗、礼、春秋、孝经、五经总义、四书、乐类、小学

史部：正史、编年、纪事本末、杂史、诏令奏议、传记圣贤、名人、总录、杂录、史钞、载记、时令、地理官殿、总志、都会郡县、河渠、边防、山川、古迹、杂记、游记、外记、职官、政书官箴、邦计、法令、考工、目录经籍、金石、史评

子部：儒家、兵家、法家、农家、医家、天文算法推步、算书、术数数学、占候、命书相书、阴阳五行、艺术类书画、篆刻、杂技、谱录类器用、食谱、草木虫鱼、杂家杂学、杂考、杂说、杂品、杂纂、杂编、类书、小说家杂事、琐语、释家、道家

集部：楚辞、别集、总集、诗文评、词曲词集、词话、曲选、曲韵

该书目在一级和二级类目上是依据《四库全书总目》的分类而设置的，仅在史部将"别史类"去掉，余则皆同。一些变化则体现在三级子

目上。如史部"地理类"下的子目增加"宫殿"一项；政书类下调整为：官箴、邦计、法令、考工四项。子部小说家类下去掉"异闻"类。集部"词曲类"调整为：词集、词话、曲选、曲韵。但其设置的范围依然没有跳出四部分类法的范畴，只是体现了从简的原则。再如1918年《江苏第一图书馆覆校善本书目》的分类为：

经部：易、书、诗、礼周礼、仪礼、礼记、通礼、春秋、孝经、五经总义、四书、乐类、小学训诂、字书、韵书

史部：正史、编年、纪事本末、别史、杂史、诏令奏议、传记圣贤、名人、总录、杂录、史钞、载记、时令、地理宫殿、总志、都会郡县、河渠、边防、山川、古迹、杂记、游记、外记、职官、政书官箴、通制、典礼、邦计、法令、考工、目录经籍、金石、史评

子部：儒家、兵家、法家、农家、医家、天文算法推步、算书、术数数学、占候、相宅相墓、占卜、命书相书、阴阳五行、艺术类书画、篆刻、杂技、谱录类器物、食谱、草木虫鱼、杂家杂学、杂考、杂说、杂品、杂纂、杂编、类书、小说家杂事、异闻、琐语、释家、道家

集部：楚辞、别集、总集、诗文评、词曲词集、词话、南北曲、曲选、曲谱、曲韵

这里一级、二级类目与《四库全书总目》完全一致。只有在三级子目中才对《总目》进行了必要的删减。如经部"礼类"下简化为"周礼""仪礼""礼记""通礼"。史部"地理类"下增加"宫殿"一项；"政书类"去掉了"军政""营建"两项，增加了"官箴""通志""考工"三项。子部"艺术类"下不设"琴谱"，"谱录"类舍去"杂物"。集部"词曲类"下调整为"词集""词话""南北曲""曲选""曲谱""曲韵"。

还有些图书馆目录在传统四部分类法的基础上对二级、三级子目进行了有益的整合。如1917年《京师图书馆书目》的分类为：

经部：诸经类、经总说、易、书、诗、三礼、周礼、仪礼、礼记、春秋三传、孝经、四书、尔雅、经翼、小学小学总、小学形类、小学

第四章 新旧学术交替中目录学的分类理论与实践 / 165

声类、小学义类、谶纬

　　史部：正史、编年、纪事本末、别史、杂史、载记、政书政书总、吏政、户政、兵政、刑政、工政、诏令、奏议、职官、地志总志、分志、分志之直隶、盛京等、祠宇、山水、边防、目录、金石总类、目录、图像、文字、义例、传记、谱牒、史钞、史评

　　子部：诸子总、周秦诸子、儒家、兵家、法家、医家、农家、算学历算、中法、西法、中西合、术数、艺术类、谱录类、说家考证、格言、杂家、小说、道家、释家、类书、丛书

　　集部：别集全集、文集、诗集、总集总编、文编、诗编、诗文评、韵书、词曲

　　该书目在二级类目中经部增加了"诸经总""经说总""经翼""尔雅类""谶纬"，将"周礼""仪礼""礼记"与"三礼类"同置第二级类目中，删掉了"乐类"。史部增加了"谱牒类"，"金石类"独立于"目录类"下，去掉了"时令类"。子部增加了"诸子总""周秦诸子""丛书类""算学类""说家类"。集部删去了"楚辞类"，增加了"韵书"一类。在三级子目中也多有调整，如经部小学类下分为"小学总""小学形类""小学声类""小学义类"。史部政书类下分为"政书总""吏政""户政""兵政""刑政""工政"；地志类下分为"总志""分志""分志之直隶、盛京等""祠宇""山水""边防"；金石类独立于目录类下而分为"总类""目录""图像""文字""义例"。集部别集下分为"全集""文集""诗集"；总集类下分为"总编""文编""诗编"。

　　值得注意的是，一些以收录西学书籍的译书目录也都借鉴了传统四部分类法。如1897年康有为的《日本书目志》，便对四部分类法中的某些二级、三级子目在类目名称和排列顺序上有所继承。在"理学门"设立了"天文学""历书""气象学"，这是受到了四部分类中"子部"天文算法类和术数类的影响；在"图史门"中设立了"类书"，而传统的四部分类中也在"子部"设立了类书类；在"美术门"中设立了"绘画书""书画类"，同样可以看到传统四部分类法"子部"艺术类对其的影响。不仅表现在类目的名称上，在一些二级子目的排列次序上也都沿袭了四部

分类法的习惯。传统的四部分类法将地理类文献设置在"史部",如《四库全书总目》在"史部"设有地理类,其下又分为"总志""都会郡县""河渠""边防""山川""古迹""杂记""游记""外记"等。而《日本书目志》则继承了这种图书分类思想,在"图史门"中设立了"地理总记""地理杂记""万国地理""各国地理""地理小学校用""横文地理及地文"等类目,同样是将有关的地理文献放入了史学的门类。再如:"文学门第十一"各子目的排列顺序为:"文—诗—曲"这又恰好是四部分类法中集部的分类次序。

这里需要指出的是,《日本书目志》类目的设立对传统四部分类法多有继承,但其在图书分类领域的开创意义不容抹杀。正如陈耀盛所言:"《日本书目志》中理学类的设立,方技、类书等二级类的设立,体现了康有为对传统目录分类的某种继承。在中国目录学走向近代化的转型期,'参采中西'是一种转型的必然蜕变过程。故此,这种'参采中西'的书目分类体系影响了近代一大批新学西学书目乃至后来的仿杜、补杜、改杜的图书分类法。"①

再如1898年黄庆澄的《中西普通书目表》。该书目卷一所开列的中文书的分类依次为:"中学入门书""经学""子学""史学""文学""中学丛刻书"。其中将四分法中的"子部"移到"史部"之前,将"集部"改名为"文学",可见分类的主体依然没有突破四部分类法的樊篱。正如姚名达先生所言:"其书卷一所列为'中学入门书''经学''子学''史学''文学''中学丛刻书'。试取以《书目答问》比较,即知其由《答问》脱胎而来。"②

此外,1902年的《增版东西学书录》和1904年的《译书经眼录》两书受到传统四部分类法的影响则主要表现在"史志"类目上。两书都将"史志"置于卷首,分类依次为:

《增版东西学书录》"史志第一":通史、编年、古史、专史、政记、战记、帝王传、政治、臣民传记。

---

① 陈耀盛:《试论康有为的目录学思想》,《华南师范大学学报》1995年第2期。
② 姚名达:《中国目录学史》,上海古籍出版社2002年版,第120页。

《译书经眼录》"史志第一":通史、专史、编年、帝王传记、臣民传记、女史、政记。

而《四库全书总目》"史部"的分类为:

正史、编年、纪事本末、别史、杂史、诏令奏议、传记圣贤、名人、总录、杂录、史钞、载记、时令、地理总志、都会郡县、河渠、边防、山川、古迹、杂记、游记、外记、职官、政书通制、典礼、邦计、军政、法令、营建、目录经籍、金石、史评。

与《四库全书总目》史部类目的划分相比,《增版东西学书录》《译书经眼录》显然在一定程度上受到了传统四部分类法中"史部"划分书目思想的影响。特别是其中的"编年""古史""帝王传记"三项,从名称上看又与传统四分法中"史部"的"编年体""正史""传记"相仿。

综上所述,四部分类法在晚清时期依然能有其生存的发展空间。对此,目录学家王重民先生曰:"自从1793—1795年《四库全书总目》开始向读书人和藏书家流通以后,一个最显著的影响,就是在目录分类的类目上和每类之中所著录书籍的编排上,很快的就都按照《四库全书总目》的分类体系去做了。"① 传统四部分类法之所以在晚清时期依然有广泛的影响,笔者认为大致有如下原因。

其一,四部图书分类法有其本身的文化价值。四部图书分类法根植于我国传统文化之中,有着深厚的文化根基。它以经、史、子、集四部将中国古代的典籍全部容纳,四类之下又复分子目,经部分十类,史部分十五类,子部分十四类,集部分五类,"或流别繁碎者又各析子目"②,这样就使得条例十分清晰。更为重要的是,四部书目下还附有简短的书籍提要,辨章学术流别,考镜文字原委,"亦治书之要法"③。四部分类法本身体现

---

① 王重民:《中国目录学史论丛》,中华书局1984年版,第225页。
② 《钦定四库全书总目·凡例》,中华书局1996年版。
③ (清)章学诚:《校雠通义·宗刘第二之八》,清咸丰元年(1851)刻本。

了中国传统学术文化发展的概貌,是对传统学术文化高度的概括和总结。晚清时期虽然洋务派主张向西方学习,但一些保守官僚却持保留态度。大学士倭仁曰:"窃闻立国之道,尚礼义不尚权谋;根本之图,在人心不在技艺。今求之一艺之本末,而又奉夷人为师,无论夷人诡谲未必传其精巧,即使教者诚教,学者诚学,所成就者不过术数之士,古今来未闻有恃术数而能起衰振弱者也。"① 杨廷熙也说:"窃维修德行政,实千古临御之经;尽人合天,乃百代盛强之本。自来奇技淫巧,衰世所为,杂霸驩虞,圣明无补。所以唐虞深明天道,亦止授时齐政,垂为典章,未闻使羲和、仲叔作推步之书;成周记列考工,亦只分职设官,勤于省试,未闻令庠序学校习工师之事。"② 实际上,即便是洋务派,他们的西学主张依旧认为,治本之术"仍当由我中国之政治"③。他们主张采纳西学,但并不排斥中学。传统学术的持久发展为四部分类法的使用奠定了学术基础。

其二,四部分类法"御准"的社会地位及其形成的固有分类格局在当时士人思想观念中根深蒂固。前代目录之书,如《七略》《七录》等,其类目设置为后人所驳正者甚多,"盖其时立法未善,搜罗未广,又听臣下意为进退,鉴别不精,故无以定是非之准而汇古今之大全"④。及乾隆三十七年,诏求遗书,各省大吏悉心搜求,江南藏书之家亦多有献呈,又于《永乐大典》中辑录未见之书。凡经、史、子、集四部之书,"每校一书,进呈乙览,仰蒙御制诗章,敷言建极,式型奕禩,衮钺同昭。馆臣得奉以编摩,次第甄录"⑤。乾隆帝甚至在上谕中,专门对《四库全书总目》的分类做出了指示:"从来《四库》书目以经、史、子、集为纲领,裒辑

---

① 中国史学会主编:《洋务运动(二)》同治六年二月十五日大学士倭仁折,上海人民出版社 2000 年版,第 30 页。
② 中国史学会主编:《洋务运动(二)》同治六年五月二十二日杨廷熙条,上海人民出版社 2000 年版,第 43 页。
③ (清)王韬:《洋务下》,载《弢园文新编》,生活·读书·新知三联书店 1998 年版,第 30—31 页。
④ 《清朝文献通考》卷 224《经籍考》史部目录之属《钦定四库全书总目》条,第 6870 页。
⑤ 《清朝文献通考》卷 224《经籍考》史部目录之属《钦定四库全书总目》条,第 6870 页。

分储，实为古今不易之法。"① 可见，以《四库全书总目》为代表的四部分类法是经过清帝御准而确立下来的，"其体例悉承圣断，亦古来之所未有也"②。乾隆年间官修《清文献通考》，纂修官对《四库全书总目》亦赞赏有加："大圣人亲示折衷，垂定论于亿载，固非《崇文总目》诸书所能希踪万一矣。"③ 其《经籍考》一篇尽管出于体例上的考虑，多承袭马端临《文献通考·经籍考》之分类，但是有些子目的归并还是依据了《四库全书总目》之例。如经部乐类中琴谱等书籍，"从《钦定四库全书》之例，改入子部艺术类"④。再者，清代一些致力于书籍事业的官员在组织编写目录时，即将《四库全书总目》奉为圭臬。如光绪十年，薛福成官宁绍台道，命钱学嘉等三人重新编目，以成《天一阁见存书目》四卷，"著录家分别部居，互有出入，《隋志》而后，门目繁多，今谨遵文渊阁《四库全书》例编次，虽当时馆臣配隶容有未当之处，亦不敢妄为立异，至《提要》未载之书，则依其例意，以类相从"⑤。清末藏书家杨绍和在《楹书隅录》中，往往有"伏读《总目》"云云，也足见其对《四库全书总目》的尊崇。因而，四部分类法也便具有了深远的社会影响力："刊《四库全书总目提要》而集其大成，乾嘉以后，虽非难者不乏其人，而言目录者，鲜不以此为圭臬，盖骎骎乎有定于一尊之势矣。"⑥

其三，四部分类法成为指导士人读书治学的重要门径。《四库全书总目》在体例上能够对传统学术加以钩玄提要，经、史、子、集四部之首，各冠以总叙，"撮述其源流正变，以挈纲领"。四部下又复分子目，凡四十三类，亦各冠以小叙，"详述其分并改隶，以析条目"。每类中若有特殊说明者，又附加按语，"以明通变之由"⑦。更值得称道的是，《四库全书总目》对著录的每一部书，都编写有或长或短的书目提要一篇，"每书

---

① 《钦定四库全书总目·卷首一》乾隆三十八年二月十一日奉上谕，中华书局1996年版，第2页。
② 《钦定四库全书总目·卷首三·凡例》，第32页。
③ 《清朝文献通考》卷224《经籍考》史部目录之属《钦定四库全书总目》条，第6870页。
④ 《清朝文献通考》卷210《经籍考总叙》，第6749页。
⑤ （清）薛福成：《天一阁见存书目·凡例》，清光绪十五年（1889）刻本。
⑥ 刘国钧：《四库分类法之研究》，《图书馆学季刊》1926年第9期。
⑦ 《钦定四库全书总目·卷首三·凡例》，第32页。

先列作者之爵里，以论世知人；次考本书之得失，权众说之异同，以及文字增删、篇帙分合，皆详为订辨，巨细不遗。而人品学术之醇疵，国纪朝章之法戒，亦未尝不各昭彰瘅，用著劝惩"①。《四库全书总目》体大精思，周中孚在《郑堂读书记》中云："窃谓自汉以后簿录之书，无论官撰私著，凡卷第之繁富，门类之允当，考证之精审，议论之公允，莫有过于是编矣。"② 因而，《四库全书总目》能为士人掌握古今学术源流提供指导。张之洞在《輶轩语》中便曰："今为诸生指一良师，将《四库全书提要》读一过，即略知学问门径矣。"③ 四部分类法已经在当时士人中形成了固定的阅读范式，适应了当时士人的阅读习惯："自《七略》为四部后，四库法最能深入人心，而成一代之典型。公私著录，无不奉为圭臬，引作参证；学者阅读一目了然，无劳繁琐，故能沿用二百余年而不衰。"④ 四部分类法占据的社会地位和社会影响依然是无可比拟的。

当然，也应看到有些图书馆在购进新学书籍后，由于新的图书分类法尚在探索阶段，不得不以四部分类暂行统括之。山东图书馆在编纂图书目录时便言："是编谨依四部记录，至近时科学发明，范围日广，学堂教科各书及外国文译著各书暂附诸别录，俟储藏日富再订定细目，依类区分。"⑤ 诚如刘简所言："新旧之书，标准难定，类分多无所依据，管理上亦多有困难，犹不及四部旧制统一运用方便。"⑥ 四部分类法在新旧学术交融发展的背景下，也面临着改进和完善。

二 对四部分类法的整合与改进

尽管传统四部分类法在晚清社会仍有其存在的学术基础，但晚清时期是中国传统学术推陈出新的一个重要时期，再加之受到西学的影响日深，传统四部分类法已渐渐不能适应学术的发展而表现出诸多弊端。清人江人

---

① 《钦定四库全书总目·卷首三·凡例》，第32页。
② （清）周中孚：《郑堂读书记》卷32，史部目录类之属《钦定四库全书总目》条，上海书店出版社2009年版，第487页。
③ （清）张之洞：《輶轩语·语学》，《增订书目答问补正》附三，中华书局2011年版，第667页。
④ 刘简：《中文古籍整理分类研究》，台北文史哲出版社1978年版，第153页。
⑤ （清）保鏊东：《山东图书馆辛亥年藏书目·例言》，清宣统三年（1911）石印本。
⑥ 刘简：《中文古籍整理分类研究》，台北文史哲出版社1978年版，第203页。

度曾感叹："且东洋诸学子所著，愈出愈新，莫可究诘，尤非四部所能范围。恐四库之樊篱终将冲决也。盖《七略》不能括，故以四部为宗，今则四部不能包，不知以何为当？"①足见当时学者已认识到了传统四部分类法的不足。许多学者都在实践中对之改进，形成了以四部为根基的多元化分类法，并在此基础上又进行了必要的整合。②

（一）以四部为根基的多元化分类

这一层面上的图书分类有一个共同特点，即其所增加的类目在编排次序上都是在传统的经、史、子、集四部基础上所进行的改造，因此说是以"四部为根基"的分类法。《书目答问》最先有所突破，《九峰书院藏书记》《测海楼藏书目》《大梅山馆藏书目》等皆承其余绪而有所发展。

1.《书目答问》的开启效应

咸丰十年（1860），张之洞的《书目答问》问世。其分类首先在经、史、子、集四部之外，另加丛书一类。丛书类下又分为"古今人著述合刻丛书""清代一人著述合刻丛书"两大类。又附有"别录目""清代著述诸家姓名略"。

张之洞把丛书单独立类，有其历史的必然。丛书是一种文献汇刻集成式的书籍。丛书依据其性质可分为综合性丛书和专科性丛书两大类。丛书在我国有着悠久的历史。最早的一部丛书是南齐陆澄编纂的一部专科性质的丛书《地理书》。第一部综合性的丛书是南宋俞鼎孙编纂的《儒学警悟》，此后左圭又有《百川学海》问世，标志着丛书的初兴。至明代丛书不仅收书数量众多，丛书编纂范围也更广泛。日用生活类丛书、商业类丛书开始出现。清代则是丛书发展的繁荣时期。其中有以名家精校者，如毕沅的《经训丛书》、孙星衍的《平津馆丛书》；有以善本著称者，如黄丕烈的《士礼居丛书》、卢见曾的《雅雨堂丛书》；有以收书广博著称者，如鲍廷博的《知不足斋丛书》、伍崇曜的《粤雅堂丛书》。③尤其是一些著名学者如钱大昕、戴震、王念孙、顾广圻等都曾编写、精校过丛书。此

---

① （清）江人度：《书目答问笺补·上南皮张相国论目录学书》，清光绪三十年（1904）刻本。

② 关于四库分类的演变，可参见左玉河《从四部之学到七科之学——学术分科与近代中国知识系统之创建》，上海书店出版社2004年版。

③ 参见谢玉杰主编《中国历史文献学》，民族出版社1999年版，第94页。

外，乾隆年间，诏开《四库全书》馆，当时搜集到的图书有万余种，结撰而成当时最大的一部丛书——《四库全书》。据统计，丛书在明清时期有2797种之多。① 随着技术的进步，丛书的出版和发行也有了显著提高："印书多种后，巨商大吏闻风竞起。洎乎现代，以印刷术及推销术之进步，文化水平线之提高，丛书之产量有时反超越单行本。盖购者可无选择之烦，而售者有大量生产之益也。"② 丛书的编印，使许多典籍重新得以流传刊印："士之有志于古者，恒患购求不易，无以增广其见闻。有丛书为之荟萃，则得一书而诸类俱备。"③ 可见，丛书具有存古兴学的文化意义。尤其是在晚清社会动荡与新学思潮的影响下，丛书汇诸籍于一编，既可搜残存佚，又能表彰传统学术，具有不可取代的社会文化价值。④ 张之洞也意识到了为丛书立类的必要："丛书最便学者，为其一部之中可该群籍，搜残存佚，为功尤巨。欲多读古书，非买丛书不可。其中经、史、子、集皆有，势难隶于四部，故别为一类。"⑤ 因此，《书目答问》将丛书单独立类，符合当时学术发展的客观需要。

《书目答问》的二级、三级子目对传统的四部分类法也做了很大的调整。以下是其分类：

> 经部：正经正注十三经、五经四书合刻本；诸经分刻本 附诸经读本、列朝经注经说经本考证易书诗；周礼；仪礼；礼记；三礼总义；乐；春秋左传；公羊传；谷梁传；春秋总义；论语；孟子；四书；孝经；尔雅；诸经总义；诸经目录、文字、音义；石经、小学说文；古文、篆、隶、真书、各体书；音韵、训诂
>
> 史部：正史二十四史　廿一史　十七史合刻本、正史分刻本、正史注补表谱考证、编年司马通鉴、别本纪年、纲目、纪事本末、古史、别史、杂史事实、掌故、琐记、载记、传记、诏令奏议、传记圣贤、名人、总录、杂录、地理古地

---

① 参见周少川《古籍目录学》，中州古籍出版社1996年版，第99页。
② 姚名达：《中国目录学史》，上海古籍出版社2002年版，第323页。
③ 刘承幹：《借月山房汇钞序》，载吴格点校《嘉业堂藏书志》附一，复旦大学出版社1997年版，第1380页。
④ 参见笔者所著《〈清朝续文献通考·经籍考〉研究》，中国社会科学出版社2017年版，第200—207页。
⑤ （清）张之洞编，范希曾补正，孙文泱增订：《书目答问·古今人著述合刻丛书》，中华书局2011年版，第547页。

第四章　新旧学术交替中目录学的分类理论与实践 / 173

志、今地志、水道、边防、外纪、杂地志、政书历代通制、古制、今志、谱录书目、姓名年谱名物、金石金石目录、金石图像、金石文字、金石义例、史评论史法、论史事

　　子部：周秦诸子、儒家、兵家、法家、农家、医家、天文算法中法、西法、兼用中西法、术数、艺术类、杂家、小说家、释道家、类书

　　集部：楚辞、别集、总集文选、文、诗、词、诗文评、词曲

　　丛书：古今人著述合刻丛书、清代一人著述合刻丛书

　　附 1 别录目群书读本、考订初学各书、词章初学各书、童蒙幼学各书

　　附 2 清代著述诸家姓名略

与《四库全书总目》的各级子目相比，《书目答问》的分类具有以下特点：第一，采取先总后分的原则。如经部首列"正经正注类"，内容是一些经书的合刻本，然后是"列朝经注经说经本考证"，内容是各部经书的书目。再如子部首列"周秦诸子"以总括，次分类各家学说以分说。第二，类目设置更具有合理性。以往的书目将"目录类"列入史部，对此，江人度曰："盖目录者，合经、史、子、集而并录，安得专归史部乎？"① 而《书目答问》则将史部"目录类"分别融合在经部的"诸经目录"、史部的"金石目录"之中，类目设置更趋合理。第三，类目具有简明性。如地理类由原来的九类简化为六类；政书类由原来的六类简化为三类。第四，对一些类目做了必要的细分。如史部在"正史""编年""杂史""史评"类下首次又细分了子目。

尽管《书目答问》在图书分类上并没有突破传统四部分类的局限，甚至其对四部分类法的调整也会有所不足，"移甲就乙，改彼隶此，要亦难为定论也"②。然而，其最大的贡献"不在创造"，而是对四部分类做了大胆的修正，"张氏虽绝对无意于打倒《四库》，而《四库》之败坏自此

---

　① （清）江人度：《书目答问笺补·上南皮张相国论目录学书》，清光绪三十年（1904）刻本。

　② （清）江人度：《书目答问笺补·上南皮张相国论目录学书》，清光绪三十年（1904）刻本。

始萌其征兆也"①。因此，其对传统四部分类法的变动具有深远的影响。顾廷龙便云："自张之洞《书目答问》出，学者见闻一广，咸相奉为圭臬。"②《书目答问》在分类方法上的变革也多为时人所仿效，其中的代表者，如1911年编纂的《上海涵芬楼旧书分类目录》。

《上海涵芬楼旧书分类目录》仿《书目答问》之例，亦将丛书独立一部而成五部："《书目答问》四部之先载以丛书，为群书之管钥，征之事实，殊不可废，今故别为一部云。"③而在有些子目的编排上也继承了《书目答问》的优良编排方法。如经部将乐类置于三礼之后。作者认为，四部分类将雅乐列于经部，是值得肯定的。但是自古以来，就有礼乐并称的传统，若再如四库分类，将乐类置于四书类后，"于义似无当焉"④，故从《书目答问》，仍列礼类之后。当然，该书目在类目设置上也有不同于《四库全书总目》和《书目答问》之处。如经部将《四库全书总目》的"五经总义"和《书目答问》的"诸经总义"类改称为"经解"。作者对此有着独到的理解："第云《五经》，则遗《四书》与《孝经》矣。窃谓'经解'篇名见于《礼记》，义主群经，不专一术。"⑤另外，对于《总目》《答问》所未录的"纬书""演义小说""南北曲"等项，作者认为，"实即上古之谣俗"⑥。故是书皆将其附录于文学类后。

此外，如周星诒的《书钞阁行箧书目》、梦蝶生的《追来堂偶存书目》等皆是仿《书目答问》，从四部之中独立出丛书类而成五部分类法者。

2. 从四部分类法中诞生的多种分类法

自《隋书·经籍志》确立了经、史、子、集四部分类后，从之者有之，不遵其定例者亦有之。姚名达先生即总结出"《隋志》以后闯出'四部'牢笼之十几种分类法"⑦。晚清时期的目录学者，也开始在原有四部

---

① 姚名达：《中国目录学史》，上海古籍出版社2002年版，第115页。
② 顾廷龙：《明代版本图录初编·序》，台北文海出版社1976年版。
③ 《上海涵芬楼旧书分类目录·编目刍言》，宣统三年（1911）铅印本。
④ 《上海涵芬楼旧书分类目录·编目刍言》，宣统三年（1911）铅印本。
⑤ 《上海涵芬楼旧书分类目录·编目刍言》，宣统三年（1911）铅印本。
⑥ 《上海涵芬楼旧书分类目录·编目刍言》，宣统三年（1911）铅印本。
⑦ 参见姚名达《中国目录学史·分类篇》，上海古籍出版社2002年版，第83页。

分类法的基础上进行了更为大胆的尝试，诞生了六分、七分、八分等多种分类法。

有将类书独立成类而六分者，以《九峰书院藏书记》为代表。该目成书于光绪十九年（1893），是在原有经、史、子、集、丛书五部的基础上，将类书单独立为一类。其中经部收录507种，史部收录47种，子部收录91种，集部收录56种，类书收录7种，丛书收录10种。① 类书最初被设置在传统四部分类法中子部的"杂家类"，《旧唐书·经籍志》中始将其从杂家类中独立，隶属于子部下。② 时人对类书隶于子部多所不满。明祁承㸁便言："夫类书之收于子也，不知其何故？岂以包宇宙而罗万有乎？"③ 至张之洞的《书目答问》，虽仍将类书列于子部，但其下注曰："类书实非子，从旧例附列于此。"江人度亦曰："类书者，肴馔经史，渔猎子集，联百衲以为衣，供獭祭于枵腹，岂可杂厕丙籍，混迹子家？"④ 首先将类书列为一级类目的是南宋郑樵。他在《通志·艺文略》所分的十二大类中，类书便占其一。继郑樵之后者，又有郑寅、孙星衍等。⑤ 至《九峰书院藏书记》，不拘泥于传统的四部分类法，继承和总结前人的做法，真正从学术着眼，对书籍加以合理的分类，值得称赞。

有将"御制书目"与"杂著"独立而成七部者，以1901年的《广雅书院藏书目录》和1910年的《测海楼藏书目录》为代表。《广雅书院藏书目录》分御制敕撰、经、史、子、集、杂著、丛书。吴引孙的《测海楼藏书目录》也仿照《广雅书院藏书目录》之例，"四部之首，冠以御制、敕撰诸书，其一人所撰而兼涉各部者，别出为杂著，合众人所撰而成一部者，别出为丛书"⑥。两书目与《总目》相比，唯子部首列"子书百家"（吴氏改称"子总类"）一项。而《测海楼书目》将有关化学、光

---

① 参见来新夏《清代目录提要》，齐鲁书社2007年版，第371页。
② 《旧唐书·经籍志》多因循毋煚的《古今书录》，但《古今书录》今已亡佚。《旧唐书·经籍志》子部共分为十七家，其中第十五家为"类事家"。
③ （明）祁承㸁：《澹生堂藏书约·藏书训略·鉴书》，清光绪八年（1882）刻本。
④ （清）江人度：《书目答问笺补·上南皮张相国论目录学书》，清光绪三十年（1904）刻本。
⑤ 详见姚名达《中国目录学史》"《隋志》以后闯出四部牢笼之十几种分类法"，上海古籍出版社2002年版，第83页。
⑥ （清）吴引孙：《测海楼藏书目·自序》，清宣统二年（1910）刻本。

学、电学、力学等自然科学的书籍列入子部艺术类，则颇有不妥。

在这些变动中，唯姚觐元的《大梅山馆藏书目》最值得关注。该书目分经、史、子、集、小说、三藏、道藏、古今杂剧类共8大类，下设189小类。其所分类如下：

经部：易、书、诗、春秋三传、三礼、通礼、论语、续语、孝经、孟子、四书、尔雅、续雅、诸经总录、石经、纬、乐、射、说文、篆隶、字书、韵书、碑刻金石、书、数、小学、训蒙、制艺呈式、读书法

史部上：正史、偏史、通史、编年、史学、运历、杂史、传记、人物、节孝、寿考、仙佛、冥异、谱牒、姓氏、年谱、行述、经注时政

史部下：职官、谥法、仪注、恩遇、科第、律令、法守、时令、学校、家范、劝戒、舆地、都城宫苑、郡邑杂志、风土、方物、行役、别志、川渎、山志、梵刹、崇敬、游览、名胜、总目

子部上：总录、儒、道、考订、博通、道家、墨家、法家、名家、纵横家、杂家、农家、兵家

子部中：天文、历法、太乙、六壬、奇门、卜筮、阴阳、占梦、星命、风鉴、宅经、堪舆、玩占、医经、脉诀、本草、方书、医书、女科、摄生、夷书

子部下：闲苑、闺阁、列女小传、闲情、妓品、名优、妆饰、绮语、文房、印谱、画苑、货宝、乐谱、器玩、酒茗、食撰、种植、蓁养、艺术、灯谜、杂技、类家

集部一：骚、赋、表奏、进奉文字、论策、四六骈体、尺牍、文说、诗话、御制

集部二：文总录、诗总录、别集

集部三：文集、诗集

集部四：乐府、集句、汇录、唱和、述感、游仙、揽胜、咏史、哀挽、奁体、宫词、回文、家集、闺秀、方外

集部五：词、词总录、词韵、词话、词谱

小说上：丛录、集述、杂传

小说下：幽怪、果报、谐虐、论阐、清语、小品

三藏：经论、此土著述、语录、天主教

道藏：经典、记载、斗录、炼笔、科仪、法秘、丹旨、文帝全书、吕祖全书

古今杂剧：元人剧、明人剧、诸名家剧、传奇、编演、说唱、曲谱、散曲、杂腔、曲话、京都鼓词、通俗小说

与四部分类法相比，该书目进行了大胆的变动。如经部在"论语"类后增加了"续语"，在"尔雅"类后增加了"续雅"。另有石经、纬、射、训蒙、制艺呈式、读书法等类目皆在传统四部分类经部子目中所未见。尤其是将四部分类中原隶属于子部的书画、数术类目，姚氏将之设置在经部下，命名为书类、数类。再如集部的分类完全打破了传统分类中"楚辞—别集—总集"的模式，而是按照文体进行重新设类。但另一方面，其在分类上也有重复设置之弊。如史部在"传记"类后，又有"人物""节孝""寿考"等类；"时令"类外，又有"运历"以收有关历法书等。此外，类目设置总体有琐碎、丛杂的不足。如史部都城宫苑、郡邑杂志、山川等类本可隶于"舆地"类下。子部分上、中、下三卷，难免琐碎，尤其是下卷变动较为新奇，增加了闺阁、妆饰、灯谜等项，使史部更显杂乱。所以如此，在于该书目的类目"视藏书多少设置"，而非严格的以学术分类为标准。①

此外，杨希闵在《读书举要》卷下有《家塾课读书籍论略》一篇。该篇虽然仍以传统四部分类法罗列了其家塾课读书目，但在具体子目下，多有变动。其分类如下：

经部：小学蒙养之道、文字之学、声韵之学、训诂之学、四书、尚书、毛诗、春秋、三传及国语、礼记、周礼、仪礼、大戴礼、通礼、孝经、经总

史部：正史、编年、杂史、别史

子部：儒家、屈子、董子、文中子、道家、法家、兵家、杂家、

---

① 来新夏：《清代目录提要》，齐鲁书社1997年版，第156页。

农家

集部：专集、总集撰集言行之属、撰集政书之属、撰集舆地之属、撰集文辞之属

该书目是其家塾的课读书目，故经部小学类中增加了"蒙养之道"一类。史部的设置过于简略，子部增置董子、文中子二子目。之所以如此，应当与其家读书目的性质有关。杨希闵自云："家塾课读，其弊有二，一因陋就简，弊与不学同。一泛滥无归，弊则勤而罔济。因就平日肄业及者，举要以示子弟，俾陋者可使反，泛者可使约，不误途辙，不枉功力，亦教者学者要事也。"① 这或许就是其在"因陋就简"与"泛滥无归"之间的一种折中。另外，是编在集部著录的诗文集甚少，这也与作者对诗文的选录标准有关。其云："诗文之事，止要不入魔道，其高下浅深，自关根本。发见者，诗文所蕴蓄，不在诗文也。人于经史不乐深求，以其难也。诗文则喜博览，以其易也。一孔之学，则混风雅。噫其滥矣！不可不戒也。故诗文之书汗牛充栋，而所举甚简。"② 尤可注意者，是其对集部的两点变动。

其一，将传统四部分类法史部中的政书、舆地之书，改入集部。早在宋代陈振孙的《直斋书录解题》中，就曾将有关"诏令"之书列入集部，尤袤《遂初堂书目》又在集部中增"章奏"之书。陈、尤二氏盖以集部中之诗文，均为单篇结集而成，而"诏令""章奏"之类亦属零篇集合而成，故仿其例而分别增设了"诏令""章奏"两属。至《四库全书总目》出，将"诏令""章奏"均归入史部。杨希闵将政书、舆地之书收入集部，也有欲承陈、尤二氏之遗意。杨氏自曰："古分书目，以经、史、子、集为大纲，如政书、方志之属，旧皆入史部。窃谓史以记事，政事、地理虽史家所有，然关一代，与裒成专书不同。凡裒辑各家为一专书，均宜入集部总集类。"③ 故其将政书、地理诸书皆入集部，特设"集部总集类撰集政书之属""集部总集类撰集舆地之属"。

---

① （清）杨希闵：《读书举要》卷下《家塾课读书籍论略·序》，清光绪八年（1882）刻本。
② （清）杨希闵：《读书举要·后跋》，清光绪八年（1882）刻本。
③ （清）杨希闵：《读书举要·后跋》，清光绪八年（1882）刻本。

其二，将屈原的《楚辞》从传统的集部改入子部，设"屈子"类。自刘歆《七略》在"诗赋略"中将屈原之赋收录后，至阮孝绪始于《七录·文集录》中将之定命为"楚辞部"，嗣后为《隋书·经籍志》《新唐书·艺文志》所承袭，均于集部设楚辞类。至宋《崇文总目》出，以《楚辞》一书而单成一类，不甚合理，故将之从集部删除，尤袤《遂初堂书目》《明史·艺文志》皆从之，而《四库全书总目》则复将"楚辞"归入集部之首。杨希闵之所以又将"楚辞"从集部中移出，大概与其对诗文的独特理解有关。其曰："古之为文章者，欲有为而不得托之，以自见，非以是自侈也。后世失其本，乃流入浮华，文则讲开阖变化，诗则究声调偶奇。夫文与诗非不事开阖变化，声调偶奇也。然岂可专恃乎此，遂俯视一切哉？"① 而楚辞体作为"伉俪之先声"，被视作后世骈文的鼻祖，故杨氏将其从集部移出。

以上所述图书分类，皆以传统四部分类法为根基所进行的变革。因此，在其类目的设置中都可以看到传统四部分类法的痕迹。也有学者不为此所拘束，将传统四部分类法的次序完全打碎，重新加以整合。陈乃乾的《南洋中学藏书目》便是一例。

（二）《南洋中学藏书目》对四部分类的重新整合

与上述书目分类有所不同，《南洋中学藏书目》则是在原有四部分类法的基础上，不仅在一级的大类上，而且在各级子类目上都对之作了较大幅度的重新整合。

《南洋中学藏书目》是陈乃乾于1919年编纂的一部以中国传统书籍为收录对象的目录书。汤济沧云："四库之称，最不妥者为经，《尚书》记言，《春秋》记事，皆史也。《毛诗》为有韵之文，《三礼》亦史之一类。而孔孟之在当日，与老、庄、管、墨、商、韩等何别？自汉武罢黜百家，尊崇儒术，后人踵事增华，经之数，增之十三。今政体改革，思想不复如前况之束缚，此等名目，将必天然淘汰，大势所去，无可避免。如儒家者，仍列为九流之一可已。故本书目不用四部之名，区其类为十有三，如或惬心贵当，而逐渐厘正，责在后起。"② 可见，这是一部对传统的四

---

① （清）杨希闵：《读书举要·后跋》，清光绪八年（1882）刻本。
② 汤济沧：《南洋中学书目·叙》，民国八年（1919）铅印本。

部分类法进行了大范围整合的目录书。其分类如下：

第一部　周秦汉古籍部
第一类　历史类尚书；春秋；杂史　第二类　礼制类　第三类　易类　第四类　诸子类儒家；兵家；法家；墨家；道家；杂家；合刻　第五类　诗文类诗；文　第六类　古籍总义　第七类　古籍合刻
第二部　历史之部
第一类　官修史类　第二类　私家撰述类编年；纪事本末；正史；杂史；第三类　传记谱牒列传；别传；氏族谱牒　第四类　论述类史评；史钞
第三部　政典之部
第一类　总志类　第二类　礼乐类　第三类　职官仕进　第四类　兵制屯防　第五类　刑法　第六类　盐法　第七类　农政水利
第四部　地方志乘之部
第一类　区域总志；省志；府州县分志；私家记述；古代志乘；市镇　第二类　山川总志；分志第三类古迹　第三类　居处书院；祠庙
第五部　小学之部
第一类　说文　第二类　字书　第三类　音韵　第四类　训诂　第五类　汇刻
第六部　金石书画书目之部
第一类　金石目录；图谱；论辩　第二类　书画目录；图谱；论辩　第三类　书目类　第四类　杂录
第七部　记述之部
第一类　读书论学群籍分考；杂考；论述　第二类　修身治家类　第三类　游宦旅行类各家撰述；汇辑；外域　第四类　名物　第五类　掌故　第六类　杂记
第八部　天文算法之部
第一类　中法类　第二类　西法类　第三类　中西合参类
第九部　医药术数之部
第一类　医经类　第二类　本草类　第三类　术数道家；五行占卜
第十部　佛学之部

第一类　经藏类上（大乘）华严；方等；般若；法华；纂集；传记；护教；融通　第二类　经藏（小乘）　第三类　论藏（大乘）宗经论、释经论、诸论释论藏（小乘）杂藏（西土撰述）杂藏（中土撰述）

第十一部　类书之部

第十二部　诗文之部

第一类　各家著述诗；文；诗文合刻；数家合刻　第二类　选本类历代诗选；各郡邑诗选；历代文选；各郡邑文选；骈文时文；尺牍；诗文合选　第三类　评论类诗论；论文

第十三部　诗曲小说之部

第一类　词类词谱；词集；词选　第二类　曲类曲谱；杂剧；曲选　第三类　小说类

第十四部　汇刻之部

第一类　一人著书　第二类　数家著术

《南洋中学藏书目》最令人关注者，其突破了往代目录学者将经部文献置于各类之首的惯例。该书目取消了经部的设置，而将经部书籍定义为"周秦古籍"。尤其是将《尚书》《春秋》传统的两部经学著述，分隶于"周秦汉古籍部"中的第一类，即历史类中。这种分类思想渊源于传统学术中的"六经皆史"之说。唐刘知幾在《史通》中曰："古者言为《尚书》，事为《春秋》，左右二史，分尸其职。"[①] 俨然将《尚书》《春秋》作为史籍看待。明王守仁也认为，《春秋》是载事之史，而《尚书》则是尧舜以下之古史。乾嘉时期考据学大行其道，"近日学者风气，征实太多，发挥太少，有如桑蚕食叶而不能抽丝"。[②] 清人章学诚独辟蹊径，并不迷信"六经"的神圣地位与烦琐的考据学风，而是尖锐地指出"六经皆史也。古人不著书，古人未尝离事而言理，六经皆先王之政典也"，[③]

[①]（唐）刘知幾著、张振珮笺注：《史通笺注》卷2《载言第三》，中华书局2022年版，上册，第45页。

[②]（清）章学诚著，叶瑛校注：《文史通义校注》卷2《原学下》，中华书局1985年版，第155页。

[③]（清）章学诚著，叶瑛校注：《文史通义校注》卷1《易教上》，中华书局1985年版，第1页。

一方面破除经的神圣地位，从而将"经"与"史"作为一个整体联系起来。《南洋中学书目》对传统四部分类法的变动，符合当时学术发展的趋势。蒋元卿先生曰："《南洋中学书目》之以《尚书》《春秋》编列为史，与《国语》《战国策》等古杂史并列；废集部之名，而提诗文词曲为二类等，足见四部之名，在学术昌明之近代已无立足之地矣。"①

然而，对于《南洋中学藏书目》的意义，姚名达先生则从分类法的角度认为：其"十四部，标准不一，次序无理。每部所分之类，亦不足述。此在新分类法之尝试，殆为最失败者。"② 将其看得一无是处，难免偏狭。《南洋中学藏书目》用十四大类来部次中国旧有书籍固然是其创新所在。然而，该书目又难以完全逃脱传统四部分类对其产生的影响：其一，类目的设置多所承袭。如"第一部周秦汉古籍部"是对传统四部分类法的整体概括，并无新意。"第五部小学之部""第六部金石书画书目部""第十二部诗文部""第十三部词曲小说部"与传统四分法相关类目的子目也大同小异。陈氏无非将其独立而成一大部类而已。其二，该书目所运用的分类逻辑依然是传统四部分类法的"事理型"逻辑。如"第二部历史之部"中的分类既有按"史体"原则所分的"编年""纪事本末""正史"等，又有按"史义"所分的"杂史""论述""史评"等；"第四部地方志乘之部"省志与总志平行在同一类级中，府州县分志又与省志、总志平行，各类目之间缺乏从属递进的关系。可见，《南洋中学藏书目》的图书分类虽然有所创新，但仅仅是对传统四部分类一定范围内的调整。

第二节　新学中的分科观念与新分类法的诞生

新图书分类法产生的背景与近代学术分科观念的兴起密不可分。古代的中国学术并无分科的概念，钱穆云："中国古人并不曾把文学、史学、宗教、哲学各别分类独立起来，毋宁是看重其互相关系，及其可相通合一处。因此中国人看学问，常认为是一整体，多主张会通各方面而作为一种

---

① 蒋元卿：《中国图书分类之沿革》，中华书局1937年版，第159页。
② 姚名达：《中国目录学史》，上海古籍出版社2002年版，第123页。

综合性的研究。"① 随着西学思潮的不断深入，有关西方学术的著作不断被翻译，传入国内后，"学术翻新，迥出旧学之外"②。由此，"新学"便成为当时学人在图书分类领域中不断寻求创新的直接动力。

严复曾云："国愈开化，则分工愈密。学问政治，至大之工，奈何其不分哉！"③ 梁启超亦曰："社会日复杂，应治之学日多，学者断不能如清儒之专研古典，而固有之遗产，则将来必有一派学者焉，用最新的科学方法，将旧学分科整治，撷其粹，存其真，续清儒未竟之绪，而益加精严。使后之学者既节省精力，而亦不坠其先业。世界人治中华国学者，亦得有借焉。"④ 在此影响下，陈虬于1891年提出了学术分科的设想："夫科目者，人才之所出，治体之所系也。今所习非所用，宜一切罢去，改设五科。"⑤ 即艺学、西学科、国学科、史学科、古学科。其中西学科包括光学、电学、汽学、矿学、化学、方言学（外国语言学）等。陈氏将西学所分成的光、电诸学，正为《西学书目表》《日本书目志》《译书经眼录》《增版东西学书录》等东西学目录书的图书分类所借鉴。可见，分科设学观念的兴起促进了学人在目录分类领域的革新。而最先在目录学领域中开展新分类法尝试的，是梁启超的《西学书目表》。

一　《西学书目表》的分类

《西学书目表》由梁启超撰写于1896年，由两级类目组成。一级类目为西学类、西政类、杂类、教类，由于教类下没有录书，故实际上只有三大类。每一类下又由二级子目构成，总计28个子目。其具体分类如下：

西学类：算学、重学、电学、化学、声学、光学、汽学、天学、地学、动植物学、医学、图学

西政类：史志、官制、学制、法律、农政、矿政、工政、商政、

---

① 钱穆：《中国学术通义·四部概论》，载罗联添《国学论文选》，台北学生书局1985年版，第4页。
② 姚名达：《中国目录学史》，上海古籍出版社2002年版，第117页。
③ 严复：《严复集》（第一卷），中华书局1986年版，第89页。
④ 梁启超：《清代学术概论》，上海古籍出版社2005年版，第90页。
⑤ 《清代后期教育论著选（下册）》，人民教育出版社1997年版，第129页。

兵政、船政

  杂类：游记、报章、格致、西人议政之书、无可归类之书

  教类：

  从以上可以看出《西学书目表》的图书分类具有以下特点。

  其一，涵盖了当时的新兴学科，能在一定程度上反映当时西学发展的程度。梁启超所作的图书分类基本上涉及自然科学、社会科学两大领域。其中"西学类"下多属于自然科学书籍，"西政类"下则多属于社会科学书籍。这两大领域的图书大致反映了当时国人对西学的认识程度。我们知道，从19世纪60年代洋务运动的兴起，到90年代末维新变法的开展，中国境内已有刊译机构近20处，它们向国内读者翻译、介绍了大量西书。《西学书目表》基本上囊括了1895年以前翻译的所有书籍，"学子欲自立以多读西书为功，此三百种者，择其精要而读之，于世界番变之迹，国土迁异之原，可以粗有所闻矣"[1]。可知《西学书目表》的图书分类涵盖了十分广泛的西学书籍。

  其二，在类目的设置上突破了传统四部分类法的局限。明末清初之际，有关西方文化的书籍就已经通过一些西方传教士传入我国，但当时的士人"还没有觉察传统术语与新知识的冲突，那些传统术语原来包括的意义常常把人的思路引向传统的思想世界"[2]。因此，这一时期的目录书籍对西书的著录常常将之纳入传统经、史、子、集的范围。如《四库全书总目》便是将37种明清之际的西书分别收录在史部"地理类"中的"外纪之属"，或子部"天文算法类"中。《西学书目表》则打破了这种图书分类形式，多注重从西学书籍所属的学科性质上加以分类。梁启超之所以能够突破传统四部分类法的樊篱，有其历史必然。从客观上看，传统的四部分类法发展到近代，本身的许多弊端已渐渐暴露。梁启超自云："自《七略》《七录》以至《四库总目》，其门类之分合，归部之共同，通人犹或訾之。聚讼至今，未有善法，此事之难久矣。"[3] 况且，《西学书

---

[1] 梁启超：《西学书目表·序例》，清光绪二十二年（1896）时务报馆印本。
[2] 葛兆光：《中国思想史》（第二卷），复旦大学出版社2001年版，第441页。
[3] 梁启超：《西学书目表·序例》，清光绪二十二年（1896）时务报馆印本。

目表》收录的都是介绍西方文化知识的译书，"西学各书分类最难"，因此用传统的四部分类法显然无法将它们容纳。主观上，梁启超早年曾是新学的积极倡议者。而《西学书目表》就创作于这一时期。19世纪末，一些具有初步资产阶级思想和爱国热情的知识分子纷纷向西方寻求救国的真理。郑观应、马建忠、康有为等有识之士都曾是主张西学的代表。1890—1894年，梁启超就读于康有为门下，通过阅读带有维新主义色彩的书籍，使得梁启超的思想发生了巨大变化，很快便成为资产阶级维新派的代表人物。他借助对译书的编目和评介西书，推广西方文化，这些经历为其在图书分类领域的突破奠定了思想基础。

其三，《西学书目表》体现了梁启超在图书分类理论上的探索。"类例既分，学术自明"这是宋代郑樵确立的图书分类理论。梁启超则在此基础上，提出了利用"类例"以明学术源流的新图书分类思想。因而，在《西学书目表》中梁氏尤其关注学术之间的源流，以确立图书的类目。如他用"学"与"政"来概括一切西学书籍："凡一切政皆出于学，则政与学不能分；非通群学不能成一学，非合广政不能举一政，则某学某政之各门不能分。"① 梁启超在图书分类领域的有益探索常为时人所借鉴。踵其后者，如沈桐生的《东西学书录提要总叙》、徐维则的《译书经眼录》等，尤其是徐树兰的《古越藏书楼书目》也将图书分成"学""政"两大类。梁启超还认识到了图书分类中的一级类目与其子目之间应当是"实"与"虚"的关系："门类之先后，西学之属先虚而后实，盖有形有质之学皆从无形无质而生也。故算学、重学为首，电、化、声、光、汽等次之，天地人（谓全体学）、物（谓动植物学）等次之，医学、图学全属人事，故居末焉。"② 这里，梁启超认为"虚"衍生出"实"，故"虚"为"实"之本，"实"应当隶属于"虚"下。用"虚"与"实"揭示学术的渊源，赋予了分类法以哲学内涵。具体而言，在西学类中，有关电气镀金、电气镀镍等书不入"光学类"，有关汽机发轫、汽机新制等书不入"汽学类"，这是因为电气镀金、电气镀镍、汽机发轫、汽机新制都属于

---

① 梁启超：《西学书目表·凡例》，清光绪二十二年（1896）时务报馆印本。
② 梁启超：《西学书目表·凡例》，清光绪二十二年（1896）时务报馆印本。

近代新兴的工艺科技,"因工艺之书无不推本于格致,不能尽取而还其类也"①。

当然,《西学书目表》的分类尚有不足。首先是"学""政"两类的定义模糊不清,造成分类上的混乱。姚名达先生便言:"梁先生明知'凡一切政皆出于学,则政与学不能分',而又'强为区别'。乃至并'农''矿''工''商'等实业亦视为'政'之一项,未免作茧自缚。"② 其次,一些类目归属失当。如"西人议政之书"不入"西政类"而强入"杂类";"格致"不入"西学类"而强入"杂类",等等。尽管如此,其在分类方面的功绩亦不可忽视。白国应先生的评价最为中肯:"总起来说,梁启超《西学书目表》的分类体系是我国资产阶级用新的知识体系分图书的最早创举,但由于没有认真地进行研究,所以只能说是一种尝试,不能说是一种完整的分类表。"③ 因此,梁氏的分类体系可谓瑕不掩瑜。尽管这些图书分类思想和方法还不完全成熟,但它毕竟反映了国人在图书分类理论方面的探索轨迹。随后,康有为编纂的《日本书目志》则在新图书分类方面做出了进一步完善。

二 《日本书目志》的发展

康有为的《日本书目志》成书于1897年。④ 该书目共设有15个门类,每一门类下又划分子目。这15个一级类目如下:

生理门第一　　理学门第二　　宗教门第三　　图史门第四
政治门第五　　法律门第六　　农业门第七　　工业门第八
商业门第九　　教育门第十　　文学门第十一　文字语言门第十二

---

① 梁启超:《西学书目表·凡例》,清光绪二十二年(1896)时务报馆印本。
② 姚名达:《中国目录学史》,上海古籍出版社2002年版,第119—120页。
③ 白国应:《图书分类学》,书目文献出版社1981年版,第91页。
④ 关于《日本书目志》和《西学书目表》的成书先后,学界存在不同观点。姚名达先生首先提出《日本书目志》是近代新分类法的首创,十九世纪六七十年代的学者多持此观点。但自十九世纪八十年代以来,罗权松、林申清通过考证相关文献,得出了《日本书目志》成书于《西学书目表》之后的结论,因此,他们认为《西学书目表》实为我国晚清目录学新分类法的首创。此后,学者们基本沿用了这一观点。(见罗权松、林申清《〈日本书目志〉与〈西学书目表〉成书先后问题》,《图书馆杂志》1982年第3期)

美术门第十三　小说门第十四　兵书门第十五

《日本书目志》与《西学书目表》分类的不同之处有以下几个方面。

第一，学科观念更加明显。《日本书目志》在分类思想中明显地体现出了学科观念。如《日本书目志》将《西学书目表》中的"动植物学""医学"类书籍归属于"生理门"内；将《西学书目表》中的"地学""化学""天学"等书籍归属于"理学门"内。这样划分体现了康有为分类思想中的学科观念。康有为对待新学，有更深刻的认知。其云："泰西之强，不在军兵炮械之末，而在其士人之学，新法之书，凡一名一器，莫不有学。理则心、伦、生、物；气则化、光、电、重；蒙则农、工、商、矿，皆以专门之士为之，此其所以开辟地球，横绝宇内也。"① 正是基于这种认识，才使学科观念成为《日本书目志》图书分类中的一个重要基石。

第二，分类更加精细。《西学书目表》的二级子目总计28个，而《日本书目志》的子目总计有235个，是《西学书目表》的8倍。足见其在图书分类上比《西学书目表》更加精细。如《西学书目表》在"西政类"下设"法律类""工政类""商政类"等类目，这些类目下则不再细分小类。而《日本书目志》则在"法律门"下又细分了帝国宪法、外国宪法、法理学、外国法律书、法律历史等24个详细的类目；在"工业门"下细分了工学总记、土木学、电器学、建筑书等十一个子目；在"商业门"下细分了商业历史、商业地理书、商业书等九个子目。这些细类的划分更能够揭示出晚清以来学术发展演变的线索。且在某类中，首列"总记"，如在"理学门"中首列"理学总记"，"宗教门"中首列"宗教总记"，"农业门"中首列"农学总记"，"工业门"中首列"工学总记"等，然后再依次为相关学科设置部类，体现了康有为注重从整体、全局的角度掌握知识的分类思想，比《西学书目表》更具有学术的内在逻辑性。

第三，《日本书目志》在图书分类上反映了当时社会的需求。自洋务派提出"自强"主张后，有识之士也不断思考如何才能自强。康有为认为，自强的前提在于重视培养人才。其云："以国民之愚，而人才之乏

---

① 康有为：《日本书目志·自序》，上海大同书局石印本。

也。非别造新国之才，不足以救国，乃决归于粤城。"①"造新国之才"的关键在于开设学校，他曾在1891年开设长兴学舍、万木草堂等聚众讲学。他认为对于传播所译新书有效的方式之一便是"致之学校以教之"②。这种注重学校教育以培养人才的思想也在《日本书目志》的图书分类中有所体现。如"生理门"中特设"生理学校用"一类，"理学门"中特设"理科学学校用"一类，"图史门"中特设"地理小学校用""地图小学校用"类，"教育门"中设有"修身书小学校用""小学读本挂图"，"文学门"设有"习字帖小学校用"等类。这些类目的设置，既是康有为自身教育思想的体现，也是对当时社会发展需要的反映。

诚然，《日本书目志》也存在分类欠妥之处。如"理学门"中强纳"心理学""伦理学"，而将"财政学""社会学""经济学""统计学""家政学"入"政治门"更显唐突。至于将"茶汤书""将棋书""占筮书"入"美术门"则不在情理之中。对于《日本书目志》在分类上的不足，姚名达先生辨曰："特其用意在使中国人知日本有此种要籍而译读之，故吾人不能以分类之当否律之。"③ 而其最大的意义在于"揭日本新学之全貌，使国人爽然自失者，固莫之或先也"④。这样的评论符合康有为编纂《日本书目志》的初衷。

三 继续完善中的新分类法

继《西学书目表》和《日本书目志》之后，顾燮光的《增版东西学书录》和《译书经眼录》继续完善和发展了新兴图书分类法。这两部书目由顾燮光分别编纂于1902年和1904年。《增版东西学书录》共设置了31个一级类目，下又分二级子目总计81个。其图书分类如下：

《增版东西学书录》类目设置：
史志第一：通史、编年、古史、专史、政记、战记、帝王传、政

---

① 陆乃翔：《南海先生传》，载夏晓虹编《追忆康有为》，中国广播电视出版社1997年版，第47页。
② 康有为：《日本书目志·自序》，上海大同书局石印本。
③ 姚名达：《中国目录学史》，上海古籍出版社2002年版，第119页。
④ 姚名达：《中国目录学史》，上海古籍出版社2002年版，第119页。

治、臣民传记

　　政治法律第二：制度、律例、刑法

　　学校第三：学校、礼仪

　　交涉第四：公法、交涉、案牍

　　兵制第五：陆军、营垒、海军、船舰、枪炮、子药

　　农政第六：农务、蚕务、树艺、畜牧、农家杂艺

　　矿务第七：矿学、矿工

　　工艺第八：工学、塘工河工路工、汽机总、杂工、续编、杂艺

　　商务第九：商学、税则、会例

　　船政第十：船坞、船制

　　格致总第十一：

　　算学第十二：形学、代数、三角八线、曲线、微积、算器

　　重学第十三：重学、力学、重学器

　　电学第十四：

　　化学第十五：化学、化学器

　　声学第十六：声学、音学

　　光学第十七：光学、光学器

　　气学第十八：气学、水学、火学、热学、器具

　　天学第十九：

　　地学第二十：地理学、地志学

　　全体学第二十一：全体学、心灵学

　　动植物学第二十二：植物学、动物学、虫学

　　医学第二十三：内科、外科、药品、方书、卫生学

　　图学第二十四：图算、测绘、画学、画器

　　理学第二十五：理学、书目

　　幼学第二十六：幼学、体操学

　　宗教第二十七：

　　游记第二十八：

　　报章第二十九：

　　议论第三十：通论、论政、论兵

　　杂著第三十一：杂记、小说、琐录

《增版东西学书录》与《西学书目表》《日本书目志》相比，又进一步完善了新兴图书分类法。其表现在以下方面。

第一，学科的分类更加细化。梁启超的《西学书目表》将当时的西学分别以"学""政""杂"三类，试图以此为准则规范西学。但因其过于笼统，故在归类中多有勉强，以致有学者评其有"作茧自缚"之弊。康有为的《日本书目志》打破了这种束缚，更多是从学科的角度把握西学的发展线索，但其概括仍有遗漏。《增版东西学书录》继《日本书目志》之后，更加细化和完善了学科的分类。例如将《日本书目志》的"生理门"细化为"动植物""医学"；将《日本书目志》的"图史门"分化成"史志""地学""图学"；将《日本书目志》的"理学门"分化成"算学""重学""电学""化学""声学""光学""气学""理学"。此外，《西学书目表》将"游记""报章""议论"之书收录到"杂类"，而《增版东西学书录》则将它们作为一个学科，独立成一级类目。

第二，子目的分类趋于合理、简明。同《日本书目志》相比，《增版东西学书录》在二级子目的划分上，体现了合理、简明的原则。例如《日本书目志》的"政治门"下除了有关政治学、议院等类目，还将"财政学""社会学""风俗学""经济学""统计学""家政学"等 17 个类目纳入进来，这样"政治门"则显得颇为杂乱。而《增版东西学书录》的"政治法律门"下的类目为制度、律例、刑法。显然，更加合理、简明。《增版东西学书录》还会依据时代发展的新特点设立类目。如"兵制"下的类目为：陆军、营垒、海军、船舰、枪炮、子药。而《日本书目志》"兵书门"下设置的类目为马政、航海书、铳猎书、兵书。马政在清末的军事意义已经消退，有关航海与铳猎之书的军事色彩也不明显。相比而言，《增版东西学书录》的分类更加名副其实。

第三，《增版东西学书录》的图书分类凸显实业学科的地位。《增版东西学书录》在图书分类方面，诸如"农政""交涉""重学""电学""声学""医学"这类有关国计民生的实业学科，则占据了三十一个类目中的二十余个。而《日本书目志》的十五个一级类目中包含了诸多社会人文科学类目，如"教育门""文学门""文字语言门""美术门""小说门"等。《增版东西学书录》中这样的一级类目所占比例非常小，有的已退入二级子目。

再看顾燮光的另一部目录著作《译书经眼录》，其一级类目分为22类，二级子目共计74个。

《译书经眼录》类目设置：

史志第一：通史、专史、编年、帝王传记、臣民传记、女史、政记

法政第二：政治、宪法、财政、经济、警察、法制、法学、法律

学校第三：学制、教育、教授、文学、蒙学

交涉第四：公法、交涉

兵制第五：陆军、营垒、船舰海军、枪炮、子药器械、战术

农政第六：农务、树艺、农家杂法

矿物第七：矿学

工艺第八：路工

商务第九：商学、会例

船政第十：航务类

理化第十一：物理、化学

象数第十二：算术、形学、代数、微积

地理学第十三：地文、地志、地图

全体学第十四：全体、心理、生理

博物学第十五：博物、植物、动物、昆虫

卫生学第十六：卫生、方书

测绘第十七：测绘、书学

哲理第十八：哲理、社会、名学

宗教第十九：

体操第二十：

游记第二十一：

报章第二十二：

议论第二十三：通论、政论、论学

杂著第二十四：琐录、丛编、政治、科学、探索、儿女、冒险、神话

《译书经眼录》比《增版东西学书录》又有了如下改进。其一，去掉了重复的类目。如《增版东西学书录》"史志"下设有"政治"一目，这便与在一级类目中的"政治法律门"互相重复，故《译书经眼录》将此二级子目在"史志"中去掉。再如《增版东西学书录》中"议论"类下设有"论政""论兵"，但这两类本可以归入"政治法律"类和"兵政"类下，故《译书经眼录》将之去掉不置。其二，对类目进行了必要的概括和浓缩。《增版东西学书录》有些类目的名称缺乏概括性。如"动植物"下为植物学、动物学、虫学，《译书经眼录》则将这一类目概括为"博物学"，其下列为博物、植物、动物、昆虫。

但是，《译书经眼录》毕竟属于"经眼"目录，也就是说，该书目仅著录作者亲眼曾见的书籍。这样就会在图书分类上不如《增版东西学书录》的分类更齐全、精细。如《译书经眼录》"卫生学"下仅有"卫生""方书"两类，而《增版东西学书录》则将两者同属在"医学"类下，且该类目下还有"内科""外科""药品"等类目。显然《增版东西学书录》的类目划分更齐备。再如《译书经眼录》"农政"下缺乏有关蚕务、畜牧的类目，这些类目设置上的缺失都与经眼类目录的局限有关。

尽管《增版东西学书录》和《译书经眼录》在图书分类上各有不足，但在当时的社会条件下，两书可谓新学书籍分类的权威著述，为后来东西学书目的图书分类所借鉴、参考。此后，陈洙于1909年编纂了《江南制造局译书提要》一书，将图书分为二十二类，即史志、政治、交涉、兵制、兵学、船政、学务、农学、矿学、工艺、商学、格致、算学、电学、化学、声学、光学、天学、地学、医学、图学。其分类显然是以《增版东西学书录》和《译书经眼录》为基础编纂而成的。又如，编纂于宣统三年（1911）的《上海涵芬楼新书分类目录》，将西学类的书目分为十四类，每一类下又细分了子目，共计59个（参见表4-2）。对顾氏两书又作了进一步的提炼。姚名达对此书目赞曰："在十进法未输入我国以前，此《涵芬楼新目》实为新书分类之最精最详者。"[①] 但其多数的类目，亦在顾氏两书范围内，可见顾氏对其的深远影响。

[①] 姚名达：《中国目录学史》，上海古籍出版社2002年版，第122页。

表 4-2　　　　　　　　上海涵芬楼新书分类目录

1. 哲学（伦理；论理；心理；哲学）	8. 实业（农业；工业；商业）
2. 教育（法令制度；教育学、教育史；教授法；管理法；学校卫生；体操；游戏；特殊教育；幼稚园及家庭教育；社会教育）	9. 医学（卫生；医学；药物学）
3. 文学（文典及修词学；读本；尺牍；诗歌；戏曲；外国语；字帖；小说）	10. 兵事（陆军；海军；兵器）
4. 历史地理（本国史；东洋史；西洋史；传记；史论；本国地理；外国地理；游记）	11. 美术（音乐；绘画；游艺；写真）
5. 政法（政治；法制；本国法制；经济；社会）	12. 家政（簿记；裁缝）
6. 理科（博物学；理化学；天文；地文）	13. 丛书
7. 数学（算术；代数；几何；三角；高等数学）	14. 杂书

第三节　新旧并行分类法的尝试

　　晚清以来，新、旧学术的发展变迁促进了目录学图书分类领域的变化。一方面，传统的四部分类法企图通过对自身的调整来适应学术发展的新变化。但是，这种调整并不能完全解决新学术与传统图书分类领域之间的矛盾。另一方面，以西方自然科学与社会科学为代表的新兴学科，也开始输入国内，引起了图书分类领域的变革。姚名达先生曰："自道光、咸丰允许西人入国通商传教以来，继以派生留学外国，于是东西洋译籍逐年增多。学术翻新，迥出旧学之外。目录学界之思想自不免为之震动。"① 由此，一些学者便又尝试出一种新、旧并行的分类法。

一　初步的探索

　　19 世纪中叶，中国社会发生了巨大变化。在文化领域，西方文化渐渐进入国人视野，与中国传统文化发生了剧烈冲突，引起了中西文化之争："其守旧者，谓新法概宜屏绝；其开新者，谓旧习概宜扫除。小则见

---

① 姚名达：《中国目录学史》，上海古籍出版社 2002 年版，第 117 页。

诸论说，大则形诸奏牍，互相水火，有如仇雠。"① 到19世纪60年代，中西间文化的对抗逐渐转化为文化间的调和，表现在"西学中源说""中体西用论"的出现。主张"西学中源说"者，如屠守仁曰："西人所擅长之天算，皆中国之固有。《大戴礼》《尚书·考灵曜》及张子正学，地图、地行、地转之说，即西洋之天文地理。六艺中之数，即今日之西学。宋儒之格致，即西洋格致之学。"② 郑观应也认为："今天下竞言洋学矣，其实彼之天算、地舆、数学、化学、重学、光学、汽学、电学、机器、兵法诸学，无一非暗袭中法而成。第中国渐失其传，而西域转存其书，穷原竟委，未足深奇。"③ 相比于"西学中源说"，"中体西用论"者的观点则更为温和。张之洞在《劝学篇》便言："今欲强中国，存中学，则不得不讲西学。然不先以中学固其根底，端其识趣，则强者为乱首，弱者为人奴，其祸更烈于不通西学者矣。"④ 无论是"西学中源说"还是"中体西用论"，两者在本质上都是主张中、西学术的兼容，"是一种文化上的调和论"⑤。受到这种文化观念的影响，在目录学的图书分类领域也开始探索中、西书籍并行的分类方法。以黄庆澄的《中西普通书目表》首开其端。

黄庆澄的《中西普通书目表》成书于1898年。该书目分中学、西学、三才之学共三大类。具体分类如下：

> 表一：中学入门书、经学、子学、史学、文学、中学丛刻书
> 表二：西学入门书、算学、重学、电学、化学、声光学、汽机学、动植物学、矿学、制造学、图绘学、兵学、史学、公法学、律例学、外交学、言语学、教门学、寓言学、西学丛刻书
> 表三：天学、地学、人学

---

① （清）杨深秀：《请定国是明赏罚折》，《戊戌四子集》，浙江古籍出版社2019年版，第365页。
② 《屠光禄奏稿》卷下，民国十年（1921）刻本。
③ （清）郑观应：《藏书》，载李希泌《中国古代藏书与近代图书馆史料》，中华书局1982年版，第87页。
④ （清）张之洞：《劝学篇·循序》，上海书店出版社2002年版，第22页。
⑤ 龚书铎：《中国近代文化概论》，中华书局2004年版，第57页。

《中西普通书目表》在学术上中西兼顾，其收录的书籍中书多取《书目答问》，西书多取新会梁氏《西书表》，芟其不甚急，而益以新出之书。① 其在分类上也参考了《书目答问》和《西学书目表》。其"中学"部分多所沿袭。而将"中学入门书"列于各目之前，充分体现了该书目带有"指导阅读"的编纂特色。其"西学"部分在《西学书目表》的基础上增加了制造学、公法学、外交学、言语学、教门学、寓言学这六个类目。它们都属于人文社会学科，且都具有一定的实用性，这也体现了当时西学发展的新趋向。

此外，《中西普通书目表》的分类还体现了黄庆澄"三才之学"的学术分类思想。在表4-3中，黄庆澄将中、西学有关天文、地理、医学的书籍单独立目为天学、地学、人学。对此，黄庆澄曰："董子云'通天、地、人谓之儒'，庆澄谓：人生世上，戴天履地，无论所学何事，总不出天、地、人之外，不以中西殊也。中国士大夫株守兔园册子，而于三才之学茫乎未闻，可发浩叹。兹特条列三纲，略举数书，俾好学者知所以事焉。"② 这种"三才之学"的思想是黄庆澄对中西学术融合发展的高度概括，体现了黄庆澄对学术研究的宏观视野。从晚清目录学图书分类的发展历程来看，《中西普通书目表》分类法应是探索中西书目混编途径的一种尝试，它无疑是我国中西图书统一分类编制法的先声，具有承前启后的学术意义。在此之后，最能体现新旧分类并峙趋势的是浙江藏书楼和上海格致书院藏书楼的图书分类法。

浙江藏书楼起建于光绪二十七年（1902），原名为杭州藏书楼。次年扩建后改名浙江藏书楼。《浙江藏书楼书目》即该藏书楼的存书汇编目。是目分甲、乙两编，"兹拟暂依南皮张氏《答问》体裁成甲编书目一卷，其新译各书另立部，分为乙编书目一卷。各行其是，两不相师"③。甲编收旧籍，多仿《书目答问》的分类，乙编收新书，"各类之下，并无子目，藏书不多，未为定例"④。其具体分类如下：

---

① （清）孙诒让：《中西普通书目表·序》，清光绪二十四年（1898）刻本。
② （清）黄庆澄：《中西普通书目表三·序》，清光绪二十四年（1898）刻本。
③ 《浙江藏书楼书目·例言》，清光绪三十三年（1907）杭州华丰书局铅印本。
④ 姚名达：《中国目录学史》，上海古籍出版社2002年版，第121页。

甲编

经部：正经正注、列朝经注经说经本考证易书诗；周礼；仪礼；礼记；三礼总义；乐；春秋左传、公羊传、谷梁传、春秋总义；论语；孟子；四书；孝经；尔雅；诸经总义；诸经目录、文字、音义、小学说文；古文、篆、隶、真书、各体书；音韵、训诂

史部：正史正史合刻本、正史分刻本、正史注补表谱考证、编年司马通鉴、别本纪年、纲目、纪事本末、古史、杂史事实、掌故、琐记、别史、载记、诏令奏议、传记、地理古地志、今地志、水道、边防、外纪、杂地志、政书历代通制、古制、今志、谱录书目、姓名年谱名物、金石目录、文字、史评论史法、论史事

子部：周秦诸子、儒家议论经济、理学、考订 附初学启蒙各书、兵家、法家、农家、医家、天文算法、术数、艺术类、杂家、小说家、释道家、类书

集部：楚辞、别集附杂著、总集、诗文评、词曲

丛书汇录

乙编

法律章程附、政治、宗教、教育、图史、文学、文字、理学、算学、美术、杂志、工业、商业、兵书、生理、农业

附：日本书目

法科总类、通论、国法学、宪法、行政法、刑法、民法、商法、国际法、经济财政学、警察监狱学

文科历史、地理、哲学、教育、心理、伦理、论理

理科算学、物理、化学、博物生物、植物、动物类

工科铁道

该书目在乙编中，将新书分以西学书目和东学（日本）书目两部分。西学书目的分类不再细化，而东学书目又附于西学书目类下，甚为简单。对此，作者自云："本楼书籍分厨藏庋，取便检查，书目亦以简易为主，非目录之学也。故于甲编附列丛书一类，于乙编附列日本原书，各书一律

不更条析，以免分歧。"①

此后，又有《上海格致书院藏书楼书目》凡六部。该目成书于光绪三十三年（1907），前五部多依《书目答问》之例类，以著录旧籍为主；第六部收录东西学书籍，编排上先自然科学，后人文科学，较为全面地反映了当时西学的面貌。但该书目同样不细分子目，颇显粗略。其第六部所分三十八个类目如下：

> 科学、算学、格致学、化学、电学、声学、光学、力学、重学、名学、天学、地学、医学、物理学、家政学、伦理学、教育学、体育学、哲学、女学、道学、史志、传记、交涉、法律、政治、路政、矿政、工政、农政、商政、财政、兵政、船政、通论、杂著、小说、报章

以上各家的图书分类都是将新旧图书分别著录，打破了将西方新学书籍强列于传统四部之内的局限。正如蒋元卿所论："其斟酌调停之苦心，勇于改革之精神，未始非中国图书分类法前途之幸也。"② 新旧图书并峙后，对新学的著录也越来越精细，还体现了学人对西方知识的认知。然而，这种单纯的"并峙"著录，总不免有将中西学术"裂变"之嫌，也就无法体现中西学的融会贯通。姚名达便云："新书目录与旧书目录分为二册，则同类之书，散见各处，集中研究，势不可能，对于学术之进步，妨碍殊大。故混合新旧，统一部类，使同一学科之书，不问新旧，庋藏一处，以便检索研究，实为至紧要之事功。"③ 直至《古越藏书楼书目》出现后，这种新旧并峙的图书分类局面才有了改进。

二 《古越藏书楼书目》的对新旧分类的融合

古越藏书楼是清末绍兴绅士徐树兰于光绪二十九年（1903）创建的，《古越藏书楼书目》即编纂于是年。其在图书分类上的最大特色是将古今中外的图书分之以"学""政"两部。学部二十四类，政部二十四类。每

---

① 《浙江藏书楼书目·例言》，清光绪三十三年（1907）杭州华丰书局铅印本。
② 蒋元卿：《中国图书分类之沿革》，中华书局1937年版，第187页。
③ 姚名达：《中国目录学史》，上海古籍出版社2002年版，第122页。

类中详分成三级子目,共计 244 个。其分类的大纲如下:

表 4-3　　　　　　　　《古越藏书楼书目》的分类

学部	1 易学	2 书学	3 诗学	4 礼学
	5 春秋学	6 四书学	7 孝经学	8 尔雅学
	9 群经总义学	10 性理学	11 生理学	12 物理学
	13 天文算学	14 黄老哲学	15 释迦哲学	16 墨翟哲学
	17 中外各派哲学	18 名学	19 法学	20 纵横学
	21 考证学	22 小学	23 文学上（别集）	24 文学下（总集）
政部	1 正史兼补表志考证	2 编年史	3 纪事本末	4 古史
	5 别史	6 杂史	7 载记	8 传记
	9 诏令奏议	10 谱录	11 金石	12 掌故
	13 典礼	14 乐律	15 舆地	16 外史
	17 外交	18 教育	19 军政	20 法律
	21 农业	22 工业	23 美术	24 稗史

从表 4-3 中可以看到,该书目同四部分类法相比具有以下特点。

其一,类目的设置体现了融合古今中外的思想。张謇云:"本楼创设之宗旨有二:一曰存古,一曰开新。学问必求贯通,何以谓之贯通？博求之古今中外是也。往者士夫之弊,在详古略今,现在士夫之弊渐趋于尚今篾古。其实,不谈古籍,无从考政治学术之沿革;不得今籍,无以启借鉴变通之途径。故本书楼特阐明此旨,务归平等而杜偏驳之弊。"① 具体看来,如学部书类中所设的"历朝古今文学""东洋古今文学",学部名学类所设的类目"历朝名家之学""东西洋名家之学",政部法律类的子目"历朝法律书""东西洋法律书",等等,都体现了作者博通古今、纵览中外的分类原则。

其二,有些子目的划分标准以具有标志性的朝代为断限,体现了学术

---

① （清）张謇:《古越藏书楼记》,载李希泌主编《中国古代藏书与近代图书馆史料》,中华书局 1982 年版,第 111 页。

发展的时代特征。如学部易学类的分类为唐以前易学、宋元明易学、国朝易学附占筮；易纬；古三代易，后人拟易。这里将易学的三个发展阶段做了类分，即唐以前易学多注重象数，宋元明易学偏于义理，而"国朝"易学则富于考证。再如政部杂史类中以汉晋六朝、唐五代、宋、辽金元次序分类，而在学部文学中却以汉魏六朝、唐、宋金元、国朝的次序分类。可见，其分类是根据不同学科门类发展的时代特点而确定的。

其三，体现了先"总"后"分"的图书分类思想。徐树兰在为书目分类上，注重从宏观上、总体上把握学科发展的概况。其对图书分以学、政二类，就是对当时学术的总体性概括。对于设置"学类"的含义，其云："明道之书，经为之首。凡伦理、政治、教育诸说，悉该焉。包涵甚广，故不得已而括之曰学类。"①。具体就学、政二类内部而言，每一小类前均先列具有总结本学科性质的书籍，然后再分列其他书籍。如学部生理学类中先列"医学总义""东西洋医学总义"两门，政部外史类先列"万国总史"，军政类先列"兵法总记"，农业类先列"农学总记""东西洋农学总记"等。这种先"总"后"分"的图书分类思想，有助于揭示学术发展的基本线索，便于读者查书检索。

其四，在分类中专列了许多图像类目。该书目设置的图像类目，大致有三类，即教科画、地图以及实业图。教科画，如政部"外交类"设有"出使酬酢礼节及出洋起居服食事宜""采风""外人来宾商务"等有关风俗礼仪类的内容。地图，如舆地类"地总志"中附有"地图"一目，外史类"万国总史"中附有"万国地图"一目。实业图，如政部"军政类"中"东西洋列国陆军之制"下附有"营垒工程"，美术类"书法门"下附有"西洋写字机器"，等等。此外，一些科学研究的机器样本，也在该书目分类中有所体现，"本书楼兼购藏理化学器械及动植矿各种样本，以为读书之助"②。

顾颉刚曾言："旧时士夫之学，动称经史词章。此其所谓统系乃经籍

---

① （清）徐树兰：《古越藏书楼章程》，载李希泌主编《中国古代藏书与近代图书馆史料》，中华书局1982年版，第114页。

② （清）徐树兰：《古越藏书楼章程》，载李希泌主编《中国古代藏书与近代图书馆史料》，中华书局1982年版，第114页。

之统系，非科学之统系也。惟其不明于科学之统系，故鄙视比较会合之事，以为浅人之见，各守其家学之壁垒而不肯察事物之会通。"①《古越藏书楼书目》能够突破传统四部分类法的束缚，将中外典籍以学、政两类概括之，"系统分明，在此派中可谓登峰造极者"②，且能够将新旧学术书籍融合著录，正是对传统学术壁垒的一种反拨，其在图书分类领域中的创新意义值得肯定。然而，《古越藏书楼书目》在类目设置上也存在有待商榷之处。如将经学、诸子学等列入学部，而史书、谱录、金石等则列于政部，未免过于武断。对此，姚名达先生论曰："其将各种学术任意列入各类，其武断性又何如！"③ 刘简亦曰："然细究其内容，学、政两部，由何而分，漫无准则；类目编排，次序多有失当。"④ 可见，以《古越藏书楼书目》为代表的这种分类方法尚属草创阶段。尤其是在清末民初时期，各地纷纷建立图书馆后，寻求书籍的编目与插架的有机结合成为新的时代需求。一些学人将目光转向了西方，从而开启了图书分类法注重庋藏检索的新趋向，"西洋分类法之输入，然后靡然从风，率相采用焉"⑤。

第四节　西方图书分类法的引入及其影响

中国古典目录学中的图书分类，注重对书籍的学术辨析，往往忽略其图书之插架。尽管历史上也出现过一些利用千字文来编号的书目，如明代的国家藏书目《文渊阁书目》及私人藏书目《脉望馆书目》等，但随着图书购置的不断增多，又为藏地空间所局限，反映在目录之中，就会造成分类的凌乱无序状态。我国古代目录学家，多重视藏书目录的编纂，却忽略了与之相匹配的藏书插架问题，"故部类之增减虽层出不穷，而求其最便于庋藏检寻者，迄未之见也"⑥。尤其是近代以来图书馆目录产生后，如何寻求书籍合理的按类插架编目就成为亟须解决的问题。有识之士企图

---

① 顾颉刚：《古史辨》第一册《自序》，商务印书馆2011年版，第31页。
② 姚名达：《中国目录学史》，上海古籍出版社2002年版，第123页。
③ 姚名达：《目录学》，上海商务印书馆1934年版，第140页。
④ 刘简：《中文古籍整理分类研究》，台北文史哲出版社1978年版，第178页。
⑤ 姚名达：《中国目录学史》，上海古籍出版社2002年版，第124页。
⑥ 姚名达：《中国目录学史》，上海古籍出版社2002年版，第124页。

借助西方近代图书分类方法,拯救渐入尴尬境界的中国图书分类,于是杜威的十进制分类法便进入了国人的视野。

一 杜威十进分类法的输入

1909年,孙毓修在《教育杂志》上连续刊载了《图书馆》一文,其中便介绍了杜威的十进分类法。[①] 杜威,1851年生于美国纽约州亚当斯森特,1870年升入阿默斯特学院,1874年他在该院毕业后,留校担任图书馆员直到1876年。在工作期间,他于1885年在其《图书馆图书小册排架编目适用的分类法和主题索引》一文的基础上,发表了《十进图书分类法及其相关索引》,正式地提出了"十进分类法"的概念。其分类的大纲如下:[②]

000 总类	100 哲学	200 宗教	300 社会学	400 语言学
010 总目录	110 玄学	210 自然神学	310 统计学	410 比较语言学
020 图书馆科	120 玄学问题	220 圣经	320 政治学	420 英语
030 百科全书	130 心身	230 教理神学	330 政治经济	430 德语
040 总论集	140 哲学派别	240 实际神及信仰	340 法律	440 法语
050 杂志	150 心理学	250 传道牧师	350 行政	450 意大利语
060 会报	160 论理学	260 教会寺院	360 团体社会	460 西班牙语
070 新闻报纸	170 伦理学	270 宗教史	370 教育	470 拉丁语
080 特别藏书	180 古代哲学家	280 基督教寺院及教会	380 商业及交通	480 希腊语
090 珍籍	190 近代哲学家	290 非基督教	390 风俗习惯	490 其他

500 自然科学	600 应用科技	700 美术	800 文学	900 史地
510 数学	610 医学	710 庭园	810 美国文学	910 地理及游记
520 天文学	620 工学	720 建筑	820 英国文学	920 传记
530 物理	630 农学	730 雕刻	830 德国文学	930 古代史
540 化学	640 家政	740 图案	840 法国文学	940 欧洲史
550 地质学	650 交通及商业	750 画	850 意国文学	950 亚洲史
560 古生物学	660 化学工艺	760 雕版	860 西班牙文学	960 非洲史
570 生物学	670 制造	770 照相	870 拉丁文学	970 北美洲史

[①] 实际上,十进制分类法在18世纪初便由西方传教士带入我国,并在一些教会图书馆中首先使用,但由于种种原因并未引起国人注意。

[②] 参见蒋元卿《中国图书分类之沿革》,上海中华书局1937年版。

580 植物学	680 手工业	780 音乐	880 希腊文学	980 南美洲史
590 动物学	690 建筑	790 娱乐	890 其他	990 大洋洲及两极史

从上文可见，杜威用1至9这九个阿拉伯数字分别代表了学术发展的内在逻辑。蒋元卿先生对此解析道："杜氏之法，不但易于记忆运用，即其类目之顺序，亦有相当之意义。如世界先有宇宙，而后始有万物；故以'一'代表哲学，以表示万物之始之意。有了哲学思想而后有宗教，故以'二'代表宗教，盖哲学为宗教之一种定论也。原始时代先有宗教之信仰，然后社会能团结，故用'三'代表社会科学。社会成立，人与人之间发生关系，而言语渐趋于统一，故以'四'代表语言学。有语文然后能研究自然科学，故用'五'代表自然科学。先有科学之理论，然后始能发生科学的应用，故用'六'代表应用科学。人生必要的科学有了基础，生活始有秩序，而后始可以余力从事于艺术和文学，故以'七'和'八'代表艺术和文学。历史为人类一切成绩的总清账，故用'九'代表历史。"① 可见，在蒋元卿先生看来，杜威将图书分类以这种循序渐进的文献标识方法加以推演，正是西方进化论思想在图书编纂领域的体现。

下面，笔者再以十进制中的第五类中子目"几何学"为代表，详列其各级母项与子项②，借此以考察其与中国传统四部分类法的不同。

500 自然科学　510 数学……516 几何学
　　　　　　　　　　　516.1 总论
　　　　　　　　　　　516.2 欧氏几何学
　　　　　　　　　　　516.3 解析几何学
　　　　　　　　　　　　516.32 平面
　　　　　　　　　　　　516.33 立体
　　　　　　　　　　　　516.34 解析三角学
　　　　　　　　　　　　516.35 古典代数几何学
　　　　　　　　　　　　　516.352 投影和平面的曲线与表面

---

① 蒋元卿：《中国图书分类之沿革》，上海中华书局1937年版，196页。
② 参见白国应《图书分类学》，书目文献出版社1981年版，第170页。

516.353 代数簇

516.36 微分几何学和积分几何学

从上述可以看出，杜威十进制分类法是与中国传统四部分类法根本不同的图书分类法。首先，杜威十进制分类法一级类目下的各级子目都是从不同角度来揭示上级类目本质属性的。因此，它们之间具有不同的形式和性质，多表现出相对的独立性。而中国传统四部分类法中某些子目间的概念界定十分模糊。如刘歆的《七略·数术略》中设有"蓍龟""杂占""形法"三类，皆与占卜有关，区分界限很不清楚。再如《四库全书总目·史部》中的"杂史""别史"类历来没有统一的划分标准。杂史创于《隋书·经籍志》，"盖载籍既繁，难于条析。义取乎兼包众体，宏括殊名"①。而别史，据《四库全书总目》的诠释曰："其书皆足相辅，而其名则不可以并列，命曰别史，犹大宗之有别子云尔。"②可见，杂史、别史在概念的界定上很不明晰。故张之洞叹曰："别史、杂史，颇难分析。"③对此，刘国钧总结道："四库类目之大弊在于原理不明，分类根据不确定。既存道统之观念，复采义体之分别。循至凌乱杂沓，牵强附会。谓其将以辨章学术，源流派别不分；谓其以体制类书，则体例相同者又多异部。"④

其次，杜威十进制分类法中的各子项都从母项的主题概念出发，力求客观而精确地反映母项的本质属性。而中国传统的四部分类法则恰恰与此相反，表现出母项尽可能地容纳子项的特点。如四部分类中的子部，其著录的图书最为丛杂。有关琴棋书画等艺术类书籍皆入子部，有关草木鸟兽等书籍亦入子部。子部中的杂家类中，古代的类书、丛书皆收录之。凡经、史、集部无可归类的书籍，似乎都可以归入子部。难怪余嘉锡先生论四部分类中的子部，有"名实相舛，莫此为甚"⑤之叹。

再次，杜威十进制分类法在组织结构上以十为单位，将一切学问分为

---

① 《钦定四库全书总目》卷51《杂史类叙》，中华书局1997年版，第711页。
② 《钦定四库全书总目》卷50《别史类叙》，中华书局1997年版，第686页。
③ （清）张之洞编，范希曾补正，孙文泱增订：《书目答问》，中华书局2011年版，第189页。
④ 刘国钧：《四库分类法之研究》，《图书馆学季刊》1926年第9期。
⑤ 余嘉锡：《目录学发微》，中国人民大学出版社2004年版，第161—163页。

九类，并冠以总类以容纳不能归入任何类目者。各下级类目与上级类目之间等级分明，形成一种多维的立体几何层次关系，这样就更有利于对图书的检索。而中国古代的四部分类法最初以甲、乙、丙、丁命名，颇似约定俗成的一种学术习惯。后来虽然改以经、史、子、集四部分类，但从分类的层级关系上看，仍然是"辨体"和"辨义"的结合。①

最后，杜威十进制分类法是一种简明易用的分类法。杜氏分类法采用以阿拉伯数字代替类目，将所有学问统分为十大类，每一大类下又运用小数制的方法编排，每一数字都有编排。如516.3，即百位上的5代表自然科学类，十位上的1代表二级子目数学，6为三级子目几何学，小数后的3代表四级子目解析几何学。这种方法易于领会，也便于查考记忆。有学者便指出：杜氏分类法"举凡文字作品，即小如残篇便录，均可应用，有助记号，可以普遍推行。"②而传统的四部分类法则需要具有一定学术素养者方可从事。诚如章学诚所云："将以辨章学术，考镜源流，非深明于道术精微，群言得失之故者，不足与此。"③

总之，杜威十进制分类法是一种当时较科学的图书分类法，它的输入对传统四部图书分类法形成了挑战。一些学者通过学习杜威法的标记制度和编表技术，逐步探索出了适合我国实际的结构更加完善、系统的分类法，加速了我国近代图书分类法的形成和发展。尽管如此，杜威十进制分类法也有美中不足之处。杜氏将学术的演进概以十为限，对于学术领域宽泛者，则略显不足，对于学术领域狭隘者，则绰绰有余，"俨若学术皆循算学之级数而进展者，其不合理可知"④。再者，十进制分类法毕竟是以西方自然科学与社会科学为基础所建构的，其传入中国后，难免会造成"水土不服"。许多中国的典籍并不能完全归入杜氏分类中，即使勉强可以归入，也会造成"轻重失当"⑤。鉴于此，许多国人在此方面进行了有益的尝试。其中沈祖荣的《仿杜威书目十分法》可谓代表。

---

① 参见施利军《杜威法对我国近代图书分类形成和发展的重要作用》，《山东图书馆季刊》1991年第3期。
② 朱家治：《杜威及其十进分类法》，《图书馆学季刊》1926年第1卷第2期。
③ （清）章学诚：《校雠通义·叙》，清咸丰元年（1851）刻本。
④ 姚名达：《中国目录学史》，上海古籍出版社2002年版，第126页。
⑤ 王云五：《中外图书统一分类法》，商务印书馆1929年版，第10页。

二 沈祖荣及其《仿杜威书目十分法》

杜威十进制分类法虽是一种科学的分类法，但并不完全适合中国的实际。于是一些学者开始以杜威十进制分类法为基础，进行了新的探索。沈祖荣的《仿杜威书目十分法》便是其中的代表。

沈祖荣（1884—1977），字绍期，湖北宜昌人，我国著名的图书馆学家，图书馆学教育家。1911年毕业于武昌文华大学，随后又赴美国纽约留学，专门学习图书馆学。学成归国后，积极参与国内兴起的图书馆建设与教育活动，成绩卓越。代表作有《仿杜威书目十分法》《俄文图书编目法讲义》等，翻译了《简明图书馆编目法》《标题总录》等著作。[1]

《仿杜威书目十分法》是沈氏留学美国归来不久后，与胡庆生合编而成。是编成书于1917年10月，1918年1月由文华公书林编辑出版。此后又进行了修补，于1922年再次出版。该分类法首次采用标记符号来标记类目，姚名达称此法是"仿杜威十分十进之意，而变更部类之名称次序者"的代表。[2] 其分类如下：

0 经部及类书	1 哲学	2 宗教
3 社会学	4 政治	5 科学
6 医学	7 美术	8 文学
9 历史		

沈氏《仿杜威书目十分法》也留有四部分类法的烙印。如经部、文学、历史，即可划入四部之经、集、史三部，哲学、宗教、社会学、医学，则又类似四部分类的子部。姚名达对此论曰："此法之合乎原则否，吾人姑且不讨论，而其仍保持经部之名，则与《四库》分类法又有什么不同呢？"[3] 但此法毕竟是一种新的尝试，在借鉴西方分类法的基础上，

---

[1] 详见程焕文《中国图书馆学教育之父——沈祖荣》，（台北）台湾学生书局1997年版。丁道凡：《中国图书馆界先驱沈祖荣先生文集》，杭州大学出版社1991年版。

[2] 姚名达：《中国目录学史》，上海古籍出版社2002年版，第131页。

[3] 姚名达：《目录学》，上海书店1934年版，第143页。

将中外书籍汇通融合编制,"其于门类方面,颇具科学精神"①。

《仿杜威书目十分法》对近代图书馆学的发展具有深远的学术影响。蒋复璁赞沈氏此法曰:"予图书馆界发生重大之影响,首事改革,厥功甚伟。"② 在民国初年,已经有多家图书馆采用了此种方法编目。沈氏也自称,这个分类法十分易于查索,具有便利馆员、读者的功效:"不佞仿美儒杜威十类法,编印目录一部(此指《仿杜威书目十分法》)。各省亦多有仿用此法者,事属倡始,未敢认为善事。然十类之法,以号数代书类,以字母代书名、著者号,使阅者对于普通书,或不经见之书,皆易取阅。馆员欲取某书,即查某号,俯拾即是,不致耽延时间,多耗脑力。此十类法各国所由通行也。"③ 沈氏在分类法领域结合中西经验的探索,为清末民初图书馆学的发展做出了贡献。

综上所述,目录学分类理论在清末民初的改进与创新,折射了中国古代学术与知识体系的重大变迁。传统的经、史、子、集已经不能容纳西方传入的"新学"知识体系。学者们对诸多图书分类方法的探索,实际上也是对近代学术体系、知识体系的一次尝试性建构。尤其是西方图书分类思想的引入与改进,催生了目录学与图书馆学的融合,在客观上促进了古典目录学近代化的发展步伐。

---

① 金敏甫:《中国现代图书馆概况》,广州图书馆协会1929年版,第37—38页。
② 蒋复璁:《中国图书分类问题之商榷》,《图书馆学季刊》1929年第1—2期,第37页。
③ 沈祖荣:《中国全国图书馆调查表》,《教育杂志》第10卷第8期,1918年8月20日,第37—45页。

第 五 章

社会文化变革中目录学的新气象

随着"西学东渐"的不断深入,晚清士人思想中以西方自然科学与社会科学为代表的新学术文化思潮成为时代发展的趋势。对以儒家三纲五常为核心的传统文化造成了冲击,改变了一些士大夫原有的知识结构,使他们的治学思想也发生了转变。晚清目录学受此影响,注入了"新学术文化"元素,在社会文化变革的历史进程中得到建设与发展,展现了与传统目录学不同的学术面貌,形成了诸多颇具时代特色的新书目文化。

第一节 晚清士人的知识结构变迁与译书目录

晚清社会向西方学习成为一种风尚。钱穆曾云:"盖自道咸以来,内忧外患,纷起迭乘,国人思变心切,旧学日遭怀疑,群盼西化,能资拯救。"[①] 而对西方书籍的译介,就成为学习西方的重要手段。有识之士甚至认为译书关乎国家之富强。康有为便曰:"今日欲自强惟有译书而已,今之公卿明达者亦有知译书者矣。"[②] 随着西方自然科学与社会科学的引入,产生了大量翻译西方科学文化知识的图书。译书目录以收录这些被译介的图书为主,有些译书目录还对所收书籍编有提要,以此向国人介绍西学、宣传西学。译书目录反映了国人对当时西方社会的认知程度,深化了目录学的社会文化职能。

---

① 钱穆:《现代中国学术论衡·序》,岳麓书社1986年版。
② 康有为:《日本书目志·序》,上海大同书局石印本。

一 "新知识"的涌现与译书目录的产生

在经世思潮的熏陶下，晚清一些有识之士开始了发现世界、探索世界的新历程。翻译外国书籍，成为当时知识分子获得新学知识的重要方式。林则徐在虎门销烟时便规定："凡以海洋事者，无不纳之，所得译书，就地翻译。"① 魏源也说："尽转外国长技为中国长技，富国强兵，不在一举乎？"② 1841年，林则徐开启了国人译书的先河，他翻译的书籍有《四洲志》《各国律例》《华事夷言》等。魏源纂《海国图志》详述西洋枪炮制作原理、用法，以增广国人技能。此时期译书的特点在于其翻译书籍的主题以外国史地著作为主旨，以拓宽国人眼界为目的。然译书的形式多是依靠外国传教士的口述，故译书的质量不高。

19世纪60年代兴起了洋务运动，科学观念渐渐进入国人视野。晚清科学家徐寿在建议设立翻译机构时言："将西国要书译出，不独自增识见，并可刊印传播，以便国人尽知。"③ 徐寿的倡议得到了曾国藩的赞同："盖译书一事，系制造之根本。洋人制器出于算学，其中奥妙皆有图说可寻。特以彼此文义扞格不通，故虽日习其器，究不明夫用器与制器之所以然。"④ 国人将译书的重点转向了西方的自然科学与人文社会科学。如李善兰与英国传教士伟烈亚力合译的《几何原本》《代数学》《谈天》，王韬与伟烈亚力合译的《重学浅说》《西国天学源流》，徐寿与傅兰雅合译的《化学鉴原》，华衡芳译的《地学浅释》等。这些被译介的书籍门类十分齐全。江南制造局此时期内所翻译的160种书籍中，自然科学书籍的门类就有医学、矿学、农学、化学、算学、电学、工程、格致、地学、天学、声学、光学等。⑤ 除西方自然科学知识外，一些先进的西方社会科学思想也逐渐被有识之士所接受。19世纪末20世纪初，严复将英国生物学

---

① （清）姚莹：《康輶纪行》卷十六，清同治六年（1867）刻本。
② （清）魏源：《道光洋艘征抚记》，载《魏源集》，中华书局2018年版，第206页。
③ ［英］傅兰雅：《江南制造总局翻译西书事略》，载张静庐《中国近代出版史料初编》，群联出版社1953年版，第12页。
④ （清）曾国藩：《奏陈新造轮船及上海机器局筹办情形折》，载《曾国藩全集·奏稿（十）》，中国华侨出版社2003年版，第6093页。
⑤ 参见熊月之《晚清西学东渐史概论》，《上海社会科学院学术季刊》1995年第1期。

家赫胥黎的《进化论与伦理学》一书翻译成中文，即《天演论》，"自此书出后，'物竞''争存''优胜劣汰'等词成为人人口头禅"[1]。严复还翻译有《原富》《群学肄言》《群己权界论》《法意》等书。此外，《社会契约论》《人权宣言》《美国独立宣言》《社会主义精髓》《近世社会主义》等书籍也相继被翻译出来。

值得关注的是，在西方传入的"新科学"中，一些西方民主政治的理论和实践也被广泛译介，成为政治变革的思想先声。魏源在《海国图志》中就对美国联邦制和瑞士民主制作了简单评介。洋务运动和戊戌变法时期，中国民主思想有了进一步的发展。郑观应在《盛世危言》中专门设立了"议院"一章，认为君主立宪制是最好的政体，国家设立议院能够"集众思，广众议，用人行政，一秉至公，法诚良，意诚美矣"[2]。这些民主思想和主张"为近代的政治变革制造了舆论，推进了近代民主化进程"[3]。辛亥革命的兴起为中国近代民主的发展带来了机遇。近代民主革命的先驱者孙中山提出了"三民主义"的号召，为建立资产阶级民主共和国奠定了思想基础。

译书目录正是在这样的时代背景下产生的。晚清时期共产生了近二十部译书目录。这些目录依照其体现出的职能和功用可分为综合性译书目录和专科性译书目录两大类。综合性的译书目录占有很大比例，主要有梁启超的《西学书目表》、康有为的《日本书目志》、沈桐生的《东西学书录总叙》、黄庆澄的《中西普通书目表》、徐维则的《东西学书录》、沈兆炜的《新学书目提要》、王景沂的《科学书目提要初编》等。这些译书目录所收录的书籍内容十分广泛。如康有为的《日本书目志》收录了有关生理学、政治学、农学、教育学、文学等方面的书籍。顾燮光的《译书经眼录》则收录了有关法学、兵政、地学、理化学等方面的书籍。专科性的译书目录有王韬的《泰西著述考》，该书目主要收录有关西方天主教修士所著的宗教类图书，而傅兰雅的《农学要书简明目录》，则专收西方农学著作。

---

[1] 蔡元培：《蔡元培全集》第4卷，中华书局1984年版，第352页。

[2] （清）郑观应：《盛世危言》卷5《议院上》，《郑观应集》，上海人民出版社1988年版，上册，第311页。

[3] 龚书铎：《中国近代文化概论》，中华书局2004年版，第10页。

依照书目的内容又可分为东学目录、西学目录、东西学目录三种。东学目录主要是指专门以介绍日本译籍为主的目录书。当时日本因变法而一跃成为强国，梁启超曰："今日本书会，凡西人致用之籍靡不有译本，故其变法，灼见本原，一发即中，遂成雄国。斯岂非其明效大验耶！"① 可见一些有识之士将日本视作向西方学习的一种有效捷径。康有为的《日本书目志》、梁启超的《东籍月旦》皆是在此背景下产生的东学目录。此外，还产生了一些专门学习西方科学知识的西学目录书，如傅兰雅的《江南制造局翻译西书目录》、梁启超的《西学书目表》等。从这些西学目录书来看，当时国人较注重西方的电学、物理学、光学等自然科学领域。而这一时期大部分的译书目录多是将东西学合二为一，形成了东西学书目。如沈桐生的《东西学书录总叙》、黄庆澄的《中西普通书目表》、顾燮光的《译书经眼录》等，这也正是中外文化间不断融合的产物。

这些译书目录在内容结构上继承了中国传统目录名目、序言、提要的编纂传统。在名目方面，以书名、作者、册数为排列次序。将古典目录学的"卷数"一项多改为"册数"："古书用卷子本，故标卷数，后世装潢既异，而犹袭其名甚无谓也。故今概标本数，不标卷数。"② 同时又新增了译者和图书的价钱两项。如《增版东西学书录》《译书经眼录》《日本书目志》等书目都列出了图书的翻译者。而《西学书目表》则注明了书目的价钱："目录家皆不著价值，盖所重在收藏，无须乎此。今取便购读，故从各省官书局之例，详列价值。其标若干两、若干钱者，银价也；其标若干千、若干百者，制钱价也；其标若干元、若干角者，洋银价也。"③ 又如《农务要书简明目录》所列书目的价钱，"皆美国书楼所定之价"。④ 至于译书目录的序言，只有康有为的《日本书目志》在所分的每一小类后有书目的小序，其余书目则多省略之。今将所见译书目录，作提要如下。

（一）王韬：《泰西著述考》，清光绪十六年（1890）抄本

书前有王氏自序称"盖自东西两海道以来，约百余年。所至者，

---

① 梁启超：《宪法通议·论译书》，载《饮冰室合集》第1册，中华书局1989年版，第67页。
② 梁启超：《西学书目表·凡例》，清光绪二十二年（1896）时务报馆印本。
③ 梁启超：《西学书目表·序例》，清光绪二十二年（1896）时务报馆印本。
④ ［英］傅兰雅：《农务要书简明目录·例言》，清光绪二十七年（1901）上海制造局刻本。

皆天教会中之修士，凡其初至之年，所著之书，及其卒葬处，无不班班可考。爰为厘次其姓氏，详述其著作，以庐于篇，用为谈海外掌故者，广厥见闻云。"是编共收明嘉靖至清康熙年间传教士78人，每人皆先述其在华事略，后列其著作及书之卷数，无提要，为研究中国社会"西学东渐"运动的起源和发展提供了重要文献依据。

（二）沈桐生：《东西学书录提要总叙》，光绪二十三年（1897）读有用斋影印本

是书凡二卷，为山阴缪绍瑜、张之梁校本。上卷分天学、地学、地志学、学制、兵学、农学、工学、商学、法律学、交涉学。下卷分为史学、算学、图学、矿学、化学、电学、光学、声学、重学、汽机学、医学、全体学、动物学、植物学，凡二十四类。每类皆编写叙录，阐述学科发展源流和梳理其发展线索。其中体现了作者带有"西学中源说"的文化价值观。例如：将中国古代的星占术、七政学说，比附西方天文学；将古代的"八音"比附为西方声音学；在化学方面，作者认为："西人化学之精微，亦尝窃中国之余绪。"

（三）黄庆澄：《中西普通书目表》，光绪二十四年（1898）刻本

是书凡一册，分三部分。表一有"中学入门书""经学""子学""史学""文学""中学丛刻书"六类，其言："行见新学未兴，中学之传不亡而亡，斯可惧耳。兹就管窥所及，辑为兹编，删之又删，简之又简，世之君子其亦鉴我苦衷乎！"可见该目作者重在保存传统学术文化之意。表二为"西学入门书""算学""重学""电学""化学""声光学""汽机学""动植物学""矿学""制造学""图绘学""兵学""史学""公法学""律例学""外交学""言语学""教门学""寓言学""西学丛刻书"二十类。其言曰："学而切用，其学为地球之公学，其书即为地球之公书，不必问为旧学为新学也。且地球之理日出而不穷，不特非今日旧学所能尽，亦岂今日新学所能尽乎？行远必自迩，积小以高大，推陈以出新，握经而待变，海内有道诸君子其亦不河汉我言与！"[①]可见黄氏在重视传统学术文化的同时，还主张中西兼顾。表三则以天学、地学、人学为类，著录中西书目，其自序称："董子云：通天地人谓之儒。庆澄谓人生世

[①] （清）黄庆澄：《中西普通书目表》表二"西学入门书"小序，清光绪二十四年（1898）刻本。

上，戴天履地，无论所学何事，总不出天地人之外，不以中西殊也。"是编于每一小类前均有简短小序，每一书下仅列书名，有些书下有简短注语，也多是指导阅读之意。如在《书目答问》下注："寒士可先购此书。"有对读书方法指导者，如《古书疑义举例》条称，此书是"治经捷径"，建议读者"凡一书到手，必先看例言，则全书得其要领。"有对作者评价者，如汪中《述学》条曰："国朝治经家最无障蔽者，惟汪氏一人而已，说礼尤四通六辟。"有对学派分析者："汉儒之学，最重师承，宋儒之学亦各有流派，学者宜求诸公真实得力处，未可援耳食之言以轩轾之。"

（四）徐维则：《东西学书录》，光绪二十五年（1899）石印本

该书目凡上、下两册，共两卷。分三十一类著录东西学书籍，即史志、政治法律、学校、交涉、兵制、农政、矿务、工艺、商务、船政、格致总、算学、重学、电学、化学、声学、光学、气学、天学、地学、全体学、动植物学、医学、图学、理学、幼学、宗教、游记、报章、议论、杂著。另有附录一册，收录明季以来传入中国的切实可用之书。书前有蔡元培序言一篇，称：徐氏"自删札记之要，旁采专家之说，仿《四库书简明目录》之例，以为书录。"① 又有徐氏自序一篇，称："学者骤涉诸书，不揭门径，不别先后，不审缓急，不派源流，每苦繁琐，辄难下手。"② 可见，提示西学的方法与途径是本书的一个重要宗旨。每书下标明卷数、版本、册数、著者、译者，并有简短提要。在此书出版三年后，又有顾燮光《增订东西学书录》，前有蔡元培序一篇，称："前者，吾友徐君以逊（维则），印其所编《东西学书录》，而元培为之序，迄今阅三年矣。又得新书数百种，君欲续著录焉而未果。会顾君鼎梅（燮光）自江西邮示所著，则此数百种者大略已具，且于前录遗漏之书亦有所补焉。"③

（五）傅兰雅：《农务要书简明目录》，光绪二十七年（1901）上海制造局刻本

该书凡一册，不分卷，乃英人傅兰雅口译，王树善笔述，由新阳赵元

---

① 蔡元培：《增版东西学书录序》，载熊月之主编《晚清新学书目提要》，上海书店出版社2007年版，第3页。

② （清）徐维则：《增版东西学书录·自序》，载《晚清新学书目提要》，第5页。

③ 蔡元培：《增版东西学书录序》，载《晚清新学书目提要》，第3页。

益校正。书前有王树善序一篇，称："博览群书必自目录始，古今无异。天下万国亦无异也。中国今日搜西书，莫亟于译农务学书，盖西国农务各书，大抵浅近而易行，切实而有用也。"可见是编之译刊，体现了作者经世致用的思想。后接该书例言两则，谓："此编得自纽约藏书楼，依其原书类列之次第而略更动之，俟续有搜辑，当再分类编次。"是目分田园、果园、花圃、畜牧、牛、马、猪羊、狗、禽鸟、鸽兔、虫、渔猎、杂事十三类。每书下皆标有价钱，有提要，以介绍书籍内容为主。如《美国养牛取乳全法》条提要曰："书分上下两卷，上卷论选牛、饲牛、牧牛与取乳、与制乳油饼，并将各料预备出售工法，俱合于小贸易家之用。下卷论大厂每日所得之牛乳，送入用机器等制造乳油、乳饼之厂中，其利甚厚，有图。"向国内读者介绍了美国养牛的经验。又《牧养袖珍》条提要曰："美国农家牧养者颇多，而羊之性情与牧养之法，不易谙习。大抵因无简便明白之书也。作者特著此书，以便农家子之揣摩。现如美国与加拿大牧养者日盛，而羊之种类亦不少。各种羊合于各处水土，而又常有温热等病，为美国所习见，间有危险害羊者。农家若无此书，往往有误。"对牧养的方法及相关问题作了说明介绍。

（六）黄庆澄：《普通学书录》，清光绪二十七年（1901）杭州小学堂刻本

该书是《中西普通书目表》的增版，凡一册，四卷。前三卷与《中西普通书目表》同，唯卷二增加了航海学、工程学、理财学三类。卷四为补遗，仅有《天演论》一书，后附"家塾读书入门要诀"，介绍了读经、读子、读史、读西史、读律、读公法、学算、学化学的方法。如读经条云："读经当先通各经总义而刱其家派，再就各经中细审宗旨，略分义例，强立为表，不必过密。然后依表求之，则全经得其领矣。此但为自己用功起见，并非传世，故不必求密，苟欲求密，势必至半途中辍。"另附有"家塾授徒简便课程"，分上午习普通学，下午学字、习专门学，灯下读史、作日记。每五日作文一篇。

（七）《广学会译著新书总目》，清末铅印本

书前有题识，称："本会夙以振兴新学，开通民志为己任，创办以来译印各书千百余种，此乃泰西名士奉为宝笈，人人必读之要书也。择其尤佳者，详录于后。"首列报刊，如《大同报》《教会公报》《女铎报》。次

分天文、地理、史类、传记、医学、体学、通考、政学、理财、律法、格致、算学、植物学、蒙学、小说、杂著、图画、道学、质学、性理、矿物学、化学共22类著录图书。然每类中所收书多有欠妥之处。如《英民史记》一书不入史类而入杂著类，《政治原理》不入政学类而入杂著类，《富国须知》不入理财类而入杂著类。其他如矿物学类收《力学须知》《重学须知》《声学揭要》《生理学教科书》，化学类中收《声学须知》《气学须知》等皆有所不妥。每书下有提要，指出撰者及其书的大概内容，后标明册数及价钱。如律法类《公法新编》条："美国丁韪良编译，共四卷。第一卷为公法纲领，第二卷为平时公例，第三卷为战时公例，第四卷为局外公例。体例完备，为外交家秘宝，业经外交部抄呈核用。二册，洋价六角。"

（八）述庐：《通学书籍考》，民国间铅印本

该书目分二十一类，即格致总类、算学类、重学类、化学类、电学类、声学类、汽学类、天学类、地学类、医学类、全体学类、工学类、商学类、矿学类、兵政类、史志类、法律类、学制类、图学类、西文类、报刊类。每书下标明卷数（或册数）、版本。有简短提要，介绍书的大概内容，带有导读性。如格致总类：《格致须知》三集自印本："英傅兰雅著译，分为三集，共三十余本。每本不过二十余页，力求简明便于初学。"其史志类书目提要稍为详尽。

二 译书目录反映的西方"新学"知识

在"西学东渐"之风催化下，晚清学术文化出现了从未有过的新气象。西方自然科学和社会科学被国人通过译书的形式引入国内，形成了与传统文化相对的"新学"。从译书目录中可以窥探晚清士人对西方自然科学与社会科学的认知水平。

（一）对西方自然科学知识的介绍

晚清自然科学知识的传入主要是在洋务运动前后到戊戌变法前。洋务派提出了求富求强之术在于学习西方"制器之器"的主张。李鸿章说："中国欲自强，则莫如学习外国利器；欲学习外国利器，则莫如觅制器之器。"[①] 左宗棠亦言："学造西洋机器以成轮船，俾中国得转相授受得永远

---

① （清）宝鋆：《筹办夷务始末》（同治朝），卷二五，（台北）文海出版社1971年版，第10页。

之利。"① 他们进而意识到"制器之器"的关键在于"格致之学"。杨模曰："格致之理必借制器以显，而制器之学，原以格致为归。"② 李善兰也说："推原制器之精，算学明也。"③ 可见，他们已经认识到"制器之器"的关键在于学习西方先进的自然科学技术。译书目录中对西方自然科学技术的阐释已初具崖略，主要分为天文学、地理学、算学、重学、电学、光学、气学等七个方面。

天文学方面，认识到了天体运行的规律。如《增版东西学书录》中的《天文启蒙》一书提要，论述了地球、月球的运动规律，以及太阳所属天穹诸星、恒星等。《天文图说》提要，论日月并各行星之次、天空异像、天空星宿等，并附有《八星日月度里表》。

地理学方面，对地球表层的常识有了初步了解。如《增版东西学书录》中的《地学浅释》一书提要曰："大旨以地球全体均为土石凝结而成，其定质虽为泥，为沙，为灰，为炭，而皆谓之石类，均有逐渐推移之据。观地中生物之形迹，可知当时生长既有水陆湖海之不同，又有冷热凝流之各异。故地层累不明，无从察金石之脉。"④《金石识别》云："详言地面、地壳两层各质，皆归金类，甚合天然之理。"⑤《译书经眼录》介绍了地文学，在《地文学问答》一书提要曰："迩来地理之书译者日众，惟地文学则阙如。然地文为天然之科学，凡欲研究地质学者，不可不先求诸地文。若空中之水分，陆界之组成，生物之分布，皆地文学之显而易见者。"⑥ 不仅如此，还认识到了地学在社会生产和生活中的功用。如《增版东西学书录》中的《地学稽古论》一书提要云："以混沌未开之先为极古，既开之后为荒古。动植物生为太古，人类生为近古，欲知地球古事，莫如考究地学，以有层累之可寻，明此学则考土性以便农田；验地脉以识

---

① 中国史学会主编：《洋务运动》（五），上海人民出版社2000年版，第24页。
② 中国史学会主编：《洋务运动》（八），上海人民出版社2000年版，第33页。
③ （清）李善兰笔述：《重学序》，《富强斋丛书》本。
④ 徐维则辑，顾燮光补：《增版东西学书录》地学第二十《地学浅释》提要，载《晚清新学书目提要》，第117页。
⑤ 徐维则辑，顾燮光补：《增版东西学书录》地学第二十《金石识别》提要，载《晚清新学书目提要》，第117页。
⑥ 徐维则辑，顾燮光补：《译书经眼录》地理学第十三《地文学问答》提要，载《晚清新学书目提要》，第304页。

矿产；辨石质以利工程。而地球古形迹亦可于此见焉。"①

算学方面，介绍了西方算学的基础知识及其原理。《增版东西学书录》将算学细分为数学、形学、代数、三角八线、曲线、微积、算器七个类目。在《代微积拾级》一书提要中，介绍了作方程图法和点、线、曲线图。对积分、微分的概念作了解释："微分者，一刹那中由小渐大之积也；合无数微分之全积则积分也。大抵由代数级数以求其限而推其变。"② 在《圆锥曲线说》一书提要中介绍了圆锥曲线的三种形式："论圆锥曲线三种，曰椭圆线，曰双曲线，曰抛物线，均以代数比例布算，证明圆锥割成三曲线之理。"③ 在《微积溯源》一书中指出了微积分的价值："凡代数甚繁之法，以微积驭之者而极简，故微积足以济代数之穷，而尤能穷究诸曲线之情状。谓积分为今日算学之峰极，谁曰不宜。"④《科学书目提要初编》介绍了代数学："代数之学出于天元，至其变化错综则非天元所敢望也。初借根法之来自欧洲也，宣城梅氏谓其与天元同科，迨伟译《代数学》、傅译《代数术》，则畴人家言为之一变。厥后名理日精，盖天下靡然从风矣。"⑤

重学方面，如《增版东西学书录》设有重学、力学、重学器三类。重学类收录了《重学浅说》《重学须知》《重学》等书。在《重学》一书的提要中认为"重学分为两科，曰静重学，曰动重学，而其理之最要者有三，曰分力，曰并力，曰重心，为动、静二学之枢纽。盖万物以重心为定，若二力加于一体，令之静，必定于并力线；令之动，必行于并力线，故知分力、并力与重心三端。凡环绕摄动诸力之理，皆由此出。"⑥ 力学

---

① 徐维则辑，顾燮光补：《增版东西学书录》地学第二十《地学稽古论》提要，载《晚清新学书目提要》，第118页。

② 徐维则辑，顾燮光补：《增版东西学书录》算学第十二《代微积分拾经》提要，载《晚清新学书目提要》，第98页。

③ 徐维则辑，顾燮光补：《增版东西学书录》算学第十二《圆锥曲线说》提要，载《晚清新学书目提要》，第100页。

④ 徐维则辑，顾燮光补：《增版东西学书录》算学第十二《微积溯源》提要，载《晚清新学书目提要》，第100页。

⑤ 王景沂：《科学书目提要初编》文科类代数学，光绪间铅印本。

⑥ 徐维则辑，顾燮光补：《增版东西学书录》重学第十三，载《晚清新学书目提要》，第102页。

类收录了《力学须知》《力学入门》《力学测算》三书。《力学测算》中论述了物体动静重质相吸的原理，另外还论述了力之分合、旋物之理、火器物之相触、索线物之摆动等方面的力学知识。

电学方面，《增版东西学书录》收录了《电学》《电学测算》《电学入门》《电学图说》等书籍。《电学》中先总论电学源流，其次分论摩电学、吸铁气、生物电学、化电学、热电气等。《电学测算》一书提要则介绍了测流电、测算阻力、测静电的基本常识。《电学入门》提要中介绍了电性、摩电气、吸铁气、化电气以及发电诸器之利用。《电学图说》一书还将吸铁气、摩电气、化电气、电报、电镀理法各系以图，略加说明。

光学方面，介绍了光学的理论常识。如《增版东西学书录》中的《光学入门》一书提要云："一论光性，二论回光，三论折光，四论视理，五论光色，六论器。所述诸说，皆透发妙理，虽近来新理日出，其大要已不外此。"① 而《格影》一书提要则讨论了光与影像的关系："有形有光，然后有影，西人深测夫影之远近、浓淡，全分以验光，力复推光与影相射之理，以明眼中之小血管相通。"② 此外，还强调光学书籍应与天文学、声学的相关书籍互相参看，如《光学》二卷附《视学诸器说》一卷提要云："论诸光之理，已得大较，其辨别日月、恒星、虹霓之光气，近译天学书中所言较密。盖新制造器愈精，其功用愈大。田氏所著《论声学凸凹之质》，力及速率，足与是书互证其理。"③

气学方面，《增版东西学书录》分为气学、水学、火学、热学、器具五个类目。气学收录了《气学须知》《气学测算》等书；水学收录了《水学图说》《水学测算》等书；火学收录了《火学入门》《火学测算》等书；热学收录了《热学图说》《物体遇热改易记》等书；器具收录了《气学器》《水学器》等书籍。在《物体遇热改易记》论述了气质、流质、定质得热而涨之理，介绍了物质涨大之公式，分说各种物体遇热之涨数。

---

① 徐维则辑，顾燮光补：《增版东西学书录》光学第十七，载《晚清新学书目提要》，第110页。

② 徐维则辑，顾燮光补：《增版东西学书录》光学第十七，载《晚清新学书目提要》，第111页。

③ 徐维则辑，顾燮光补：《增版东西学书录》光学第十七，载《晚清新学书目提要》，第110—111页。

《火学测算》则"论热之功用,盖热者,火之隐,火即热之显。因热气而究及涨力、汽力"。① 又如《东西学书录总叙》作者介绍了汽机学中冷、热、涨、缩四种原理,以及简器、试汽、考力、致用四个实际用途。

(二) 对西方社会科学知识的介绍

甲午惨败,洋务破产,维新人士继起又重新踏上了寻求救国之路。这一时期维新变法成为时代主流。梁启超云:"甲午丧师,举国震动,年少气盛之士,疾首扼腕言'维新变法'。"② 而一些有识之士则深刻认识到,欲要变法兴国,先要改变政体:"立行宪法,大开国会,以庶政与国民共之,行三权鼎立之制,则中国之自强,可计日待也。"③ 而欲要改变政体,则先要兴民智:"言自强于今日,以开通民智为第一务。"④ 因此,时人有论,西方之强,"固不专在格致也"。⑤ 这表明,维新派已不满足于对西方自然科学的要求,进而深入西方人文社会科学领域。译书目录也广泛吸纳了这些西方社会科学的新思想,从而丰富了目录学的思想内涵。

1. 对西方进化论思想的吸收

译书目录通过收录一些有关进化论的书籍,使国人对西方的进化思想有了初步了解。《译书经眼录》哲理类《物竞论》的提要云:"全书发明物竞与天择及植物争存互相关系之理,并引美、非二洲各种动植物之竞争生存以为证据……立言可谓透彻矣。"⑥《动物进化论》的提要云:"辟宗教家言上帝造万物之神话,以证万物同一元祖,优胜劣败之至理。其主义在使人人知天演淘汰之烈,而奋发其生存竞争之念。若其考究物理之详尽,犹其鳞爪之余耳。……言动物皆一元祖,并证明人类与猿相似之理,盖以进化论为争存之本,故其立论甚确。"⑦ 可见,进化论是自然生物界

---

① 徐维则辑,顾燮光补:《增版东西学书录》气学第十八,载《晚清新学书目提要》,第113页。
② 梁启超:《清代学术概论》,上海古籍出版社2005年版,第81页。
③ 康有为:《请定宪法开国会折》,载汤志钧主编《康有为政论集》上册,中华书局1981年版,第338—339页。
④ 梁启超:《变法通议》,《饮冰室合集》文集之一,上海中华书局1936年版,第14页。
⑤ (清) 高凤谦:《翻译泰西有用书籍议》,载黎难秋《中国科学翻译史料》,中国科技大学出版社1996年版,第331页。
⑥ 顾燮光:《译书经眼录》,载《晚清新学书目提要》,第329页。
⑦ 顾燮光:《译书经眼录》,载《晚清新学书目提要》,第328页。

中的一种优胜劣汰的自然法则。

然而，进化论不仅适用于自然生物界，也存在于人类和人类社会的发展之中。《译书经眼录》哲理类《人群进化论》一书，上篇分人群发生、人群发达、国家盛衰三篇，下篇则是作者自己的推理，"与夫群治进化之故，反复推阐，渊源入微，挈领提纲，条分缕析。使繁赜深奥之学理，粲若列眉，言约理博，可称善本。"①《社会进化论》提要也说："社会状态何日不在进化之中！炫于目前之文明，不知所以变迁之理，则识见简陋，自不待言。"②《增版东西学书录》理学类中又有《物竞论》一书，更是把进化论的思想引入"天赋人权""民主""自由"等社会领域中："是书据生物进化之例，以验天赋人权之说，以发明强权之理。先总论，次举人类中五大竞争而分论之。一治人者与被治者，二贵族与平民，三自由民与不自由民，四男与女，五国与国。博综约说，勃窣理窟，廉顽立懦，有功世道。"③ 这种进化论的思想对当时国人推陈出新、变革图强的态度也产生了影响。

当时中国正处在民族危亡的紧要关头，这种物竞天择的进化论思想成为激励国人开展救亡图存运动的精神力量。但另一方面也应该看到，西方进化论思想并非完全的舍旧谋新："自泰西学说流播中国，学者往往误认为西人主进化而不主保守，至事事欲舍其旧而新是图。不知所谓进化者，乃扩其所未知未能，而补其所未完未备。"④ 清末学部的这一教育宗旨，实质上是"中学为体"思想的一种扩展，是对当时主张向西方学习中"概事放弃"旧学现象的一种纠正。

2. 对西方政治学与经济学理论的采纳

"兴民权"是戊戌变法时期的一个重要政治特征。汪康年云："且夫民无权则不知国为民所共有，而与上相睽；民有权则民知以国为国，而与上相亲；盖人所以相亲者，事相谋，情相接，志相通也。"⑤ 译书目录中

---

① 顾燮光：《译书经眼录》，载《晚清新学书目提要》，第329页。
② 顾燮光：《译书经眼录》，载《晚清新学书目提要》，第328页。
③ 徐维则辑，顾燮光补：《增版东西学书录》理学第二十五，载《晚清新学书目提要》，第329页。
④ 《学部奏陈宣示教育宗旨折》，载璩鑫圭等编《中国近代教育史资料汇编·学制演变》，上海教育出版社1991年版，第535—536页。
⑤ （清）汪康年：《论中国参用民权之利益》，载中国史学会主编《戊戌变法（三）》，上海人民出版社1957年版，第148页。

阐述了有关西方"民权"的思想。《译书经眼录》介绍了西方"天赋人权"的主张。《各国国民公私权利考》一书的提要云:"论国民应有之权利,分为二章,曰公权,曰私权。公权者,参与公共事务所得之权利,即公益上之权利也。私权者,人民自营生计所得之权利也,即私益上之权利也。并引核各国实例以为证。讲政治学者,宜读是篇,可知权利为人人固有之物,宜确守界限,勿放弃责任也。"① 《人权新说》提要称:"本书主持进化主义,以优胜劣败为社会之确论,力驳天赋人权之出于妄想。并博引诸说相驳诘,以证其说之可信。书凡三章,皆综论天赋人权及权利妄想进步之理。……并能力制过激主义,令民人咸有爱国思想。其立论精纯,可谓能见其大者矣。"② 这方面尤为可贵的是对妇女权利的关注。如《世界女权发达史》提要云:"书中内容所记为英、法、德、意、俄、荷兰六国妇人于政治、法律、道德、宗教、教育、美术之活动事略,译者更为补辑《欧洲古代女子事略》一卷。"③ 又有《东洋女权萌芽小史》一书,"是书辑日本明治以来闺秀之见称于时者,辑其逸事凡七十七人,以为女权之助,惟书中各人虽有表见,大都受东洋教育而以幽娴贞静为德,而无西洋旷任之风。如此女权洵可贵矣"。④ 此外,对妇女在争取民族独立中的事迹也大加赞扬。如《译书经眼录》哲理类收有《世界十二女杰》一书。该书会集了法国、意大利等国的十二女杰,书目提要介绍了她们"或身刺乱党,或尽忠国事,或身支危局,或力犯艰难,或具桀骜之天才,或擅奸雄之本领。薰莸同列,足为女界之鉴"。⑤

对于实现民权的途径,《译书经眼录》在提要中介绍了三个方面。一是要建立议会、政党。《议会政党论》一书提要提醒读者关注书中有关议会制度、性质、组织、职权等方面内容。二是要实行三权分立。《美国民政考》曰:"美为完全民主之国,其宪法大致取法于英,而去其不合于己者。其宗旨重在立法、行政、司法三部互相牵制,不使三者之一压乎二者之上。盖深惩于英之议院独揽大权之弊也。自开辟殖民地以来,历年积

---

① 顾燮光:《译书经眼录》法政第二,载《晚清新学书目提要》,第 256 页。
② 顾燮光:《译书经眼录》哲理第十八,载《晚清新学书目提要》,第 331 页。
③ 顾燮光:《译书经眼录》史志第一,载《晚清新学书目提要》,第 243 页。
④ 顾燮光:《译书经眼录》史志第一,载《晚清新学书目提要》,第 244 页。
⑤ 顾燮光:《译书经眼录》史志第一,载《晚清新学书目提要》,第 244 页。

成。条例根底甚深。其新创不过数条,皆屡经全国政党审定。"① 三是争取选举权。在《普通选举法》一书的提要中介绍说:"书凡八章,以普通选举为强国之本,盖欲国民有爱国精神,非使之有权,则不能达其目的。亦言宪法、议会之书也。"②

而兴民权的思想基础,又与自由、平等观念密切相关。鉴于此,译书目录中也介绍了有关西方自由、平等的思想。如《译书经眼录》哲理中收录了《弥勒约翰自由原理》一书,该书论及了思想与议论的自由、个人自由、论述了社会主权与个人主权的关系,"皆发明政治上、宗教上、自由真理而以专制、迷信为社会之公敌。其言侵害他人利益,法律得干涉之,真理以压力而愈助其成。及野蛮人之无自由,均有至理存焉。"③ 然而自由也并不是没有界限的绝对自由。在《群己权界论》一书的提要云:"欧学东渐,自由说盛。然所谓自由者,必有限域。我国社会骤闻其说,遽尔昌言,往往不知权界,侵人损己,流于狂恣,则由于未明其说之本源也。穆氏(指本书作者穆勒约翰)为英大儒,学识迥绝,所著则受赞美。兹篇首释思想言论自由,次释行己自由,明特操为民之本,次论国群小己权限之分界,终论自由大义之施行。其精理名谭,洵万世之奇著。"④ 对于一些争取民族自由的人物和事迹,作者也倍加赞赏。《林肯传》一书提要对林肯的评价是:"书以勉励青年立志为宗旨,故述林肯历史以征豪杰英雄,可学而成,不必以艰难困苦自阻也。……使美无林肯其人,则南北战争必无定局,黑奴之赦未审何年。乃大功甫竣,旋被暗杀,则林肯之生,其关系美洲者甚大。至其德行才略,超然绝俗,宜其为东西人所崇拜矣。"⑤《自由三杰传》一书提要云:"书记威腊斯、勃鲁士之扼英独立于苏格兰,维廉德尔之拒日耳曼独立于瑞士。备历艰难,前仆后继,卒达其目的。孰谓匹夫之可侮哉!"⑥

国家政治的发展离不开以法治国。《增版东西学书录》在对日本明治

---

① 顾燮光:《译书经眼录》法政第二,载《晚清新学书目提要》,第258页。
② 顾燮光:《译书经眼录》法政第二,载《晚清新学书目提要》,第257页。
③ 顾燮光:《译书经眼录》哲理第十八,载《晚清新学书目提要》,第326页。
④ 顾燮光:《译书经眼录》哲理第十八,载《晚清新学书目提要》,第330页。
⑤ 顾燮光:《译书经眼录》史志第一,载《晚清新学书目提要》,第239页。
⑥ 顾燮光:《译书经眼录》史志第一,载《晚清新学书目提要》,第241页。

维新的介绍中，十分重视其在法制方面的功效。如《明治法制史》一书提要云："是书备载日本维新以来法制之沿革，详今略古，巨细毕具。阅之可审其国实情，于讲政治学者，不无小益。"而公民享有的权利也需要有法律的保护。《译书经眼录》在《法学通论》一书的提要中云："德人奈布尼都以法律为权利之学，故无权利即无法律。即世所谓强弱而定公法之类是也。"① 强调法律对于维护公民权利的重要性。国家的法制建设不是一蹴而就的，《科学书目提要初编》就指出法律的创办要循序渐进。《国际公法学》提要曰："必私法备，而后可言公法，必国内公法备，而后可言国际公法。中国设同文馆时，首重斯学。初译《万国公法》书，实始于同治甲子。历岁四十而犹见屏于公法之外，何哉？不揣本而齐末，以至此也。盍归而求之矣。"②

除政治学外，对西方经济学理论的介绍也是译书目录的主要内容。如顾燮光《译书经眼录》卷二政法类有《国债论》一书，提要重点介绍了书中有关国债的理论，并指出其重要的意义："夫国债取之于民则强，借诸于外则弱。欧美、埃及诸国成绩固昭昭也。我华政体虽已更新，尚无预算以示天下，欲恃募集以发国民爱国之心，难矣！然讲明学理，固亦言财政者，当研究者也。"③ 此外，还注重介绍了西方经济学的一些有益的实践方法论。如《欧洲各国比较财政及组织》一书提要，介绍了预算法："读是编者，勿惊其收入之宏富，当观其条理之密，勿讶其征敛之苛，当知其分布之公。国计于是觇，预算法于此立。或亦可以为借镜之资乎。"④《英国度支考》一书提要则介绍了理财法："读者当知西人理财学之精而有相维相系之道也。若讶其赋税之重，借口取法而大困吾民也，则大背译者旨矣。"⑤

《东西学书录总叙》在"商学类叙"中则重点关注了西方经济制度问题："近来，东西各国研究商务不遗余力，故能操奇计赢，臻至殷富。虽由其心计之工，亦由夫制度之善。"接着作者介绍了西方政府中设立的商

---

① 顾燮光：《译书经眼录》法政第二，载《晚清新学书目提要》，第268页。
② 王景沂：《科学书目提要初编》政治科法律学类，光绪间铅印本。
③ 顾燮光：《译书经眼录》法政类第二，载《晚清新学书目提要》，第262页。
④ 顾燮光：《译书经眼录》法政类第二，载《晚清新学书目提要》，第262页。
⑤ 顾燮光：《译书经眼录》法政类第二，载《晚清新学书目提要》，第265页。

部、商务学堂、相关的商业律例以及货币制度等，作者认为："居今日而论，中国既不能关闭绝市，则非讲求商学、扩充商务、设立商部、订立商约，无以为自固根本之策，无以为挽回利权之计。谋国是者，固屡言之矣。"①

3. 对西方社会、文教思想的推荐

起源于19世纪中期的西方社会学，是一门专门探讨社会发展与人类关系的新兴学科。译书目录也紧跟西方社会科学发展的最新动态，向国人介绍了西方社会学的基本常识。《译书经眼录》卷六哲理有《社会学》一书，其提要云："社会学为晚出宏大切实科学，近三十年在欧美学界有掩袭百流，一炉同冶之势，而吾中国学界犹复懵然。"② 进而向国人介绍了社会学的性质、研究的目的，"所论条段简明，学理精确，实治此学最善之本"。《社会通铨》一书提要，则向国人阐释了社会发展进化的道理："是书提纲凡四，列目十四，据天演之例，以考社会之阶级，胪殊俗之制，以证社会之原理。其所发明宗法社会，谓由豢扰禽兽，至于种人群制，再进而为耕稼民族，又进而为工贾行社。虽言我国社会事绝少，然多与我国四千年来社会吻合。"③ 对于社会发展过程中存在的问题和矛盾，《译书经眼录》在《社会主义》一书的提要中揭示云："全书凡十章，发明欧洲现时之社会问题及有关涉于道德、教育、美术、妇人、劳工、宗教各原因，皆抉要言之。其云因工业而有机械，因机械而生社会，因社会而生财富，自十九世纪以来，劳工社会遂变为资本社会，贫富相悬，竞争辄轹，遂影响于今日欧洲社会。作者意欲厘正尽善，除旧布新，永合于均平之治，欲人各尽其责任，化工业时代而为道德时代，其旨趣亦大矣。"④ 这是对于西方社会主义思想比较早的介绍。

伦理学是构建西方社会教育重要的思想基础。该时期国人也将西方伦理学知识引入国内，介绍了伦理学的派别和意义。《译书经眼录》在卷六哲理类中介绍了《伦理学》一书，将伦理学分成了直觉和经验两派："伦

---

① 沈桐生：《东西学书录总叙》商学类叙，清光绪二十三年（1897）读有用斋影印本。
② 顾燮光：《译书经眼录》哲理第十八，载《晚清新学书目提要》，第330页。
③ 顾燮光：《译书经眼录》哲理第十八，载《晚清新学书目提要》，第330页。
④ 顾燮光：《译书经眼录》哲理第十八，载《晚清新学书目提要》，第331页。

理分为二派,专门者尚直觉,故主原理;普通者尚经验,故主实践。自培根以来,西洋伦理学已独立一科,以为教育之准。"① 对于伦理学的意义,作者认为它可以起到规范人的行为的社会功用。《新世界伦理学》一书的提要云:"伦理为德育之本,故以振兴社会、发扬新道德为主义。"②《伦理书》一书的提要也说:"伦理以实践为主而要以正心意为归宿。本书语多纯正而极浅近……宜遵道理而受裁制,则放恣、偏僻、邪曲之行,自无足与吾儒之语相合。"③《科学书目提要初编》则主要将东西方的伦理加以比较。在"文学科"伦理类叙中曰:"东洋之言伦理也,始于男女,极于君臣,推于朋友。西洋之言伦理也,考于原人,起于血族,盛于社会,成于国家。其揆一也。平心思之,彼说较弥密矣。"进而分析了这种差异的原因:"岂非中国自契创五教,沈沈五千年,学士大夫笃守一先生之言,不能增进新理,名存实隳。而彼中魁硕,极深研几,知来藏往,既富实验,复勤小物。每建一说,动经掊击,苟其能存,必为公理。故久而愈完与!"④ 说明了精研学理、积久遂密的原由。

中国古代社会也十分注重教育,但是在教育观念上却与西方大相径庭。总体而言,中国古代的教育以儒家思想为基础,注重对儒学知识的传授与灌输,而西方的教育理念则突破了单纯以知识为载体的教育模式,开始关注学生的精神世界,强调教育过程中要兼重德、智全面发展。《科学书目提要初编》认为:"学校最良之宗旨有二焉:曰精神教育、国民教育是也。然而规制不美备则精神无所寄;个人无秩序,则国民无由成。"⑤《中西普通书目表》表二"教门学"亦曰:"近日,日本学校分三大纲,曰德育,曰智育,曰体育。窃观中国自南宋后,七百余年育德之教犹存其籍,育智之教概付缺如,遂酿成今日萎靡不振之习。"⑥ 然学习西方的德育教育,不能矫枉过正。《中西普通书目表》表二"教门学"曰:"近风气稍开,渐讲育智之理,而育德之学荡然无存。甚至有粗谙新学,辄痛骂

---

① 顾燮光:《译书经眼录》哲理第十八,载《晚清新学书目提要》,第325页。
② 顾燮光:《译书经眼录》哲理第十八,载《晚清新学书目提要》,第325页。
③ 顾燮光:《译书经眼录》哲理第十八,载《晚清新学书目提要》,第325页。
④ 王景沂:《科学书目提要初编》,文学科伦理学叙,光绪间铅印本。
⑤ 王景沂:《科学书目提要初编》,文学科伦理学叙,光绪间铅印本。
⑥ (清)黄庆澄:《中西普通书目表》表二教学门叙,清光绪二十四年(1898)刻本。

先哲，视同乳臭。呜呼！无根之木，未秋先零；无源之水，积时必涸。愿当代有志之士，力挽此风，吾道之幸也。"① 随着国人对西方教育认识的不断深入，这一时期国人对国外教育类型、教育历史的沿革也有了初步了解。《译书经眼录》中介绍了有关有师范教育的书籍，如《师范学校学科及程度》《师范学校卒业生服务规则》《师范学校简易科规则》；有中学教育书籍，如《中学校学科及程度》《中学校要则》《日本中学校令施行规则》；有小学教育书籍，如《小学校令》《小学校要则》。在教育历史沿革方面，则收录了《泰西教育史》《教育史教科书》《内外教育小史》等。

当然，该时期译书目录对西方科学知识的介绍，也受到了许多因素的制约。《中西普通书目表》电学类载："电学之理愈出愈奇，近日中国苦无新译本，不能不从旧书入手。"②《增版东西学书录》亦曰："西人电学日精，此皆十年前旧说，然中土无新译者，姑读之。"③ 可见，由于翻译人才的匮乏，影响了译书在中国的传播。又如，《译书经眼录》哲理类有《社会学》一书，其提要云："自严氏述《天演论》，略阐斯旨，惟作者既非专门所述，仅得鳞爪，学者欲窥完全新说难矣。"④ 对于专业的科学知识，也需要有一定素养的翻译者，才能得其要领。

（三）西学知识的引入与中国社会实际的结合

有识之士以目录学的方式向国人介绍西学、宣传西学，形成了一个鲜明的时代特点，即他们都十分注重将引入的西方知识与当时中国社会发展的实际相结合。

首先，注重对西方知识教学教法的引入。《译书经眼录》理化类，引入了许多理学教学方法的书籍。如《蒙学理科教科书》，该书是日本高等小学校理科教科书，在被翻译成中文时，充分考虑到了我国儿童的接受能力，删其深奥之理，而存其日用浅显之理。再如《化学新教科书》在翻译时有所删减，"盖译者取合近日中国教科之用，故特加以订正，其精诣

---

① （清）黄庆澄：《中西普通书目表》表二教学门叙，清光绪二十四年（1898）刻本。
② （清）黄庆澄：《中西普通书目表》，清光绪二十四年（1898）刻本。
③ 徐维则辑，顾燮光补：《增版东西学书录》电学第十四，《电学》十卷条提要，载《晚清新学书目提要》，第104页。
④ 顾燮光：《译书经眼录》哲理第十八《社会学》，载《晚清新学书目提要》，第330页。

处固未尝删去也。"① 在选录此类书籍时，还注重其在社会当中的应用性，如《小学理科教科书》，适用于小学一年级之学生，"所载悉以农、工、水产、林业，并育儿、卫生、家事以成科学之全体焉"。② 而《增版东西学书录》算学类中则重视教法的引入。如介绍西方算学的教学方法，《心算教授法》提要曰："是书属单级教授法。单级者，合四种学级之生徒而一教师课之于一时也。书中按级设题甚便学者。"③ 此外，还收录了《算法古今通览》《算法点窜指南》《算法起源集》等有关教授方法的书籍。

其次，为了增强国人对西方科学认识的形象性、直观性，还注重对图说类书籍的收录。《增版东西学书录》"重学器"类收录了《重学图说》《重学器》两书。《重学图说》提要云："以重学中，器具分为两科，曰简器，曰繁器，一一剖析其理。"④ 又有《重学器》一书："述器具首助力器，次杆，次滑车，次斜面，次轮轴，次螺丝，次论重心，次论离心力。"⑤ 在天学类中还收录有《测候器》一书，"所论皆测量所用各器与各器之理及功用。其详其密，实讲地文学者不可少之书"。⑥ 算学类则有《算器图说》，"论当时最灵巧算器之制度与用法"。⑦ 还有《新式算器图说》一书，"论新式算器，一为美国斐拉得他伦厂所造算器，一为美国加法算器书"。⑧

再次，注重对有关国计民生书籍的推介。梁启超在《西学书目表·

---

① 顾燮光：《译书经眼录》理化第十一，载《晚清新学书目提要》，第330页。
② 顾燮光：《译书经眼录》理化第十一，载《晚清新学书目提要》，第299页。
③ 徐维则辑，顾燮光补：《增版东西学书录》算学第十二，载《晚清新学书目提要》，第94页。
④ 徐维则辑，顾燮光补：《增版东西学书录》算学第十三，载《晚清新学书目提要》，第103页。
⑤ 徐维则辑，顾燮光补：《增版东西学书录》算学第十三，载《晚清新学书目提要》，第103页。
⑥ 徐维则辑，顾燮光补：《增版东西学书录》天学类第十九，载《晚清新学书目提要》，第116页。
⑦ 徐维则辑，顾燮光补：《增版东西学书录》算学类第十二，载《晚清新学书目提要》，第101页。
⑧ 徐维则辑，顾燮光补：《增版东西学书录》算学类第十二，载《晚清新学书目提要》，第101页。

读西学书法》中首先提倡应利用目录学加大对西方农业类图书的关注："西人富民之道，仍以农桑畜牧为本，论者每谓西人重商而贱农，非也。彼中农家近率改用新法以化学粪田，以机器播获，每年所入，视旧法最少，亦可增一倍。中国若能务此，岂患贫哉！"① 傅兰雅的《农务要书简明目录》则是一部有关农业生产的专门性目录书，王树善为其作序曰："盖西国农务各书大抵浅近而易行，切实而有用也。……此编仅详各书之大旨，合亟印行，以告海内同志之士云。"② 为了更好地传播西方农业生产技术和方法，该书编有提要，指出了学习这些知识的方法。如田园类中《肥田法》提要云："书中略论农家令地土肥沃而增益其所产之物。作者教习农务，并试验多年，故著述此书，实于农家大有裨益。有图。"③ 这是介绍了西方施肥的技术。《田庄植物学》提要云："书论平常植物生长之理之大略，又论植物遇各种水土等物如何变化，并植物如何能令水土与别物变化。"④ 这是介绍了西方种植技术。猪羊类中对《牧养袖珍》的提要云："美国农家牧养者颇多，而羊之性情与牧养之法，不易谙习。大抵因无简便明白之书也。作者特著此书，以便农家子之揣摩。现如美国与加拿大牧养者日盛，而羊之种类亦不少。各种羊合于各处水土，而又常有温热等病，为美国所习见，间有危险害羊者。农家若无此书，往往有误。"⑤ 这是介绍了西方养殖技术。而在畜养牲畜时，对动物防疫尤为关键，《农家养猪法》的提要则解决了这方面的问题："书论养猪与管理及免病治病之各法。凡经印行之养猪各书，无有胜于此者。"⑥ 再如《科学书目提要初编》中设立了"农业科"，下设"农学总论""农业化学""林学""农具学""害虫学""蚕桑学""园圃学""畜牧水产学"八个子目，较全面地向国人推荐了西方农业知识。又如《增版东西学书录》也介绍了有关农务、蚕务、植树、畜牧、农家杂艺方面的书籍。有法国人德赫翰著、曾仰东译的《农学初编》，美国人玛高温著、英人傅兰雅译的

---

① 梁启超：《西学书目表·读西学书法》，清光绪二十二年（1896）时务报馆印本。
② 王树善：《农务要书简明目录·序》，清光绪二十七年（1897）上海制造局刻本。
③ ［英］傅兰雅：《农务要书简明目录》田园类，清光绪二十七年（1897）上海制造局刻本。
④ ［英］傅兰雅：《农务要书简明目录》田园类，清光绪二十七年（1897）上海制造局刻本。
⑤ ［英］傅兰雅：《农务要书简明目录》猪羊类，清光绪二十七年（1897）上海制造局刻本。
⑥ ［英］傅兰雅：《农务要书简明目录》猪羊类，清光绪二十七年（1897）上海制造局刻本。

《饲蚕新法》，有日人本多静六著、林壬译的《造林学各论》，有荷兰人爱新楷等翻译的《荷兰牧牛篇》，等等。这些书籍内容翔实，是农业生产的必备参考书。

最后，引入了一些有利于国家发展的实业学科。如《东西学书录总叙》"工学类"叙曰："今西人于工学一端，设艺塾以教之，立艺科以奖之，赐金牌，给凭照，以维持之，故官厂民厂林立。各国数十年求以工艺名者，如罗哲尔、怀德尼……皆能学参造化，思通鬼神，审曲面势，饬材辨器，为国家开绝大利源，为子孙遗无穷基业。他若讲求工艺则有学堂……各学堂于工艺课程详悉靡遗，由是知西人之所以致富强者，固非无因也。"① 作者还介绍了西方纺织之工、印染之工、鼓铸之工、船舰之工等西方先进的职业分工，揭示了工艺的社会价值："惟其工艺振兴，既廪称事，分其事则有大工、小工，专其职则有粗工、细工，制造则有工厂，授受则有工师。故无失业之罢民，无捐弃之物力，无不中程度之器用。制作繁多，既借工以养黎庶，货贿阜通，亦赖工以资懋迁，岂非工学之明效大验欤？"②《科学书目提要初编》引入了军事工程学科："军事工程学者，实兼建设、破坏二义，凡以利我苦敌而已。华兵非甚窳堕者，大抵能为粗工，尽人可备畚锸。然师行之际，易致散漫。泰西专立工程队，研精技术理法，猝遇险阻，因应裕如，亟宜取则者也。"③ 还向国人介绍了西方的土木工程学："中国摹效西法而行之最著成绩者，其惟铁路乎！计日达乎四境矣。然知之行之而不能自为之，跬步之轨辙，借外力，诚方来之隐忧哉！欧美专家，成书班班，博考精思，使自得之，毋久依赖他人为也。"④ 铁路乃国计民生之动脉，关系重大。该书目作者王景沂清醒地意识到久借外力造铁路之"隐忧"，呼吁通过西书自学，自力更生建设国有铁路，可谓明识灼见。造船学也在《科学书目提要初编》中被译介："沪局初译此书，意盖欲自造兵舰，然三十年来，自闽省船政外，无闻焉。而闽厂又因循鲜功，且为法工师世袭，权甚矣，其难也。战舰之外，商舶航

---

① 沈桐生：《东西学书录总叙》工学类叙，清光绪二十三年（1897）读有用斋影印本。
② 沈桐生：《东西学书录总叙》工学类叙，清光绪二十三年（1897）读有用斋影印本。
③ 王景沂：《科学书目提要初编》武备科军事之工程学，光绪间铅印本。
④ 王景沂：《科学书目提要初编》工艺科土木工程学，光绪间铅印本。

路，实为富强之本根，重彼轻此，非云得计。他日振起斯学，帆影汽声，梭织江海，其必兼营并进，乃能握商战之要哉！"① 王景沂在《科学书目提要初编》中还根据各学科的特点，注重学科间的交叉融合，以达到实用的目的。如注重化学的实际应用性，将化学知识与农业相结合，形成农业化学："化学亦农业一要术也。自白圩、赤垆大别为硒、钙、铝三类，昧乎此者遂不能考见肥瘠，至于损益品料以适培壅，更迭种艺以剂蕃耗，殆无一能离化学者，此岂仅仅勤四体、分五谷可尽其能事乎！"② 可见，化学肥料在改良土壤等方面对于农业有十分重要的作用。

（四）学习西方知识的方法与途径

梁启超著有《西学书目表》，专门向国人介绍了西学的方法。他认为："国家欲自强以多译西书为本，学子欲自立，以多读西书为功。"③ 然而，西书数量众多，若不知方法，则事倍功半。故梁氏在《西学书目表》中用圈识的方式为读者确立了应重点阅读的书籍："一表之下加识语，表上加圈识者，为学者购读而设，体例不能雅训，所不计也。"④ 西方先进的自然科学知识，存在着"新旧"之别，对于那些过时的旧知识，有人主张弃而不学，但梁氏以为，"旧"知识是"新"知识的基础，不可不先学："李提摩太尝语余云：十年以前之电学书可以一字不读，西人悉弃而不用矣。顷中国译出电学、数书皆在十年以前，然必先知旧说之粗浅，乃能语新说之精深，则亦不可以不读也。"⑤ 对于某些交叉的学科，梁氏指出了学习的先后次序。如梁氏认为，学算学应先读数学之书："学算学必从数学入，乃及代数。伟烈之《数学启蒙》即《数理精蕴》之节本，每法取其一题而去其芜词，极便学者。狄考文之《笔算数学》专为授蒙之用，全用俗语，习问极多，皆便于初学之书也。二书于比例、开方两门皆极简明。狄书更能举其要，非中国旧说所能及。"⑥

维新派的代表人物康有为还总结了一条通过译书向西方学习的捷径：

---

① 王景沂：《科学书目提要初编》工艺科造船学，光绪间铅印本。
② 王景沂：《科学书目提要初编》农业科农业大学，光绪间铅印本。
③ 梁启超：《西学书目表·序例》，清光绪二十二年（1896）时务报馆印本。
④ 梁启超：《西学书目表·凡例》，清光绪二十二年（1896）时务报馆印本。
⑤ 梁启超：《西学书目表·读西学书法》，清光绪二十二年（1896）时务报馆印本。
⑥ 梁启超：《西学书目表·读西学书法》，清光绪二十二年（1896）时务报馆印本。

"泰西诸学之书，其精者日人已略译之矣。吾因其成功而用之，是吾以泰西为牛，日本为农夫，而吾坐而食之，费不千万金而要书毕集矣。使明敏士人，习其文字数月而通矣。于是尽译其书，译其精者而刻之布之海内，以数年之期，数万之金，而泰西数百年万万人士新得之学，举在是。"①他著有《日本书目志》，分生理、理学、宗教门、图史、政治、法律、农业、工业门、商业门、教育、文学、文字语言、美术、小说、兵书十五门类，向国人介绍日本西学的科学成就。又进而指出，日本之所以强大，就在于向西方学习了先进的科学知识："夫日本所以盛强者，为其兵之练欤？为以炮械之精欤？昧昧我思之，其有不然与，其有本原者存焉。……尝考欧洲所以强者，为其开智学而穷物理也，穷物理而知化也。……昔吾中人之至德国也，必问甲兵炮械，日人之至德国也，必问格致。……夫今天下之战，斗智而不斗力，亡羊补牢，及今或犹可也。若犹但言军兵炮械而不与物理之学，吾岂知所税驾哉！"②

梁启超也认同康有为的观点，将向日本学习作为西学的重要中转站。所著《东籍月旦》，是一部介绍19世纪末20世纪初日本学者所著所译的西方新学导读目录书，于1902年发表于《新民丛报》。书前有梁氏自叙，称："今我国士大夫学东文能读书者，既渐多矣，顾恨不得其途径。如某科当先，某科当后，欲学某科必不可不先治某科。一科之中，某书当先，某书当后，某书为良，某书为劣，能有识抉择者盖寡焉。"③可见其为指导学子读书而编。至于为何不西学欧美而要东学日本，梁氏也给出了两点原因：一是懂西学者多年幼，对中学所知甚少，不能将两者结合，更无法传授他人；二是精通西方语言至少需十年，不如学日语更有效率。是书为其未完之稿，仅编成第一编普通学中部分章节，即第一章伦理学、第二章历史中第一节世界史（西洋史附焉）、第二节东洋史（中国史附焉）、第三节日本史。每节前先有简短小序，然后列其书籍，标明著者、价钱，每书下也都带有导读性提要。如《中等东洋史》条曰：

---

① 康有为：《日本书目志·自序》，上海大同书局石印本。
② 康有为：《日本书目志》理学门第二，物理学小序，上海大同书局石印本。
③ 梁启超：《东籍月旦》，《乙丑重编饮冰室文集》卷二十九，载《清代诗文集汇编》第795册，第45页。

"此书为最晚出之书，颇能包罗诸家之所长，专为中学校教科用，条理颇整，凡分全史为四期。"①

值得肯定的是，该时期有识之士在向国人推介日本译著成果时，多持有辩证的观点。如梁启超在《东籍月旦》中《新编伦理教科书》条提要曰："其书精心结撰，但专为日本人说法，日本国体民俗有与我国大相反者，故在彼虽为极良之书，在我则只足供参考而已。"② 梁启超告诫读者阅读此书，应当注意到中日两国的文化背景差异，不可一味迎合。又如，清末统治者欲设立银行，沈兆祎在《新学书目提要》法制类《财政四纲》一书的提要中评曰："近日中国设立银行已见明诏，颇闻将取法于日本。按官立银行当用中央银行之例，然中央银行者，所以为各银行之表率而使之有所汇归。中国除通商银行一家介于官立、民立之间，界限犹未分明，此外则竟无创设者。顾欲官自立行，未谂将何所附丽，且为之亦复何利？"③ 指出向日本学习一定要与中国社会发展的实际相结合。

三　译书目录中的社会新观念

中国传统文化形成了以儒家思想为核心的价值体系，对于一些实用性很强的生产技术不甚重视，将之视为末技，至近代这种思想依然有很深的社会基础。因此，在西方文化传入之初，许多人将它们视为蛮夷之技。译书目录使晚清士人打破了对自然科学的偏见。如《东西学书录总叙》的作者沈桐生认为光学是格物之源："自光学既兴，而凡天下之大莫能载，小莫能破者，无可遁之形，无难显之情，种种奇器，权舆于是。所谓范围万物而不遗，曲成万物而不过也。……自西人竭力殚精，阐明奥旨，于是究极光面之旋度者，有如比亚；用光色分原理之法者，有如各出弗；算光行速率者，有如副到非序……致用益广，而光学于是为格物之根源，工艺

---

①　梁启超：《东籍月旦》，《乙丑重编饮冰室文集》卷二十九，载《清代诗文集汇编》第795册，第50页。

②　梁启超：《东籍月旦》，《乙丑重编饮冰室文集》卷二十九，载《清代诗文集汇编》第795册，第46页。

③　沈兆祎：《新学书目提要》卷1，法制类《财政四纲》提要，载熊月之主编《晚清新学书目提要》，第419页。

之权舆。"① 为国人指出了光学的价值。他还认为算学有利于国计民生："今天下竞言西算矣！学堂林立，无不以算学为权舆者何也？盖算学虽为一技一艺之末，实统乎万事万物之纲。故凡天文之高远，地域之广输，居家而布帛菽粟，在官而兵河盐漕，凡有关乎多寡厚薄之调剂、长短大小轻重之比较，莫不需乎算数。此算学之所以可贵也。"② 这就改变了国人认为算学是技艺之末的传统看法。《中西普通书目表》的作者黄庆澄对化学的评价是："化学之理，极平实易解。学者不必震为奇诡。庆澄尝谓泰西格致之学以算学为起点，以化学为总纲。华人习算仅能著书，而化学一事，目为幻术，不知人生世上何处能离化学一步，特习焉不察，遂终身在黑暗之域耳。愿有志力扫积弊，以雪此耻。"③ 这在一定程度上改变了国人对于化学的一些误解。

一些有识之士甚至认识到了学习西方自然科学是国家自立自强的前提。《译书经眼录》认为了解一个国家的自然地理位置具有重要的现实意义："日本以三岛立国，强起亚东，虽政治之维新，实地理之扼要。英以海水热流灌注而强；日本亦以印度、太平两洋之注射而吸得欧美之文明。此日本地理讲新学者所宜注意者也。"④《科学书目提要初编》也认为："近代学者研究大地、岛陆之广狭，海岸线之长短，山之阻修，川河之交塞，热带之气候，则知国与其地者之通塞、文野、贫富，奚若十不失一二。"⑤ 因此，地理学是国家致强之源的前提："研究地理有三种：曰数理地理，曰自然地理，曰政治地理。东西各国各有专科，吾华此学尚少精本，斯编讲求地理与政治之关系于日本最详。一国土，二人民，三邦制，四经济，五交通，六生业及财产，七外交。凡日本维新后致强之根源皆备载焉。"⑥ 再如物理学，康有为认为它是国家治强之本："尝考欧洲所以强者，为其开智学而穷物理也，穷物理而知化也。夫造化

---

① 沈桐生：《东西学书录总叙》光学类叙，清光绪二十三年（1897）读有用斋影印本。
② 沈桐生：《东西学书录总叙》算学类叙，清光绪二十三年（1897）读有用斋影印本。
③ （清）黄庆澄：《中西普通书目表》，清光绪二十四年（1898）刻本。
④ 顾燮光：《译书经眼录》，地理学第十二，《日本地理志》条，载《晚清新学书目提要》，第308页。
⑤ 王景沂：《科学书目提要初编》文学科地理学，光绪间铅印本。
⑥ 顾燮光：《译书经眼录》，地理学第十二，《日本政治地理》条，载《晚清新学书目提要》，第308页。

所以为尊者，为其擅造化耳。今穷物理之本，制电、制雨、制冰、制水、制火，皆可以人代天工，是操造化之权也。操造化之权者，宜其无与敌也。"①

重农轻商是中国古代社会的传统思想，晚清士人一反传统，将商业看作有利于国计民生的产业。顾燮光在《经济通论》提要中，论及了自然劳动力、资本、货币、汇兑、租赁等经济要素，评论它们"于生财用财之道，生利分利之原，均能阐发精微，研究本末。苟取而法之，与民生国计，亦或不无小补矣"②。还介绍了西方近代经济学的一些实践方法论。如《欧洲各国比较财政及组织》提要介绍了预算法，《英国度支考》提要介绍了理财法，《国债论》提要指出了国债的意义。王景沂的《科学书目提要初编》则从历史、地理的角度，宏观地向国人介绍了西方的经济学，开列了商业历史学、商业地理学这样的新兴学科。他认为商业历史学有着悠久的历史，是文明的媒介："自腓尼基市场炫耀于四千年前，西班牙、葡萄牙航路发见于十五纪内，凡商力所及，政治、学术皆与为灌输，诚文明媒介哉！"③ 但由于我国对商业历史知识了解不多，导致通商较晚，最终在贸易交往中处于劣势地位："惜东方大陆交通之晚也。我商战之具，一切幼稚科学输入，实始萌芽，贸迁化居，宜为所弱。"④ 由此，作者从中得到了经验教训："夫通商之理，彼我兼利，惟文野相遇则公例不可凭。长此不悟，他日宛转枯池，回忆江湖之宽，其可再得哉！吾安得遍执我邦人号泣而道之也。"⑤ 关于地理位置与商业的关系，王氏认为，东西方皆自古有所论述："近代学者引德儒黑格之言曰：'水性使人通，山性使人塞；水性使人合，山势使人离。'此商业地理之权舆哉！迁史咏叹，秦以来货殖所聚必在都会。黄河、尼罗河蔚然为东西文化之母，不其然乎！"⑥ 然而至近代，我国的商业地理资源却被他族所占："我自五口互

---

① 康有为：《日本书目志》，卷2理学门，物理学小序，上海大同书局石印本。
② 顾燮光：《译书经眼录》法政第二《经济通论》一书提要，载《晚清新学书目提要》，第264页。
③ 王景沂：《科学书目提要初编》商业科商业历史学叙，光绪间铅印本。
④ 王景沂：《科学书目提要初编》商业科商业历史学叙，光绪间铅印本。
⑤ 王景沂：《科学书目提要初编》商业科商业历史学叙，光绪间铅印本。
⑥ 王景沂：《科学书目提要初编》商业科商业地理学叙，光绪间铅印本。

市,门户洞开,名都大城,江介海曲,悉为他族之利,曾未有只轮单艘,抱布易丝于波罗的、苏彝士间者。茫茫六洲,河山如绣,不禁废书投袂而起也。"① 可见,作者不仅是在惋惜,更是在警醒国人自强。这些经济思想否定了中国传统社会所倡导的重农抑商思想,有利于国家实现富强。

三纲五常是构建中国古代社会的伦理基础。随着近代社会西方民主思想的传入,旧有三纲五常思想面临挑战。顾燮光肯定了自由平等思想:"皆发明政治上、宗教上、自由真理,而以专制、迷信为社会之公敌。其言侵害他人利益,法律得干涉之,真理以压力而愈助其成。"② 但自由并非无界限之绝对自由:"欧学东渐,自由说盛。然所谓自由者,必有限域。我国社会骤闻其说,遽尔昌言,往往不知权界,侵人损己,流于狂恣,则由于未明其说之本源也。"③ 可见顾氏对自由的理解十分深刻。民主不仅需要人民自由,更需要民众参政议政。顾氏便在《议会政党论》《美国民政考》《普通选举法》三书提要中分别评介了建立议会政党、实行三权分立、争取选举权的主张。社会的发展不能仅依靠传统的道德伦理,晚清士人还指出了法律对于国家和个人的意义。《译书经眼录》中的《法学通论》的提要云:"法律为人群进化之原,国家文物之要。故凡刑法之分公法、私法之别,莫不具有纲领。使国有独立之精神,人有完全之权利。日本步武泰西,法律竞尚西制,迂者多病之。然其能于保存国粹之中,寓采撷欧化之旨,读书中各篇知日本之强由于法律之改良,而本书所论英国衡平法者,可以鉴拘泥顽固之失矣。"④ 提要以日本为例,指出国家发展法制的必要。《中西普通书目表》也强调了学习律法具有的实际意义:"律例为治国要领,西国深于律学者皆跻显秩。大学堂中亦置律例科,其视律学甚重,而律师之权亦甚尊。华官以不谙西律,一遇交涉案

---

① 王景沂:《科学书目提要初编》商业科商业地理学叙,光绪间铅印本。
② 顾燮光:《译书经眼录》哲理第十八《弥勒约翰自由原理》一书提要,载《晚清新学书目提要》,第326页。
③ 顾燮光:《译书经眼录》哲理第十八《群己权界论》一书提要,载《晚清新学书目提要》,第330页。
④ 顾燮光:《译书经眼录》法政第二,载《晚清新学书目提要》,第268页。

件，处处棘手，良足慨也。"① 可见，通晓法律不仅有利于国家治理，而且在外交场合还可以维护国家的权益。这些西方近代社会科学学说的引入为国人探索政治发展新途径提供了有益借鉴。

但另一方面，也应看到晚清士人受到"西学中源"说的影响，有将中学与西学任意比附之弊。如《东西学书录总叙》作者沈桐生认为，西方天文学源于中国："自泰西利玛窦、汤若望、罗雅谷等航海西来，而言天学者于是参用西法。虽然，此非西人之创论也，其源流具见于中国古书。"② 作者将西方天文体学、天文用学、天气学、天文力学等天文学科的理论一一比附于《楚辞·天问》《周礼·考工记》《曾子·天圆篇》等中国古书。他引用《易·系辞》中的话，又指出电学中国古已有之，但"中国无考察试验之功，故知其理而未知其用也"③。又如顾燮光在《译书经眼录》中《教育心理学》一书的提要云："于心理神经、感觉、教育各理缕晰言之，以此自修存心养性之功，或亦不无小补。吾儒所谓不动心诸说，彼盖有所窃取也夫。"④ 这种认识，实质上是没有认清中、西方"格致之学"的差别。中国古代也有"格致之学"，中、西方的"格致之学"虽然都以天地万物为研究对象，但所穷之理则异趣。中国古代的"格致之学"具有政治文化内涵，最终是以维系人伦纲常为旨归；而西学的格致在于探究万物自身之物理。"格致"不过是西学的一个分支，"中西相合者系偶然之迹，中西不合者乃趋向之歧"⑤。

总之，晚清译书目录是"西学东渐"的产物。译书目录保留了晚清时期珍贵的西学翻译典籍，更是记载了文献背后的时代文化。译书目录中为我们呈现的国人新价值观念，为我们深入考察晚清社会西学的程度提供了一个新视角，从而深化了目录学在社会变迁中所承载的社会文化功能。这也是晚清新书目文化的一个重要表现。

---

① （清）黄庆澄：《中西普通书目表》表二律例学条，清光绪二十四年（1898）刻本。
② 沈桐生：《东西学书录总叙》天学叙，清光绪二十三年（1897）读有用斋影印本。
③ 沈桐生：《东西学书录总叙》电学类叙，清光绪二十三年（1897）读有用斋影印本。
④ 顾燮光：《译书经眼录》全体学第十四，载《晚清新学书目提要》，第316页。
⑤ 参见李长莉《晚清对西学的两种误读——论钟天纬的西学观》，《江苏社会科学》1999年第6期。

第二节 "教育强国"与新式学校学堂书目的勃兴

"救亡图存"是中国近代社会的一大主题,许多仁人志士都以实际行动投奔到这一潮流之中,提出了各种救国主张。其中,以教育兴国强国者,尤为引人关注:"光宣时代,无论新旧中人,莫不以教育为救国之要图。"[1] 教育强国的理念成为近代"救亡图存"运动重要的组成部分,"从来国家之兴,务必明教育而开知识,乃能自卫其群,而爱国之心益固"[2]。与此同时,中国传统的教育制度也开始发生变革,在有识之士的倡导下筹建了许多新式学堂学校。以这些新式学堂学校藏书为基础而形成的目录,呈现了目录学在教育变革潮流中所赋予的文化价值。

一 变革中的传统书院及其书目

中国古代社会中的书院,是官办学校的一种有益补充形式,起到了导进人才、广学校所不及的作用。书院之设,始于唐代,"书院之所以称名者,盖实以为藏书之所,而令诸士子就学其中也。近世第以为课士之地,而罕有谋藏书于其中者"[3]。可见,书院成立之初乃藏书之所。至宋代,书院职能始发生了变化,逐渐成为教书育人、学术研究的场所。清初统治者鉴于明末清谈误国的历史教训,对书院采取了压制政策,"不许别创书院,群居徒党"[4]。直至雍正十一年(1733),才正式确定了发展书院的教育方针,令各直省在省城设立书院,并赐帑金千两,以为营建之费,"书院之设,于士习文风,有裨益而无流弊,乃朕之所厚望也"[5]。道光以降,书院的发展,大致分为两个时期。戊戌变法以前,各地多为传统书院;戊戌变法以后,各地书院则先后改建成了新式学堂。本节将从目录学的角

---

[1] 梁启超:《梁任公在教育部演词》,《东方杂志》第14卷第3号,1917年3月。
[2] 《浙江藏书楼碑记》,载李希泌、张椒华主编《中国古代藏书与近代图书馆史料》,中华书局1982年版,第110页。
[3] (清)戴均衡:《桐乡书院志·书院杂议·藏书籍》,载赵所生、薛正兴主编《中国历代书院志》,江苏教育出版社1995年版,第9册,第769页。
[4] 光绪《钦定大清会典事例》卷383《礼部·学校·劝惩优劣》,《续修四库全书》第804册,第116页。
[5] 《清朝文献通考》卷70《学校考八·直省乡党之学》,第5504页。

度，考察清廷这一教育发展的时代变迁。

（一）传统书院藏书目

道光以降传统书院的藏书目录，主要有1873年刘光蕡编定的《陕甘味经书院藏书目录》（《烟霞草堂遗书续刻》本）。该书目分经、史、子、集四部，每部之内不再划分二级子目。在著录方面，较为简单，仅著录每书的卷数及作者，登记目录的性质十分明显。再者，1880年陈之澍编有《仙源书院书目初编》《仙源书院书目续编》，清光绪十四年（1888）刊本。该书凡三册，八卷。书前有马征庆自叙、后叙各一篇。自叙称，此书目书籍多来自其家藏书，亦有同郡人士慷慨捐赠者，经多次编写校订始成。《仙源书院书目初编》分经、史、子、集、群书以及附录共六卷。卷首有简明总目。书目下记卷数、撰者、版本，每部类前有大序，每小类前有小序，书下有解题。《仙源书院书目初编》成书后，马氏"又劝同乡捐资，爰从武昌、长沙、江宁、苏、扬、杭、广、上海等处，及日本之长崎购办书籍计得二千一百五十三种，二万七千三百五十三卷"。于是另编为《仙源书院书目续编》。《仙源书院书目续编》书前有光绪五年跋文一篇，后有光绪十四年所撰《仙源书院经古课章程》。分经、史、子、集四类，无大小序，书下亦无解题，仅有附注，注明卷数、撰者、版本，有些书目下间注明捐赠者。此外，1899年谢元洪编有《兴化文正书院藏书目》一册，清光绪二十五年（1899）刻本。文正书院乃宋范文正所治之地，故有此书院之名。该目所收之书分经、史、子、集、时务五部。唯仅列书名一项，无解题。书后有光绪二十五年徐振铺、徐振熙所作跋文各一篇。该时期的书院书目以收录传统学术书籍为主，主要形成了以下四个编纂特色。

其一，强调学以经世。谢元洪在《兴化文正书院藏书目》中称："念海疆苦骚扰久矣，非提倡学术无人才，非作育人才无干济士。生今日攘臂奋袂，激情风烈，汲汲以转旋大局为己任。"[①] 可见本书并非仅仅为士人的举业而编，更赋予了书院藏书的社会责任感。《仙源书院书目初编》以搜集实用经世之书作为该书院的一项原则："书院义学，旧有膏火之资，如将书局精要、有裨人心风化、实学实用之书多备，以充常课奖赏，亦一

---

① （清）谢元洪：《兴化文正书院藏书目·序》，清光绪二十五年（1899）刻本。

举而兼三善者也。"① 故该书目在子部儒家类设有经济之属，著录了《新书》《盐铁论》《申鉴》等有关国计民生的书。读书经世的最大意义，不仅仅是为了修身和谋生，对此《大梁书院藏书总目》云："故善读书者，务求其中精意所在而体味之。内期裨于身心，外期裨于民物。"② 可见，该时期传统书院藏书目都体现了一种经世致用的学术精神。

其二，不存门户之见。对于晚清学术史上的汉学、宋学之争，该时期书院目录都主张汉宋合流。顾璜在编定《大梁书院藏书总目》时认为："书籍期于有用。上之研穷性理，讲求经济，次之博通考据，练习词章，四者其大较也。"③ 将性理、经济、考据、词章都定为必修之目。《陕甘味经书院藏书目录》从其收录的书籍来看，体现了汉宋融合的思想。如在经部中，既收录了《十三经古注》《周易郑康成注》《郑氏易注》等体现汉学思想的书，又著录了《宋元人注五经》《四书章句集注》等体现宋学思想的书，这在一定程度上反映了该书院教育中不存门户之见的学术趋向。从《仙源书院书目初编》经部易类和诗类的分类上也可以揭示出该书目对于学术界长期存在的汉宋之争表现出了一种十分宽容的态度。《仙源书院书目初编》经部易类的图书分十一子目：即汉学章句之属、汉学象数之属、古法占筮之属、汉学术数之属、魏晋无虚理境之属、宋学图书先天之属、宋学儒家理境之属、推论人事之属、宋学兼象数理之属、兼综汉宋象数理之属、纬书之属等。诗类下又分七属：小序四家古谊之属、考音辨字之属、辨证名物之属、宋学新谊之属、兼综古今谊类之属、分释篇章之属、移经疑经之属。从该书目的类目设置中汉宋兼采的学术特征表现得十分鲜明。

其三，编目以借阅为目的。该时期书院藏书的宗旨多是为书院肄业诸生提供阅读之用。刘光蕡曰："书院之书，不可谓之藏也，欲人人朝夕研求，惟恐把玩之不勤，何云藏然！而此观彼览，辗转无迹，公家之物较私家之散佚为倍易，则不藏之藏其法宜急讲求矣。"由此，作者规定了该书

---

① （清）陈之澍：《仙源书院书目初编·仙源书院初议公集书籍章程》，清光绪十四年（1888）刻本。

② （清）顾璜：《大梁书院藏书总目·序》，清光绪二十四年（1898）刻本。

③ （清）顾璜：《大梁书院藏书总目·购书略例》，清光绪二十四年（1898）刻本。

院一系列借阅的规则,以便使"书无散佚,借者络绎而主者不劳"。① 而为了更有效地利用图书,陕甘味经书院还对借阅图书做了严格的规定:"当借书之时,其帖即书明某日看完缴还,以便后者借取。盖书院藏书率止一部,岂得一人占住,他人不得寓目?若的系未曾看完,彼此互相通融,亦无不可。或约数人其看一部,互相质证,其得益更多。"② 另外,仙源书院也制定了《仙源书院初议公集书籍章程》,规定了书院借阅、典藏的相关规则。由于书院书目是提供给书院肄业诸生阅览的,故《仙源书院藏书目录提要初编》中就多有指导读者阅读的提示语。如经部易类《郑氏周易注》《温公易说》下注有"精要",《陆氏周易述》《易略例》下注"要览",《易纬稽览图》《易纬通卦验》《易纬辨终》下注"备览";史部纪事本末类《通鉴纪事本末》《宋史纪事本末》等书下注"精要",《元史纪事本末》《纪事要言》《圣武记》等书下则注"要览",别史类《吴越春秋》《越绝书》《南渡录》下皆注有"备览"。从这些标注得十分简单的注语中可知,该书目并非仅为藏书而编。

其四,兼采中西。除传统学术书籍外,该时期的一些传统书院目录中也著录了一些西学著作,主要将之纳入传统的四部分类法之中。《陕甘味经书院藏书目录》在子部算学类中收录了利玛窦翻译的《几何原本》《同文算指》《圆容较义》《测量法义》,周毓英的《中西算学辑要》,还有英国富路玛撰的《测地绘图》、华里司辑的《代数术》、李摩甘的《数学理》、罗斯古的《格致启蒙》、艾曰瑟的《重学》、田大里的《光学》等反映西方科学知识的书籍。再者,《仙源书院藏书目录续编》在子部天文算法类下增加了"中法""西法""兼用中西法"三属。"中法"著录了《星经》《孙子算经》等书,"西法"中著录了《几何原本》《测量异同》等书。"兼用中西法"中著录了《勿庵历算书目》《畴人传》等书。而《万卷楼藏书总目》在子部杂家类杂学之属下附有泰西各学,收录了电学、光学、声学等科目的相关图书。除此之外,一些传统书院目录也有单设学习西方书籍的类目。如《大梁书院续藏书目录》在经、史、子、集、丛书、算学之外,单列时务一部以收西学书籍。传统书院书目收录西人著

---

① (清)刘光蕡:《陕甘味经书院藏书目录·小引》,《烟霞草堂遗书续刻》本。
② (清)刘光蕡:《陕甘味经书院藏书目录·小引》,《烟霞草堂遗书续刻》本。

述，体现了学术文化在时代变迁中的一种创新。谢元洪在《兴化文正书院藏书目》中云："今国家中外互市，异言蜂午，则又别其目曰中学，曰西学，维新守旧斯断如也。窃谓学无判中西，择取有用而已。"① 传统书院书目中兼采中西学术书籍，开阔了在书院肄业生徒的眼界，也是时代发展的必然要求。

（二）书院改学堂后的图书目录

传统书院在制度上的首次变革，始于维新变法时期。康有为在《请饬各省书院淫祠为学堂折》中，就提出了将全国各类书院改归兼顾中西之学堂的建议。光绪二十四年（1898）五月，谕曰："将各省府厅州县现有之大小书院，一律改为兼习中学、西学之学校。至于学校阶级，自应以省会之大书院为高等学，郡城之书院为中等学，州县之书院为小学，皆颁给京师大学堂章程，令其仿照办理。"② 然而，随着百日维新的失败，书院改学堂也不得不中辍。光绪二十四年九月，慈禧太后发布懿旨曰："书院之设，原以讲求实学，并非专尚训诂词章。凡天文、舆地、兵法、算学等经世之务，皆儒生分内之事，学堂所学也不外乎此。是书院之与学堂，名异实同，本不必定须更改。现在时事艰难，尤应切实讲求，不得谓一切有用之学，非书院所当有事也。"③ 各省书院改办学堂的进程虽然被中止，但清廷尤其强调各省的传统书院要以讲求实学为务。

然而，传统书院至清末已经弊端丛生。张之洞曰："今日书院积习过深，假借姓名希图膏奖，不守规矩动滋事端。必须正其名曰学，乃可鼓舞人心，涤除习气。"④ 书院其改办学堂的举措是符合历史发展趋势的。光绪二十七年（1901），清廷开始实施"新政"，其中改革传统书院就是重要的一项举措："著各省所有书院，于省城均改设大学堂，各府及直隶州均改设中学堂，各州县均改设小学堂，并多设蒙养学堂。其教法当以《四书》《五经》纲常大义为主，以历代史鉴及中外政治艺学为辅。务使

---

① （清）谢元洪：《兴化文正书院藏书目·序》，清光绪二十五年（1899）刻本。
② 朱寿朋：《光绪朝东华录》，中华书局1958年版，第4126页。
③ 朱有瓛主编：《中国近代学制史料》第1辑，华东师范大学出版社1986年版，下册，第453页。
④ （清）张之洞：《张文襄公全集》之《奏议》卷52，中国书店1990年版，第914页。

心术纯正，文行交修，博通时务，讲求实学。"① 至此，书院改学堂运动如火如荼地在全国范围内展开。据统计，至1909年，全国共有新式学堂59000余所，在校学生160余万人。② 今笔者所见两部该时期的学堂目录，即《河朔学堂书目》以及《仪董学堂藏书目》，皆成书于1902年，即是书院改学堂后的图书目录。

李鸿筹编定的《河朔学堂书目》，清光绪二十八年（1902）刻本。清道光十七年（1837），时任河北道员的刘体重在河南武陟创建了河朔书院。除课时艺外，还令诸生研习经史、性理及有关经济时务之学。光绪二十八年（1902），奉命将河朔书院改为河朔学堂。由李鸿筹任首任提调，并编成是目。李鸿筹（1856—1930），字梦云，河南商丘人。笔者所见是编，凡一册，不分卷。书前有冯光元序一篇，称："河北三郡，太行绕其西，黄河襟其南。商殷之故都，曹魏石赵之出入。奇气所郁，必有怀抱环玮，乘时而起，倡风气之先，称朝廷之意而争欧洲之步者。是则设学堂，庋书籍之所期也。"③ 可见该学堂设立之旨在于培养贤才。是编以传统的经、史、子、集、丛书分类图书，所有图书以河朔书院旧有万余卷藏书为基础，增以改学堂后新购之书数千卷。凡单行本未备者，则于发行的各类丛书中摘录补之。虽收书未能完备，"然以便学子之搜求，渊源之考证，固自以为稍有合焉"④。该书目亦收录西学书籍，且多附于以上五类之中。如将外国语言文字附经部小学类后，将西政附入史部政书类后，子部兵家后附泰西兵学类，法家后附泰西公法学类，农家类后附泰西农学类；也有单独立类者，如史部设西史类，子部设格致类，收录光学、化学、电学等书籍。每书下列卷数、撰者、版本，无提要，但仿照《书目答问》之例，"于各类中有关读书要义者，俱有附注"⑤。该书目在收书上也以实用为标准，如史部不设金石类，子部不设释道类，以其"均无关要用"⑥。

扬州的仪董学堂，筹建于光绪二十七年（1901），是两淮盐运使程仪

---

① 朱寿朋：《光绪朝东华录》，第4719页。
② 参见《中国教育史研究·近代分卷》，华东师范大学出版社2019年版，第129页。
③ （清）李鸿筹：《河朔学堂书目·序》，清光绪二十八年（1902）刻本。
④ （清）李鸿筹：《河朔学堂书目·序例》，清光绪二十八年（1902）刻本。
⑤ （清）李鸿筹：《河朔学堂书目·序例》，清光绪二十八年（1902）刻本。
⑥ （清）李鸿筹：《河朔学堂书目·序例》，清光绪二十八年（1902）刻本。

洛奏请将扬州原有的安定、梅花两书院经费之半移置创建而成的一所中学堂。招收的六十名学生中，有二十名商籍定额，多属盐商子弟。仪董学堂开设的课程，仍以中学为主，除了传统的四书、五经等儒家典籍，还兼修本国和外国的史地、数理、体操、政艺等门类。今所见《仪董学堂藏书目》凡一册，其著录项目为书名、卷数、作者、册数、出版者。书前有"学堂藏书陆续增购，约略分类，随时编入存簿"两行小字。可见，是编仅是对学堂书目的简单登记，故分类较为疏略，大致以经、史、子、集、丛书顺序分类。丛书中收录了《玉函山房辑佚书》《古逸丛书》《正觉丛书》《湖北丛书》等。书目最后是中外有关新学的图书，列有算学、中外史学、法学、政治学、农学、财经、教育学等书籍。

晚清"新政"后的书院改学堂中，在教学上的一项重要目标是扫除此前科举应试的积习，增加对西学等时务学科的讲授。然而，从《河朔学堂书目》《仪董学堂藏书目》来看，与"新政"前的传统书院藏书目录相比，并无太大区别。尤其是有关西学书籍的收录方面，亦是未变革前传统书院书目所藏录者。时人吴汝纶便言："议改书院为学堂，兼习中、西之学，外省府、县书院，束修不过三百金，以之分请中、西两师，决无一人应聘。若用一人兼席，则耳目中尚少兼通二学之贤。通商都会之地，间有其人；若腹地则风气未开，安得千七八百兼通中、西之师，以兴新学？"[①] 西学师资力量不周，仅是其中一方面，西学课本的难求则更为突出。如仪董学堂的英文科，"以某报西文编译为课程"[②]，仅凭借一份报章学习英文，显然见闻难广。因而，有学者认为，许多书院改学堂后，"名不副实"，在设备、师资、教学上也都存在不足。[③] 这或许可看作《河朔学堂书目》《仪董学堂藏书目》两书目"新意"不足的原因之一。

二 教会创建的学堂及其书目

随着晚清"西学东渐"的兴起，一些外国传教士开始了在中国大陆

---

① 施培毅、徐寿凯等校点：《吴汝纶全集·上李傅相》，黄山书社2002年版，第3册，第200页。

② 《扬州仪董学堂特别课程》，《（天津）教育杂志》1905年第14期。

③ 参见田正平主编《中国教育史研究·近代分卷》，华东师范大学出版社2009年版，第103页。

的传教活动。他们通过兴办教会学校，以传播西方文化。1877年，狄考文在上海举办的第一届传教士大会上认为："教会教育之目的，在培育幼童的智力、德性、和宗教信仰。不仅使他们成为上帝的功臣，维护并宣扬基督的真理，并借教会学校传授西方文化与科学知识，提供物质方面与社会方面的贡献。"① 正是在这种思想的引导下，外国传教士在华创办了大量教会学校。据有关数据统计，从1840年到1919年的80年间，共有近13000所外国教会学校成立，学生总数约35万人。② 这些外国教会所办的学校，也常常编有藏书目录，形成了外国教会学校书目。

同治十三年（1874），由英国传教士傅兰雅创建的上海格致书院，就是一所教会书院。该书院之设立，"原欲兴格致之学"③。故其藏书楼中之书籍，亦多格致之学："陈列旧译泰西格致书，各种史志，上海制造局新译诸书，各处旧有及续印新报、西国文字，各种格致机器新旧之书，格致机器新报，机器新式图形，及天球、地球各种机器小样。又备中国经、史、子、集，以期考古证今，开心益智，广见博闻。"④ 今所见《上海格致书院藏书楼书目》六卷，以收录西学为主，"无论中外新旧译本，凡涉邪辞小说，无益于人及有干例禁者，概不滥入"⑤。将有关东西方译著略分为科学、算学、格致学、化学、电学、声学、光学、力学、重学、名学、天学、地学、医学、物理学、家政学、伦理学、教育学、体育学、哲学、女学、道学、史志、传记、交涉、法律、政治、路政、矿政、工政、农政、商政、财政、兵政、船政、通论、杂著、小说、报章等目。尤其注重对学生"时务"教育，为此该书目设有"报章"一目，"择有益于学界者，无论日报、月报、教报，概照观书例，在楼下阅看"⑥。收录的报章有《西国近事汇编》《中西见录》《湘报文编》《东方杂志》《新世界学报》《新闻报馆时务论》《国粹学报》《实业界》《新民丛报》《万国公

---

① 陈学恂主编：《中国近代教育史教学参考资料》下册，人民教育出版社1986年版，第102页。
② 顾长声：《传教士与近代中国》，上海人民出版社1981年版，第226页。
③ ［英］傅兰雅：《格致书院会讲西学章程》，载邓洪波编《中国书院章程》，湖南大学出版社2000年版，第49页。
④ 《上海格致书院藏书楼书目·章程》，清光绪三十三年（1907）格致书院铅印本。
⑤ 《上海格致书院藏书楼书目·本楼藏书规》，清光绪三十三年（1907）格致书院铅印本。
⑥ 《上海格致书院藏书楼书目·本楼藏书规》，清光绪三十三年（1907）格致书院铅印本。

报》《青年报》《中西教会报》《通问报》《通学报》《大同报》《中外日报》《新闻报》《申报》《同文沪报》《南方报》《时报》《新报》《神州日报》，等等。

再如光绪五年（1879），由美国圣公会驻中国代表施约瑟主教在上海创办的圣约翰书院，后改建为圣约翰大学。该学校便设有专门的图书室，收藏中西图书三万余册，编有《圣约翰大学罗氏图书馆书目》。该书目笔者并未寓目，但据有关资料记载，至宣统三年，该图书馆藏有英文图书5000余册，中文图书4400余册。民国成立后，该校图书馆的藏书开始注重以"学科"为基础的分类。在圣约翰大学的医学院、科学系、神学院、工程学院、中学部陆续开设了各学科的分馆，中文藏书有22000余册，西文图书有21000余册。①

又如光绪三十四年（1908），美国将庚子赔款数额的一半用于遣派赴美留学生的经费，为此在北京设立了清华学堂，作为赴美留学生的预备学校。② 该学堂亦设有图书室，民国四年（1915）编纂而成《清华学校华文书籍目录》一部。该书目除了设立经、史、子、集、丛书等传统类目，还著录了大量西方书籍，将其分为哲学部、社会学部、格致部、技术部、美术部、文学部、舆地部、杂著部、杂志部。从其类目的设置情况来看，该书目以收录西方人文社会科学书籍为主。如九大部类中，仅有格致部、技术部两类属于自然科学。哲学部下又设伦理学，社会学部下又设法政、财政、教育、陆海军类，美术部下设图画、音乐类，舆地部下又设游记、地理、地图、历史、中国史、日本史、欧美史、非洲史等，都属于社会科学范围的西方知识。这大概与清华学堂设立的缘起有关。清华学堂属于赴美中国留学生的预备学校，因而需要提前了解西方的社会与人文知识，以便更好地学习西方科学技术。

三　洋务派的兴学实践及其藏书目录

19世纪60年代，在"求变"与"自强"口号的指引下，以李鸿章为代表的洋务派登上中国历史舞台。震于西方列强的船舰利炮，洋务派在

---

① 参见朱庆祚主编《上海图书馆事业志》，上海社会科学院出版社1996年版，第68页。
② 参见徐彻、董守义《清代全史（第九卷）》，方志出版社2007年版，第293页。

全国各地兴建起了以培养翻译、机械制造以及陆海军人材为目的的新式学堂。这些学堂在性质上，多属于外语、军事、科技类的学堂，也多设有供学生读书借阅的图书馆。如天津医学堂规定，学生"借图书或器具，必须珍惜爱护，如归还时有破损，必须修好或赔偿"①。湖北武备学堂虽然是一所军事学堂，但"课程余暇，即令诵《四书》，披览《读史兵略》，以固根底趋向"②。大概湖北武备学堂也设有图书馆以供学生习读。

甲午战败后，洋务运动宣告破产。但洋务官僚依然将建立新式学堂作为救国兴邦的主要手段。与此前有所不同的是，他们将办学的目光转向了普通教育。③ 当时面对西学东渐的潮流，洋务派提出了"中体西用"论，主张在以"中学"为根本的前提下，学习西方的科学技术，以实现国家富强。这种教育理念也贯穿在他们的办学实践中。如张之洞于光绪十三年（1887）在广州创立的广雅书院、盛宣怀于光绪二十三年（1897）在上海创立的南洋公学，就是其中的代表。

（一）广雅书院及其《广雅书院藏书目》

广东省自开埠以来，士习亦为之一变，"岭海雄博，本多秀杰之才。近来华洋错处，事杂言咙，习俗所移，其志趣凡下者多存希图幸获之念，其才智颖悟者或有歧于异学之忧"④。因而需要创建学校，以端士风。光绪十三年（1887），两广总督张之洞在广州创办了广雅书院，其云："臣设立书院之举，窃欲鼓舞士类，维持世风。上者阐明圣道，砥砺名节，博古通今，明习时务，期于体用兼备，储为国家桢干之材。次者亦能圭璧饬躬，恂恂乡党，不染浮嚣近利习气，足以淑身化俗。"⑤ 可见，张之洞欲以"中学"作为"维持世风"的手段。此前，阮元曾在广州主政督学，建立学海堂，在粤籍士人中培植汉学人才。然而，汉学重考据训诂而不通

---

① 高时良编：《中国近代教育史资料汇编·洋务运动时期教育》，上海教育出版社1992年版，第580页。
② 朱有瓛主编：《中国近代学制史料》第1辑，华东师范大学出版社1983年版，上册，第546页。
③ 参见徐彻、董守义《清代全史》第九卷，方志出版社2007年版，第294页。
④ （清）张之洞：《请颁广雅书院匾额折》，《张之洞全集》，河北人民出版社1998年版，第1册，第695页。
⑤ （清）张之洞：《请颁广雅书院匾额折》，《张之洞全集》，河北人民出版社1998年版，第1册，第695页。

时务，故而张之洞也欲借创办广雅书院，以纠汉学的流弊："大旨欲以救汉学、宋学之偏，痛戒有文无行之弊。"①

有本于此，广雅书院的课程以"中学"为主，其所开设的经学、史学、性理以及"经济"之学，都跳出了"汉学"的樊篱："经学以能通大义为主，不取琐屑。史学以贯通古今为主，不取空论。性理之学以践履笃实为主，不取矫伪。经济之学以知今切用为主，不取泛滥。词章之学以翔实尔雅为主，不取浮靡。士习以廉谨厚重为主，不取嚣张。其大旨总以博约兼资、文行并美为要归。"② 这一变化，在朱一新编成的《广雅书院藏书目》中有两点体现。

其一，该书目收书以经学为主，不存在汉宋门户之争，强调治学的"贯通"。廖廷相云："读书所以求圣人之道也。道何在？在六经。《诗》以道志，《书》以道事，《礼》以道行，《乐》以道和，《易》以道阴阳，《春秋》以道名分。后世载籍纷纭蕃变，而所道终不越此数端。所谓百家腾跃，尽入环中也。故古人劝学，必先宗经。治经者，始于专，终于通。"③ 是编首列御撰诸书，其中有《御纂周易折中》《钦定书经传说汇纂》《钦定诗经传说汇纂》《钦定春秋传说汇纂》《钦定周官义疏》《钦定仪礼义疏》《钦定礼记义疏》《御纂诗义折中》《钦定春秋左传读本》《钦定日讲书经解义》《钦定日讲四书解义》等书。这些清代统治者钦定的经学著述，打破了此前胡广《五经大全》专主宋学的门户之见，而是广采诸家之说，以明大义。如康熙十九年成书的《御制日讲书经解》，"爰命儒臣，取汉宋以来诸家之说，荟萃折衷"④。康熙五十四年成书的《御纂周易折中》，"所收上自汉晋，下迄元明，使二千年易道渊源，皆可觉见"⑤。

---

① （清）张之洞：《请颁广雅书院匾额折》，《张之洞全集》，河北人民出版社1998年版，第1册，第695页。

② （清）张之洞：《创建广雅书院折》，《张之洞全集》，河北人民出版社1998年版，第1册，第586页。

③ （清）廖廷相：《广雅书院藏书目录·序》，清光绪二十七年（1901）广雅书局广州刻本。

④ 《御制日讲书经解义序》，载《文渊阁四库全书》，（台北）台湾商务印书馆1986年版，第65册，第1—2页。

⑤ 《御纂周易折中·凡例》，载《文渊阁四库全书》，（台北）台湾商务印书馆1986年版，第38册，第12—14页。

其二，收录的图书注重对学生"身心"的培养。廖廷相在为《广雅书院藏书目录》作序时云："学贵致用而非急功近名之谓，欲见诸事业，必先体诸身心，使书自书而我自我焉，则无为贵读矣。"① 身心方面的书籍，收录了众多程朱理学名家的著述。如子部儒家类收有《濂溪志》《近思录》《朱子语类》《小学纂注》《黄氏日钞》《大学衍义》《读书分年日程》《性理大全》等著作。尤其是注重对本朝理学家书籍的收录，有张履祥的《杨园全集》、唐甄的《潜书》、汤斌的《志学会约》及《困学录》、陈宏谋的《五种遗规》、孙奇逢的《理学宗传》、黄宗羲的《宋元学案》及《明儒学案》等。还有专门收录理学家全集的图书，如《周子全书》《朱子遗书》《二程遗书》等，再者如张伯行的理学丛书——《正谊堂全书》，这些理学家全集和理学丛书，集中体现了理学家的思想主张，客观上便利了学生的查找与阅读。

（二）南洋公学与《南洋中学藏书目》

光绪二十三年（1897），近代著名教育实业家盛宣怀在上海创办了南洋公学。南洋公学分上院、中院、外院三级，另设有师范院。上院实乃大学，中院即中学。据《南洋公学纲领》载："今南洋公学本系大学，惟西法由小至大，循序升进，中国小学、中学未兴，大学无从取材。议于公学内先分列上、中两院，以上院为大学，中院为中学，考选十三岁以上，十五岁以下，已通小学堂功夫者，挑入中院肄业，俾得早充大学之选。"② 可见，中院实为上院的预备阶段。另外，对准入中院的学生，又设立了外院："上院、中院之外，宜设一外院。初来之生，无论境诣如何，先须入外院肄业，察其品行妥当，然后可补入中院。如在外院肄业日久，仍不能升中院者，宜即出院。"③ 其外院，实又是中院的预备阶段。

南洋公学的中院，即是南洋中学。自南洋中学开办之初，就在校旁建有藏书楼，校长王培孙也以自家藏书充盈之，积20余年之久，成书籍数十万卷之多。民国八年（1919），陈乃乾据此而编成《南洋中学藏书目》

---

① （清）廖廷相：《广雅书院藏书目录·序》，清光绪二十七年（1901）广雅书局刻本。
② 盛宣怀：《南洋公学纲领》，转引自欧七斤《论南洋公学"四院制"的建立与衍变》，《西安交通大学学报》2014年第2期。
③ 《张焕纶致盛宣怀函》，转引自欧七斤《论南洋公学"四院制"的建立与衍变》，《西安交通大学学报》2014年第2期。

一册，由上海南洋中学刊印。卷首有罗振玉题识"南洋中学图书馆目"、吴昌硕篆文"南洋中学藏书目"。南洋中学招收的是13—15岁的学生，因而以"中学"教育为主。《南洋中学藏书目》也以收藏汉文书籍为主，将其分为周秦汉古籍之部、历史之部、政典之部、地方志乘之部、小学之部、金石书画书目之部、记述之部、天文算法之部、医药术数之部、佛学之部、类书之部、诗文之部、词曲小说之部、汇刻之部等十四大类。该书目是以便利在校学生的阅读为编撰主旨，"如宋元佳椠，在学校之图书馆内固无网罗之必要，惟通常之本，虽未能应有尽有，要已十得五六"①。汉文书籍中，医学与算学之书相对较少，"此非疏略，以此二术中法不如西法之密耳"②。

当然，洋务派创建的学校中，其藏书目以中学为主，并不意味着对西学的排斥。如南洋中学的管理者原本也欲求购西方最新出版的科学书籍，"以灌输新智识"。但是由于西方科学书籍的求购，既要有充足的经费支持，又要克服远程运输的不便。购买西方书籍的主事者，还需要对西方的科学有充足的知识储备，"盖知识不足以择别，常恐所为之不经济而不敢举办，此西书购置之尚有待也"③。以上诸多原因，造成了南洋中学藏书中有关西学书籍的匮乏。

四　近代学制与新式学堂的"应用书目"

尽管维新变法运动最终以失败告终，但变法已经成为当时社会的潮流，清廷也不得不顺势而行。光绪二十六年（1900）十二月，清廷颁布改弦更法诏，其中对教育的改革尤为令人关注："兴学育才，实为当今急务。京师首善之区，尤宜加意作育，以树风声。前建大学，应切实举办。派张百熙为管学大臣，责成经理，务期端正趋向，造就通才。其裁定章程，妥议具奏。"④ 由是，清廷相继出台了《钦定学堂章程》及《奏定学堂章程》，标志着中国近代学制的建立。在新学制下所建立的各类学堂，

---

① 汤济沧：《南洋中学书目·叙》，民国八年（1919）铅印本。
② 汤济沧：《南洋中学书目·叙》，民国八年（1919）铅印本。
③ 汤济沧：《南洋中学书目·叙》，民国八年（1919）铅印本。
④ 赵尔巽等：《清史稿》卷107《选举志二·学校二》，第12册，第3128页。

亦编有各自所需的书目，从中可以窥见中国近代以来新式教育的发展变迁。

（一）《钦定学堂章程》与《暂定各学堂应用书目》

光绪二十八年（1902），管学大臣张百熙遵拟了《钦定学堂章程》。该章程将学制分为初等、中等、高等三个教育阶段。初等教育又分为蒙养学堂和小学堂两级。幼童一般6岁入蒙养学堂，四年后升入小学堂。小学堂又分为寻常小学与高等小学堂。初等教育阶段学习的课程以修身、读经、习字、史学、舆地、算术、体操七门功课为主，蒙养学堂又增加了字课，寻常小学堂改为作文课，高等小学堂则在此基础上，又添设了古文词课以及理科、图画等课程。中等教育设中学堂，主要开设修身、读经、算学、词章、中外史学、中外舆地、外国文、图画、博物、物理、化学、体操等课程。高等教育又分为高等学堂（大学预科）、大学堂、大学院三个级别。高等学堂（大学预科）开始分为政、艺两科。政科开设经学、诸子、词章、中外舆地、名学、法学、理财学；艺科开设有化学、动植物学、地质矿产学、图画课程。政、艺两科均开设的课程有伦理、算学、中外史学、外国文、物理、体操课。高等学堂肄业后，即进入大学堂阶段，有政治、文学、商务、格致、农业、工业、医术七科。其后的大学院，则属于研究阶段，不设课程，亦无讲授。

《钦定学堂章程》出台后，"诏下各省督抚，按照规条实力奉行"①。各省在准备筹建学堂时，依据规定开设的课程需要购求相关书籍。于是，清廷又出台了对各学堂教科书的审定书目，即《暂定各学堂应用书目》。

《暂定各学堂应用书目》，京师大学堂光绪二十八年（1902）刻本。该目在图书分类上有修身伦理、字课作文、经学、词章、中外史学、中外舆地、算学、名学、法学、理财学、博物学、物理学、化学、地质及矿产学、图画、教育学十六类。另附录有教育器具标本类、大学堂译书局所译书目、大学堂译书分局所译书目。可见，该书目即是将各类学堂的课程综合于一目之下。每类下除了开列必读书籍，还开列了相关参考书籍。如修身伦理类开列的必读书籍有《弟子职集解》《礼书纲目曲礼门》《朱子小学》《近思录集注》等，开列的参考书有《朱子语类》《宋元学案》《明

---

① 赵尔巽等：《清史稿》卷107《选举志二·学校二》，第12册，第3130页。

儒学案》。在著录上体现了由浅入深的原则。如"中外史学"类下开列的史学书目有《史鉴节要便览》《读史镜古编》《普通新历史》等,而《钦定二十四史》《资治通鉴》等书则罗列在以上书目之后的"参看书"中。另外,该书目还列有一些通行易用的版本:"所举版本皆通行易购者,无通行善本,只注丛刻。"① 该书目不仅收录中文书目,也收录了大量的东西学书籍,反映了近代教育发展的新趋向。

(二)《奏定学堂章程》与高等小学堂"课本书目"

光绪三十年(1904),张百熙、张之洞、荣庆在《钦定学堂章程》的基础上,又加修订而成《奏定学堂章程》。总体而言,《奏定学堂章程》依然沿续了初等、中等、高等教育的三个阶段。变化较大者,在初等教育阶段。《钦定学堂章程》初等教育阶段设蒙养学堂、小学堂,小学堂中又分设寻常和高等两级。《奏定学堂章程》中的初等教育则分蒙养院、初等小学堂、高等小学堂三级。初等小学堂中又分为完全和简易两科。其中,简易科乃专为贫困家庭所设,体现了普及教育的指导思想。此外,在高等教育方面,大学堂原设七科,《奏定学堂章程》则增加了经学科大学,高等学堂在原有的政、艺两科外,又添加了医科,学习的课程有人伦道德、经学大义、中国文学、外国语、拉丁语、算学、物理、化学、动物、植物、体操。

《奏定学堂章程》出台后,颁行各直省遵行。由于蒙养院以招收3岁至7岁的幼童为主,"专在发育其身体,渐启其心知"②,并不设讲授课程。小学堂教育,尤其是高等小学堂教育,便成为培养国民教育的主要途径,也被视作实现国家富强的基础:"盖国家者,国民之所积而成也。无论为农,为工,为商,为兵,为公民,欲其与列强相抗,无一不须普通必要之道德知识,即无一不须受小学教育。"③ 时任江苏学政的唐崇实便辑有《高等小学堂暂用课本之书目》一部。是编凡一册,清光绪三十一年(1905)刻本。分高等小学修身科、高等小学读经讲经科、高等小学中国

---

① 《暂定各学堂应用书目》"修身伦理"类《弟子职集解》条,清光绪二十八年(1902)刻本。
② 舒新城主编:《中国近代教育史资料》中册,人民出版社1961年版,第388页。
③ 李启成校订:《资政院议场会议速记录》,上海三联书店2011年版,第24页。

文学科、高等小学算术科、高等小学中国历史科、高等小学地理科、高等小学格致科、高等小学图画科、高等小学体操科、高等小学手工农业商业随意科十类。每类中列其书目，每书下列撰者，间或有版本说明，并附有简短提要，以指导教学。如高等小学修身科类《松阳讲义》条："是书恪守朱注，多近里己之言，教员撰讲义应仿此体式。"又如高等小学算术科类《最新高等小学笔算教科书教授法》条："是书专备高等小学算学教员教授之用，与教科书相辅而行。"还有指示读书门径者，如高等小学中国历史科《纲鉴正史约》条："是书以纲目为主，起于三皇，迄于明代，经陈文恭增订，尤觉完密。所述国统之兴亡，年号之改革，世数之修短，政治之美恶，一览可知为初学读史之善本。"

在新学制颁布后，各类学堂的数量也与日俱增，清廷对教育行政管理体制也做了重大变革。光绪三十一年（1905），山西学政宝熙、江苏学政唐景崇等先后奏请在京师设立学部，"拟请饬下学务处会议，速行设立学部。上师三代建学之深意，近仿日本文部之成规，遴选通才，分研教育改良之法。总持一切，纲举目张，实于全国学务大有裨益"。学务大臣议覆："整理一切学务，不可无总汇之区，自应特设学部，以资管辖。"[1] 学部成立后，也对高等小学的教科书目开展了审定工作。今所见者，为光绪三十二年（1906）铅印本《学部第一次审定初等小学暂用书目》一册。该书目前有凡例二十二条，阐明了审定原则、宗旨及相关规则。《学部第一次审定初等小学暂用书目》分为五部：一为书目表，又分修身、读经讲经、中国文字、算术、历史地理、格画、手工、各科通用八个类目。二为附表，列有书名、册数、用者、印刷、发行、版权、价值等项。三为附说，是对表中内容的详细说明。四为书目提要，"审定之图书，各有提要一篇，略示审定之旨趣"[2]。五为校勘表。是目以普及教育为宗旨，对所审定之书，不收取费用，且"以书精价廉者为合格，就此次所审定学生用书合五年计之，多者价至六元，少者价至四元。以教育贵乎普及，若书价过昂，必至阻教育之进步也。嗣后，凡关于教科用图书之编辑者、发行

---

[1] 朱寿朋：《光绪朝东华录》，中华书局1958年版，第5444页。
[2] 《学部第一次审定初等小学暂用书目·凡例》第七条，清光绪三十二年（1906）铅印本。

者，须识本部审定宗旨之所在"①。注重日常的伦理、爱国教育，是该书目的一大特点。如修身书类《蒙学修身书》一条：该书"先事实而后格言，每卷之事实皆先述伦常，次述自立自治，而于合群爱国之道，多所征引，颇合于圆周教授之法。"指出了该书所具有的积极社会功用。乡土教育也是小学阶段的必修课程："《奏定章程》历史科第一、第二年讲乡土之大端故事及本地古先名人之事实。地理科第一、二年讲乡土之道里建置，附近之山水，以及本地先贤之祠庙遗迹等类。"② 高等小学的宗旨"以童年皆知做人之正理，皆有谋生之计虑为成效"③，故该书目对教科书的审定也注重对学生技能的培养。算学类《初等小学笔算教科书》条提要曰："儿童卒业后，可进高等小学再习较深之算术。其贫无能者，有此五年程度，出而谋生，于寻常日用之算法已粗应用矣。"该书目是研究近代学校教育思想的宝贵参考书。

晚清新式学校学堂目录是在教育观念不断更新、教育政策不断调整的时代背景下产生的。透过学校学堂的藏书目录，折射了晚清教育观念的新旧更替。同时，由于这些书目面向的是"学生"群体，故而指导阅读、方便检索就成为这类目录的共同特点。从一个侧面反映了目录学自晚清以来，开始重视读者群体的编纂特点。不仅如此，在教科书的发行、审定环节中，目录学还展现了教育的国家职能，深化了目录学在社会变革中的文化角色。

第三节　出版业中的市场与读者：营业目录的初兴

营业书目又称书业书目，"是图书翻译出版、发行以及旧书业为介绍推销图书而编成的统计登记性书目"④。注重对图书的推销是营业书目的重要特征。受近代出版发行机构繁荣发展的影响，营业目录形成了多种多样的书目类型。同时，近代出版文化中形成的市场观念与读者观念又对营

---

① 《学部第一次审定初等小学暂用书目·凡例》，清光绪三十二年（1906）铅印本。
② 《学部第一次审定初等小学暂用书目·凡例》，清光绪三十二年（1906）铅印本。
③ 舒新城主编：《中国近代教育史资料》，人民教育出版社1961年版，中册，第432页。
④ 孟昭晋：《书业书目概说》，《青海图书馆》1982年第3期。

业目录的著录和图书分类产生了深远影响。

一 举业的动力：官书局及其书目

同治三年（1864），清军攻入南京，历时十余年之久的太平天国运动宣告失败。同年，清廷以江南、江北地区现经荡平，亟待振兴文教，欲于次年特开乡试一科，"以免士子日久向隅"。但因连年战乱，"号板毁失，监临、主考、房官等屋片瓦无存，现已派员采办木料，赶紧兴修"[1]。由于工料一时未能毕集，直至同治六年，江南诸省才正式恢复了乡试。

在经历了太平天国之乱后，公私藏书也多有散佚。时人云："所见者洪逆之乱，所至之处，倘遇书籍，不投于溷厕，即置之于水火，遂使东南藏书之家，荡然无存。"[2] 时任江苏学政的鲍源深亦曰："近年各省因经兵燹，书多散佚。臣视学江苏，按试所经，留心访察。如江苏松、常、镇、扬诸府，向称人文极盛之地，学校中旧藏书籍荡然无存。藩署旧有恭刊钦定经史诸书，版片亦均毁失。民间藏书之家，卷帙悉成灰烬。乱后虽偶有书肆，所刻经书俱系删节之本，简陋不堪。士子有志读书，无从购觅。苏省如此，皖、浙、江右诸省情形，谅亦相同。"[3] 为了改变士子欲参加科举而无书可读的局面，同治六年（1867）谕曰："江苏等省自遭兵燹以后，各府、州、县学中旧藏书籍大半散佚，经史板片亦皆毁失无存。现在地方已就肃清，亟应振兴文教，士子有志读书，而载籍难于购觅，其何以资讲贯而惠艺林？著各省督抚转饬所属，将旧存学中书籍广为购补，并将列圣御纂钦定经史各书先行敬谨重刊，颁发各学，并准书肆刷印，以广流传。俾各省士子得所研求，同敦实学，用副朝廷教育人才至意。"[4] 至此，各地方纷纷举办官书局，刊刻经史之书。据学者统计，晚清时期开设的官

---

[1] （清）曾国藩：《复陈补行乡试事宜片》，《曾国藩全集·奏稿》，岳麓书社2011年版，第7册，第448页。

[2] 陈登原：《古今典籍聚散考·焚书论》，上海书店1983年版，第234页。

[3] （清）鲍源深：《请购刊经史疏》，载宋原放主编《中国出版史料·近代部分》第1卷，湖北教育出版社2004年版，第406页。

[4] 中国第一历史档案馆编：《咸丰同治两朝上谕档》，广西师范大学出版社1998年版，第17册，第143页。

书局有40余家。① 对此,《清史稿》载:"曾国藩倡设金陵、苏州、扬州、杭州、武昌官书局,张之洞设广雅书局,延聘儒雅,校刊群籍,私家亦辑刻日多,丛书之富,曩代莫京。"② 张舜徽先生亦云:"近百年来,刊布古籍、嘉惠士林之事,以清季各省官书局所营者为最著。其中如金陵、浙江、江苏、淮南、湖北五大官书局以及江西、广雅诸局刻印书籍皆不少。凡常见常用之书,次第付刊,使人易得易求,至便学者。此乃百余年间一大事也。"③

许多官书局正是看到了科举士子求购经史书籍的市场需求,刊印了诸多常用书籍加以售卖。如湖北官书局"售书价值照详定章程,不折不扣"。欲买书籍者,"先交书价,再行发书,概不赊欠"。湖北官书局因经费不足,停刊新书后,"仅将现成板片刷印发售"④。光绪二十二年(1896),贵州拟在省城开设书局,印发经史之书,"俟刊装成,饬发各府、厅、州县,照价分售,以期散布城乡,推广流传"⑤。光绪二十四年(1898),云南也在省城设立书局,"随购随售,只照原价酌加水脚、薪工等费,并不格外取赢,使书值较廉,多士易于购置"⑥。因而,这些官书局都有其编定的售书目录。据朱士嘉《官书局书目汇编》统计,该时期有《江南书局书目》《淮南书局书目》《江楚编译局书目》《江苏书局书目》《浙江书局书目》《山东书局书目》《尚志堂所刻书籍目录》《山西官书局书目》《湖北官书局书目》《广雅书局书目》十部官书局目录。⑦ 笔者又依据徐蜀、宋安莉《中国近代古籍出版发行史料丛刊》所载,另增《陕西官书局书目》《湖南官书报局图书汇目》两部官书局书目。

此外,官书局刊书,以南省精校精刊者居多,北方及边远诸省,则多望尘莫及。故光绪年间,北方诸省往往向南方官书局购书,以广士子见

---

① 参见邓文锋《晚清官书局述论稿》,中国书籍出版社2011年版,第80—103页。
② 赵尔巽等:《清史稿》卷145《艺文志叙》,第15册,第4221页。
③ 张舜徽:《爱晚庐随笔》,华东师范大学出版社2005年版,第224页。
④ 周振鹤:《晚清营业书目·湖北官书处章程》,上海书店出版社2005年版,第20页。
⑤ 中国第一历史档案馆编:《光绪朝朱批奏折》,中华书局1995年版,第104辑,第565页。
⑥ (清)崧蕃:《秦云南整顿书院并设书局片》,载宋原放主编《中国出版史料·近代部分》第1卷,湖北教育出版社2004年版,第436页。
⑦ 朱士嘉编:《官书局书目汇编》,载周振鹤《晚清营业书目》,上海书店出版社2005年版,第39—175页。

识。光绪七年（1881），时任天津府南皮知县的劳乃宣，上书直隶总督李鸿章曰："畿辅民风笃厚，士习敦朴，通儒硕学代不乏人，而人文终不能如南邦之盛者，以舟楫不通，书籍难致，往往有向学之志，无可读之书，是以成就者少也。"因此奏请在当时各省开设的书局中购买士子读书所需的书籍，"运津转发各省城。遐陬僻壤，皆得睹典籍之富，有志之士既可以进于博通，浅学之人亦可以化其鄙陋，于作育人才之道大有裨益"①。于是，直隶省在保定设志局，在天津设招商局，"筹借公款银三四千两，作为成本，由省志局酌定应买书籍数目，开单移交招商局，赴各省书局购买。轮运至津，转运省局发卖，收回价本，源源买运"②。故有《直隶运售各省官刻书籍总目》一册，便是应南皮知县所托的一部运售性质的营业目录，客观上也能起到涤荡社会风俗的作用。

再如，光绪十六年（1890），广西桂垣书局刊印了一部《广西存书总目》。据广西巡抚马丕瑶奏曰："兵燹后，人士流离，旧书悉毁，旧刊片板无存。寒畯远购无力，每届考试，不过零星书板，或舛错模糊，或洋板缩本，难资诵读。且多系时艺讲章，无以为稽古培才之助，以至流风日下，俗尚嚣漓。即间有刊布各种，或行或辍，究未能推广流传。"③于是，马丕瑶建议向江南、浙江、广东、湖南、湖北、四川六省书局求购精刊精校之本各十部，一部分存省，一部分发至梧州、浔州、柳州、南宁、太平、泗城、百色、郁林、归顺各府州书院留存。存省之一部，由省局仿刊后，"饬发各府、厅、州、县，照价分售，以期散布城乡，务使渐渍涵濡，默消悍戾，可以清源化俗，育德兴贤"④。可见，该书目是广西向各省书局求购书籍的一部营业目录，客观上也能够起到涤荡社会风俗的作用。

二 资本的需求：民营书局及其书目

与官书局相辅相成的是，晚清民营书局也得到了前所未有的发展。私

---

① 《关于劳乃宣建议直隶售书事》，载宋原放主编《中国出版史料·近代部分》第3卷，湖北教育出版社2004年版，第291页。

② 《关于劳乃宣建议直隶售书事》，载宋原放主编《中国出版史料·近代部分》第3卷，湖北教育出版社2004年版，第291页。

③ 朱寿朋：《光绪朝东华录》，光绪十五年十二月己亥，中华书局1958年版，第2700页。

④ 朱寿朋：《光绪朝东华录》，光绪十五年十二月己亥，中华书局1958年版，第2700页。

人书坊以北京的琉璃厂和上海的棋盘街为代表。来熏阁在北京设有总店，在上海设有分店，以经营金石考古类书籍为主。此外，山东聊城、四川成都等地的私人书坊也十分集中。进入19世纪末期，一些有实力的民营资本也进军出版领域，商务印书馆、中华书局的建立进一步壮大了近代出版业的勃兴。据周振鹤的《晚清营业书目》一书的统计，私营营业书目共有《申报馆书目》《扫叶山房书目》《同文书局书目》等十五部。笔者据徐蜀、宋安莉的《中国近代古籍出版发行史料丛刊》一书，又统计到《同文书局石印书目》《同文书店目录》《申报馆书目续集》《江左书林书目》《湖北崇文总局书目》《抱芳阁书目》六部。

（一）市场的动向：教科书类营业书目

各地建立官书局的经费主要来源于政府的正项税收，但清季民营出版机构的建立则多是有实力的士绅出资筹建而成，"合资入股"就成为主要的经费来源。如光绪二十三年（1897）在上海成立的商务印书馆，在出资方中，天主教徒沈伯芬认两股，1000洋元；鲍咸恩、夏瑞芳、鲍咸昌、徐桂生均各认一股，各自出资500洋元；高翰卿、张蟾芬、郁厚坤等各认半股，各出资250洋元。① 至1905年年末，商务印书馆已经注册成为"商务印书馆股份有限公司"，正式实施了股份制。设立于上海的中国图书有限公司，"招股本银元一百万元，每股银十元，合成十万股。先收五十万元，作为有限公司"。其经营上，按年结算，除偿还官方利息外，"所得盈余提十成之二为公积，再以八成分作十五份，以十份作股东红利，以四份作办事人花红，以一份作董事酬劳。股东所得红利，照股均派，以副利益均沾之实"②。在出版大部类图书时，一些书局还利用"股印"的方式筹集资金。如光绪十年（1884），同文书局用"股印"的方法完成《古今图书集成》和《二十四史》的出版销售。其股印《古今图书集成启》曰："以招印一千五百股为额，并呈书样四式。嗣蒙诸大雅示复，皆以字大行疏，每部三百六十两者为最。本局谨遵众论，即照三百六十两样本开办。凡来认股者，称交半价一百八十两为定，一俟目录告成之

---

① 参见《商务印书馆九十五年——我和商务印书馆》，商务印书馆1992年版，第3页。
② 《中国图书有限公司章程》，载宋原放主编《中国出版史料（近代部分）》第三卷，湖北教育出版社2004年版，第154页。

日，再登《申报》通知在股诸君来取目录，即将所余半价缴足。本局并发分次取书单三十二纸，以后各典续出，随出随取，俾臻两便。目前股份尚未足数，如欲购是书者，尚祈及早惠临。庶几股额早满，蒇事亦速，是所厚望焉。"① 又《股印二十四史启》称："如有愿得是书者，预交英洋壹佰元，掣取收条，并分次取书单念四纸，各史随出随取，两得其便。……目前股份尚未足数，欲购者请早来局认取股单。若俟各史迭出，股额足数，即行截止矣。"② 民营出版机构的商业色彩更为浓厚。私营资本最终是为了盈利，而盈利则必须面向市场。在这方面，以商务印书馆最具有代表性。

商务印书馆由夏瑞芳、鲍咸恩等人创建于清光绪二十三年（1897）。创办之初，商务印书馆便紧紧抓住市场发展的动向。戊戌变法时期，清政府下诏主张变法，国人以日本为西学的捷径，于是翻译日本书籍成为市场发展的新趋向。商务印书馆抓住了这个市场发展的动向，委托王慕陶等人购买译稿。虽然商务印书馆后因王氏等人所欺而并没有获利，但其对市场时机的把握可见一斑。此后，商务印书馆又将发展的方向定位在学校教科书方面。当时市场上的教科书仅有南洋公学校的《蒙学课本》和无锡俟实学堂的《蒙学课本》，且仍存在许多不足。而1902年清政府又颁布诏令，在全国范围内广设学堂。商务印书馆看到了存在的商机，在蔡元培、张元济的主持下编印了国文、历史、地理等教科书。《最新小学用教科书》《最新国文教科书》《女子小学教科书》等相继问世，逐渐风行全国，一举占据了国内教科书的大部分市场。为此，商务印书馆曾将其出版的教科书汇编于一目，即《商务印书馆出版教科书目》一册，以便推广销售。

《商务印书馆出版教科书目》收录图书四十五种，分初等小学教科书、新编国文教科书、师范学堂教科书、国文类教科书、高等小学教科书、历史类教科书、地理类教科书、算学类教科书、格致类教科书、和文教科书、外国语学类、各种教科书、问答书、中西文合璧教科书。每类下收录相关图书，每书下有简明提要。如"初等小学教科书"类下《习画帖》条，提要曰："是帖为初等小学堂第二年至第五年学生所用，由简而

---

① 张静庐主编：《中国近代出版史料（二编）》，中华书局1957年版，第69页。
② 张静庐主编：《中国近代出版史料（二编）》，中华书局1957年版，第70页。

繁，所绘皆寻常易见之物，用毛笔临写。计共八册，每册十图，每两星期临摹一图，约半年毕一册。"对该书用途介绍得十分详尽。又《最新初等小学修身教科书第一册挂图》条，提要除了介绍该挂图用途，还特别阐明了其优势："本馆所编初等小学修身教科书专用图画，颇为教育家所许。惟教师于讲授时尚苦无从指点，今特将首册之图一律放大，用坚厚洋纸彩色精印，长约二尺，阔二尺有半。"可见，这些提要的编定都是旨在售卖、推销图书。这些图书主要卖给全国各省新式学堂。据当时商务部咨文称："现在各省学堂需用图籍甚殷，该馆编辑各种图书禀请援案分咨饬购，事属可行，应即照准。除咨明学务处并将该馆呈到各书批示立案，禁止翻印外，相应咨行○贵○○查照，请烦转饬各学堂，如需用该馆图籍，即可径向分别订购可也。"① 这些书籍经当时商务部批准，可以在市场售卖，并严禁私自翻刻。

除商务印书馆外，许多民营书馆也将推销教科书作为其重要的业务。如上海时中书局除编译了大量"教育新书"外，"兼外洋自运学校用品，图画标本、自在墨帖，批发格外克己"②。其在《时中书局新书目次》中，将所销售的教科书分为国文、修身、习字、历史、地理、图画、数学、手工、乐歌、体育等类别。再如，科学图书社"兼售学堂应用仪器、文具、图书、纸料"③，在《科学图书社图书目录》中，将售卖的教科书分为如下十类，即初等小学堂用书、单级小学堂用书、儿童用书、高等小学堂用书、简易识字学塾用书、女学堂用书、中学堂用书、师范学堂用书、实业学堂用书、法政学堂用书。有些类目下，又设二级子目。如"初等小学堂用书"下又分修身、国文、习字、算术、习画、手工、唱歌、体操八类；"高等小学堂用书"下又分修身、国文、历史、地理、算术、格致、习画、手工、乐歌、体操十类；"中学堂用书"下分修身、国文、历史、地理、博物、理化、算术代数、几何、三角、习画、音乐、法制及理财、体操十三类。当时正值清廷兴办各类新式学堂的时期，刊印售卖各学堂教科书具有广大的市场，故而吸引了众多民营书局参与其中，体现了它们对

---

① 周振鹤：《晚清营业书目》，上海书店出版社2005年版，第221页。
② 周振鹤：《晚清营业书目》，上海书店出版社2005年版，第563页。
③ 周振鹤：《晚清营业书目》，上海书店出版社2005年版，第588页。

书籍市场的敏锐洞察力。

（二）技术的改进与应用

民营书局为了提高利润，售卖更多书籍，往往更重视对先进印刷技术的应用。大致而言，官书局中多应用传统的雕版印刷，仿照武英殿的木活字或金活字，翻雕刻书，故各地官书局所刊刻之书又称"外聚珍"本。①套印技术也在官书局中使用。双色、三色、四色、五色套印技术，主要用于刊印书籍中的舆图。② 这些多是继承了传统的印刷技艺。相比之下，民营书局则更重视国外先进印刷技术的应用。

17、18世纪，英国开始了以大机器生产为特征的工业革命。出版领域也随之出现了印刷技术机械化的趋势。19世纪初期，西方近代的铅印技术传入我国。③ 至道光二十五年（1845），美国在华设立美华书馆，正式经营铅字印书业务。此后，该馆又制定标准，改良了中文铅字，并创造了电镀字模，发明了"元宝式"排字架，奠定了汉文铅印技术在华发展的基础。除铅印技术外，石印技术也传入我国。④ 对此，清人黄式权言之甚详："石印书籍，用西国石板，磨平如镜，以电镜映像之法摄字迹于石上，然后傅以胶水，刷以油墨，千百万页之书不难竟日而就。细若牛毛，明如犀角。"⑤ 首先采用石印技术的是上海徐家汇天主教堂附设的土山湾印书馆，主要用以印刷宗教图画。随后，点石斋石印局、同文印书局、蜚英馆石印局、鸿宝斋石印局等相继使用了这种技术。今所见用石印技术编印的书目有《上海扫叶山房发兑石印书籍价目》《上海同文书局石印书画图帖》《上海飞鸿阁发兑西学各种石印书

---

① 参见李致忠《古籍版本知识500问》，北京图书馆出版社2004年版，第351页。
② 参见朱宝元《晚清官书局本的刷印》，《中国出版史研究》2020年第3期。
③ 铅印技术又称凸版印刷，发明者为德人谷腾堡。嘉庆二十四年（1819），马礼逊首先用铅印活字印成《新旧约圣经》；道光十八年（1838），法国皇家印刷局浇注了中文铅字一套输入我国，用以排印教会文件。参见张召奎《中国出版史概要》，山西人民出版社1985年版，第170—172页。
④ 对石印技术传入的时间，学界尚无一致意见。多数学者认为光绪年间石印技术开始传入我国，而张秀民先生则认为道光年间就已经传入。参见《张秀民印刷史论文集》之《石印术道光时即已传入我国说》，印刷工业出版社1988年版。另外，韩琦等学者在《石印术的传入与兴衰》一文中对张秀民先生的观点作了补充，载宋原放主编《中国出版史料（近代部分）》第三卷，山东教育出版社、湖北教育出版社2004年版，第392页。
⑤ （清）黄式权：《淞南梦影录》，上海古籍出版社1989年版，第118页。

籍》《上海十万卷楼发兑石印西法算学洋务书目》《上海纬文阁发兑石印时务算学新书目录》《上海鸿宝斋分局发兑各种石印书籍》《上海申昌书局发兑石印铅板各种书籍》等。而上海的江左书林在刊书时，不仅使用了石印技术，铜板、铅印等先进的印刷技术也得到了应用："本坊虽云创始，搜集经、史、子、集校雠有用各书，必以料重工精印行海内，并由同文书局、点石斋缩印石照，以及铜版、铅印等书，博采旁搜，精华略备。上自京畿沈辽，下逮闽广楚豫，通达无间。苟为宇内所有之书，咸力致以应官绅贵客所需用。古今书籍旧本亦搜罗甚富，价廉物美，定蒙博雅君子所赏鉴焉。"①足见，这些技术的使用，最终是为了满足读者购书的需求。

伴随先进技术而来的，是印刷机的使用。手摇轮转印刷机、欧式回转印刷机相继使用在印书馆中。王韬便对上海墨海印书馆的印刷设备深有感触："以铁制印书车床，长一丈数尺，广三尺许，旁置有齿重轮二，一旁以二人司理印事，用牛旋转，推送出入。悬大空轴二，以皮条为之经，用以递纸。每转一过，则两面皆印，甚简而速。"②对此，时人有诗曰："车翻墨海转轮圜，百种奇编宇内传。忙煞老牛浑未解，不耕禾陇种书田。"③足见印刷机械的使用大大提高了图书印刷的速度，增加了图书的数量，加速了图书的流通，影响程度极其深远。今所见《时中书局新书目次》一张，中称"发兑铜模、铜板、铅字、铅版、铅条、花边及印刷机器，代印中西书籍，各种报章、图书、钱票、仿单、楷片零件"④。则时中书局已经使用了印刷机器刊印书籍。

有些私营书局为了提高图书印刷数量和质量，还广泛吸纳了先进技术和优秀人才。如商务印书馆自1903年至1919年的人才引进及技术发展状况，笔者列表如下：⑤

---

① 《江左书林书目·序》，清光绪十二年（1886）刻本。
② （清）王韬：《瀛壖杂志》，上海古籍出版社1989年版，第119页。
③ （清）孙次公：《洋泾杂事诗》，《花近楼丛书》本。
④ 周振鹤：《晚清营业书目》，上海书店出版社2005年版，第563页。
⑤ 该表参考了张静庐《中国近代出版史料补编》之附录《商务印书馆大事纪要》。

表 5-1　　　　商务印书馆引进技术人才（1903—1909）

年份	引进的技术和人才
1903	进用日籍技师指导制造照相铜锌版
1904	进用日籍技师指导雕刻黄杨木版
1905	使用日籍彩印画石落石技师七人，雕刻铜版技师一人
	成立股份有限公司
1907	使用珂罗版印刷
1909	进用美籍技师改良铜锌版的做法，并试制三色铜版
1912	进用美籍技师指导用新法制电镀铜版的方法
	成立铁工制造部，制造印刷机器及理化测量等项仪器
1914	创制教育幻灯片
1915	购买美制彩印胶版印刷机，并请美国专家教授使用方法
1918	进用日籍技师指导马口铁印刷所
1919	创制华文打字机，活动教育影片
	创制仿古字铜模，注音符号和汉字结合铜模
	采用美制米利印刷机
	进用美籍技师指导彩印照相平板的做法

从表 5-1 中我们不难发现，商务印书馆对于近代先进印刷技术和人才的重视。而这些在技术引进与人才吸纳方面的投入为提高印书质量、抢占市场先机提供了必要条件。

三　市场、读者因素对编纂营业目录的影响

商业资本的注入，使 19 世纪末 20 世纪初的中国出版业最为突出的文化现象便是注重市场观念与关注读者的需求。这也使得营业目录的编纂体现了市场与读者之间的有机互动。

首先，向读者推销图书是营业目录的主要宗旨。营业书目不仅记载了销售的书籍，而且记载了店铺地点、售书类别、销售章程等内容。如《上海扫叶山房发兑石印书籍价目》称："本坊设立上洋英大马路抛球场南首及城内，赐顾者请至本坊，另备书目，以便购取，庶不致误。"[①] 又

---

① 周振鹤：《晚清营业书目》，上海书店出版社 2005 年版，第 387 页。

如《上海申昌书局发兑石印铅版各种书籍》载："本局向设三马路东首申报馆洋房，坐南朝北，门面发兑石印、铅板各种书籍、图画、碑帖，名目繁多，不及备载。倘蒙赐顾，价目格外克己，幸垂鉴焉。"① 还有些营业书目规定了购书章程。如《浙江省立图书馆附设印行所》规定："凡来所购书，书名纸色，务须注意，无论门售邮寄，一经售出，概不退换。购去之书，如有缺页，除原缺外，当可照补。"② 而湖北官书处则专门制定了寄送书目的办法："书籍寄费，按照邮局章程每包寄费一角五分，挂号另加六分。每包重库平五十三两六钱，约书十二至十五本不等，因书版本有大小也。"③ 对于经常出差在外的读者而言，书籍的小巧，且易于携带是他们考虑购买的重要因素。对此，《申报馆书目续集·序》称："二年以来，日积月累，又陆续印成六十余部，悉依袖珍之式，舟车所至，便于取携，且类多精雅绝伦者。"④

其次，依据市场动向与读者需求，出现了专门营销某一类的营业书目。如晚清时期西学已经成为一股学术潮流，"今欲强中国，存中学，则不得不讲西学"⑤。上海的飞鸿阁书局正是迎合了这一市场动向，专门经营西学书籍。其《上海飞鸿阁发兑西学各种石印书籍》曰："本庄向设棋盘街三茅阁桥北堍，坐东朝西，门面发兑石印、铅板各种书籍、图画、碑帖，名目繁多，不及备载。倘蒙赐顾，价目格外克己，幸垂鉴焉。"⑥ 西学当中，尤以算学为要，"洋人制造机器、火器等件，以及行船、行军，无一不自天文算学中来"⑦。该时期还出现了专门经营算学的书局，如《上海纬文阁发兑石印时务算学新书目录》云："本局开设上海三洋泾桥，发兑石印时务、洋务、格致、化学家藏、局刻各书，名目繁多，不及全

---

① 周振鹤：《晚清营业书目》，上海书店出版社2005年版，第480页。
② 周振鹤：《晚清营业书目·官书局书目汇编附录·官书局购书章程及通信处》，上海书店出版社2005年版，第171页。
③ 周振鹤：《晚清营业书目·官书局书目汇编附录·官书局购书章程及通信处》，上海书店出版社2005年版，第172页。
④ 周振鹤：《晚清营业书目》，上海书店出版社2005年版，第197页。
⑤ （清）张之洞：《劝学篇·循序》，上海书店出版社2002年版，第22页。
⑥ 周振鹤：《晚清营业书目》，上海书店出版社2005年版，第410页。
⑦ 中国史学会主编：《洋务运动（二）》，上海人民出版社1961年版，第22页。

载，赐顾格外克己。"①又如《上海十万卷楼发兑石印西法算学洋务书目》称："本庄开设上洋棋盘街口，发兑石印、铅版西法算学、洋务、时务、诗赋、时文、闲书、尺牍、书画、图帖、医卜星相家藏、局刻古今书籍，代售制造、格致西学各书，名目繁多，不及全载，士商赐顾者，请移玉趾，价目格外克己，远埠邮寄原局回件。"②石印技术在出版界的应用，使各类图画有了更鲜明的表现形式。上海同文书局就以推销书画、图帖为主，其《上海同文书局石印书画图帖》称："本局开设上海虹口，分设二马路横街、京都琉璃厂、四川成都府、重庆府、广东双门底，其余金陵、浙江、福建、江西、广西、湖南、湖北、云南、贵州、陕西、河南、山东、山西各省，均有分局发兑。"③

再次，"价目"是营业书目在内容结构方面最显著的特征。一般的公私藏书目录，在内容结构上主要由书名、作者、卷数或册数、版本组成，有些书目还撰有提要，或附作者之考证。营业书目并不是藏书家的藏书目录，以上诸多项目中，除了书名、作者、卷数，还增加了对书籍价格的著录。如《浙江官书局书目》经部在《御纂周易折中》一书下的著录为：

《御纂周易折中》拾本　赛连　　　　壹　　百
　　　　　　　　　　　连史　纸　每部　壹　千贰　百　文
　　　　　　　　　　　毛太　　　　　陆　　百

不同的纸张具有不同的价钱，就是为了满足不同阶层读者或读书或收藏的需求。另外，因书目所用纸质不同，价值涨落不定。因此，各书局、书坊常常对现有的售书依据市场的变化，根据纸张不同重新定价编目。由此，还产生了以重新核实书价为主的营业目录。如《江苏官书坊各种书核实价目》的书前自序称，由于近时纸价飞涨，有亏工本，故将连史纸书籍重新核定价目，"其余赛连、毛边、毛太所印书籍，悉照十九年减定之价"。再如，湖北官书局曾编有《湖北官书处书目》。光绪十二年，由

---

①　周振鹤：《晚清营业书目》，上海书店出版社2005年版，第428页。
②　周振鹤：《晚清营业书目》，上海书店出版社2005年版，第443页。
③　周振鹤：《晚清营业书目》，上海书店出版社2005年版，第401页。

于工料腾贵,故该书局经另加核实而编成《湖北官书处新编书目》,书前有宜都杨蔚光启一篇,称:"吾鄂官书处始自清代,用便邦人读书稽古,订价极广。近年工料腾贵,原价仍未更张,出入迥异。"① 可见,该书目是将原有书籍的价格重新核实编纂而成的新目。有些书店还会对长期购书的读者实施优惠的书价。如山东书局规定:"凡持有长期优待证者,一律按定价八折。如购书书价超过二百元者,即无优待证,亦照八折。满一千元者,折扣随时商定。"② 营业书目中的"价目",实际上是适应市场与读者双向需求的产物。

最后,营业书目的编纂体现了"读者至尚"的精神。在目录的形式上,营业书目主要以活页的形式刊印。如《上海扫叶山房发兑石印书籍价目》《上海同文书局石印书画图帖》《上海飞鸿阁发兑西学各种石印书籍》《上海纬文阁发兑石印时务算学新书目录》等,"这些书目多半以单张的传单形式存在,大到四开,小到八开,少数则为书册,如今天的征订书目一般,但形制却小得多"③。正是出于推销图书的需要,许多营业目录才摒弃了传统的书本式书目册目厚重、不易携带、不易流通的缺点,改用轻巧、灵活、方便的活页式目录。这既有利于推售图书,又有利于读者寻检。在书目的分类方面,常常以简便易寻、有利销售为分类取向。如《湖南官书报局图书汇目》在图书分类上依据该书局出版图书的实际将其分成"本局编译书目""本局搜访书目""本局发行教科书目""本局寄售书目"四类。读者依类查询,即可购求到自己所需之图书。《时中书局新书目次》分国文、修身、习字、历史、地理、图画、数学、手工、乐歌、体育、理科、商业、实业、计学、财政、兵事、天文、心理、教育、法政、警察、舆图、刑法、书翰、日文、西文、小说、杂志、游记、学校用表册、经史子集、医书。这些分类简明扼要,纲举目张。将传统四部分类中的二级、三级子目都提升至一级类目上,使销售的书籍一目了然,也能让读者迅速地按目检索其所需要的图书。

---

① (清)杨蔚光:《湖北官书处新编书目序》,民国十四年(1925)铅印本。
② 周振鹤:《晚清营业书目·官书局书目汇编附录·官书局购书章程及通信处》,上海书店出版社 2005 年版,第 171 页。
③ 周振鹤:《晚清营业书目》,上海书店出版社 2005 年版,第 3 页。

四　营业目录与清季士人的阅读文化

清代在光绪二十三年（1905）废除科举考试之前，士人的阅读文化中始终都受到科举考试的深刻影响。科举考试中，对"经义"考察是历科考试的重点。而清廷历代都有御撰钦定的经义书籍问世，这成为掌控士子学术思想的重要手段。同治初年，战乱刚刚平息，江苏学政鲍源深便奏曰："窃维士子读书，以穷经为本，经义以钦定为宗。臣伏读世祖章皇帝御注《孝经》，圣祖仁皇帝御纂《周易折中》《钦定〈书〉〈诗〉〈春秋〉三经传说汇纂》，世宗宪皇帝御纂《孝经集注》，高宗纯皇帝御纂《周易述易》《诗义折中》《春秋直解》《钦定三礼义疏》，皆阐发精微，权衡至当，足使穷经之士不淆于众说，得所指归。以上各书，请旨敕下各抚藩，先行敬谨重刊，颁发各学，并遵旧例，听书估印售，以广流传。庶使僻壤穷乡，皆知研求经学。"[1] 经学之外，又当以史学辅助于经义。但全史卷帙浩繁，既难于尽读，又不便刊印，故鲍源深又建议，"恭请敕令先将圣祖仁皇帝《御批通鉴纲目》，高宗纯皇帝《御批通鉴辑览》敬谨先刊，分发各学，士子读之，已可贯串古今，赅通全史。其余各书，再行陆续刊刻"[2]。这一主张得到清廷认可后，各地方书局开始将钦定经学及《御批通鉴》诸书刊印发行。浙江省于同治六年（1867）四月设立书局，"先刊《钦定七经》《御批通鉴》《御选古文渊鉴》等书，昭示圭臬。其余有关学问经济、为讲诵所必须者，随时访取善本，陆续发刊"[3]。今所见《湖北官书处书目》《浙江书局书目》《山东书局书目》经部、史部，中皆著录上述书籍，可见清代御撰经史诸书，是科举士人必须的阅读书目。

除御撰经史书籍外，同治七年二月，江苏巡抚丁日昌在筹办书局时，又指出，当时各地方基层官员"歧途杂出，流品亦至不齐"的状况，故

---

[1] （清）鲍源深：《请购刊经史疏》，载宋原放主编《中国出版史料·近代部分》第1卷，湖北教育出版社2004年版，第406页。

[2] （清）鲍源深：《请购刊经史疏》，载宋原放主编《中国出版史料·近代部分》第1卷，湖北教育出版社2004年版，第406页。

[3] （清）马新贻：《建复书院设局刊书以兴实学折》，载宋原放主编《中国出版史料·近代部分》第1卷，湖北教育出版社2004年版，第413页。

其建议,"现督饬局员,选择牧令凡有关于吏治之书,著为一编,刊刻一竣,即当颁发各属,俾资程式"①。今所见《江苏官书局书目》史部著录了《历代名儒名臣循吏合传》《牧令书五种》《牧令须知》《学仕遗规》《陆清献公治嘉格言》《陆清献公莅嘉遗迹》等书,《浙江书局书目》史部著录了《胡端敏公奏议》《两浙名贤录》《浙江忠义录》等书,《山东书局书目》集部收录了《曾文正公全集》《左文襄公全集》《胡文忠公全集》等书,均是有关吏治模范者。吏治之书,亦是清季具有官宦身份者的阅读倾向。

除了科举、仕宦,晚清营业书目中还著录了各类"小说",借此亦可了解清季士人在日常中的休闲阅读文化。清季随着资产阶级改良派对"古文体"的改革,形成了"务为平易畅达,时杂以俚语、韵语及外国语法"而更为通俗易懂的"新文体",促进了文学,尤其是"小说"在社会上的广泛流行。如《申报馆新印书籍总目》"古今纪丽类"中著录了《宫闺联名谱》《秦淮画舫录》《扬州画舫录》《十洲春语》《吴门画舫录》。"新奇说部类"著录了《异书四种》《遁窟谰言》《六合内外琐言》《庸闲斋笔记》《客窗闲话》《印雪轩随笔》《萤窗异草》《镜花水月》《夜雨秋灯录》《影谈》《潜庵漫笔》《语新》《虫鸣漫录》《志异续编》等。"章回小说类"则著录了《儒林外史》《红楼梦外》《西游补》《水浒后传》《快心编》《昕夕闲谈》《林兰香》等。②《上海飞鸿阁发兑西学各种石印书籍》中著录有历史小说,如《东周列国志》《三国演义》《东西汉》《二十四史通俗演义》《后三国》《南北宋》《隋唐演义》《后列国志》;侠义小说,如《七侠五义》《小五义》《续五义》《小八义》《侠义风月传》。③ 此外,绘图本小说也十分受士人的欢迎。《上海扫叶山房发兑石印书籍价目》中著录了《绘图儿女英雄传》《增广全图镜花缘》《长生殿曲谱》《绘图三国志演义》《诵荻斋曲谱》《绘图列国志》《详注聊斋图咏》《后聊斋志异》《牡丹亭曲谱》《圆明园图咏》《梦迹图》《历代名媛图》

---

① (清)陈弢:《同治中兴京外奏议约编》卷6,清光绪元年(1875)铅印本。
② 周振鹤:《晚清营业书目》,上海书店出版社2005年版,第178页。
③ 周振鹤:《晚清营业书目》,上海书店出版社2005年版,第422—423页。

《百孝图》《状元图考》《水浒图赞》，等等。①

除中文小说外，被译著的国外小说也十分受读者青睐。如《商务印书馆书目提要》一册，"名家小说"中著录了军事小说《十字军英雄记》（英司各得著）、《金风铁雨录》（英柯南达利著）；滑稽小说中有《拊掌录》（英欧文著）、《旅行述异》（英欧文著）；历史小说有《大食故宫余载》（英欧文著）、《玉楼花劫》（法大仲马著）、《恨绮愁罗记》（法大仲马著）、《法官秘史》（法大仲马著）；言情小说有《剑底鸳鸯》（英司各得著）、《漫郎摄实戈》（法雷华司德著）；伦理小说有《孝女耐儿传》（英迭更司著）；社会小说有《块肉余生述》（英迭更司著）、《贼史》（英迭更司著）、《电影楼台》（英柯南达利著）；侦探小说有《歇洛克奇案开场》（英柯南达利著）；义侠小说有《侠隐记》《续侠隐记》（法大仲马著），等等。② 这些外国小说的收录，对了解当时西学在中国社会内部的流行程度，具有重要的史料价值。正如周振鹤所言："历来的研究只重在统治阶级和知识阶层对西学的认知和体验，对于一般士人及大众于西学的态度并不了解。因此，对于西学在晚清的流行程度实际上有深入研究的必要。因为只有加上这一研究，才能了解当时社会思潮的全貌。"③

以往谈论晚清士人文化多是从官僚群体、精英知识分子的角度来研究的，而对于清季社会普通大众的文化取向和价值观念则少有涉及。其实，普通大众的文化趋向和价值观念也是清季文化演变的重要方面。晚清营业目录以营销书籍为主，其面对的主要是社会上的普通士人。因而，从这些目录收录图书的情况，即可为了解晚清时期中国的学术文化风尚提供新视角和新素材。

第四节 大众的知识网络：图书馆目录的新样态

晚清时期随着西学流播日广，中国传统文化的传承面临严峻挑战。在各省的学堂之中，"虽名为中西兼习，实则有西而无中"；且各省学堂之

---

① 周振鹤：《晚清营业书目》，上海书店出版社 2005 年版，第 398—399 页。
② 周振鹤：《晚清营业书目》，上海书店出版社 2005 年版，第 352—355 页。
③ 周振鹤：《晚清营业书目·代前言》，上海书店出版社 2005 年版。

中虽设中学，不过是具文而已，"其所聘中文教习，多属学究帖括之流，其所定中文功课，不过循例咿唔之事"。① 一些有识之士逐渐认识到，西学不能舍弃传统的中学，并以此为宗旨，特别注重对民众传统文化的启迪教育。图书馆便成为保存传统文化、启迪民智的文化工具。刘宝泰云："图书馆之设立也，将以保存国粹，增进文明，辅助教育之进行，浚沦人民之智识，固非徒为储书地也。"② 随着晚清图书馆运动的兴起，促成了图书馆目录的诞生。晚清图书馆目录依据其发展的不同阶段产生了各具特色的书目类型。19世纪末期，我国图书馆主要的表现形式是一些具有开放色彩的私人藏书楼。

一　公共藏书观念与开放式藏书楼的兴起

中国古代官方均不乏藏书机构，如宋代有昭文、史馆、集贤、秘阁等藏书之所，明代的文渊阁藏书编号分厨储之，约7000部。这些官方藏书机构虽然藏书甚富，然而"吏民检阅，事干例禁。加以隐秘之书，伏匿不出，而山林枯槁之作，专门名家之藏，亦非一时征求所能集。况复中秘之藏，世鲜传本，而易姓改命之际，兵锋所及，文献摧残"③。这些官方藏书楼的利用价值并不高，对普通士人而言，在"中秘"中读书，依然是望尘莫及的奢求。清代自乾隆时期，钦定纂修《四库全书》，搜罗古今书籍3000余种近8000卷，建有文津、文溯、文渊、文源四阁以藏其书。嗣后，乾隆帝又在江浙地区建立文宗、文汇、文澜三阁，以供江南士人阅读。但实际效果并不理想。郑观应便云："作人养士之心，至为优厚，而所在官吏，奉行不善，宫墙美富，深秘藏庋，寒士末由窥见。"④ 清末学者陈洙亦云："夫内府图籍虽至今尚存，然非入承明读中秘者不能观。"⑤

---

① 《总理衙门筹议京师大学堂章程》，载汤志钧等编《中国近代教育史资料汇编·戊戌变法时期教育》，上海教育出版社1993年版，第127页。

② 刘宝泰：《山东图书馆书目·序》，宣统三年（1911）石印本。

③ 刘光汉：《论中国宜建藏书楼》，载李希泌、张椒华主编《中国古代藏书与近代图书馆史料》，中华书局1982年版，第119页。

④ （清）郑观应：《藏书》，载李希泌、张椒华主编《中国古代藏书与近代图书馆史料》，中华书局1982年版，第85页。

⑤ 陈洙：《上海格致书院藏书楼书目·序》，清光绪三十三年（1907）铅印本。

第五章　社会文化变革中目录学的新气象　/　269

　　除官方藏书外，在中国古代社会还有诸多私家藏书者。然而，在多数藏书家的思想中，都存在一种"秘不示人"的藏书观念。他们祈求对图书"子子孙孙，世代永保"，是一个较为普遍的藏书文化现象。尤其是在宋代以后，许多藏书家开始为自己的藏书制定了繁杂的"禁约"，以保全其藏书世代永传，不会散佚。甚至，还通过立家训、族训的方式告诫子孙不要变卖图书，更不要将图书借与外人。古代藏书之家虽多，但将其作为"古董"玩味者亦不在少数。时人叹云："世之藏书者，廛侈百宋，架矜千元。严一字之异同，走千里之声气。牙签锦轴，借不出户。钟鼎彝尊，等于玩好。"① 再加之道、咸以降，战乱频仍，"版籍多毁于火，书价大昂，藏书家秘不示人，而寒儒又苦无书可读"②。郑观应便称："我朝稽古右文，尊贤礼士，车书一统，文轨大同，海内藏书之家，指不胜屈。然子孙未必能读，戚友无由借观。或鼠啮蠹蚀，厄于水火，则私而不公也。"③ 可见这种重"藏"的藏书文化在古代较为流行。

　　虽然古代藏书家对其藏书多不示外人，但也有些个别藏书家对其藏书进行了有条件的对外开放。④ 目录学者杨希闵曾撰有导读目录《读书举要》，其云："曩蓄一志，凡大部书及各家专集与稍泛滥之书，公存一分，或祠堂，或别业，以应渊雅好学之士，以时稽考。日用常习之书，宜各置一分，不能共也。常习熟有大部者，如《五礼通考》《方舆纪要》之类，亦不妨公共。"⑤ 清代藏书家中如孙星衍的《孙氏祠堂书目》也专对其族人开放。嘉庆年间，阮元在杭州灵隐寺及镇江的焦山均建有对外的藏书楼，"然地匪通都，艰于跋涉，阅书之士，履迹罕临"⑥。时人不禁感叹道："呜呼！学术者，天下之公器也。今以书自私，上行下效，寒畯之

---

① 胡凤丹：《嘉惠堂藏书目序》，载李希泌、张椒华主编《中国古代藏书与近代图书馆史料》，中华书局1982年版，第64页。
② （清）国英：《共读楼书目序》，清光绪六年（1880）吉林索绰络氏家刻本。
③ （清）郑观应：《藏书》，载李希泌、张椒华主编《中国古代藏书与近代图书馆史料》，中华书局1982年版，第85页。
④ 参见周少川《藏书与文化：古代私家藏书文化研究》，北京师范大学出版社1999年版，第280—286页。
⑤ （清）杨希闵：《读书举要·后跋》，清光绪八年（1882）刻本。
⑥ 刘光汉：《论中国宜建藏书楼》，载李希泌、张椒华主编《中国古代藏书与近代图书馆史料》，中华书局1982年版，第120页。

家，虽欲检阅而无由。当其盛时，亦欲以留意篇籍，博嗜古之名，传之来叶，以示子孙。曾几何时，而文籍湮轶，一至此极。非独自亡其书也，且使皇古相传之故籍，由己而亡。"①

　　随着晚清社会的转型，藏书文化也悄然发生了变化，开始由传统的重"藏"转向重"用"。曾开办古越藏书楼的徐树兰便曰："籀我国之图籍，列州郡盖亦二百五十有奇矣。使各得一二贤杰，举私家所藏书公诸其乡，犹是民也，何必不泰西若？"②藏书家缪荃孙也认为，若藏书"不公诸同好，广为传布，则虽宝如球璧，什袭而藏，于是书何裨？"③光绪年间的学者赵烈文亦曰："当是时，士夫好重风义，不以财贿视典籍，家有善本，喜示人，或披论终日不倦，无倾身障簏意。"④藏书对外开放几乎成为多数有识之士的共识，这其中的一个重要因素便是甲午战败后，国人开始寻求自立自强，许多社会精英都将清廷的落后归咎于民之不学。康有为论曰："吾中国地合欧洲，民众倍之，可谓庞大魁巨矣，而吞割于日本。盖散而不群，愚而不学之过也。"⑤热衷于在地方兴学的徐树兰也认为："窃维国势之强弱，系人才之盛衰；人才之盛衰，视学识之博陋。涉猎多则见理明，器识宏则处事审。是以环球各邦国势盛衰之故，每以识字人数多寡为衡。"⑥而欲广民智，扩藏书则是重要的一个途径："夫开通士智之道，良亦多端，而惟购置藏书一事，其效远，其事约。"⑦清末学者陈洙亦云："然则居今日而欲裨益学术，光我文治，抗衡欧美，度非地方公建之藏书楼不为功矣。"⑧在这样的社会舆论影响下，建立公共的藏书楼就

---

① 刘光汉：《论中国宜建藏书楼》，载李希泌、张椒华主编《中国古代藏书与近代图书馆史料》，中华书局1982年版，第120页。

② （清）张謇：《古越藏书楼记·序》，载李希泌、张椒华主编《中国古代藏书与近代图书馆史料》，中华书局1982年版，第111页。

③ 缪荃孙：《艺风堂藏书续记·序》，清光绪二十六年（1900）刻本。

④ （清）赵烈文：《国朝著述未刊书目·叙》，清光绪十三年（1887）苏州书局刻本。

⑤ 康有为：《上海强学会后序》，载李希泌、张椒华主编《中国古代藏书与近代图书馆史料》，中华书局1982年版，第90页。

⑥ （清）徐树兰：《为捐建绍郡古越藏书楼恳请奏咨》，载李希泌、张椒华主编《中国古代藏书与近代图书馆史料》，中华书局1982年版，第112页。

⑦ 《皖省绅士开办藏书楼上王中丞公呈》，载李希泌、张椒华主编《中国古代藏书与近代图书馆史料》，中华书局1982年版，第107页。

⑧ 陈洙：《上海格致书院藏书楼书目·序》，清光绪三十三年（1907）铅印本。

成为势所必然:"自京师及十八省会,咸设大书楼,调殿板及官书局所刻书籍,暨同文馆、制造局所译西书,按部分送各省以实之。其或有切用之书,为民间刻本官局所无者,开列清单,访书价值,徐行购补。其西学书陆续译出者,译局随时咨送。妥定章程,许人入楼观书,由地方公择好学解事之人经理其事。如此则向之无书可读者,皆得以自勉于学,无为弃才矣。"① 由此,一些具有开放色彩的私人藏书楼应运而生。

首开其端者,是国英创办的共读楼。国英(1823—1884),字鼎臣,蒙古镶白旗人。早年丧父,家道中衰,无力购书,仅略习满汉字,以应公牍。喜藏书,入仕后,"屡蒙恩擢,廉俸所余,独以购书"。光绪二年(1876),于家塾旁建楼五楹,名曰"共读楼"。编有《共读楼书目》十卷,除丛书、道藏外,收书三千余种。在图书分类上,依《四库总目》例,分经、史、子、集四部,每部之中"以书无多,未与详分子目"②。四部之外,又设法帖一目,"今本楼实存各帖未便混列,故另编开"。又将《永乐大典》《古今图书集成》《四库全书》之目录附列于书后,以备考核。在著录方面,每书下仅列书名、卷数、作者,将满洲书列于卷首"以表尊崇"③。凡御纂之书"于每部各类之上示有区别"④。该藏书楼之所以命名为"共读",据其自云:"所以不自秘者,诚念子孙未必能读,即使能读,亦何妨与人共读。成己成人,无二道也。"⑤ 该目不仅是对其藏书的整理,更赋有济民安邦之大义:"愿嗜古者暇则往观,果各就夫性之所近,谙练其才,扩充其识,将可以济时局,挽颓俗,储经邦济世、安民正俗之学,为异日报国资是,则余之厚幸而切望也夫。"⑥

再者,光绪二十七年(1901),何熙年在安庆还筹建了皖省藏书楼。安徽省位于内陆,经济不甚发达,士民风气未开:"缘皖省地瘠民贫,生计窘乏,而士林尤甚。踯躅屡旬而不能购一书,拮据终岁而不能阅一报。

---

① (清)李端棻:《请推广学校折》,载李希泌、张椒华主编《中国古代藏书与近代图书馆史料》,中华书局1982年版,第97—98页。
② (清)国英:《共读楼书目·凡例》,清光绪六年(1880)吉林索绰络氏家刻本。
③ (清)国英:《共读楼书目·凡例》,清光绪六年(1880)吉林索绰络氏家刻本。
④ (清)国英:《共读楼书目·凡例》,清光绪六年(1880)吉林索绰络氏家刻本。
⑤ (清)国英:《共读楼书目·自序》,清光绪六年(1880)吉林索绰络氏家刻本。
⑥ (清)国英:《共读楼书目·自序》,清光绪六年(1880)吉林索绰络氏家刻本。

图书仪器,益复无望。故虽英才髦士,欲以博通古今,精研中外,心长力绌,其道无由。……当此大局阽危之际,思效末途补救之谋。用是约集同志,创办书楼,多储经史,以培根本,广置图籍,以拓心胸,旁及各报,以广见闻。"①足见皖省藏书楼的建立肩负了传承文化的时代意义。该楼的藏书以"经世"为主旨,"本楼购置图籍,凡属有益经世之学,无论古今中外,均须随时增购,以供众览,庶备讲求实学、转移风气之用"②。尤其注重"时务"性,故在所订购书籍中,报刊是重要一类,"本楼图籍之外,旁及各报。无论旬报、日报,但非浅鄙狂妄之说,均当全年订阅,免蹈知古昧今之弊"③。此外,传统的理学、经学,乃至词章之学,亦在其求购书籍之列。但乾嘉以降学术界中以训诂文字为主要治学特征的朴学考据类书籍,以及戏剧杂谈、书画古董之类,因其过于琐碎,"概不掺入"④。这些书籍普通士人均可观览诵读:"本楼虽设皖城,而同人创办之意,本以公益为主,但使有志学问之士,无论何省籍贯,均许来楼阅钞,以化畛域,惟不得违越本楼定章。"⑤可见,皖省藏书楼带有鲜明的公益性质,尤其是在对待读者方面,不带任何籍贯限制,体现了该时期"公共藏书"的时代特征,促进了普通大众的书籍阅读与知识接受。

清代浙江省有"人文渊薮"之称,乾隆年间编修《四库全书》,特赐一套藏于杭州文澜阁中,以供士人阅览。然而,道咸以降,浙江战乱不断,"比经兵乱,典籍残阙,私家藏弆,都付劫灰。赐书重地,岿然独存,而秘笈严扃,莘莘学子,亦无复弦诵其中者"⑥。泱泱文脉大省,士子却苦于无书可读,令人惋惜。光绪二十八年(1902),张亨嘉任浙江学

---

① 《皖省绅士开办藏书楼上王中丞公呈》,载李希泌、张椒华主编《中国古代藏书与近代图书馆史料》,中华书局1982年版,第107页。
② 《皖省藏书楼开办大略章程》,载李希泌、张椒华主编《中国古代藏书与近代图书馆史料》,中华书局1982年版,第108页。
③ 《皖省藏书楼开办大略章程》,载李希泌、张椒华主编《中国古代藏书与近代图书馆史料》,中华书局1982年版,第108页。
④ 《皖省藏书楼开办大略章程》,载李希泌、张椒华主编《中国古代藏书与近代图书馆史料》,中华书局1982年版,第108页。
⑤ 《皖省藏书楼开办大略章程》,载李希泌、张椒华主编《中国古代藏书与近代图书馆史料》,中华书局1982年版,第108页。
⑥ 《浙江藏书楼碑记》,载李希泌、张椒华主编《中国古代藏书与近代图书馆史料》,中华书局1982年版,第109页。

政，有感于此，毅然将杭州城东旧有的杭州藏书楼扩充其制，改建成为浙江藏书楼，"广置图籍仪器，俾官绅士之愿学者，均得恣其渔猎，以冀读书者众，而豪杰之士出于其中，稍阐文渊阁藏书之意，非仅规抚西法已也"①。尤其值得称道的是，该书楼对当时盛行的"西学"作了反思："人臣侈谈西法，顾于本朝掌故昧焉弗详，非所谓大耻也耶！抑文澜阁之书，仰蒙圣人睿鉴，故收藏富而别择精。今中外迻译之籍何可胜数，一有不慎，则似是而非，足以移视听而溺人心，转为政治生民之害，是在持风化者加之意也。"② 在开放的藏书楼中寄寓传统文化的传承，具有非同寻常的社会意义。此外，浙江的地方士绅中，也有兴办开放藏书楼者，如绍兴的徐树兰。徐树兰曾于光绪二十三年（1887）在绍兴开办中西学堂，因学额有限，每学或数十人，最多不过百人，受众难以广及。对于许多寒畯之士，"购书既苦于无资，入学又格于定例，趋向虽殷，讲求无策。坐是孤陋寡闻、无所成就者，不知凡几。"再加之清末科举考试改革，重视策论，则士子"讲求实学，每苦无书"。③ 于是，徐氏捐银，于光绪三十年（1904）在绍兴城西购建古越藏书楼，"参酌东西各国规制，拟议章程，以家藏经史大部及一切有用之书，悉数捐入，延聘通人，分门排比，所有近来译本新书以及图书标本，雅驯报章，亦复购备"④。该书楼藏书七万余卷，"以备合郡人士之观摩，以为府县学堂之辅翼"⑤。至该书楼读书者，须遵守"阅书规程"。读者在阅书中有须摘抄者，"尽可随意钞写"；有欲影摹书中图画者，须将纸张交与管理员验看，"因恐用纸太劣，则墨易透纸，或将原图污损故也"。⑥

---

① 《浙江藏书楼碑记》，载李希泌、张椒华主编《中国古代藏书与近代图书馆史料》，中华书局1982年版，第110页。

② 《浙江藏书楼碑记》，载李希泌、张椒华主编《中国古代藏书与近代图书馆史料》，中华书局1982年版，第110页。

③ （清）徐树兰：《为捐建绍郡古越藏书楼恳请奏咨》，载李希泌、张椒华主编《中国古代藏书与近代图书馆史料》，中华书局1982年版，第112页。

④ （清）徐树兰：《为捐建绍郡古越藏书楼恳请奏咨》，载李希泌、张椒华主编《中国古代藏书与近代图书馆史料》，中华书局1982年版，第113页。

⑤ （清）徐树兰：《为捐建绍郡古越藏书楼恳请奏咨》，载李希泌、张椒华主编《中国古代藏书与近代图书馆史料》，中华书局1982年版，第113页。

⑥ （清）徐树兰：《古越藏书楼阅书规程》，载李希泌、张椒华主编《中国古代藏书与近代图书馆史料》，中华书局1982年版，第117页。

除适应时代而新建的开放式藏书楼外,该时期有些传统藏书楼也形成了对读者开放的新风气,如江苏常熟瞿氏的铁琴铜剑楼便是一例。瞿氏的藏书兴起于瞿绍基、瞿镛父子时代,其积书十余万卷,且多为宋元善本,并建有铁琴铜剑楼,以为藏书之所。据伦明《辛亥以来藏书纪事诗》所载,铁琴铜剑楼的藏书最初是免费供士庶开放的,但往往有不肖者乘机偷书,再加之典守书楼的管理者疏忽懈怠,以致藏书渐少,"于是,扃其楼钥,而览书者遂绝足矣"①。瞿氏吸取了对外开放藏书的经验教训,在加强了对图书阅览规章的制定后,又重新对读者开放。瞿氏藏书的第四代传人瞿启甲回忆其父曰:"先父素抱书贵流通,能化身千百,得以家弦户诵,善莫大也。"②瞿启甲也深受其父熏陶,"惕然悟牛宏五厄之说,深以藏家缄闭为愚,因出秘籍供人刻印,世得尽读未见之书,士林贤之"③。其邑人宗舜年便曾造访该楼,回忆道:"登其堂,花竹窈然,子弟肃然,臧获粥粥然。请观所藏,则抱书而入者,即其垂髫之子。其于甲乙之部居,宋元钞校之流别,执簿呼名,应声而赴。"④对于有阅读需求的读者,瞿氏还另辟有专门的阅读室:"至嗜书之人,有欲得观珍秘者,瞿氏亦许入楼参阅,但不许假出,而于阅书之人,瞿氏辟有专室,供人饱览。"⑤这有利于图书的流通,使之不至于束之高阁。值得一提的是,瞿氏不仅供人读书,还以膳待客。其同乡平襟亚在《书城猎奇》中曰:瞿氏藏书"每值春秋佳日,任人观览。当三十年前,予就读邑中师校,过休沐日恒结伴往观,主人循例出五烩一汤饷客,予因此得睹宋元明诸善本。"⑥正是抱有对图书的开明态度,后来商务印书馆所编的《四部丛刊》《续古逸丛书》中的宋元善本多借自瞿氏,瞿氏从无吝啬。对此,元和柳商贤在论及瞿氏藏书之开明时云:"斯固有幸有不幸,而不独在乎典守者之谨也。夫束书不观与无书等,瞿氏谨守同乎范氏,而不效其例之苛,择人以

---

① 伦明:《辛亥以来藏书纪事诗》,上海古籍出版社1990年版,第6页。
② 仲伟行等编:《铁琴铜剑楼研究文献集》,上海古籍出版社1997年版,第28页。
③ 仲伟行等编:《铁琴铜剑楼研究文献集》,上海古籍出版社1997年版,第26页。
④ 仲伟行等编:《铁琴铜剑楼研究文献集》,上海古籍出版社1997年版,第111页。
⑤ 觉述:《谈瞿氏之藏书》,《中国新书月报》第1辑第4期。
⑥ 参见恽茹辛《书林掌故续编》,(香港)中山图书公司1974年版,第99页。

示之，可谓贤矣。"① 这也正是瞿氏藏书的大义所在。

二 各地的图书馆文化运动与图书馆目录的产生

从19世纪40年代开始，一些有识之士便开始注意到了西方的图书馆。郑观应便云："泰西各国均有藏书院、博物馆，而英国之书籍尤多，自汉至唐以来，无书不备……独是中国，幅员广大，人民众多，而藏书仅此数处，何以遍惠士林？宜饬各直省督抚，于各厅、州、县分设书院，购中外有用之书，藏贮其中，派员专管。无论寒儒博士，领凭入院，即可遍读群书。"② 这一时期在中国出现的图书馆主要是一些教会兴办的教会图书馆和藏书楼。如1844年在上海建立的"徐家汇天主堂藏书楼"，该藏书楼收藏的中、外文图书共计近20万册。此外，还有1849年成立的"工部局公众图书馆""亚洲文会北中国支会图书馆"等。上海圣约翰大学、南京金陵大学、北京燕京大学也纷纷建立了学校图书馆。

进入19世纪60年代，一些先进的知识分子走出了国门，对国外的图书馆进行了考察。如张德彝在英国参观了不列颠博物院的藏书处："先看藏书处：室室相连，重阁叠架，自颠至址，节节皮书，锦帙牙签，各有鳞次。所藏五大州舆地历代书籍，共七万，数千卷，隔架按国分列。其司华书者为德格乐。前一大堂，中横案凳，四面环以铁阑，男女观书者二百余人，晨入暮归。书任检阅，但不令携去耳。"③ 王韬亦云，不列颠博物院典藏院内的图书十分丰富，"都中人士，无论贫富，入而披览诵读者，日有数百人"④。戴鸿慈曾参观柏林大学藏书楼："此书楼地方颇多，而规模古朴。其藏书传递之法，亦皆旧式。……藏书凡一百二十万部，阅书室坐可容百二十人。"⑤ 他还注意到了西方图书馆对图书典藏与管理的制度、

---

① 仲伟行等编：《铁琴铜剑楼研究文献集》，上海古籍出版社1997年版，第111页。
② （清）郑观应：《藏书》，载李希泌、张椒华主编《中国古代藏书与近代图书馆史料》，中华书局1982年版，第86页。
③ （清）张德彝：《随使英俄记》，载钟叔河《走向世界丛书》，岳麓书社1986年版，第360页。
④ （清）王韬：《漫游随录》，载钟叔河《走向世界丛书》，岳麓书社1985年版，第84页。
⑤ （清）戴鸿慈：《出使九国日记》，载钟叔河《走向世界丛书》，岳麓书社1986年版，第395页。

经验。在典藏方法方面,柏林大学藏书楼将其藏书分类藏之:"室中四壁作凭楼式,列书三层,其常用之书举置此,罕用者则别室庋之。"①书籍的收藏都甚便查阅,"其书籍之面,皆由本楼重新订装,故皆有门类、号数,细目注明,一望了然,检查甚便"。②在书籍的管理与借阅方面,"司理检查传递者,五十许人。阅者均取票一,自注姓名及著述人姓名、所生地、著述年月于其上,乃投筒中,即可按书检出。定例,取出之书可至三星期,逾时仍不还,则令巡警索还之"③。国人的这些出国考察活动为兴建中国自己的图书馆提供了宝贵的借鉴经验。1861 年,清廷筹办的同文馆书阁便首开公家藏书借阅之风:"同文馆书阁存储汉洋书籍,用资查考,并有学生应用各种功课之书,以备随时分给各馆用资查考之书。汉文经籍等书三百本,洋文一千七百本,各种功课之书,汉文算学等书一千本。除课读之书随时分给各馆外,其余任听教习、学生等借阅注册存记,以免遗失。"④

20 世纪初,中国的图书馆运动渐渐形成高潮。光绪三十年(1904),湖南巡抚赵尔巽令绅士魏端文在长沙定王台创建了湖南图书馆兼教育博物馆,"由各绅捐置图籍,款项无多,规模尚隘"⑤。光绪二十七年(1901),清廷发布"新政",要求在全国各地兴办新式学堂。湖南省也开始举办新式学堂,但是各学堂教员教学的参考书尚未购置齐备,教员无处查考,故需要建立图书馆以解燃眉之需。湖南巡抚庞鸿便言:"湘省各属学堂,虽已次第建设,然科学未备,教员所编讲义,又皆各以意取,亟应详加校订,参酌通行教科书及东西洋已译未译各科学善本,荟萃成帙,颁行通用,以收一道同风之效。其各省新编新译,与夫从前官私著述,苟可裨益

---

① (清)戴鸿慈:《出使九国日记》,载钟叔河《走向世界丛书》,岳麓书社 1986 年版,第 394 页。

② (清)戴鸿慈:《出使九国日记》,载钟叔河《走向世界丛书》,岳麓书社 1986 年版,第 394 页。

③ (清)戴鸿慈:《出使九国日记》,载钟叔河《走向世界丛书》,岳麓书社 1986 年版,第 394 页。

④ 《同文馆书阁藏书》,载李希泌、张椒华主编《中国古代藏书与近代图书馆史料》,中华书局 1982 年版,第 85 页。

⑤ 《湘抚庞鸿书奏建设图书馆折》,载李希泌、张椒华主编《中国古代藏书与近代图书馆史料》,中华书局 1982 年版,第 152 页。

教育，皆宜旁搜博引，以备调查编辑之须。建设图书馆，万不可缓。"①故光绪三十二年（1906），在原长沙定王台建立的湖南图书馆兼教育博物馆的基础上，重新改建而成湖南图书馆，并制定有《湖南图书馆暂定章程》，规定了图书馆的名称、设置、宗旨、职员、捐助章程、阅览章程等诸多事项。与此同时，黑龙江、江苏、直隶、奉天四省也相继开始筹建各自的图书馆。

光绪三十二年（1906）七月，清廷宣布"预备立宪"。而立宪的前提是国民接受普及教育："盖立宪政体，期于上下一心，必普通教育实能普及，然后国民之知识道德日进，国民程度因之日高。庶几地方自治、选举议员各事，乃能推行尽利，而庶政公诸舆论，始无虑别滋弊端。"② 由此，图书馆便成为普及国民教育、增进国民知识的重要载体。在学部的筹划中，拟在预备立宪的第三年，即宣统二年（1910）"行各省一律开办图书馆"。③ 宣统二年的《图书馆通行章程》中也规定："京师及各直省省治，应先设图书馆一所。各府、厅、州、县治，应各依筹备年限，以次设立。"④ 由此，河南、吉林、直隶、陕西、云南、山东、广西、福建等省的图书馆纷纷兴建。据统计，截至1916年，全国各省市共建有图书馆260余所。⑤ 这些图书馆拥有大量的藏书，它们也都各自编有藏书目录，于是形成了晚清目录学上的一种新的书目类型——图书馆目录。

据笔者所见，清末民初时期共产生的图书馆目录主要有《京师图书馆书目》《京师图书馆善本简明书目》《江南图书馆书目》《江南图书馆善本书目》《江苏第一图书馆覆校善本书目》《浙江图书馆书目》《云南图书馆书目初编》《福建公立第一图书馆书目初编》《广东省立图书馆图书目录》《广西图书馆书目分类简明表》《山东图书馆书目》《山东图书

---

① 《湘抚庞鸿书奏建设图书馆折》，载李希泌、张椒华主编《中国古代藏书与近代图书馆史料》，中华书局1982年版，第151—152页。

② 《学部奏分年筹备事宜折》，载李希泌、张椒华主编《中国古代藏书与近代图书馆史料》，中华书局1982年版，第125页。

③ 《学部分年筹办事宜单》，载李希泌、张椒华主编《中国古代藏书与近代图书馆史料》，中华书局1982年版，第128页。

④ 《京师图书馆及各省图书馆通行章程折》，载李希泌、张椒华主编《中国古代藏书与近代图书馆史料》，中华书局1982年版，第129页。

⑤ 参见霍学雷、胡石《我国近代图书馆的兴起与演变》，《现代交际》2021年第20期。

馆辛亥年藏书目录》《河南图书馆书目》《天津图书馆书目》《陕西图书馆书目》《黑龙江图书馆书目》《京师图书分馆藏书目录》《无锡县图书馆第一次、第二次目录》《常熟县图书馆藏书目录》等。此外，一些政府机关的附属图书馆也编有目录。如《清学部图书馆善本书目》《教育部图书馆目录》《外交部藏书目录》《驻日本使署藏书书目表》，等等。

三 从读者出发：图书馆目录的编纂特点

宣统二年（1910）制定的《京师图书馆及各省图书馆通行章程折》中明确了图书馆的职能："图书馆之设，所以保存国粹，造就通才，以备硕学专家研究学艺，学生士人检阅考证之用。以广征博采，供人浏览为宗旨。"[①] 图书馆目录作为图书馆的附带产物，不单单以文献的整理、考辨为职责，还形成了以服务读者阅读需求为宗旨的编纂特色。

（一）突破了书本式目录的编纂形式

所谓目录的编纂形式是指记载书目所依据的载体形态和样式，也就是"文献款目记录在什么材料上，这些材料又具有什么样的形状"[②]。我国最早的真正意义上的目录是汉成帝河平三年（前26年）刘向编纂的《别录》，其目录形式是简策。后来纸的发明和应用促使了书册的形成，进而使得书本式目录应运而生，并成为近代以前主要的目录编纂形式。随着近代出版业的迅速发展，图书数量大幅增加，传统书本式目录难于迅速地反映最新的图书出版信息。另外，书本式目录体积过大，不易携带和检阅。尤其对图书馆而言，读者在查阅书本式目录时，需要排队等候，给读者造成了极大不便。这些因素都使得书本式目录的时效性大打折扣。因此，一些适应新发展需要的目录编纂形式便初见端倪。随着西方目录学思想的传入，除原有书本式目录的编纂形式之外，还出现了卡片式、表格式等新的目录编纂形式。

1. 卡片式目录

卡片式目录的前身是英国人该斯纳（Konrod Gesner）在16世纪所发

[①] 《京师图书馆及各省图书馆通行章程折》，载李希泌、张椒华主编《中国古代藏书与近代图书馆史料》，中华书局1982年版，第129页。

[②] 丁宏宣：《目录形式的产生和演变》，《现代情报》1993年第4期。

明的活页式目录。① 后来经过对活页式目录的改造而形成了卡片式目录，它最初流行于18世纪的法国，但并没有延及其他欧洲各国。19世纪，卡片式目录流传至美国，并得到长足的发展。起初美国的卡片式目录是专门为图书馆馆长设计的："此纸片宽一又二分之一寸，长六又二分之一寸。至一八四七年又改为宽二寸，长九又二分之一寸了……他们记录著者、书名、分类、装订、收到日期、赠者姓名、住址以及价格等资料。"② 而为读者设计的卡片目录是在哈佛大学开始使用的："每卡上注明主题（标题）、著者全名书名、出版项、稽核项以及分类。此一目录不但在形式上重要，而且对读者之便利也是重要的。"③ 这些卡片式目录被装入柜子的抽屉中，供读者查阅检索。19世纪末20世纪初，卡片目录为许多国外图书馆所青睐，1901年美国国会图书馆正式使用印刷的卡片目录，"这一措施是对书本式目录的致命一击"④。

卡片目录是适应图书馆编目的需要而产生、发展起来的。它可以随时增加、删减款目，发现编目错误并及时修改，及时地揭示出图书馆的馆藏书籍。同时其检索文献的方法和途径也较为科学简易，为读者提供了检索的方便。故当西方的卡片式目录传入我国后，便引起了我国图书编目形式的变革。

19世纪末20世纪初，我国一些图书馆首先引入并采用了这种卡片式目录。如京师通俗图书馆于民国六年（1917）开始筹备纸质卡片目录，据民国六年度该馆工作概况云："本馆大阅览室书目，检阅殊多不便，因重为编订，改用纸片目录。惟清理之际，必须检查原书，不能以旧有书目为据。"⑤ 至民国七年（1918），该馆的卡片目录已经制作完毕："本馆向用油印书目，本年改办纸片目录。凡撰著人名、分类号目、函数、册数，均载于纸片。"⑥ 再如中央公园图书馆阅览所民国七年度年终工作报告记

---

① 参见张树三《图书目录概论》，（台北）台湾中华书局1980年版，第46页。
② 张树三：《图书目录概论》，（台北）台湾中华书局1980年版，第47页。
③ 张树三：《图书目录概论》，（台北）台湾中华书局1980年版，第47页。
④ 陈光祚：《漫话卡片目录》，《河南图书馆季刊》1982年第1期。
⑤ 李希泌、张椒华主编：《中国古代藏书与近代图书馆史料》，中华书局1982年版，第269页。
⑥ 李希泌、张椒华主编：《中国古代藏书与近代图书馆史料》，中华书局1982年版，第270页。

载:"本所图书目录,当开办时,仅编纸片目录及儿童书目两种。纸片目录,系用纸片一张,详著每种书名、撰人、版本、册数,俾阅者一目了然。"① 涵芬楼借阅图书规则也说:"以后续置图书,未及编入目录者,由管理员随时通告,并造片目,依类纳入柜中,以备检查。检阅片目,宜按照次序归还原位,切勿随手插放,致有紊乱。"② 可见,这些图书馆在编目过程中都使用了卡片目录。

除纸制形式的卡片目录外,有个别的图书馆还有拟制铁制卡片目录的打算。中央公园图书馆阅览所民国八年度年终工作报告便言:"爰拟另制铁片书目一种。此种书目,系用铅铁制成,宽三寸,高二寸,注明书名、撰人、版本、册数等项,于下方凿眼,置木匣中,贯以铁条。依此法制置,则书目遇有更动,撤除增加,均形便利。"③ 这种铁制的卡片目录可以保存得长久,但制作成本较高,所以一般图书馆在编制目录的时候还是首选纸制卡片目录。

卡片目录最大的优点在于方便检索。如图书馆目录中遇到有需要互著的图书,"分注于纸片中,书不加多,收用更广"④。另外,对于大部类册数繁多的图书,读者若欲抽阅其中所需的册数,一则阅者不便取携,二则管理员也不便收发,而运用卡片目录后,"设分析之方,就书中节目分列号数,但以所分之部,附注于总名后,纸片虽增号目,原书未改旧称,其分析仍无碍于全部也"⑤。卡片目录还改进了传统目录学的互著、别裁之法。

2. 表格式目录

与卡片式目录相映成趣的是,清末民初图书馆目录的编纂形态还出现

---

① 李希泌、张椒华主编:《中国古代藏书与近代图书馆史料》,中华书局1982年版,第274页。

② 李希泌、张椒华主编:《中国古代藏书与近代图书馆史料》,中华书局1982年版,第381页。

③ 李希泌、张椒华主编:《中国古代藏书与近代图书馆史料》,中华书局1982年版,第278页。

④ 李希泌、张椒华主编:《中国古代藏书与近代图书馆史料》,中华书局1982年版,第270页。

⑤ 李希泌、张椒华主编:《中国古代藏书与近代图书馆史料》,中华书局1982年版,第270页。

了一种表格式目录。《湖南图书馆暂定章程》载："所藏既多，必须立表。编列简名目录，载明图几轴，书若干本，以及著作之姓名，何地刊行，或为购入，或为捐入，系在何时，价值几何，有无缺页、墨污、破坏，以便调查。"① 《云南图书馆章程》中亦言："所藏既多，必须编列简明图书表，载明图若干轴，书若干本，以及著作姓名，何地刊行，何时购入或捐入，价值几何，有无缺页、墨污、破坏，以便调查。"② 这表明表格式目录是随着藏书数量的增多而出现的。如《河南图书馆藏书总目》将书名、撰注编辑人、卷数、本函数、刊版处五项采用表格的方式统一著录。而《云南图书馆书目初编》在表格中则设计了第号、总目、分目、卷数、册数、部数、撰辑姓氏年代、版本、由来年月、价值、备考等项目。（见表5-2、表5-3）

表 5-2　　　　　　　　河南图书馆藏书总目

书名	周易折中4	周易直解3	读易大旨2	易经来注1
撰注编辑人	清李光地等撰	清李光地撰	明孙奇逢撰	明来知德注
卷数	二十二卷	十二卷	五卷	十五卷
本函数	二函共计十本	一夹板计六本	一夹板计四本	一函计十本
刊版处	江南书局	家塾藏本		三益堂

表 5-3　　　　　　　　云南图书馆书目初编（部分）

第号	三	二	一
总目	周易传易愦	周易略例	周易注疏
分目			校勘记附
卷数			九
册数	八	一	八
部数	一	一	二
撰辑姓氏年代	宋程颐传	晋阮咸注	魏王弼注

---

① 李希泌、张椒华主编：《中国古代藏书与近代图书馆史料》，中华书局1982年版，第156页。

② 李希泌、张椒华主编：《中国古代藏书与近代图书馆史料》，中华书局1982年版，第160页。

当然，表格式目录不只用于图书馆目录。相比之下，编纂于1907年的《学部第一次审定初等小学暂用书目》则体现了更强的实用性。该书目将教科书分成八个科目，每个科目又分十个学期，表中有一学期内并列多种书目者，以甲、乙等种类别之。在此基础上，又将这些书目按学生用书、教师用书列表归纳。（见表5-4、表5-5）

表5-4　　　　　《学部第一次审定初等小学暂用书目》

通用	手工	格画	历史地理	算术	中国文字	读经讲经	修身	教科	
	一至十	一	五	一	一		一	学期	
					乙	甲		种类	
		初等小学格致教科书直隶学务处本第一册	蒙学中国历史教科书	最新初等小学笔算教科书商务馆本第一册	初等小学读本文明局本编	最新初等小学国文教科书商务馆本第一册	奏定章程书目已具，故不复列	最新初等小学修身教科书商务馆本第一册	学生用书
普通各科教授法一册时中书局本	工学直隶学务处本			最新初等小学笔算教科书教授法商务馆本第一册		最新初等小学国文教科书教授法商务馆本第一册		最新初等小学修身教科书教授法商务馆本第一册	教员用书

表5-5　　　　　《学部第一次审定初等小学暂用书目表·附表》

书名	初等地理教科书	初级蒙学修身书	最新初等小学修身
册数	一	一	十
用者		教员	生徒
印刷		文明局	商务馆
发行	南洋公学	文明局	商务馆
版权	有	有	有
价值		一角五分	一元

第五章　社会文化变革中目录学的新气象　/　283

但也应看到，书本式目录依然是清末民初图书馆图书编目的主要形式，许多图书馆和私家藏书的编目依然是书本式的。京师图书分馆民国六年度年终工作报告云："馆中向有油印简目三册。是项简目，系民国四年（1915）后增藏各籍，皆系随时钞记。又旧有之残本书籍，早经剔出，而简目中尚有未删者。本年·月，将旧有及新增各籍，重新编订，汇钞油印。计经史一册，合计五册，各印六十份。先后各检一份，呈报在案。"①可见该馆使用的仍是书本式目录。再如京师通俗图书馆民国七年度工作概况云："儿童书目，纸片颇不相宜，仍以油印裱糊板上。惟各类分印，彼此不相联属，将来增加书籍，只就各类续印，不致因一类以废全部。"②其有关儿童书目则依然使用了传统的书本式目录。浙江公立图书馆详报民国四年度办理情形文也曰："查本馆书目三年份曾出观览类经史一本，四年份又出保存类一本，观览类经史补编一本，子集四本。内惟观览类经史系本馆与分馆合编，余皆专属本馆。"③可见，该馆还使用了书本目录。虽然有些图书馆也有编制卡片目录的倾向，但由于其制作成本比书本式目录高，所以不得不暂缓执行。如京师图书分馆曾将一切图书的编目分属于分类目录、撰人名索引、书名首字索引三类，"此项编目，以现在各国通用之简片目录法为便。然而制作不易，又限本分馆房屋不敷，经费奇绌，一时尚难成功"④。以上所述表明，这一时期的图书馆目录形成了以书本式为主，以卡片式、表格式为辅的格局。

（二）索引的应用

"索引"一词来源于拉丁文，最早是为了检索中世纪欧洲的宗教著作而产生的。西方有关"索引"的理论到近代才引入我国，又被译作"引得"。但作为查找书目的一种工具，我国古代就有"韵""略""备检""针线""玉键""通检""检目"等称谓，可视作今天意义上的"索引"。

---

①　李希泌、张椒华主编：《中国古代藏书与近代图书馆史料》，中华书局1982年版，第242页。

②　李希泌、张椒华主编：《中国古代藏书与近代图书馆史料》，中华书局1982年版，第271页。

③　李希泌、张椒华主编：《中国古代藏书与近代图书馆史料》，中华书局1982年版，第326页。

④　李希泌、张椒华主编：《中国古代藏书与近代图书馆史料》，中华书局1982年版，第238页。

清人章学诚还对"索引"进行了专门论述。他认为，由于中国古代典籍浩繁，而学者闻见有限，即便号称博雅之士，也有耳目不周的遗憾。故章学诚主张在整理典籍之前，应当"取四库之藏、中外之籍，择其中之人名、地号、官阶、书目，凡一切有名可治、有数可稽者，略仿《佩文韵府》之例，悉编为韵"①。这样，"至校书之时，遇有疑似之处，即名而求其编韵，因韵而检其本书，参互错综，即可得其至是"②。清代的索引以经史专书索引为主。经学索引方面，如黎永椿的《说文通检》，仿照《康熙字典》检字之例，将《说文解字》的字头按笔画编排而成的一部书目。沈豫的《皇清经解检目》则将《皇清经解》所收之书分以天文、时令、地理等四十八部，以便按类索书。而《式古堂目录》则是为王先谦《皇清经解续编》所作的索引。史注索引的代表主要有沈家本的《三国志注所引书目》《世说注所引书目》《续汉书志所引书目》。傅山的《春秋人名韵》《国策人名韵》，汪辉祖的《九史同姓名录》《三史同姓名录》，章学诚的《明史列传人名韵编》等则是专门的人名索引。

　　此外，清代还有丛书目录，也具有书目索引的功能。由于丛书一般都是大部类图书，读者难于检索其目，故丛书目录的编纂就成为学术发展的必然要求。丛书目录又称汇刻书目，它是人们编制的一种便于检索、便于利用丛书的目录。丛书目录始于清嘉庆年间顾修所编的《汇刻书目初编》。此后，松泽老泉、吴式芬、陈光照等人也相继对《汇刻书目初编》予以增补。至光绪二年（1876），傅云龙又成《续汇刻书目》，为顾修《汇刻书目初编》的续编，增补了嘉庆、道光、咸丰、同治时期刻印的丛书约五百种。又有朱记荣，就其亲眼所见之丛书，汇编而成《行素草堂目睹书录》一书，以续顾氏之书。再者，朱学勤也相继增补《汇刻丛书初编》至五百六十七种。③ 民国三年（1914），罗振玉《续汇刻书目》先收丛书三百种，后又陆续收丛书五十种附于书后，其在收录内容上除增补顾修、朱学勤所漏之书外，又将光绪、宣统两朝所新刻丛书及日、朝学者所辑丛书纳入其中。民国三年，杨守敬又以顾氏《汇刻书目初编》及朱学勤《增补汇刻

---

① （清）章学诚：《校雠通义·校雠条理第七》，清咸丰元年（1851）刻本。
② （清）章学诚：《校雠通义·校雠条理第七》，清咸丰元年（1851）刻本。
③ 参见姚名达《中国目录学史》，上海古籍出版社2002年版，第324页。

书目》两书均不免有所缺漏，便欲"萃合二书，益以日本之群书，类从元明高丽之校本、大藏经目录"①而成《丛书举要》，共计收书近九百种。民国七年（1918），李之鼎又在杨氏《丛书举要》基础上，增入丛书1600余种而成《增订丛书举要》，"此书乃备检查而设，卷帙繁重，携带为艰，此次重订编中每种书目毕，即接第二种书目蝉联而下，细目多者改用双行以省篇幅。故目虽增多，卷帙如故，以便舟车"②。可见，丛书目录是学术研究的必要工具书，为读者检索、利用丛书提供了方便。

以上索引，主要是对某一部书，或某一类书所编纂的索引。清季图书馆目录编纂中所应用的索引，则属于群书索引，且出现了分类目录索引、著者顺序目录索引、书名顺序索引等多种主题索引的编排方式。一些公共图书馆，为了使读者查书方便，率先编制了书名索引。如京师图书分馆将图书目录制定了作者索引和书名索引两种形式。作者索引是"但知撰人姓名而不知书名，并不知书内容者，设为撰人名索引"③；书名索引则"为但知书名而不知撰人，并不知书内容者，设为书名首字索引"④。又如国立北京大学图书馆所编目录在杜威十进法基础上略有变通，在其所制定的目录中分为三种索引，即按类别分类者、以著者姓氏字母顺序分类者、以书名字母顺序分类者。⑤再如，浙江图书馆的书目主要是"依学术门类，分类编纂"，但同时也出现了"按著者姓名，依《字典》顺序分编"的索引形式。⑥而中央公园图书馆则专门编有检字书目一种，"此种书目，系以书名首字笔画之多少为断，少者在前，多者在后。自一画以至二三十画，循序而进，绝无先后搀越之弊"⑦。

---

① 李之鼎：《增订丛书举要·原编序》，民国七年（1918）铅印本。
② 李之鼎：《增订丛书举要·增订凡例》，民国七年（1918）铅印本。
③ 李希泌、张椒华主编：《中国古代藏书与近代图书馆史料》，中华书局1982年版，第238页。
④ 李希泌、张椒华主编：《中国古代藏书与近代图书馆史料》，中华书局1982年版，第238页。
⑤ 李希泌、张椒华主编：《中国古代藏书与近代图书馆史料》，中华书局1982年版，第353页。
⑥ 李希泌、张椒华主编：《中国古代藏书与近代图书馆史料》，中华书局1982年版，第324页。
⑦ 李希泌、张椒华主编：《中国古代藏书与近代图书馆史料》，中华书局1982年版，第274页。

此外，图书馆目录中还出现了一种利用书箱号、书牌号来检索书目的索引。如《江苏省立第二图书馆增订详细章程》记载："书楼储书各箱，编列号数，每箱若干种，签列书目，实贴箱门，与阅览检查书目相符。"①再如《中国科学社图书部发起建设图书馆缘起》中附录的"办事细则"载："本馆所有书籍，应以定法编为书目牌，并附号数于书上，依次弆藏，以便检用，并将书目号数汇印成册，分给有权借用书籍之人。"②

（三）文献著录方式的多样化，更倾向于对读者的检索与利用

图书馆目录以方便读者的检索书籍为重要的编纂特色，因此在文献著录上大都去掉了传统目录学的提要一项。如《山东图书馆辛亥年藏书目》中的藏书以书签的形式，"载明书册、卷数、某处出版、某号箱内，并于每函首，分记各卷子目，证以此编书目，庶便查检"③。松坡图书馆对中外分类编目，"皆分请专门家任之，务便查览"④。而《江南图书馆善本书目》《江苏第一图书馆覆校善本书目》则将全部书目分成100号橱，每一书名下都标出了所在的橱号。尤其值得关注的是，《京师图书分馆藏书目》在每书最后还标类似索书号的数字。如史部地理类《八旗通志》后标"十一之二一四"，《畿辅通志》后有"十一之三一四四"，《吉林通志》后标"十一之五一二"等。而《教育部图书目录》中在每部书下也都标有"甲某""乙某""丙某"这样简略的索书号。

为了更加有利于读者的检索，有些图书馆目录在图书著录的项目上对图书的相关信息标注得十分详尽。如中国科学社图书部对图书的著录内容为：

> 著者姓名、译者姓名、书名、第几版及出版之年、发行所、册数、页数、插图数、目录提要、参考书目·附录·备检表等之有无及

---

① 李希泌、张椒华主编：《中国古代藏书与近代图书馆史料》，中华书局1982年版，第315页。
② 李希泌、张椒华主编：《中国古代藏书与近代图书馆史料》，中华书局1982年版，第368页。
③ （清）保釐东：《山东图书馆辛亥年藏书目·例言》，清宣统三年（1911）石印本。
④ 李希泌、张椒华主编：《中国古代藏书与近代图书馆史料》，中华书局1982年版，第379页。

其他评语、捐赠者之姓名、捐赠者之住址。①

图书馆目录还使用了传统目录学中便于检阅的著录方法。如使用了传统目录学中的互著法。《江南图书馆善本书目》史部第三十七号橱《古今列女传》下注："明永乐中解缙等奉敕撰，明内府刊本，另入八号厨。"集部第七十二号橱《云巢编》下注："宋沈辽、吴石仓抄校本，另入八十四号厨。"再如注明存缺。《京师图书馆书目》史部地志类《常德府志》十卷下注："卷九、卷十并缺，存八册。"《浙江图书馆保存类书目》地理类杂记之属《梦梁录》二十卷下注："缺卷一至十四，一册。"类书类《古今万姓统谱》一百四十卷下注："缺帝王姓系。"将图书存缺信息标记在目录上，方便了读者的查考。

总之，清末民初图书馆目录的编纂是以服务读者阅读需求为主要宗旨的。因此，它不单单以文献的整理、考辨为职责。其在编纂方式上出现了著者目录、书名目录。在文献著录上，注重简明扼要，便于读者的检索，从而突破了古典目录学以"辨章学术，考镜源流"为编纂主旨的学术范式，呈现了近代目录编纂的新特点。

四　图书馆目录与大众阅读的普及

清季图书馆的设立，主要出于向民众传播知识，开启民智。直隶总督陈夔龙奏称："图书馆之设，所以开通风气，敷邑文明，关系殊非浅鲜。"② 山西巡抚宝棻亦云："近日东西各邦于都会所在，莫不有博物、图书之馆，为士人观览之场。广厦万千，琅函委叠，非独考献征文之助，实为育才兴学之资。"③ 图书馆所具有的这一社会文化功用，主要通过其丰富的藏书来实现，"自古文治之昌，靡不网罗载籍，囊括艺文"④，而图书

---

① 李希泌、张椒华主编：《中国古代藏书与近代图书馆史料》，中华书局1982年版，第368页。

② 《直隶总督陈夔龙奏前署提学使卢靖捐建图书馆请奖折》，载李希泌、张椒华主编《中国古代藏书与近代图书馆史料》，中华书局1982年版，第142页。

③ 《山西巡抚宝棻奏山西省建设图书馆折》，载李希泌、张椒华主编《中国古代藏书与近代图书馆史料》，中华书局1982年版，第144页。

④ 《山西巡抚宝棻奏山西省建设图书馆折》，载李希泌、张椒华主编《中国古代藏书与近代图书馆史料》，中华书局1982年版，第144页。

馆目录反映的就是图书馆的基本藏书。因此，欲揭示图书馆对大众知识的普及程度，首先应当考察图书馆的藏书。

清季图书馆的藏书，主要分本国书和外国书两大类。本国书籍中，以《四库全书》为主体。罗振玉在建议创办京师图书馆时便云："查从前颁赐之库书，在南中诸省者，半付劫灰。而奉天、热河之赐书，均尚完好。又当日四库存目之书，亦尚存大内，中多善本。又钦定各书，如《图书集成》及累朝方略之类，与夫翰林院所存《永乐大典》之烬余者，均宜奏请颁赐图书馆存储。至武英殿及钦天监所藏书版，亦应请归图书馆保存，以便随时缮修，并广其传布。"① 再者，各省地方志也是图书馆收藏的重点："各省志书，为历史地理之资料，亟须蒐集。宜咨行各省，征取储藏。"②

外国图书的采购，也是清季各图书馆的必备书籍："外国图书至繁赜，宜先择最新最要者购之。先由调查员于调查建筑之时，向专门学家咨访，写成应购书目，回国后可依目购之。以后逐年增置，以期完备。"③ 如《浙江图书馆书目》在子部专门设立了"格致"一类，其曰："四库以西学凡空际、格致等书入杂家类杂学存目，彼时部帙不多，故附属尚无大阻。今则此种书目日新月异，若犹旧贯因仍，必至部居杂侧。考梁氏《西学书目表》、徐氏《东西学书录》俱有格致类，今从其例。"④ 其下又分为理化之属、博物、总论三门，收录相关书籍。《河南图书馆书目》在时务部中收有格致、化电声光力学、矿务、水利、农学、工业、医药等方面的书籍，使国人开拓了视野，促进了西学在中国的传播。

记载丰富藏书的图书馆目录，为士人阅读、查考书籍提供了依据，促进了学术文化的普及。浙江图书馆所藏中外书籍，以政治、法律、工商、艺术为主，凡有关实用者，具为购藏，"并饬参酌江鄂等省成法，妥订藏

---

① 罗振玉：《京师创设图书馆私议》，载李希泌、张椒华主编《中国古代藏书与近代图书馆史料》，中华书局1982年版，第123页。

② 罗振玉：《京师创设图书馆私议》，载李希泌、张椒华主编《中国古代藏书与近代图书馆史料》，中华书局1982年版，第124页。

③ 罗振玉：《京师创设图书馆私议》，载李希泌、张椒华主编《中国古代藏书与近代图书馆史料》，中华书局1982年版，第124页。

④ 《浙江图书馆书目·子部格致类按语》，民国四年（1915）铅印本。

第五章　社会文化变革中目录学的新气象　/　289

书及观书章程，以便多士之观摩，用助文明之进步"①。又如宣统元年编成的《河南图书馆书目》，"尽发公所图书科旧藏，益以省垣各学堂暨各直省寄送，凡得古今中外新旧图籍千六百余种，为卷轴四万三千有奇"②。山西图书馆收四部书籍一万八千余卷，另有东西学书籍七百余种。这些书籍虽然不能与江南诸省的图书馆相媲美，"然四部之要，五洲万国之菁华，要已举见一斑，于教育普及，不无少助焉"③。清末山东实施教育改革以来，"虽日渐开通，而学术究未能精粹，良以殷殷向学者，寒士为多，鸿篇巨册，购置为难。教授既有专书，参考尤资群籍，是图书馆之设，诚必不可缓之需"④。宣统元年（1909），山东巡抚袁树勋创设山东图书馆，"首储四部之善本，兼收列国之宝书，将以通新旧之机械，非仅侈观瞻于耳目"⑤。寒士通过图书馆目录，览录而知书，开拓了眼界，也为寒士的读书创造了条件。

　　图书馆目录还反映了大众知识的普及已经渗透至边疆地区。如归化城"僻在西陲，睽隔文教。近虽推广小学，蒙智渐开。然年格所拘，向隅不免。"⑥ 宣统元年，在归化城设立了图书馆，原有官藏书五千余卷，又从浙江官书局购书两千余卷，"大辂椎轮，规模粗具。逐渐推广，俾成巨观。似于保存国粹，补助教育，两有裨益"⑦。又如黑龙江省地处边隅，文教向来不兴，"城市之间，书坊绝少。村塾之子，《论》《孟》不知"。清末兴学之风渐起，有志之士虽略窥见海外译书及各学堂课本，但"经

---

　　① 《浙江巡抚增韫奏创浙江省图书馆归并扩充折》，载李希泌、张椒华主编《中国古代藏书与近代图书馆史料》，中华书局1982年版，第148页。
　　② 《河南图书馆书目跋》，载李希泌、张椒华主编《中国古代藏书与近代图书馆史料》，中华书局1982年版，第146页。
　　③ 《河南图书馆书目跋》，载李希泌、张椒华主编《中国古代藏书与近代图书馆史料》，中华书局1982年版，第146页。
　　④ 《山东巡抚袁树勋奏东省创设图书馆并附设金石保存所折》，载李希泌、张椒华主编《中国古代藏书与近代图书馆史料》，中华书局1982年版，第144页。
　　⑤ 《山东巡抚袁树勋奏东省创设图书馆并附设金石保存所折》，载李希泌、张椒华主编《中国古代藏书与近代图书馆史料》，中华书局1982年版，第143页。
　　⑥ 《署归化城副都统三多奏创办归化图书馆片》，载李希泌、张椒华主编《中国古代藏书与近代图书馆史料》，中华书局1982年版，第167页。
　　⑦ 《署归化城副都统三多奏创办归化图书馆片》，载李希泌、张椒华主编《中国古代藏书与近代图书馆史料》，中华书局1982年版，第168页。

史巨册,无可寻求。若不设法提阐学风,购求古籍,即使学堂渐立,教课各程,诚虑笃守方隅,稍识粗浅之新书,不闻精深之国学,根底不固,智识不完,其影响于风俗政治者,所关甚巨"。① 光绪三十四年(1908),黑龙江图书馆开始筹建,广购四部书籍以及东西各国精译本,各省官书局刊书亦多有求购,"所冀积轴填委,学理昌明,国粹借之保存,人才因而辈出,似于补助教育,启发民智,不无裨益"②。云南省自咸丰、同治以后,连年兵乱,士庶抱残守缺,学风日下。宣统元年(1909)起,筹办云南图书馆,将原经正、五华、育材诸书院藏书,以及新购的各类报刊广为收藏,移置其中,"所藏图书、报纸,凡政界、学界、实业界、军事界之人,勿论本省客籍,皆得照规则入馆参阅。惟须年在十二岁以上者,方准领券入馆"③。

此外,图书馆目录中还列有专门供士人"观览"的书籍。据宣统二年(1910)制定的相关章程载:"图书馆收藏图籍,分为两类:一为保存之类;一为观览之类。"④ 观览之书大致以通行本图书为主,"凡中国官私通行图书,海外各国图书,皆为观览之类"⑤。这些"观览"类图书,秉持开放原则,"观览图书,任人领取翻阅,惟不得污损剪裁及携出馆外"⑥。士人览录而知书,择其学术之好尚,可以起到广见闻而增智识的作用。

图书馆藏书在普及知识的同时,还受到学部的监督与管理。地方自建的图书馆藏书目录,须在学部备案:"私家藏书繁富,欲自行筹款随在设立图书馆以惠士林者,听其设立。惟书籍目录、办理章程,应详细开载,

---

① 《奉天总督徐世昌等奏建设黑龙江图书馆折》,载李希泌、张椒华主编《中国古代藏书与近代图书馆史料》,中华书局1982年版,第167页。
② 《奉天总督徐世昌等奏建设黑龙江图书馆折》,载李希泌、张椒华主编《中国古代藏书与近代图书馆史料》,中华书局1982年版,第167页。
③ 《云南图书馆章程》,载李希泌、张椒华主编《中国古代藏书与近代图书馆史料》,中华书局1982年版,第160页。
④ 《京师图书馆及各省图书馆通行章程折》,载李希泌、张椒华主编《中国古代藏书与近代图书馆史料》,中华书局1982年版,第129页。
⑤ 《京师图书馆及各省图书馆通行章程折》,载李希泌、张椒华主编《中国古代藏书与近代图书馆史料》,中华书局1982年版,第130页。
⑥ 《京师图书馆及各省图书馆通行章程折》,载李希泌、张椒华主编《中国古代藏书与近代图书馆史料》,中华书局1982年版,第130页。

呈由地方官，报明学部立案。善本较多者，由学部查核，酌量奏请颁给御书匾额，或颁赏书籍，以示奖励。"[1] 至宣统二年，学部规定各图书馆的藏书，凡中国书籍，"四库已经著录及四库未经采入者，及乾隆以后所有官私图籍，均应随时采集收藏。其有私家收藏旧椠精钞，亦应随时假钞，以期完备。惟近时私家著述，有奉旨禁行及宗旨悖谬者，一概不得采入"[2]。对于向海外购得的各类译著，"凡关系政治学艺者，均应随时搜采，渐期完备。惟宗旨学说偏驳不纯者，不得采入"[3]。此外，各地图书馆也制定了购书规范。如云南图书馆藏书"凡经、史、子、集及新出图书、报纸等，广为储藏。惟所存书报，务择持论平正，不干国宪，不背公理。如有稍涉谬妄，煽惑人心者，皆摒斥弗取"[4]。这些制度与规章确保了图书流通的正常秩序，也彰显了国家在大众知识的流播与普及过程中所行使的监督权力。

晚清目录学在学术、教育、出版、公共等领域内所呈现出的新气象，是中西学术文化间碰撞、渗透与融合的产物。古典目录学以"辨章学术，考镜源流"为特征，其关注的是书籍的作者一端，而晚清目录学则在此基础之上，又融入了新的学术文化元素，使其在国家与社会的互动中形成了新的书目文化，因而表现出更加重视书籍的读者一端。这也是目录学走向近代化进程中不可或缺的重要一环。

---

[1] 《京师图书馆及各省图书馆通行章程折》，载李希泌、张椒华主编《中国古代藏书与近代图书馆史料》，中华书局1982年版，第131页。

[2] 《京师图书馆及各省图书馆通行章程折》，载李希泌、张椒华主编《中国古代藏书与近代图书馆史料》，中华书局1982年版，第130页。

[3] 《京师图书馆及各省图书馆通行章程折》，载李希泌、张椒华主编《中国古代藏书与近代图书馆史料》，中华书局1982年版，第130页。

[4] 《云南图书馆章程》，载李希泌、张椒华主编《中国古代藏书与近代图书馆史料》，中华书局1982年版，第159—160页。

第 六 章

走出"书斋"的目录学

晚清时期的中国经历了"数千年未有之大变局",传统士人在这一时代背景下,表现出与以往朝代不尽相同的社会责任与社会使命。作为承载传统文化的目录学,在"辨章学术,考镜源流"的基础上,衍生出了更多赋有时代特色的功用。有识之士开始走出研读学术的书斋,将眼光聚焦于更广阔的社会,从而发挥了目录学更具有深度和广度的社会文化功用。这些都是传统目录学所无法企及的。

第一节 变法的工具

甲午战争的失败,标志着洋务运动的破产。面对帝国主义瓜分中国的危局,由新兴资产阶级发动了一场维新变法运动。以康有为、梁启超为代表的维新派利用各种文化工具开展了广泛的变法宣传活动。康有为于1895年7月在北京创办了以宣传西学为主的报纸《中外纪闻》。8月,康有为、梁启超又在北京积极组织了强学会,并在上海建立了分会。一年后,由梁启超主笔的《时务报》在上海创办,在几个月内销量上万份。据有关数字统计,从1895年到1897年,维新派人士在全国共建立了学会23个、学堂17所、报馆9家、书局2家。到1898年,这些宣传维新思想的机构增加到近300家。[①] 除利用这些学会、学堂、报馆来宣传政治主张外,目录学也成为维新人士用来宣扬变法的工具。

---

① 参见郑师渠《中国近代史》,北京师范大学出版社1994年版,第237页。

一 东、西学书目中的变法主张

中国传统目录学源远流长,皆以"辨章学术,考镜源流"为主要功用,故余嘉锡先生称:"目录即学术之史也。"① 然而,晚清以来原本是辨析学术的目录学,在康有为、梁启超等维新人士眼中,还成为宣扬他们政治变法的文化工具。

维新派人士反对暴力革命。康有为主张通过向西方学习以实现变法。他以日本为例,在《日本书目志》中向国人指出了学习西方科学知识的重要性。日本虽然领土不大,却"散灭我琉球,剪我朝鲜,破我辽东,跞我威海,房我兵船,割我台湾。夫日本所以盛强者,为其兵之练欤?为以炮械之精欤?昧昧我思之,其有不然欤?其有本原者存焉。"② 康有为进而指出日本强大的关键在于其学习了西方的科学技术:"尝考欧洲所以强者,为其开智学而穷物理也,穷物理而知化也。……昔吾中人之至德国也,必问甲兵炮械,日人之至德国也,必问格致……夫今天下之战,斗智而不斗力,亡羊补牢及今或犹可也。若犹但言军兵炮械而不与物理之学,吾岂知所税驾哉!"③ 由此,他主张中国的强大根本不在军事的观点:"今中国亦汲汲思自强而改其旧矣……然泰西之强不在军兵炮械之末,而在其士人之学,新法之书。"④ 梁启超也在《西学书目表》中提出以"西学"而非暴力的方式,实现对国家的改良:"兵志曰:'知己知彼,百战百胜。'人方日日营伺,吾侧纤悉曲折,虚实毕见,而我犹枵然自大,偃然高卧,匪直不能知敌,亦且昧于自知,坐见侵陵,固其宜也!故国家欲自强,以多译西书为本,学子欲自立,以多读西书为功。此三百种者,择其精要而读之,于世界番变之迹,国土迁异之原,可以粗有所闻矣。"⑤ 受到康、梁思想的影响,沈兆祎在《新学书目提要》中还对法国大革命提出了质疑:"如云今日法国学者每以其地方制度发达之功为得诸大革命以后,若以历史事迹征之,则法

---

① 余嘉锡:《目录学发微》,中国人民大学出版社2004年版,第41页。
② 康有为:《日本书目志》理学门第二,物理学小序,上海大同书局石印本。
③ 康有为:《日本书目志》理学门第二,物理学小序,上海大同书局石印本。
④ 康有为:《日本书目志·自序》,上海大同书局石印本。
⑤ 梁启超:《西学书目表·序例》,清光绪二十二年(1896)时务报馆印本。

国革命大坏中央、地方制度。"①

　　维新派反暴力革命，主张君主立宪，因此施行选举、设立议院就成为政治改革的重要举措。康有为认为："通天下之气，会天下之心，合天下之才，政未有善于议院者也。泰西之强基此矣，日本又用之而强矣。"②于是，又在《日本书目志》中著录了有关选举、议院的书籍近四十种，如《选举法义解》《各国议会要论》《各国议院章程》《各国民选代议政鉴》等书都具参考借鉴意义。梁启超在《古议院考》中也说："问泰西各国何以强？曰议院哉！议院哉！问议院之立，其意何在？曰君权与民权合则情易通，议法与行法分则事易就。"③ 在《西学书目表》"官制类"中著录了《德国议院章程》一书，并在此书上画了两个圈识，表示该书的重要。徐维则在《东西学书录》中也著录了《德国议院章程》一书，"所述皆民院章程，观图及问答诸制，规模整肃，略可想见纷哓之习固无庸虑也"。④ 又著录《法国议院选举法》一书，"其第二十条言贵族院议员不得兼参事院议官等职，亦防弊之一法"⑤，总结了议院设官所具有的借鉴意义。

　　政治的改革需要经济的发展作为保障。维新派还利用目录学宣传经济改革，主张重视商业。梁启超认为："吾以为中国而不欲富强，斯已耳。中国而犹欲富强也，此亦千载一时矣。自古未有不讲商务而能立国者，亦未有不讲物产工艺而能通商者。公例有然，而今日之中国又时之不可失者也。"⑥ 因此，他在《西学书目表》商政类中，著录了《富国策》《富国养民策》《生利分利之别》《华洋贸易总册》等有关发展经济的图书。梁启超认为：这些书籍"精义甚多，其中所言商理、商情合地球人民土地，

---

① 沈兆祎：《新学书目提要》卷1，法制类《那特硜政治学中编》条，载熊月之主编《晚清新学书目提要》，第395页。
② 康有为：《日本书目志·政治门序》，上海大同书局石印本。
③ 梁启超：《梁启超全集》第一卷《变法通议·古议院考》，北京出版社1999年版，第61页。
④ 徐维则辑，顾燮光补：《增版东西学书录》政治法律类二，载熊月之主编《晚清新学书目提要》，第31页。
⑤ 徐维则辑，顾燮光补：《增版东西学书录》政治法律类二，载熊月之主编《晚清新学书目提要》，第31页。
⑥ 梁启超：《变法通议·论金银涨落》，华夏出版社2002年版，第182页。

以几何公法盈虚消长之，盖非专门名家者不能通其奥也。中国欲振兴商务，非有商会聚众讲求大明此等理法不可。"① 康有为在《日本书目志》的政治门中也收录了有关经济学的书籍近百种，收录了《国民理财学》《经济学大义》《应用经济学》《实用经济学》《财论》等书。他认为经济是政治富强的基础："泰西从政者，非从经济学出不得任官，理财富国尤为经济之要。日人变法之始，方病贫，无以举新政。先易货币，其法美可施行。吾土政事与日旧俗同，维新之先采而用之，亦治标之宜也。"② 他还特别注重收录有关经济专卖特许的书籍："泰西所以富强，所以智慧，所以通大地而测诸天、致精极奇惊犹鬼神者，无它，倍根立专卖特许之法而已。国有专卖特许，则其人民竭其心思耳目以著书制器，而致富养生在是焉。故举国走趋，人智所开，无不发舒。吾无此法，故著新书制新器者，竭其毕生之心思财力，不旋踵而为人所摹，重刻再制，沓沓滔滔，权利不专，谁则竭诸？"③ 从经济政策角度，总结了西方富强的原因。

维新派还意识到，变法需要有思想基础，故他们利用目录学宣扬以进化论为核心的哲学思想，试图以此为变法寻找理论基础。康有为指出，变是世间万物的普遍规律："盖变者天道也。天不能有昼而无夜，有寒而无暑，天以善变而能久；火山流金，沧海成田，历阳成湖，地以善变而能久；人自童幼而壮老，形体颜色气貌，无一不变，无刻不变。"④ 进而将这种进化论的观点引入社会发展史中，认为人类社会的发展经历了"三世说"。他在《日本书目志》中就宣扬了进化论的思想。康有为认为发展变化中国古已有之："圣人譬之医也，医之为方因病而发药，若病变则方亦变矣。圣人之为治法也，随时而立义，时移而法亦移矣。孔子作六经而归于《易》《春秋》。《易》者，随时变易，穷则变，变则通。孔子虑人之守旧方而医变症也，其害将至于死亡。《春秋》发三世之义，有拨乱之世，有升平之世，有太平之世。"⑤ 只有不断地革旧变新，国家才能富

---

① 梁启超：《西学书目表·读西学书法》，清光绪二十二年（1896）时务报馆印本。
② 康有为：《日本书目志》经济类小序，上海大同书局石印本。
③ 康有为：《日本书目志》卷5，《专卖特许书小序》，上海大同书局石印本。
④ 康有为：《进呈俄罗斯大彼得变政记序》，中国史学会主编《戊戌变法》第3册，第1页。
⑤ 康有为：《日本书目志·自序》，上海大同书局石印本。

强:"吾中国大地之名也,今则耗矣衰哉!以大地万国皆更新而中国尚守旧故也。伊尹古能治病国者也,日用其新,去其陈,病乃不存;汤受其教,故言日新。又新积池水而不易则臭腐,身面不沐浴则垢秽盈,大地无风之扫荡改易则万物不生。物新则壮,旧则老;新则鲜,旧则暗。新则败天地之理也。今中国亦汲汲思自强而改其旧矣。"① 康有为对进化论的宣扬显然是为其变法主张寻找理论依据。

由此可见,维新派利用目录学的形式从政治、经济、思想等层面对其变法主张进行了舆论宣传。诚如有学者所指出的,"从技术层面和民族心灵入手,是维新思想启蒙的成功之处,也是国人如此平静地接受中国目录学近代转型的关键"②。

二 编写导读书目

以康有为、梁启超为代表的维新派人士,还利用编写导读目录的形式,为其变法思想在士人间的传播营造学理依据。光绪十七年(1891),康有为的《新学伪经考》正式刊印出版。该书宣扬今文经学,高举公羊学派的旗帜,将传统的古文经学视为西汉末年刘歆之伪作,在学术思想界掀起一股飓风。刊行不久,因其旨在为资产阶级变法运动提供理论基础,故被清廷列入禁书。光绪二十年(1894)七月,两广总督李瀚章奉上谕:"有人奏广东南海县举人康祖诒刊有《新学伪经考》一书,诋毁前人,煽惑后进,于士习文教,大有关系,请饬严禁等语。著李瀚章查明,如果康祖诒所刊《新学伪经考》一书实系离经叛道,即行销毁,以崇正学而端士习。"③ 在这一背景下,康有为在广州万木草堂的讲学活动不得不暂停。光绪二十年十一月,受龙泽厚之邀,康有为赴桂林讲学。在桂林讲学期间,"来问学者踵履相接,口舌有不给",故康有为撰成一部导读目录书——《桂学答问》。康有为在《桂学答问》中,试图通过向士子推荐需要阅读的经书,来为其变法活动确立学理基础。

---

① 康有为:《日本书目志·自序》,上海大同书局石印本。
② 闵定庆:《维新派目录学的文化内蕴》,《学术研究》1994 年第 3 期。
③ 中国第一历史档案馆编:《光绪宣统两朝上谕档》,广西师范大学出版社 1996 年版,第 20 册,第 382 页。

在六经之中，康有为尤其重视《春秋》一经。如同传统的儒家学者一样，康有为也将孔子视作学术的宗师："天下之所宗师者，孔子也。义理、制度，皆出于孔子，故学者学孔子而已。"① 孔子述而不作，编有"六经"，在康有为看来，最能体现孔子学术者，乃在于《春秋》一经："孔子虽有'六经'，而大道萃于《春秋》。若学孔子而不学《春秋》，是欲其入而闭之门也。"②

《春秋》自汉代以来，有三传流传，即《公羊传》《穀梁传》《左氏传》。康有为重视《公羊传》和《穀梁传》。他认为，《左氏传》以史事、文辞而胜，唯《公羊传》《穀梁传》以义理见长，"《春秋》微言大义，多在《公羊》，而不在《穀梁》也"③。《公羊传》，康有为推荐阅读董仲舒的《春秋繁露》以及何休的《春秋公羊传解诂》，"所以宜专信者，为孔子改制之说在也。能通《春秋》之制，则'六经'之说莫不同条而共贯，而孔子之大道可明矣"④。此外，清儒陈立的《公羊义疏》亦可参阅。关于《穀梁传》，尽管与《公羊传》在经文、经义方面的差异甚多，"若不泥其文，而单举其义，则无不同也"⑤。另外，还推荐了《白虎通》，"为十四博士荟萃之说，字字如珠，与《繁露》可谓孔门真传秘本。赖有此以见孔学，当细读"⑥。

孔子后学有孟子、荀子，《孟子》与《公羊》合，《荀子》与《穀梁》合。自唐代韩愈开始，惟重孟子。尤其是宋代学者，以荀子言性恶，多有贬抑，孟子地位则愈加尊贵。然在康有为看来，秦汉孟、荀二学并显于世，"圣学原有此二派，不可偏废。而群经多传自荀子，其功尤大，亦犹群经皆注于朱子，立于学官也。二子者，孔门之门者也。舍门者而遽求见孔子，不可得也。二子当并读，求其大义，贯串条分之"⑦。康有为向士子尤其推荐了被忽视已久的《荀子》，并将其视作与《孟子》具有相同

---

① 康有为：《桂学答问》，载《万木草堂集》，青岛出版社2017年版，第20页。
② 康有为：《桂学答问》，载《万木草堂集》，青岛出版社2017年版，第20页。
③ 康有为：《桂学答问》，载《万木草堂集》，青岛出版社2017年版，第20页。
④ 康有为：《桂学答问》，载《万木草堂集》，青岛出版社2017年版，第21页。
⑤ 康有为：《桂学答问》，载《万木草堂集》，青岛出版社2017年版，第21页。
⑥ 康有为：《桂学答问》，载《万木草堂集》，青岛出版社2017年版，第22页。
⑦ 康有为：《桂学答问》，载《万木草堂集》，青岛出版社2017年版，第22页。

的学术地位。

《春秋》《公羊传》《穀梁传》《孟子》《荀子》五部经书,为经学的纲领,"通其旨义,则已通大孔律例,一切案情,皆可断矣"[1]。此后当读"六经"、《史记》、《两汉书·儒林传》,"以见十四博士传经之案"。后汉以来,经学有今、古文之别,应读《汉书·艺文志》,"以两造存此案"[2]。此后,读《五经异义》,该书存今古文说,虽然康有为不认同古文学说,但"非知伪说,无以见真说之可珍"[3]。读古文经学实际上起到了"入室操戈"的作用。

康有为向士子介绍的以上诸书,实际上是为了推出他自著的《新学伪经考》。他认为,以上诸书都读过后,学子再读《新学伪经考》一书,"别古今,分真伪,拨云雾而见青天,登泰山而指培嵝。一切古今是非得失,了若指掌中"[4]。并辅之以《四库全书总目·经部》诸提要,"凡二千年经说,自魏晋至唐,为刘歆之伪学;自宋至明,为向壁之虚学。是非得失皆破矣"[5]。由此可见,《桂学答问》这部导读目录体现了康有为注重今文经学的义理思想。而以公羊学派为代表的今文经学,正是康有为欲实施维新变法而进行的思想宣传。

值得关注的是,康有为在《桂学答问》中还为其另一部著作《孔子改制考》作了学术铺垫。他认为,孔子之所以能够成为学术宗师,"以其改制,而曲成万物、范围万世也"[6]。因而,体悟"孔子改制"学说,具有深刻的政治文化内涵:"苟能明孔子改制之微言大义,则周秦诸子谈道之是非出入,秦汉以来二千年之义理制度所本,从违之得失,以及外夷之治乱强弱,天人之故,皆能别白而昭晰之。"[7] 编著导读目录,借助目录学的形式成为康有为在普通士人间宣扬维新变法的一个特殊途径。

---

[1] 康有为:《桂学答问》,载《万木草堂集》,青岛出版社2017年版,第22页。
[2] 康有为:《桂学答问》,载《万木草堂集》,青岛出版社2017年版,第22页。
[3] 康有为:《桂学答问》,载《万木草堂集》,青岛出版社2017年版,第22页。
[4] 康有为:《桂学答问》,载《万木草堂集》,青岛出版社2017年版,第22页。
[5] 康有为:《桂学答问》,载《万木草堂集》,青岛出版社2017年版,第22页。
[6] 康有为:《桂学答问》,载《万木草堂集》,青岛出版社2017年版,第21页。
[7] 康有为:《桂学答问》,载《万木草堂集》,青岛出版社2017年版,第21页。

《桂学答问》在广西流行后，仍有士子感到"望海无舟"之叹，故康有为又嘱其弟子梁启超撰写了更为简明的导读目录《学要十五则》。康有为曰："顷游桂林，既略言条理，为《桂学答问》一卷，以告桂人。尚虑学者疑其繁博，属门人梁启超，抽绎其条，以为新学知道之助。"①

经学依然是梁启超向士子推荐读书的重点。经学浩繁，须得入学之门径才能事半功倍。梁启超认为，古文经学的盛行对今文经学的流播产生了消极影响："古人经学，必首《诗》《书》，证之《论语》《礼记》《荀子》皆然。然自伪古文既行，今文传注率经阙失。《诗》之鲁、齐、韩，《书》之欧阳、夏侯，荡劫尤甚。微言散坠，索解甚难。"② 今文经学中，唯有《公羊传》《穀梁传》独存于世，"故言经学，必以《春秋》为本"③。而《公羊传》《穀梁传》最能揭示《春秋》之微言大义，又因《穀梁传》"注劣"，其学术价值就比《公羊传》稍逊一筹。况《公羊传》自汉儒董仲舒著《春秋繁露》以来，多有发明，"故言《春秋》，尤以《公羊》为归"④。

与其师康有为相比，梁启超还进一步回答了如何读"公羊学"的问题。梁氏认为，读公羊学，首先应当明确义、礼、类："如'元年春王正月'条下，王者者孰谓？谓文王也。曷为先言王而后言正月、王正月也之类，所谓义也。立适以长不以贤，立子以贵不以长，子以母贵，母以子贵之类，所谓礼也。公何以不言即位之类，据常例书即位为问，所谓例也。"⑤ 梁启超进而为读者提供了学习公羊学的参考书目："何邵公《解诂》，本胡毋生条例，皆《公羊》先师口说也，宜细读。《春秋繁露》反复引申，以明《公羊》之义，皆《春秋》家最善之书。学者初读《公羊》，不知其中蹊径，可先读刘礼部《公羊释例》，卒业后深究何注、《繁露》两书，日读十页，一月而《春秋》毕通矣。"⑥ 在《学要十五则》所

---

① 康有为：《学要十五则·序》，载《万木草堂集》，第30页。
② 康有为：《学要十五则·序》，载《万木草堂集》，第30—31页。
③ 康有为：《学要十五则·序》，载《万木草堂集》，第31页。
④ 康有为：《学要十五则·序》，载《万木草堂集》，第31页。
⑤ 康有为：《学要十五则·序》，载《万木草堂集》，第31页。
⑥ 康有为：《学要十五则·序》，载《万木草堂集》，第31页。

附的《最初应读之书·经学书》中,也以先读公羊学之书为要。其推荐的书目有刘逢禄的《公羊释例》《公羊传》及何休注《春秋繁露》《礼记·王制篇》《穀梁传》。在推荐的这些书籍中,《公羊传》及何休注"康先生有批本,何《注》最要,徐《疏》可略"。《穀梁传》则"范《注》、杨《疏》皆不必读"①。除何休注外,梁启超最为首肯其师康有为的批校本。以上春秋学读毕,即推荐研读康有为的《新学伪经考》,"先《秦焚六经未尝亡缺考》,次《汉书河间献王鲁恭王传辨伪》,次《汉儒愤攻伪经考》,次《汉书艺文志辨伪》,次《史记经说足证歆伪考》,次《汉书儒林传辨伪》"②。尽管梁启超嗣后对《新学伪经考》亦有微词,但正值维新变法之酝酿时期,"欲分真伪,辨古今,则莫如读《新学伪经考》"③。

康有为、梁启超之所以在经学中尤其注重公羊学,是欲借其中的"三统三世"说来为其变法提供理论依据。对此,叶德辉曾指出,康氏《新学伪经考》"其本旨只欲黜君权、伸民力以快其恣睢之志"④。康有为伪经之辨,正欲为其改制提供学理基础,"有为所谓改制者,则一种政治革命、社会改造的意味也"⑤。康有为、梁启超通过编写导读目录,以目录学的形式为其变法理论营造舆论基础,目录学的功用也由此而另辟蹊径。

第二节　面向革命

晚清时期中国社会经历了两次主要的"革命",一次是太平天国的农民起义,另一次是资产阶级革命派的兴起。这两次革命的背景、宗旨相去甚远,但是在革命思想的宣传方面,却都不约而同地使用了传统目录学的形式。目录学在宣扬变法之外,又承担了传播革命的历史使命。

---

① 康有为:《学要十五则·最初应读之书》,载《万木草堂集》,第34页。
② 康有为:《学要十五则·最初应读之书》,载《万木草堂集》,第34页。
③ 康有为:《学要十五则·序》,载《万木草堂集》,第31页。
④ 叶德辉:《輶轩今语评》,载《翼教丛编》卷4,上海书店出版社2002年版,第70页。
⑤ 梁启超:《清代学术概论》,上海古籍出版社2005年版,第67页。

一 《旨准颁行诏书总目》与太平天国的革命宣传

1851年,洪秀全在金田村宣布起义,建号"太平天国"。在其定都天京后,实行了一系列文化政策。首先是对传统儒家思想的猛烈抨击。太平天国政权主张独尊真神皇上帝,反对除此之外的一切偶像崇拜。因此,其所到之处对孔庙和其他庙宇一行捣毁。其次是设立了专门刊印图书的"典刻官"和删书衙门。典刻官由四人组成,负责刊印诏定的图书。同时,又有删书衙门,对违反太平天国教义的图书予以禁毁。太平天国实行的文化政策和思想宗旨在其编纂的《旨准颁行诏书总目》中有着明显的体现。

太平天国时期所刊行的图书,凡是经过天王洪秀全审定过的都称作"旨准颁行诏书",其内容均是太平天国施行的有关政治、经济、军事等政策。为了进一步宣传这些政治主张,在每书的第一页都刻有此目。当时,太平天国的钟湘文就言:"天下生民,不知崇拜天父上主皇上帝久矣。拜邪神、行邪事、读邪书,可诛也,亦可悯也。今蒙天父恩差,真主下凡,定鼎安民,天下之人无不回心,同知悔罪,此天父之大权能也。而诏书之唤醒痴愚,拯救宇宙,不尤彰明较著乎!兹逢天恩俯赐,金玺铸成,自宜盖玺颁行天下,使众小皆知天法,制度常昭,群臣共仰天恩,忠贞益矢矣。"[①] 可见这些旨准颁行的图书起到了宣传太平天国革命思想的作用。这份书目的内容见表6-1。

表6-1　　　　　　　　　　《旨准颁行诏书总目》

天父上帝言题皇诏	太平救世诰
天父下凡诏书二部	建天京于金陵论
天命诏旨书	贬妖穴为罪隶论
旧遗诏圣书	诏书盖玺颁行论
前遗诏圣书	天朝田亩制度
天条书	天理要论

---

① 钟湘文:《诏书盖玺颁论行》,载萧一山辑《太平天国丛书》第一集第四册,上海国立编译馆印1936年影印本。

续表

天平诏书	天情道理书
太平礼制	御制千字诏
太平军目	行军总要
太平条规	天父诗
颁行诏目	钦定制度则例集编
颁行历书	武略书
三字经	醒世文
幼学诗	王长次兄亲目亲耳共证福音书

从这份《旨准颁行诏书总目》(以下简称《总目》)的内容来看，它是一份具有明显政治倾向性的图书目录。例如太平天国政权宣布了废除土地私有制，主张平分土地，实行"凡天下田，天下人同耕"的政策。这份总目中列有《天朝田亩制度》一书，这正是太平天国定都天京以后，为巩固政权而颁布的纲领性文件。再如太平天国规定："凡一切孔、孟、诸子百家妖书邪说者，尽行焚除，皆不准买卖藏读也，否则问罪也。"[①]实行了反对儒学的文化政策，并将传统的儒学定为"妖学"。与此同时，又建立了一套以"上帝"为中心的思想理论。《总目》中的《天理要论》，就是依据英人麦都思所撰的《天理要论》删改而成。凡八章，即有上帝、独有一上帝、论上帝名、上帝乃灵、论上帝永在、上帝无度、上帝无不在、上帝无所不能。又在《天情道理书》中，记载了天王、东王等对将士的思想教育，劝诫将士不能侵犯"天条"。以上两书则强化了太平天国军民的思想控制。又如太平天国后期实行了洪仁玕提出的带有资本主义性质的改革方案——《资政新篇》。《资政新篇》提出，在政治上学习西方资本主义民主制度，经济上保护私有财产，主张雇用关系。洪仁玕还明确提出了向西方学习的主张："凡外国人技艺精巧，国法宏深，宜先许其通商，但不得擅入内地。"[②]在这份目录中，《资政新篇》也赫然著录，

[①] 黄再兴：《诏书盖玺颁论行》，载萧一山辑《太平天国丛书》第一集第四册，上海国立编译馆印1936年影印本。

[②] （清）洪仁玕：《资政新篇》，《太平天国印书四十二种》第十六册，江苏人民出版社1961年影印本。

起到了宣传太平天国变法的作用。此外，将《太平救世诰》《醒世文》和一些颁布的诏书、礼制、军规等书籍列在该目录之中也体现了其政治用意。

对于太平天国颁布这些诏书总目的政治用意，太平天国领袖吴容宽说："兹我天王口为天口，言为天言，诏书颁发，天下咸知，继自今九州万郭，莫不知今是而昨非，悉洗心而革面，共同赞美天父天兄之权能，而皆真心悔罪，修好练正，以为天父子女矣。"① 袁名杰也说："天主之化布于诏书，真主之威昭乎金玺，盖所以化醒天下，与镇定天下者为无穷也。我主蒙天父恩赐金玺，使不盖用颁行，何以俾天下化其愚浊，仰其声威？故一切诏书皆宜盖玺，颁之天下，使其知我主奉天命以临民。凡天下之人，不拜邪神，不行邪事，尚何有妖魔迷蒙也哉！"② 《旨准颁行诏书总目》著录了太平天国各种重要的纲领性文件，成为太平天国军民的必读书目，在宣传其政治主张、统一思想，配合革命运动上发挥了积极作用。

二 革命派报纸杂志中的书籍推介

20世纪初期，中国社会状况十分复杂。帝国主义列强改变了以往的侵略策略，实行"以华治华"的方针，进一步加紧了对中国的掠夺。面对日益严重的民族危机，清政府不得不实行了一系列编练新军、废除科举、兴办学校、奖励实业、发展民族资本的新改革措施，促进了资本主义在中国社会的发展。中国的民族资本主义也崭露头角，初步壮大了的民族资产阶级渐渐登上中国的政治舞台，成为革命的主要领导力量。他们在全国范围内通过兴办报纸杂志、翻译小说、创建革命团体等形式展开了广泛的革命宣传活动，而目录学也常常作为一种宣传工具被应用到政治领域。

首先，利用书目提要是革命派推介书籍、宣传革命思想的主要手段。《大陆》杂志是中国近代民主革命家秦力山、杨廷栋于1902年在上海创办的革命刊物。在《大陆》第一号中，刊载了"作新社出版新书第一回广告"的目录。其中有《五大洲三十年战史》一书，提要云："是书为蒲

---

① （清）吴容宽：《诏书盖玺颁论行》，载萧一山辑《太平天国丛书》第一集第四册，上海国立编译馆印1936年影印本。

② （清）袁名杰：《诏书盖玺颁论行》，载萧一山辑《太平天国丛书》第一集第四册，上海国立编译馆印1936年影印本。

圻贺履之先生纂著,起同治十二年癸酉,迄光绪二十八年壬寅。有编辑,有翻译,搜采最富,抉择最精。使五洲万国大小战事,了如指掌,而其要旨则以中俄交涉尤为全球所注意。故此三十年始于俄人之侵回部,终于俄人之据满洲。标举微言,刿心怵目。使观者明于种族竞争废兴存亡之故,有以激发其思想而振奋其精神。不仅赅括详明,足资考证已也。"提要内容反映出作者唤醒民众,反思国耻,振奋斗志,抗击外侮的思想。又如,在《大陆》第二号的新书目录中有《革命前法兰西二世纪事》《南阿新建国史》两书。《革命前法兰西二世纪事》是记载法国革命前,由于社会黑暗,政治腐败,而其君臣依然坚持专制,不肯革新,"遂酿成破坏之乱,扑政府,戮王族,奇惨殊祸"。《南阿新建国史》则介绍了杜兰斯哇与阿列西以一隅之国反抗强大英国之事。该书提要认为:"彼小寡之邦自强如是,地广人众而不克振奋者可以愧矣。"革命派企图以法国大革命以及杜、阿两国争取民族独立的成功事例进一步宣扬革命,鼓舞民心。在以上诸书提要中,通过介绍各国的反抗侵略历史,宣扬了革命派暴力革命的主张。

革命派在书刊推介中,还利用提要的形式揭露了列强侵略的罪恶历史。如清末湖南籍留日学生在日本创办了《游学译编》杂志,中国近代民主革命家黄兴曾在该杂志担任过编译。《游学译编》公开反对清政府的统治,主张民主革命,以"输入文明,增益民智"为宗旨。所译者,以学术、教育、军事、理财、时事、历史、地理为主,中外近事及各国的风俗习尚亦有涉及。《游学译编》第四册封底"文明编译书局发行图书要目"中,推荐了日本斋藤奥治著、秦毓鎏校阅、元弼参译的《西力东侵史》。其提要曰:"悲夫,今日之东方,一西人之势力范围也。悲夫东方既为西人之势力范围,而东人士犹大都不知其由来也。西力东侵,如电如潮,亚洲诸国,俱蒙影响。而受影响尤烈者有三:因势利导,转弱为强者,日本也;顽迷不醒,坐以待亡者,即印度也;有十倍于日本之潜势力而自暴自弃,恐渐为印度之续者,中国也。此史历载东西交涉之事,而特详于三国。三国之中,又以中国为最详。爰亟译之,以广其传。"作者也试图通过对西方侵略历史的揭露,以唤醒民众的民族意识。西方的侵略势力,往往以外交作为装饰。英国一向被视为欧洲外交的中心。日本高田早庙著有《英国外交政略史》一书,分为五章。其中,前三章论述英国外交的发展变迁,第四、第五两章分论公使及领事之职务。皆以英国为中心,征引广博而翔实,议论精当而公允。此书由胡克猷翻译,"译者痛宗邦外交之失策,故刻意经营,译为是编,有心国是者,尤宜手置一册"。

对于革命之后,如何建设国家,革命派也欲从日本出版的著述中,寻求经验。《游学译编》第三册封底,介绍了日本有贺长雄编、许直翻译的《国家学》一书。其提要曰:"《国家学》又名《国权学》,西人近设专科,尽力研究。盖当竞争激烈之时,一国公民无国家思想者,不能立国于圆球上。其鸿篇巨制,不知凡几。是书为有贺氏游学欧洲归国后所编述,部分为四。首国家全体,次立法,次元首,次行政。博采欧洲各大家论说,而时有出入。书成在日本宪法初步之日。虽专为其国说法,然国家真理仍自不没,且编制有法,条理精细,洵非后起者所能望其肩背。兹经许君殚精译出,刻已付印,不日出书。凡我国民当以一读为快也。"又如,《游学译编》第四册"文明编译书局发行图书要目"中,列有日本高田早苗著《国家学原理》一书,提要曰:"为一国之民,而欲全国民之资格,必自知国家之所以为国家始。本书宗欧美大家之说,以发明国家之原理。凡为国民者,不可不读也。"革命派反对晚清立宪派的"伪立宪",主张实现以民权为基础的法制国家。《大陆》第二号的新书目录中,《各国宪法大纲》的提要曰:"宪法为立国之本,原已为识者所共认。今欲强我中国,舍此未由。其亟宜留意,毋待深言矣。本社编《各国宪法大纲》一书,以饷我同胞。此书于泰西诸文明国之宪法,理论精明,搜罗详尽。又以有志经国者,不可不急手一编也。"可见,以法制立国强国,也需要借鉴世界各国的先进经验。

实现民权的前提是开拓民智,教育成为当时的社会热点问题。《游学译编》第三册封底还以提要的形式介绍了《十九世纪欧洲教育之大势》和《支那教育问题》两部著述。《十九世纪欧洲教育之大势》一书为日本中野礼次郎所著,作者在提要中指出了翻译此书的必要性:"今我国教育尚极幼稚,不得不先取资于人,折衷一是。故急译此编,即行付印,欲供我国留心教育者之参考焉。"晚清留日师范生曾在日本弘文学院就读。毕业归国前夕,他们曾与弘文学院院长嘉纳讨论中国的教育问题。彼此问答辩驳,而成《支那教育问题》一书,"凡数万言,皆切中时弊之论。诸君归国后,有旁记者某君录存,因其言于我国教育前途关系甚大,不敢秘藏，特付局印行，意欲待我国人之公平论断也"。

其次，有些报刊还通过罗列一部书籍的具体章节目录来向读者推介图书、宣传革命主张。陈超在《晚清目录学初探》一文中，便记载了《民报》对《荡虏丛书》的推介。兹抄录如下：[①]

《荡虏丛书》

第一种：《孙逸仙》　　章太炎先生序；孙逸仙先生自序；黄中黄著；定价三角

目录⊙第一章　孙逸仙之略历及其革命谈判
⊙第二章　孙党与康党
⊙第三章　南洋之风云与吾党之组织
⊙第四章　南征之变动及惠州事件

第二种：《无政府主义》　　定价二角

目录⊙无政府主义及无政党之精神　⊙法国之无政府党　⊙西班牙之无政府党　⊙意大利之无政府党　⊙德意志之无政府党　⊙奥地利、匈牙利之无政府党　⊙瑞士之无政府党　⊙英国之无政府党　⊙美国之无政府党　⊙结论

第三种：《沈荩》　　沈荩之遗像　黄中黄著　章太炎序

目录⊙第一章　绪论
⊙第二章　沈荩之略历及庚子事变
⊙第三章　沈荩之居北京及群小倾陷之情势
⊙第四章　满清政府之惨刑及沈荩死后的影响
⊙第五章　结论
附录⊙沈荩之舆论十三则　⊙诗　附八则

再如，《湖北学生界》是清末湖北籍留日学生在日本东京所创立的一本杂志。通过介绍东西新学，以期唤起国民的民族精神。开设有政法、军

---

① 参见陈超《晚清目录学初探（二）》，《图书与情报》1985 年 Z1 期。

事、教育、留学纪杂、实业、时评等栏目。该杂志以反对清朝封建专制、倡导民族革命为办刊宗旨。自第六期起，改名为《汉声》。在第六期中对《联语改良》《汉学出书》列出了两部新书的目录如下：

《联语改良》：光黄学人著◎上海四马路东华里昌明公司发行
　　　　　　目录如左：泰西金言集（英文对照）、古语适存集、近人佳句集、岁时联语集、普通联语集、市廛联语集
　　　　　　提要：中国社会之衰颓，本于俚谚学术之谬，而联语则代表俚谚学术者也。欲改良社会者，不可不问道于此书。定价亦廉，大洋一角。
《汉学出书》：原名《温故录》◎定价大洋三角五分　日本户水博士原著
要目如下：◎殉死与作俑◎支那人种◎今古文尚书考

最后，革命派创办的杂志之间，也会通过目录学的形式建立起互动关系。以罗列其他杂志目录的形式，起到宣传革命思想的作用。如《湖北学生界》第四期（上），罗列了《直说》第二期、《游学译编》第十五期的目录。列之如下：

《直说》杂志第二期目录
教育：◎小学校教育
政治：◎国家之起源……权利篇、续前册
社会：◎人群之进化
生计：◎分功解
军事：◎军人之尊贵……壮哉军人，快哉军人
外交：◎西藏与英俄之关系
传记：◎法国第一人甘必大传
外论：◎战时之东清铁道……俄之满洲殖民
杂俎：◎杂事五则……杂谈十五则……杂录二则

《游学译编》第十五期目录
● 学说：◎政治学说
● 教育：◎国民教育论
● 军事：◎英国海军史略谈
● 理财：◎经济政策论
● 时事：◎十四年来之德意志
● 历史：◎纪十八世纪末法国之乱
● 传记：◎南阿独立英雄古鲁家略传
● 地理：◎国际地理
● 外论：◎开发支那社会之机关
● 余录：△世界人口之增加　△世界五十年来之战争费　△世界之石炭消费……

又如《江苏》杂志是江苏籍留日学生创办的一本反映资产阶级革命派政治主张的杂志。该杂志登载过许多历史上的民族英雄，如《郑成功传》《为民族流血史公可法传》《中国革命家第一人陈涉传》等，借以鼓舞民众，宣扬革命精神。《游学译编》第十二期中便刊载了《江苏》杂志第七期的目录，列之如下：

◎图画：○为民族流血黄公淳耀兄弟像
　　　　○江阴黄山之形势
◎社说：○民族精神论　○家庭革命说
◎学说：凡六门
　　　　△政法[①]△军事△哲理△历史△音乐△实业
◎大势：○英国之将来○英国与西藏之交涉
◎时论：○对清之政策
◎小说：○明日之战争（续）等两篇
◎记言：○说苑○不敢忘录等四篇
◎记事：○国内时评○外国时评

---

① 原目录中政法、军事等类目下又有具体篇目名称，这里笔者将其省略。

◎调查录：○镇江学堂兴废表等三篇
◎杂录：○珍闻○谈片○杂俎

革命派对其政治主张的宣传，并没有利用传统的书本式目录，而是利用了在报刊上刊载"活页式目录"的新形式。究其原因这是与近代报刊数量剧增、覆盖面广、传递信息迅速等密不可分的。中国近代报刊在维新变法时期迅速成长，改良派不仅在国内兴办了报纸，在日本、美洲、南洋等地也都办有自己的报纸。辛亥革命前后，在京、津、沪等地又出现了宣扬民主革命的报刊。近代报刊向大众化发展的趋势，促使革命派利用了最适宜的思想宣传形式。从这些目录的内容来看，无论是所推荐的新书目录，还是期刊目录，均是与时政相关的书籍。这表明该时期的活页式目录充分发挥了其宣扬政治变革的社会文化功用。这种简便灵活的形式也恰恰适应了对普通群众宣传的需要，因此在社会上较为流行。

第三节 保存国粹

晚清时期，以邓实、刘师培、黄节、马叙伦等为代表的学者，提出"研究国学，保存国粹"的倡议，在新文化运动前夕，掀起了一场文化自救运动。而目录学也在这一思潮传播中扮演了重要角色。

邓实（1877—1948），字秋枚，广东顺德人，出生于上海高昌，清末廪生员。邓实曾于1902年在上海创办《政艺通报》，"以科学定政论之标准，以搜集现行政法之要件，供一般学者之研究为义务"[①]。通过介绍西方的民主政治制度，以期实现救亡国家的宗旨。自1905年开始，邓实又将目光转向中国传统的历史与文化。当时西学流行为一股潮流，西学的影响也更加广泛。欧榘甲便言："人知危亡，不肯安于守旧。自八股之废也，翻译书籍出版者，人人争购，市为之空。

---

① 邓实：《论政治思想——〈政艺通报〉法行之趣意》，载《光绪癸卯政艺丛书·政学文编卷》，第93页。

家家言时务,人人谈西学,有力者则自请舌人译之,而快新睹。"① 这种学术局面,激发了邓实的一种文化忧患意识:"欧风东渐,国学几灭,著者抱学亡国亡之惧,乃著《国学保存论》《国粹学》《明末四先生画像记》等篇,思以止横流而维学风之弊。使天下皆知爱吾学以爱吾国,则学存而国不可亡。"② 他创办了《国粹学报》,提出"爱国以学,读书保国"的办刊宗旨。邓实对"国学"有如下认识:"神州学术,春秋以前归于神鬼术数,春秋以降归史,汉以后归于儒,归于儒而无所复归矣。盖自汉以降,神州之教为儒教,则神州之学亦为儒学。绵绵延延,历二千余年而未有变也。"③ 在邓实看来,汉以降的儒学并非全部有益,"儒学之半无益于中夏"。由是,其欲从传统儒学中汲取精华,是为国粹:"国必有学而始立,学必以粹为有用。国不学则不国,学非粹则非学。非学不国,其将何以自存矣。"④

清学是传统儒学演变的最后一个时期。邓实对乾嘉时期的学术成就予以高度赞扬:"学者穷经必先识字,故有训诂之学。校理经文,近世字书不足据,则必求之汉以上之文字,故有金石之学。又以诸子之书时足证明经文,于是由经学而兼及诸子学。以经之传授源流详于史,于是由经学而兼及史学。以释经必明古地理,于是由经学而兼及地理学。以历法出于古经,于是由经学而兼及天文学。以古人习先学书计,于是由经学而兼及算学。"⑤ 乾嘉诸儒学识之广,令其景仰,有"经学迈汉唐"之誉。然清代禁书极严,许多有价值的书籍被清廷列入"禁毁"而不见天日。鉴于此,邓实依据其所得史料,编纂了一部禁毁书目——《禁毁书目合刻》,刊于《国粹丛书》第二集。《禁毁书目合刻》在姚觐元《清代禁毁书目》的基础上,将姚氏的"违碍书目"类与其新得到的江宁官本做了比较,对于其缺漏之处进行了填补,"因改名曰'奏缴咨禁书目',

---

① 欧榘甲:《论政变为中国不亡之关系》,载中国史学会主编《戊戌变法(三)》,上海人民出版社1957年版,第156页。
② 邓实:《第七年〈政艺通报〉题记》,《政艺通报》第7年第1号,1908年,第1页。
③ 邓实:《国学微论》,《国粹学报》第2年第2期,1906年,第133页。
④ 邓实:《国粹学》,《政艺通报》第3年甲辰第13号,1904年,第3页。
⑤ 邓实:《国学今论》,《国粹学报》第1年第4号,1905年,第399页。

为合刊之"①。邓氏进一步指出了其编纂此目的功用:"近者庚子之变,联军入关,上自宫府所藏,下及私家所守,已散弃如陈年故纸,不适于用者,弃之可无惜。然则今日之书籍不禁而禁,不焚而焚,更后数十年,其海内之无书尤可决也!余于是目,不禁重有慨焉。"② 足见,其保存传统文化之苦心。

与邓实等民间知识分子的主张相映成趣的是,清廷的一些大臣也在思想深处开始了文化的自省:"近日风气,士人渐喜新学,顿厌旧学,实有经籍道息之忧。"③ 光绪三十三年(1907),张之洞欲创立存古学堂,其云:"今日环球万国学堂,皆最重国文一门。国文者,本国之文字、语言,历古相传之书籍也。即间有时势变迁,不尽适用者,亦必存而传之,断不肯听其渐灭。至本国最为精美擅长之学术技能、礼教风尚,则尤为宝爱护持,名曰国粹,专以保存为主。凡此皆所以养其爱国之心思、乐群之情性。东西洋强国之本原,实在于此。"④ 保存国粹成为存古学堂设立的重要宗旨。

对于国粹思想的影响,罗志田先生曰:"说到底,真致力于办存古学堂者与民间的国粹学派在当时都是名副其实的少数派,其实在的影响基本不出与致用关联甚少的学术研究领域。"⑤ 这里需要补充的是,晚清国粹思想除了在学术研究领域萌生,还影响了公共文化领域。在清末民初图书馆兴建的浪潮中,保存国粹成为其中重要的一个主旨。时任安徽巡抚的冯煦便云:"夫泰东西之学,不过窃吾绪余,犹足颉颃一世,而吾国乃昇,弃其典章文物,曾不爱重,何其慎也。臣谨揭斯义,与皖之官吏士民相质证,采先儒穷理之书以端本,考历代经世之书以致用。政教相通,千古不易。"⑥ 图书馆被赋予了独特的社会文化属性。罗振玉亦曰:"保固有之国

---

① 邓实:《禁毁书目合刻·跋》,清光绪三十三(1907)年刻本。
② 邓实:《禁毁书目合刻·跋》,清光绪三十三年(1907)刻本。
③ (清)张之洞:《致黄仲韬电》,《张文襄公全集》第4册,中国书店1990年版,第346页。
④ (清)张之洞:《创立存古学堂折》,《张文襄公全集》第2册,中国书店1990年版,第145页。
⑤ 罗志田:《清季保存国粹的朝野努力及其观念异同》,《近代史研究》2001年第2期。
⑥ 《安徽巡抚冯煦奏采访皖省遗书以存国粹折》,载李希泌、张椒华主编《中国古代藏书与近代图书馆史料》,中华书局1982年版,第150页。

粹，而进以世界之知识，一举而二善备者，莫如设图书馆。方今欧、美、日本各邦，图书馆之增设，与文明之进步相追逐，而中国则尚暗然无闻焉。鄙意此事亟应由学部倡率，先规划京师之图书馆，而推之各省会。"①由此，反映图书馆藏书的图书馆目录也成为保存国粹的重要载体。大致有如下表现。

首先，对善本秘籍的保存。在宣统二年学部制定的有关图书馆通行章程中便云："凡内府秘笈、海内孤本、宋元旧椠、精钞之本，皆在应保存之类。保存图书，别藏一室。由馆每月择定时期，另备券据，以便学人展现。如有发明学术、堪资考订者，由图书馆影写、刊印、钞录，编入观览之类，供人随意浏览。"②《永乐大典》是明代纂修的一部类书，在乾隆年间已多有残缺。清末战乱期间，散佚尤多，"今所存者，仅数十百册，而其中所引，尚多稀见之书"。再者，内阁大库中的藏书有许多不能成册的残卷，其中也不乏有宋元旧刻者。宣统元年（1909），学部上奏："拟请饬下内阁、翰林院，将前项书籍，无论完阙破碎，一并移送臣部，发交图书馆妥慎储藏。其零篇断帙，即令该监督等率同馆员，逐页检查，详细著录，尚可考见版刻源流，未始非读书考古之一助。"③ 除了宫内所藏书籍，一些地方图书馆还接管了原书院的旧藏书籍。如广西图书馆，"将桂垣书局旧有书籍移置该馆储藏，东西政艺诸篇，一面博采兼收，以期国粹保存"④。又云南图书馆的宗旨"以保存国粹，输入文明为主义"⑤。其藏书来源，"就学务公所图书科所存图籍，暨两级师范学堂所存原日'经正''五华''育材'三书院书籍移置其中，以为基础"⑥。

---

① 罗振玉：《京师创设图书馆私议》，载李希泌、张椒华主编《中国古代藏书与近代图书馆史料》，中华书局1982年版，第123页。

② 《京师图书馆及各省图书馆通行章程折》，载李希泌、张椒华主编《中国古代藏书与近代图书馆史料》，中华书局1982年版，第129—130页。

③ 《学部请饬内阁翰林院将所藏〈永乐大典〉等书籍移送京师图书馆储藏片》，载李希泌、张椒华主编《中国古代藏书与近代图书馆史料》，中华书局1982年版，第135页。

④ 《广西巡抚张鸣歧奏广西建设图书馆折》，载李希泌、张椒华主编《中国古代藏书与近代图书馆史料》，中华书局1982年版，第165页。

⑤ 《云南图书馆章程》，载李希泌、张椒华主编《中国古代藏书与近代图书馆史料》，中华书局1982年版，第159页。

⑥ 《云南图书馆章程》，载李希泌、张椒华主编《中国古代藏书与近代图书馆史料》，中华书局1982年版，第159页。

其次，对金石拓片、古文书的保存。宣统元年，山东巡抚筹建山东图书馆的同时，附设有金石保存所，"凡本省新出土之品，与旧拓精本，博访兼收，以表山东古文明之特色，免乡氓无识者之摧残，亦存国粹之一端也"①。清宣统年间，曾有过一次文物普查工作，要求各地将周秦以来的碑刻、造像、摩崖字迹等现存状况普查清楚。宣统二年，库伦办事大臣管辖之下的库伦图什业图汗旗下柴达木地方，发现了唐开元年御制阙特勤古碑一座。该碑因年久日晒，多有断裂。唯碑前碑文，字迹可见。故宣统二年，该办事大臣咨送拓印唐开元御制故阙特勤碑文一份，送至京师图书馆保存，"以为文明之观瞻"②。此外，敦煌石经被发现以来，陕甘总督相继将敦煌经卷解送京师，由京师图书馆保存。至宣统二年，共解送敦煌经卷十二箱、原样一卷、写经二十二卷、粘片二本。③

最后，对私家散佚图书的存购。乾嘉以降，清朝国力由盛转衰，再加之兵燹连年，私家藏书多在战乱中亡佚。甚至有流亡海外者，如陆心源之皕宋楼，尽为日本所捆载而去。又如八国联军侵占北京后，"天府图籍悉载而西，于是我文澜阁二万余册之专藏，夷为罗马藏书楼东方陈列品之一。外交内政之风潮纵横起伏，回旋而激荡，以浸淫蔓延于学界而不能遏抑，遂使中国藏书蒙一巨厄"④。时人不禁感叹道："若不设法搜罗保存，数年之后，中国将求一刊本经、史、子、集而不可得，驯至道丧文敝，患气潜滋。此则臣等所惴惴汲汲，日夜忧惧而必思所以挽救之者也。"⑤ 许多地方督抚在任期间，即致力于从私家藏书中收购文献。如两江总督端方曰："善本秘籍，至为难得。东南各省，夙称文物荟萃之区。虽经兵燹之摧残，不少缙绅之藏弆，不胫而走，时有所闻。自应代为购求，冀以免流

---

① 《山东巡抚袁树勋奏东省创设图书馆并附设金石保存所折》，载李希泌、张椒华主编《中国古代藏书与近代图书馆史料》，中华书局1982年版，第143页。
② 《学部咨京师图书馆准库伦办事大臣咨送唐开元御制故阙特勤碑拓片文》，载李希泌、张椒华主编《中国古代藏书与近代图书馆史料》，中华书局1982年版，第136页。
③ 《学部为续送敦煌唐人写经致京师图书片》，载李希泌、张椒华主编《中国古代藏书与近代图书馆史料》，中华书局1982年版，第130页。
④ 陈洙：《上海格致书院藏书楼书目·序》，清光绪三十三年（1907）铅印本。
⑤ 《学部奏筹建京师图书馆折》，载李希泌、张椒华主编《中国古代藏书与近代图书馆史料》，中华书局1982年版，第133页。

失,而资补助。"① 端方创盛举,购置了丁氏八千卷楼藏书,储藏于江南图书馆中,"卷帙既为宏富,其中尤多善本"②。并购得湖州姚氏、扬州徐氏藏书数千卷,"运寄京师,以供学部储藏"③。又在其支持下,经过缪荃孙的斡旋,宣统三年(1911)常熟瞿氏铁琴铜剑楼的部分珍本藏书亦归京师图书馆保存:"爰将抄成之三十七种,暨元明及汲古阁等旧刊本十三种,合五十种,一律装订完备,随开书目,详细注明影本图章,呈交监督缪,解储京馆。"④ 此外,学部还向民间征求珍本图书。凡私家不愿献纳或不愿出售者,由政府令写官写就返还,或借出后,分别刷印、影钞、过录,"原书必应发还,不得损污勒索"⑤。

图书馆目录以保存国粹为宗旨,在清末民初西学风靡中国的学术风尚中,注入了传统文化的因子。值得注意的是,图书馆目录在保存国粹的同时,并不排斥西方学术。山西巡抚宝棻便云:"今者储四部之善本,收列国之宝书,兼综博采,俾保存国粹与输进文明,两者均无偏废。于以赞维新之化,发思古之情,是图书馆之设,其有裨于教育者,实非浅鲜。"⑥ 可见,兼顾中、西学术而博采之,是图书馆目录的一个学术特征。

第四节　目录学家的社会责任

晚清目录学除了宣扬变法、革命,保存传统国粹之外,一些致力于藏书事业的学者也不再单纯地将目录学视作学术整理与研究的方法,他们进

---

①《两江总督端方奏江南图书馆购买书价请分别筹给片》,载李希泌、张椒华主编《中国古代藏书与近代图书馆史料》,中华书局1982年版,第146页。

②《学部奏筹建京师图书馆折》,载李希泌、张椒华主编《中国古代藏书与近代图书馆史料》,中华书局1982年版,第133页。

③《学部奏筹建京师图书馆折》,载李希泌、张椒华主编《中国古代藏书与近代图书馆史料》,中华书局1982年版,第133页。

④《学部为送瞿氏书籍抄本五十种咨京师图书馆文》,载李希泌、张椒华主编《中国古代藏书与近代图书馆史料》,中华书局1982年版,第138页。

⑤《京师图书馆及各省图书馆通行章程折》,载李希泌、张椒华主编《中国古代藏书与近代图书馆史料》,中华书局1982年版,第130页。

⑥《山西巡抚宝棻奏山西省建设图书馆折》,载李希泌、张椒华主编《中国古代藏书与近代图书馆史料》,中华书局1982年版,第145页。

而将目录学的文献整理与时代赋予的社会责任、社会使命相结合,处处体现了生机勃勃的晚清书目文化。

一 整理战乱余烬的藏书目

隋秘书监牛弘在《请开献书之路表》中提出了隋代以前文献遭遇的"五厄"。明代学者胡应麟又在《少室山房笔丛》中,继牛弘"五厄"论后,增释自唐以后文献之"五厄"。自此,文献学领域中有图书"十厄"之说。晚清时期的中国社会屡遭兵燹,许多文献也在兵火中亡佚。时任浙江提学使的袁嘉谷云:"溯乾嘉以迄今日,物力大逊,书籍多佚。私家藏庋者,或者为海外航载而去,中秘书则自内府、陪都、热河而外,存者惟浙。"① 在这一时代背景下,许多藏书家遇难移书与适时购书,又能够对其兵火所余者编目整理,从而使晚清目录学在保存传统文献方面发挥了不可替代的社会功用。

(一) 以整理自家旧藏为己任

瞿镛的铁琴铜剑楼是晚清著名的四大藏书楼之一。瞿氏世代居住在江苏省常熟市菰里镇。藏书兴起于瞿绍基、瞿镛父子时代,其积书十余万卷,多为宋元善本。然而,瞿氏藏书自秉渊兄弟时,便多遭劫难。尤其难能可贵的是,瞿氏子弟都是懂书、知书、惜书之士,他们即使在兵戈四起的社会环境下,也能处处留意探访续购图书,为瞿氏的藏书作出了贡献。

咸丰十年(1860),太平天国攻陷苏州,常熟告急,秉渊兄弟不得不移书避难。张瑛在《虹月归来图记》中记载:"咸丰庚申四月,粤寇陷苏州。吾邑菰里瞿氏家世藏书。闻警,敬之、浚之昆仲,整理书籍,除近世刊本外,检世所罕有者,分置乡村北之荷花溇,西之桑坝及香塘角。又取经部一种,寄于周泾口张市。八月,常熟陷,亲至各处捆载,舍去十之二三,择千余种,一寄归市董氏,再寄张市秦氏。是月,太仓亦陷,归市骚动,复运至鹿阿唐氏。已而,土寇蜂起,复运至定心潭苏氏。"② 尽管在经过这次兵乱之后,瞿氏的藏书,"一劫于菰里,再劫于香塘角,所存仅

---

① 《请改杭州行宫为图书馆疏》,载李希泌、张椒华主编《中国古代藏书与近代图书馆史料》,中华书局1982年版,第150页。

② (清)张瑛:《知退斋稿》卷3,清光绪二十八年(1902)刻本。

苏氏一处"①，然瞿氏兄弟还能抓住时机购书。翁同龢在《瓶庐丛稿》中说："烽火震荡之中，而镜之昆仲，亦以楼迁海上，往往得善本。"② 在兵火过后，瞿氏后裔瞿凤起又对其藏书重新整理编目："向非君出入波涛兵刃之中，以全力护持，亦恐荡为烟云，不可复问。重编书目，临殁不忘，功不可没，志尤可悯。君不特为一家保守遗书，实为东南文献留一线之传，铁琴铜剑楼足与浙中范氏、黄氏并传不朽。"③

同是常熟的小石山房藏书在战乱中也多有损毁，其后人亦能够致力于整理自家战后旧藏，并编有《小石山房佚存书录》三卷。"小石山房"是晚清藏书家顾湘的藏书斋。顾湘，字翠岚，江苏常熟人。家富藏书，曾得宋本《稽瑞》，又得扬州马氏兄弟所刊《五经文字》《九经字样》《班马字类》《字孪》等书，印版十分精善，为学林所重。道光年间，顾氏将其付梓，成《玲珑山馆丛书》十三卷，末附《汉魏六朝志墓金石例》三卷及《唐人志墓例》一卷。另刻有《小石山房丛书》四十余种。其中，经学如顾宪成之《四书讲义》、陆世仪之《论学酬答》均是两家之遗著；其余亦多宋元明贤俊逸士之著述。叶德辉曾赞云："既然富藏庋，尤乐刊行。虽不如汲古阁镂版之多，亦不至如爱日活字之误。故近百年间藏书刻书之富，必于顾氏、张氏首屈一指焉。"④ 顾氏藏书中尤钟情于金石、印谱之书，将其所藏著为《小石山房印谱》《小石山房印苑》《名印传真》《篆刻鍼度》等书，足为艺林之佳话。然顾氏藏书多毁于咸丰年间的战乱。民国初年，顾湘之孙顾葆龢重新董理其家藏余书，编撰而成《小石山房佚存书录》三卷。顾葆龢曰："于兵燹以来，家存元明旧椠、旧钞及名人所校题跋，海内所孤传，董理一二，冀编目以备缺亡，曷足供宏达之鉴赏。"是目分经、史、子、集四类，每类下不再分二级子目，共收书 80 部。又有《续目》一部，收书 28 部。每书下列卷数、刊本，并编有提要，"凡一书之得失，印记之流传，数典如珍，莫不原原本本"⑤。在提要

---

① （清）张瑛：《知退斋稿》卷3，清光绪二十八年（1902）刻本。
② （清）翁同龢：《瓶庐丛稿》卷2《题瞿浚之虹月归来图》，民国二十四年（1935）商务印书馆影印本。
③ 仲伟行等编：《铁琴铜剑楼研究文献集》，上海古籍出版社1997年版，第26页。
④ 叶德辉：《小石山房佚存书录·序》，民国间抄本。
⑤ 叶德辉：《小石山房佚存书录·序》，民国间抄本。

中多详述一书版式，摘录序跋，揭示其学术大旨。部分提要还对书籍进行了考辨。《靖康孤臣泣血录》一书，《四库总目提要》认为此书为伪书。顾葆龢于史部《靖康孤臣泣血录》条提要辨曰："《四库提要》因其自题太学生，疑为伪托。不知录前特起一序，徐商老已采入《三朝北盟会编》，即足为考证之资。"该目首列顾氏"先王父翠岚府君家传"一篇，是考察顾氏藏书历史的重要文献。

此外，晚清浙江著名藏书家管庭芬的藏书也因兵火而损失大半。管庭芬（1797—1880），字培兰，号芷湘，浙江海昌（今浙江海宁市）人，诸生，是清代著名藏书家。关于管氏之藏书，据其乡人许槤曰："吾邑收藏之家，首推蒋氏叔侄来青阁与别下斋为最富。管氏花近楼，亦多宋元旧椠。"① 清人孙诒让亦云："芷翁博极群书，犹得见冯柳东、张叔未、钱警石诸先生，渊源有自。"② 然自晚清以降，其乡屡经战乱，故家典籍散佚良多，管氏"手抄之书，自经粤乱，流传日少"③。管庭芬辑有《花近楼丛书》凡七十四种九十二卷，补遗十九种二十二卷，附存八种九卷。据庭芬自云：咸丰年间，因太平天国之乱，其携书避难乡曲，闲暇之余，取其读之，并略作题识附后。迨战乱稍平，旋里后，所见满目疮痍，"故家典籍，又大半毁于劫火，深为天丧斯文之叹"④。因陆续搜访钞录所存者，得百余种，署之曰《花近楼丛书》，取杜甫诗"花近高楼伤客心"之意。庭芬《花近楼丛书》所搜辑钞录者，即多为战火劫余。其中有十余种浙江清人著述为现存诸丛书所未及收录。且据笔者所知见，今海内外亦罕有其他版本流传。兹列其目如下：

表6-2　　　　　　　《花近楼丛书》罕见书目

书名	作者	备注
《易义参》一卷	苏士枢	字花农，浙江海宁人
《春秋经文三传异同考》一卷	陈莱孝	字微贞，号谯园，晚号竹貌翁，海宁人

---

① （清）许槤：《许氏古韵阁书目·序》，清许氏古韵阁抄本。
② （清）孙诒让：《清绮斋藏书目·跋》，清道光二十三年（1843）抄本。
③ （清）孙诒让：《清绮斋藏书目·跋》，清道光二十三年（1843）抄本。
④ （清）管庭芬：《花近楼丛书·自序》，《花近楼丛书》本。

续表

书名	作者	备注
《明边镇题名考》一卷	查继祖（佐）辑	字伊璜，晚号东山，明崇祯六年举人，海宁人
《罪言》一卷	温睿临	字邻翼，一字哂园，浙江乌程人，温体仁族孙
《横桥堰水利纪事》一卷	王纯	乾隆六年举人，海盐人，号草园，历任灵寿县教谕，升山东观城县知县
《东省养蚕成法》一卷《授时分收图》一卷	崔应阶	字吉升，号拙园，湖北江夏人，官至刑部尚书，乾隆45年致仕，寻卒（其书内容涉及浙江尤多）
《古诗十九首笺注》一卷	陈敬畏	字寅仲，海昌人
《论书目唱和集》一卷	马玉堂、蒋光煦	玉堂，字笏斋，号秋药，浙江盐官人。光煦，字日甫，号生沐，海宁硖石人
《枉了集》一卷附录一卷	范深	武林人，字号不详
《疡科浅说》一卷	管宝信	字荣棠，海昌人
《东阿诗钞》一卷	葛泠	字向高，海宁人，著有《东阿倚剑楼诗草》二卷，抄本，今藏浙图，未详与是编有无重复收录
《同治乙丑补试黉案》二卷	管庭芬	

上述诸书多赖庭芬搜访、传钞，才能在战后幸免于亡佚，其裨益于学术者甚多。如所收陈莱孝《春秋经文三传异同考》一卷，"论《春秋》三传异同，古来不乏专书，至论三传《春秋》经文之异同，惟此卷所独。"[1] 再如南朝梁萧统采辑汉代古诗十九首合为一组，收入《文选》中，题为《古诗十九首》。今人隋树森先生著有《古诗十九首集释》，所辑诸家之说，甚为翔实。然是编中陈敬畏之《古诗十九首笺注》一卷，则为隋氏所未及。敬畏据《说文》《尔雅》《广雅》《方言》等书训诂古诗字句，广征《楚辞》《周易》《毛诗》《三家诗》《毛诗草木疏》《风俗通》《战国策》《春秋》《礼记》《尚书》，及贾逵、郑玄、孔安国、宋均等诸家之说，于古诗中所涉名物制度，多有考索，识见甚精，其书当与隋氏《古

---

[1] （清）管庭芬：《春秋经文三传异同考跋》，《花近楼丛书》本。

诗十九首集释》互为参资。此外，温睿临之《罪言》，多言及康熙年间大臣治河之事，"滥任匪材，烦言朋兴，以縻国币，而轻民命，其何济之有？"① 查继佐之《明边镇题名考》，分陕西三边总督、巡抚宁夏、宣大总督、巡抚大同四目，所载凡二百余人，略考其里爵，中不乏忠义之臣，然竟遭明廷猜疑牵制，足见明末政事之颓败。《同治乙丑补试簧案》一书，因浙省大半陷于战乱，久废科举。同治乙丑，战乱平息，特补开诸科。然掌事官吏，不循学政旧规，致使补试施行混乱，"此回试事之变局，则展开国以来所未有，故详录之，使后世阅此册，以深其慨也"②。则以上三书皆涉及时事，有助于对当时政事之考察。又《横桥堰水利纪事》分虹桥堰图、虹桥堰等处水利图、横桥堰纪年、重开平湖虹桥堰记、开横桥堰后记、重建横桥碑记等篇，阐述清代平湖县横桥堰水利建设之兴废，"将刊而布之，使后人览是编，了然心目，旧经可摄，不必悗焚于旱"③。《赈粥议》所记粤乱以来，杭州城内外如何开设粥厂、救济贫民之事，《东省养蚕法》详述江浙授时育蚕之法，谈及山蚕之避忌、养蚕器具之使用等，《疡科浅说》杂论外科诸病症、病理，又附治病、用药之经验数例。以上四书均与民生休戚相关，可谓经世实学。而范深《柾了集》则录自古逸谄事迹，"以定天下之邪志，试使观之，不惟愧赧无地，亦管取汗下毛竖矣，可不省察于斯焉！"④ 读之，与世道人心所关甚大。可见，庭芬阐扬幽潜，对保存浙江先贤著述，功不可没。然庭芬于文献又不徒于搜访钞录，更能对之勤加整理，其"少而嗜学，尤长校勘"，⑤ 生平手钞、手校之书百余种。有此学术素养，使其在纂辑是编时又能广择善本，精心雠校，与一般泛泛钞录者迥别。

（二）受命编撰见存书目

清代私家藏书，以浙东宁波范氏天一阁为最。该书楼肇始于明嘉靖年间，楼主人范钦，喜购旧椠，尝从郡人丰坊钞书，丰氏落败后，其旧藏即

---

① （清）温睿临：《罪言》，《花近楼丛书》本。
② （清）管庭芬：《同治乙丑补试簧案》，《花近楼丛书》本。
③ （清）王纯：《横桥堰水利纪事序》，《花近楼丛书》本。
④ （清）范深：《柾了集序》，《花近楼丛书》本。
⑤ 徐世昌著，陈祖武点校：《清儒学案》卷143《嘉兴二钱学案》，河北人民出版社2008年版，第5101页。

归之范氏，"两浙藏书以天一阁为第一"①。入清以后，天一阁续有所藏，许多名儒硕彦皆来访书："康熙初，黄先生太冲始破例登之，于是昆山徐尚书健庵闻而来钞。其后登斯阁者，万征君季野、冯处士南耕，而海宁陈詹事广陵纂《赋汇》，亦尝求之阁中。"②乾隆年间，诏开《四库全书》馆，向海内藏书家求书。范氏天一阁进献书籍六百余种，钦赐《古今图书集成》一部。范氏进献书籍之后的藏目，今可见者有两部，即嘉庆七年（1802）成书的《四明天一阁藏书目录》以及嘉庆十三年（1808）扬州阮氏文选楼刻本《天一阁书目》。

《四明天一阁藏书目录》未分卷，题明范钦藏。是编乃宣统二年（1910）上虞罗氏刻本。卷首有全祖望《天一阁碑目记》及其《天一阁藏书记》各一篇。图书未按四部分类，而是依据《千字文》分字编号，凡三十二厨，计书四千八百一种，重者二百七十种，四千七百二十册。每书下仅著录撰人、卷数，或注曰残，曰缺，曰不全，曰霉，曰破，曰蛀，曰缺几本，曰又几本，曰又一部，曰未订，等等。据冯贞群所称，卷末题有"嘉庆壬戌岁六月二十日客寓金阊录"，并记云："尚有医书、地理、算命、风鉴等俱未列目，《登科》《会乡试录》《图书集成》、碑帖之类，亦未编入。"③由此可见，是编所载并非范氏藏书之全貌。冯贞群《鄞范氏天一阁书目内编》卷八曰："《天一阁目》自东明、梨洲编本不传，存于世者，推是本为最旧焉。"④冯贞群又考瞿世瑛《清吟阁书目》，有梁同书手钞《天一阁书目》二本，疑即是本。梁同书（1723—1815），字元颖，号山舟，钱塘人。乾隆十七年进士，改翰林院庶吉士，官至侍讲。大学士梁诗正之子。家富藏书，博学善文，尤长于书法，为世人所重。

《天一阁书目》十卷，是编乃阮元督学浙江时，命范氏后人写编而成。卷首列御赐书一种、御题书二种、御赐图二种、进呈书六百九十六种，以下按经、史、子、集四部分类，末附范氏著作十六种。每书下列卷

---

① 叶昌炽：《藏书纪事诗》，上海古籍出版社1989年版，第186页。
② 叶昌炽：《藏书纪事诗》，上海古籍出版社1989年版，第186页。
③ 冯贞群：《鄞范氏天一阁书目内编》附三，载《中国著名藏书家书目汇刊》（明清卷），商务印书馆2005年版，第6册，第446页。
④ 冯贞群：《鄞范氏天一阁书目内编》附三，载《中国著名藏书家书目汇刊》（明清卷），商务印书馆2005年版，第6册，第446页。

数、撰者，间录版本及提要。封面题"天一阁藏书总目"，钤"文选楼"印一枚。卷首为阮元序、黄宗羲《天一阁藏书记》、乾隆年间五道圣谕。是编收书，受到乾隆朝禁书政策的影响。如王世贞《纲鉴会纂》《续宋元纪》、陈仁锡《潜确居类书》、钱肃乐《庚辰春偶吟》等书，皆因禁书而未能编入。其《大明一统赋》注云："内第二节及二十二节俱已抽毁。"《盐法志》注云："内有屈大均序，钱谦益跋，俱已抽毁。"《孤树裒谈》注云："内有杨廉夫《正统辨》，刘定之《疏》等篇，俱已删去。"《群书备考》注云："内《九边图考》抽毁。"然与《四明天一阁藏书目录》相比，已多收入四千九十余种。关于是编之作者，据周中孚《郑堂读书记》卷三十二《天一阁书目》条曰：阮氏"抚浙时，命懋柱登阁，分厨写编，成目录十卷刻之，即以投畀其后人庋阁下。"① 然据阮元自序曰："余自督学至今，数至阁中翻所藏书，其金石榻本，当钱辛楣先生修《鄞县志》时，即编之为目。惜书目未编，余于嘉庆八九年间，命范氏后人登阁，分厨写编之，成《目录》一十卷。"② 其于嘉庆八九年间命范氏后人编目，未特指为懋柱也。又据冯贞群补注《光绪鄞县志·范从爨传》曰："范氏谱曰：'从爨次子永泰，生三子。长懋柱，字汉荃，号拙吾。明经生于康熙六十辛丑六月十五日，卒于乾隆十五年庚子五月十三日，年六十。'"③ 则范懋柱卒于是编成书之前，周中孚所记，失于考证。另，邵懿辰《四库简明目录标注》、莫友芝《邵亭知见传本书目》等皆著录是编为"范懋柱编"者，均误。是编卷末附《天一阁碑目》一卷，首列钱大昕乾隆五十二年序，卷中题"司马公八世孙懋敏莘册编次　男与龄、遐龄校字　嘉定钱大昕竹汀鉴定　海盐张燕昌芑堂、同邑水云懒生参订"，所收诸碑分周、秦、汉、魏、吴、晋、梁、北魏、北齐、后周、隋、唐、后唐、后晋、周、宋、金、元、无时代。又附续增诸碑目，分夏、周、汉、魏、北齐、梁、唐、宋、金、元。是目所录金石碑记，自周迄元，凡七百余种，无时代可考者凡《大风歌》《董宣传》两种。又附增九十余种，其宋元诸

---

① 周中孚：《郑堂读书记》卷32，史部目录类，上海书店出版社2019年版，第499页。
② 阮元：《天一阁书目·序》，载《中国著名藏书家书目汇刊》（明清卷），第2册，第119页。
③ 冯贞群：《鄞范氏天一阁书目内编》附二，载《中国著名藏书家书目汇刊》（明清卷），第6册，第425页。

刻居多，可补欧阳修《集古录》、赵明诚《金石录》之阙。每碑名下，列其镌刻之年月，碑之作者及其刻书者姓氏。

宁波天一阁藏书历经百余年而不衰，嘉庆年间阮元曾指出其藏书持久的三个原因。其云："余闻明范司马所藏书，本之于丰氏熙、坊，此阁构于月湖之西，宅之东，墙圃周回，林木荫翳，阁前略有池石，不使持烟火者入其中，其能久一也；又司马没后，封闭甚严，继乃各房子孙，相约为例，凡各厨锁钥，分房掌之，禁以书下阁梯，非各房子孙齐至不开钥，其例严密，所以能久二也；夫祖父非积德，则不能大其族，族大矣而不能守礼读书，则不肖者多出其间。今范氏以书为教，自明至今，子孙繁衍，其读书在科目学校者，彬彬然，以天一阁后人为荣。自奉诏旨之褒，而阁乃永垂不朽矣，其所以能久者三也。"① 然而，自道光以降，国家多故，天一阁藏书也屡遭战火洗礼，幸赖有识之士为其补编书目，书籍得以不绝。

鸦片战争期间，英军于道光二十一年（1841）八月占领了宁波，并对宁波城进行了大肆搜掠，宁波天一阁的藏书也在劫难逃。道光二十七年（1846）秋，刘喜海官浙江布政使司，时英军已经从宁波撤军，刘氏闻天一阁藏书有为英军掠去者，甚是惋惜。于是，登阁重编书目，是以成《天一阁见存书目》十二卷。刘喜海，字吉甫，号燕庭，山东诸城人，嘉庆二十一年（1816）举人，官浙江布政使，刘统勋之曾孙。支伟成《清代朴学大师列传》称，其酷嗜金石，"手裒金石文字五千余通，撰《金石苑》数百卷，胸罗卷轴，家承赐书，固已详博过于兰泉，又得舅氏金蒨縠佐其校理，益臻精善。"② 著有《嘉荫簃金石目》《洛阳存古录》《海东金石苑》。其所编《天一阁见存书目》十二卷，分经、史、子、集、丛书五门，录其登阁见存之书，凡二千二百二十三种。每书下，或引《郡斋读书志》《直斋书录解题》《文献通考》《中兴书目》《宋史·艺文志》《读书敏求记》《传是楼书目》《季沧苇书目》《四库总目》《爱日精庐藏书志》等书目，博征详引，以辨析学术之源流，于阮《目》纠正其误者

---

① 阮元：《天一阁书目·序》，载《中国著名藏书家书目汇刊》（明清卷），第2册，第120—121页。
② 支伟成：《清代朴学大师列传》，列传第十八，上海人民出版社2014年版，第508页。

颇多。然因刘氏罢官离鄞，是编乃其未完之目。

　　咸丰年间，浙东屡经兵燹，天一阁藏书多有损毁。据范彭寿曰："咸丰辛酉，粤匪踞郡城，阁既残破，书亦散亡。于时先府君方避地山中，得讯大惊，即间关至江北岸，闻书为洋人传教者所得，或卖诸奉化唐岙造纸者之家，急借赀赎回。寇退，又偕宗老多方购求，不遗余力，而书始稍稍复归。其有散在他邑、不听赎取者，则赖郡守任邱边公葆诚移文提赎，还藏阁中。"① 嗣后，上元宗源瀚任宁波知府，延聘慈溪何松编次《见存书目》。然草创未就，宗源瀚即以丁忧去官。光绪十年（1884），薛福成官宁绍台道，复命钱学嘉等三人重新编目，以成《天一阁见存书目》四卷。卷首为圣谕、御赐书、御题书，卷一为经部（比阮目多孝经一类），卷二为史部，卷三为子部，卷四为集部（楚辞、别集、总集、诗文评、词曲）。卷末为《重编进呈书目》一卷、《重编挑取备用进呈书目》一卷，凡五十部。又原本另附有《慈溪郑氏二老阁进呈书目》一卷，又有《天一阁校刊二十种奇书目》一篇，及《范氏家著》《碑目》《旧藏石刻目》《新藏书目》及《范钦传》。每书下列卷数、版本，尤详其全缺。封面内叶钤有"光绪己丑仲夏无锡薛氏新刊板藏甬上崇实书院"印，书前辑有旧目阮元序、钱大昕《天一阁碑目序》、黄宗羲《天一阁藏书记》、全祖望《天一阁藏书记》及其《天一阁碑目记》，又有是书编纂凡例七则。书后有范氏十世孙彭寿跋一篇，另有阙页跋文一篇。是目收书凡四部书二千一百五十三部，其旧目所误者，薛氏此编皆予正之，特于书之全、阙、见存，一一注明，甚便考资。所收尤重宋元旧椠，明刻精者录之，写本无论精否，皆录之。若世所罕见之本、四库求而未见之本，亦录焉。然其藏书历年经久，"或虫残水渍，不复成书，又非精品，则稍从删汰"②。考林集虚《目睹天一阁书录》序曰："其所藏书，《图书集成》外，不过十厨而已，中有一厨，虫蚀水渍之散叶，薛目所云不复成书者，又非精品，则稍从删汰，余谓薛目所弃，未必无用。如梵本《抱朴子外篇》、明钞本张小山《北曲联珠》等书，为他家藏书鲜见之物，惜乎余为时所限，不及详

---

① （清）范彭寿：《天一阁见存书目·跋》，载骆兆平编《天一阁藏书史志》，上海古籍出版社 2005 年版，第 47 页。

② 《天一阁见存书目·凡例》，载《中国著名藏书家书目汇刊》（明清卷）第 4 册，第 293 页。

视而录目，亦一大憾事也。"①

至光绪年间，历经中法战争、甲午战争以及帝国主义的瓜分狂潮后，宁波天一阁藏书已经逐渐衰败。光绪末年，缪荃孙尝登天一阁观书，其于《天一阁始末记》中云："厨用散木，两面开门，界而为五，每厨门标每类例，须范氏子孙检阅。余携《现存书目》细阅，应抽阅者，付之范氏子。开厨但见书帙乱迭，水湿破烂，零篇散帙，鼠啮虫穿，迥非阮文达公所云。范氏子见书而不能检，余告之，乃抽出，再检再阅，范氏子挽余自抽，盖目不知书者，余笑曰：'肯破例耶？'相与一笑。列厨分类，每类止数十本，然皆嘉靖前书，刻本无方体字，钞本蓝格绵纸，令人不忍释手。"②越百年间，范氏藏书已破败如此，这也是当时江南藏书衰败的一个缩影。

晚清许多藏书家藏书都遭受过兵乱之灾。在劫难过后，他们又重新整理了藏书，编成目录。这样，晚清目录学便被赋予了保存传统学术文化的历史使命。另外，还有一些学者利用目录学的形式对传统绝学进行了整理，再一次展现了目录学以文献存文化的社会价值。

二 继绝学而编书目

传统学术文化在鸦片战争之后，既面临着由社会与政治的变革而造成的冲击，又有来自西方学术的挑战。西学成为一股学术潮流后，国人纷纷趋之若鹜，有识之士深感传统学术渐亡："嗟乎，欧民振兴之基，肇于古学复兴之世；倭人革新之端，启于尊王攘夷之论……乃惟今之人，不尚有旧，图书典籍，弃若土苴，亦何独哉？"③传统学术文化被"谈西学"的潮流所摒弃，以至于"后生学子掇拾唾余，恣为披猖，欲举数千年圣哲贻留之道法，一扫而空"④。存古学，兴传统便成为当时学者的一种使命。

---

① 林集虚：《目睹天一阁书录·序》，载《中国著名藏书家书目汇刊》（明清卷）第5册，第113页。
② 缪荃孙：《天一阁始末记》，载骆兆平编《天一阁藏书史志》，上海古籍出版社2005年版，第330页。
③ 刘光汉：《论中国宜建藏书楼》，载李希泌、张椒华主编《中国古代藏书与近代图书馆史料》，中华书局1982年版，第121页。
④ 刘锦藻：《清朝续文献通考·经籍考》子部杂家类，第10131页。

清季以丁福保、周庆云对传统绝学的文献整理与研究，正是对传统学术文化的一种承扬。

丁福保编有《历代医学书目提要》一书，该书目前有丁氏自序一篇，指出了编纂缘起："西人东渐，余波撼荡，侵及医林，此又神农以后四千年以来未有之奇变也。而骎稚之医，以通行陋本，坊间歌括，盈脑塞口，瞆碴如豕羊，酣卧于厝火积薪之上，而坐弃他人之长，推之天演公例，数十年后，医界国粹亦不复保存矣。宁不悲欤！"① 足见是编乃为保存中华传统医学而编。以此为出发点，丁氏将所见所藏之书"别其门类，序其流派"将传统医学分为素问灵枢、难经、甲乙经、本草、伤寒、金匮、脉经、五藏、明堂针灸、方书及寒食散、疾病总、妇科、小儿科、疮肿、五官、脚气、杂病、医案、医话、卫生、祝由科、兽医二十二类。每书下著录卷数、朝代、撰者，对于亡佚之书，或仅知其目者，亦录而存之。有些书下有简短提要，多有考辨。或两存作者以传疑，如甲乙经类《南海药谱》条："按，《通志略》孙兼撰，《宋志》作孙廉。"或对撰者略加考证，如方书类《延龄至宝方》十卷条："姚和撰。按，《唐志》《宋志》延龄上有'众童'二字，《通志略》删去'童'字，作'姚和众'撰，以众字并为人名，谬矣。后医书类五有《保童方一卷》，《宋志》亦作'姚和众撰'，则又承《通志》之误。"

此外，周庆云还撰有《琴书存目》六卷。周庆云（1864—1933），字景星，号湘舲，浙江吴兴人。清末诸生。中国古代的乐曲学，源远流长，"乐"是与儒家的"礼"相伴而生的。西周的乐师有磬宗、视瞭，《周官》将"礼、乐、射、御、书、数"作为"六艺"之一。史载，孔子还曾向乐师师襄子学习乐操。历代的文人学士，也都有喜爱古乐、精通律吕的雅好。梁启超云："清儒好古，尤好谈经。诸经与乐事有连者极多，故研究古乐成为经生副业，固其所也。"② 清代琴学在乐曲学中也可称为一专学。庄臻凤在《琴学心声》中，提出了琴分三准、定徽准则等理论。程雄以琴技闻名于世，尤擅弹曲操，辑有《抒怀操》，记载了与朱彝尊、王世贞等名流的交往。蒋兴俦著有《谐音琴谱》，曾在日本各地流传。沈

---

① 丁福保：《历代医学书目提要·序》，《丁氏医学丛书》本。
② 梁启超：《中国近三百年学术史》，山西古籍出版社2006年版，第340页。

珆受学于李季寅、韩石耕两琴学名家，编有《琴学正声》，"慨夫古人之于琴，降神物、和上下、化民俗、函真养纯，胥在于是"①。当时南京地区擅琴之士甚多，"金陵琴学一时之盛也"②。清末琴学大师杨宗稷还曾创立九嶷琴社，辑有《琴学丛书》四十三卷，设计打谱之法、调琴之法等。古代琴学的发展成就作为一门古老的文化遗产，需要得到继承和发扬。周庆云的《琴书存目》便是对流传于世的琴学著作加以考辨、整理而成的一部专学目录。

《琴学存目》仿照《崇文总目》《直斋书录解题》以及《四库全书总目》的体例，在每一种琴书下都写有提要，"凡前人已释者，采录其文，未释者考索书中要义，并参考序跋以标大旨"③。可见，这些提要指明了每部书的学术大旨。如《琴统》条指出："此书中论音律最详。"《琴笺》一书下注曰："乐本于琴，琴本于中徽，中徽之外，以至于无声。是知作《易》者考天地之象也，作琴者考天地之声也。往者藏音而未谈，来者专声而忘理，《琴笺》之作，庶乎近之。"则此书对琴学中的琴理多所阐发。此外，还在《弹琴手势谱》《减字指法》《弹琴右手》《胡笳五弄谱》等书的提要中指出了弹琴所需的技巧，并追溯了它们产生、发展的学术源流。

《琴学存目》还从琴书典籍分类的角度追溯了古代琴学产生与发展的历史。琴书最古者，当属周代谢涓子所著《琴心》三篇，该书"见于刘向《列仙传》，又载于《东观汉记》。嵇康作《琴赋》援为典实，李善注《文选》引其书名，而班《志》阙如，殆当时书已失传欤？"④而班固《汉书·艺文志》乐类所载《雅琴赵氏》《师氏》《龙氏》等诸篇，则为琴书在史志目录中的最早记载。此后，隋、唐《志》所录琴书比《汉志》稍多，但亦有缺略。宋《崇文总目》《书录解题》载有历代琴谱，"与《宋志》互有异同，马端临《文献通考》汇而录之，可谓

---

① （清）沈珆：《琴学正声·自序》，载范煜梅《历代琴学资料选》，四川教育出版社，第316页。

② （清）沈珆：《琴学正声·自序》，载范煜梅《历代琴学资料选》，四川教育出版社，第316页。

③ 周庆云：《琴书存目·凡例》，民国三年（1914）刻本。

④ 周庆云：《琴书存目·自序》，民国三年（1914）刻本。

详矣"①。金门诏《补五代史艺文志》、钱大昕《补元史艺文志》、倪灿《补三史艺文志》所录不多。而《明史·艺文志》"只载宁献王、严澄、杨表正、袁均哲四家,余俱不采"②。清代《四库全书总目》则以王坦《琴旨》、汪浩然《琴瑟谱》合于雅乐而录入经部乐类,"此外皆山人墨客之技,降隶于子部艺术,然著录仅数种而已"③。

《琴书存目》保留了许多古代琴曲琴谱以及弹琴技术,缪荃孙称:"辑流传世间之谱,刻本、写本,考其正变,明其得失,即久佚者亦从所出,以留其名,成《琴书存目》六卷,《琴书别录》二卷,可谓专门之学,殚见洽闻者矣。"④ 在近代社会新旧学术发展更替的影响下,古代琴学渐趋没落:"自新学畅行而古先哲王制作之精意弃之如土苴,独玩弄夫侏离糅杂之新声以推衍,其流荡邪僻之极,致人心愈浮,古怀愈远。湘令成此一编,探正乐之原本,以合元音,辟俗乐之支离,以卫大道。障百川而东之,回狂澜于既倒,有心人不当如是乎!"⑤ 可见周氏此作,既能起到保存传统文化的作用,又能发挥琴学"卫道"的社会功用。

走出传统读书治学的书斋,目录学面向了更加宽广的时代发展与社会变迁。尽管目录学的社会文化功用呈现出不同以往的新特征,但是传统目录学的学术影响依然可见。在变法与革命的宣传中,传统目录学的书目提要发挥了重要作用。在保存国粹与承扬传统中,依然是书目提要发挥了"择撢群艺,研核臧否"的职能。在新的时代发展潮流中,晚清目录学所肩负的社会文化使命,实际上也是传统目录学书目功能的延伸与拓展。

---

① 周庆云:《琴书存目·自序》,民国三年(1914)刻本。
② 周庆云:《琴书存目·自序》,民国三年(1914)刻本。
③ 周庆云:《琴书存目·自序》,民国三年(1914)刻本。
④ 缪荃孙:《琴书存目·序》,民国三年(1914)刻本。
⑤ 缪荃孙:《琴书存目·序》,民国三年(1914)刻本。

结　　语

　　自19世纪中叶开始，目录学受到晚清"西学东渐"的深远影响，一方面，继承了古典目录学的优良传统，不仅成为记录、整理、保存传统学术文化的重要载体，而且承扬了古典目录学"辨章学术，考镜源流"的学术职能。另一方面，晚清目录学也逐渐开始产生流变，拉开了传统目录学近代化的历史序幕。

　　首先，晚清目录学的流变来自传统学术文化内部的推陈出新。在时局动荡与王朝危机的大背景下，传统学术开始回归于经世致用，治学范围上也突破了朴学考据的樊篱，经史以外的"一切诸学"都进入了学者的治学视野。晚清目录学也随之注入了会同学术派别、复兴古学的因素，深化了目录学的学术思想内涵。

　　其次，在新旧学术文化交替之际，晚清目录学形成了新的图书分类理论。在中西学术不断渗透交融的时代背景下，中国古代学术与知识体系也发生了重大变迁。传统的经、史、子、集已经不能适应西方传入的"新学"知识体系。学者们开始探索以四部分类法为根基的多元化分类，试图建立一种适应于新旧学术融合的分类体系。随着新学科与西方分类理论的引入，新型图书分类法也应运而生。学者们对诸多图书分类方法的理论探索与实践，实际上也是对近代学术体系、知识体系的一次尝试性建构，开辟了近代目录学分类理论的新纪元。

　　再次，学术、教育、出版、公共等领域内的巨大变革，促进了晚清书目类型的吐故纳新。目录学成为承载、传播新社会价值观念的文化载体。而目录在内容、藏购、形制等方面的更新与变化，又使其开始面向更基础的阅读群体，推动了知识的普及化。晚清目录学从关注作者学术，到重视读者需求,这一具有时代性的功能转向,催化了新书目文化的形成。目录学也成为考察晚清社会发展变迁的一个文化视角。

最后,晚清目录学还在国家与社会时代性发展中产生了流变。晚清目录学"眼光向外",将变法与革命的时代洪流寄托于书目编纂之中,赋予了目录学鲜明的时代烙印。在传统学术文化遭遇存亡安危之际,晚清目录学肩负了"保存国粹"的历史责任,彰显了目录学所具有的社会文化使命。

总之,晚清目录学在承扬古典目录学"辨章学术,考镜源流"学术功用的同时,还在书目类型、形态及功用等方面发生了变化。但是,晚清目录学的流变,毕竟还是在传统目录学自身发展逻辑内的一种蜕变,并没有绝对地弃"旧"从"新"。因而,晚清目录学所展现的"新气象",仅代表着一种新的发展方向和趋势。它既没能在当时的目录学中占据主流地位,也远未脱离传统文献学的母体而发展成为一门新的学科。

值得注意的是,随着公共藏书观念不断深入人心,古代私家藏书开始流向近代以来兴建的各类图书馆中。20世纪20年代初,武昌文华大学图书科的创立,标志着西方图书馆学的理论教育开始在国内逐渐得到普及。当西方目录学理论引入图书馆编目工作之后,使传统目录学"辨章学术,考镜源流"的学术功用开始进一步分化,从而衍生出了以服务于读者需求为主旨的文献典藏、编目、检索等新职能。目录学与传统文献学渐渐相分野,向着更专业化的信息传递与信息管理职能转变,并独立发展成为一门新兴的学科——图书馆学。[①] 自改革开放以来,图书馆学的建设有了更深广的国际视野,并与情报学、档案学相融合,组建了"图书情报学",从而拉开了信息管理专业学科体系的序幕。从这个意义上说,晚清目录学是古典目录学与近代目录学之间发展过渡的一座桥梁。

特别需要强调的是,目录学朝着信息传递的专业化方向发展,并不意味着传统目录学的消亡。古典目录学的文化基因却始终或明或暗地存在于其机体深处,未曾磨灭。"辨章学术,考镜源流"依然是传统目录学最重要的学术文化遗产,被近现代学者所继承发扬。以《四库全书总目》为

---

① 参见朱静雯《西方目录学的传入及其影响(1896—1949)》,《图书情报知识》1987年第4期。

例，有邵懿辰、邵章的《增订四库简明目录标注》、傅增湘的《藏园订补邵亭知见传本目录》，以补《四库全书总目》著录版本之阙略；民国学人余嘉锡著《四库提要辨证》、胡玉缙著《四库全书总目提要补正》，于《总目》之提要评判是非，考镜条原；李裕民又撰成《四库提要订误》，在余、胡二书基础上又有补正。再如《书目答问》问世后，先有江人度的《笺补》、叶德辉的《斠补》，继之以范希曾的《补正》，续之以诸家的整理点校本，汇之以孙文泱的《增订书目答问补正》。古典目录学集群书于掌眸，览目而悉其旨要，指导阅读，提示门径。目录学依然成为窥探中国传统学术文化发展源流的"第一紧要事"。

附录一

晚清目录年表

说明：

本年表材料来源于来新夏先生的《清代目录提要》《北京图书馆普通古籍总目·目录门》《清史稿·艺文志》《清史稿艺文志拾遗》《清朝续文献通考·经籍考》《北京师范大学图书馆中文古籍书目》，姚名达的《中国目录学年表》，梁子涵的《中国历代书目总录》，李万健的《中国著名目录学家传略》，申畅的《中国目录学家辞典》，卢正言的《中国古代书目辞典》，徐蜀、宋安莉的《中国近代古籍出版发行史料丛刊》，以及徐蜀的《国家图书馆藏古籍题跋丛刊》，林夕的《中国著名藏书家书目汇刊（明清卷）（近代卷）》等。凡《清代目录提要》所不收者，在目录后加"补"字以示区别。本表中的目录有些是笔者未曾寓目者，疏漏谬误之处，敬请专家裁察。

道光十六年（1836 年）
许槤《许氏古韵阁书目》，清许氏古韵阁钞本。[补]

道光十八年（1838 年）
沈豫：《皇清经解提要》，清道光十八年《蛾术堂集》本。
沈豫：《皇清经解渊源录》，清道光十八年《蛾术堂集》本。
沈豫：《群书提要》，清道光十八年《蛾术堂集》本。
孔昭薰：《至圣林庙碑目》，清光绪三十二年积学斋刻本。

道光二十年（1840 年）
阮宽然：《有是楼书目》，清道光二十年稿本。[补]

道光二十三年（1843年）

钱师璟：《嘉定钱氏艺文志略》，清道光二十三年刻本。

支丰宜：《曲目表》，清道光二十三年刻本。［补］

牟房：《雪泥屋遗书目录》，清道光二十三年刻本。［补］

道光二十五年（1845年）

麟庆：《嫏嬛妙境藏书目录》，《式训堂丛书》本。

梁章钜：《退庵金石书画跋》，清道光二十五年自刻本。［补］

《俄罗斯进呈书目》，清道光二十五年钞本。［补］

许乔林：《海州文献录》，清道光二十五年刻本。［补］

道光二十六年（1846年）

陈世溶：《问源楼书目初编》，清钞本。

刘喜海：《金石苑》，清道光二十六年石印本。［补］

道光二十七年（1847年）

管庭芬：《海昌艺文志》民国十年铅印本。

刘喜海：《天一阁见存书目》，清钞本。

龙启瑞：《经籍举要》，清光绪十九年刻本。

［日］精一尧陈：《官版书籍解题目录》，日本弘化四年（清道光二十七年）刻本。［补］

道光二十八年（1848年）

朱绪曾：《开有益斋金石文字记》，清道光二十八年刻本。［补］

道光二十九年（1849年）

江赓：《兰陵江氏著述考》，清道光二十九年刻本。［补］

道光三十年（1850年）

谭莹：《南海伍氏所刻书跋总目》，稿本。

咸丰元年（1851年）

丁日：《宝书阁著录》，1918年仁和吴氏双照楼刊《松邻丛书》本。

［日］藤原佐世编：《日本国见在书目录》，日本嘉永四年（清咸丰元年）影印旧钞本。［补］

咸丰六年（1856年）

《武英殿修书处存书清册》，咸丰六年内府抄本。［补］

吴云：《二百兰亭斋收藏金石记》，清咸丰六年刻本。［补］

咸丰八年（1858年）

吴墀：《南窗藏书目录》，清咸丰八年抄本。

咸丰十年（1860年）

管庭芬：《花近楼丛书序跋》，清宣统三年铅印本。

张之洞：《书目答问》，清光绪间刻本。

同治元年（1862年）

杨绍和：《楹书隅录》，民国初刻本。

苏源生：《鄢陵文献志》，清同治元年刻本。［补］

同治二年（1863年）

杨绍和：《海源阁藏书目》，清光绪十四年刻本。

佚名：《墨海楼书目》，稿本。

同治四年（1865年）

胡虔：《广西通志艺文略》，清同治四年刻本。［补］

胡虔：《广西通志金石略》，清同治四年刻本。［补］

同治五年（1866年）

方功惠：《碧琳琅馆书目》，民国二十一年国立北平图书馆传抄本。［补］

郭传璞：《书目便查》，清同治五年郭传璞金峨仙馆蓝格稿本。［补］

胡林翼：《箴言书院书目》，同治五年刻本。［补］

同治六年（1867年）

姚觐元：《咫进斋善本书目》，清末抄本。

莫友芝：《持静斋藏书纪要》，清光绪间丁氏刊本。

同治七年（1868年）

《同治七年江苏巡抚丁日昌查禁淫词小说目》，载《元明清三代禁毁小说戏曲史料》，北京作家出版社1958年版。［补］

周星诒：《书钞阁行箧书目》，民国元年抄本。

唐翰：《安雅楼藏书目录》，民国二十六年国立北平图书馆抄本。［补］

同治八年（1869年）

平步青：《蒠园丛书初定总目》，清同治八年稿本。［补］

莫友芝：《宋元旧本书经眼录》，清光绪十年刻本。

杨希闵：《读书举要》，清光绪八年刻本。［补］

同治九年（1870年）

丁日昌：《持静斋书目》，民国七年刻本。

《大清重刊龙藏汇记》，清同治九年金陵刻经处刻本。［补］

费莫文良：《四库书目略》，清同治九年满洲费莫文良家刻本。［补］

同治十二年（1873年）

刘光蕡《陕甘味经书院藏书目录》，《烟霞草堂遗书续刻》本。［补］

黎永椿《说文通检》，清同治十二年刻本。［补］

王琛：《淮安艺文志》，清同治十二年刻本。

［日］太田勘右卫门：《新刻书目便览》，日本明治六年（清同治二年癸酉1873）东京梅严堂万书堂刻本。［补］

同治十三年（1874 年）
陈介祺：《簠斋藏古目》，民国十四年石印本。

光绪元年（1875 年）
朱学勤：《增补汇刻书目》，清光绪乙亥京都琉璃厂藏本。
朱记荣：《行素草堂目睹书录》，光绪甲申仲冬古吴白堤孙豁槐庐家藏版。
胡元玉：《雅学考》，清光绪间刻本。
汪鋆：《十二砚斋金石过眼录》，清光绪元年刻本。［补］
陈光照：《汇刻书目初编续编》，清光绪元年长沙陈氏无梦园刻本。［补］

光绪二年（1876 年）
傅云龙：《续汇刻书目》，清光绪二年刻本。
胡培系：《绩溪金氏胡氏所著书目》，清光绪十年胡氏世泽楼刻本。
《志古堂校刊书目》，清光绪二年志古堂刻重订本。［补］
赵绍祖：《金石文钞》，清光绪二年刻本。［补］

光绪三年（1877 年）
《湖北官书处书目》，清光绪三年刻本。［补］
《申报馆书目》，清光绪三年铅印本。
［日］高岛久也：《跻寿馆医籍备考》，日本明治十年丹羽元德东京铅印本。［补］
杨守敬：《望堂金石文字》，清光绪三年飞青阁石印本。［补］

光绪四年（1878 年）
瞿世瑛：《清吟阁书目》，民国三年石印本。
姚觐元、钱保塘《涪州石鱼文字所见录》，《古学汇刊》本。［补］
孙诒让：《温州经籍志》，民国十年刻本。
朱绪曾：《开有益斋读书志》，清光绪六年刻本。

何绍基等:《重修安徽通志艺文志》,清光绪四年刻本。[补]
钱培孙:《金山钱氏家刻书目》,清光绪四年钱氏家刻本。

光绪五年（1879年）

王灏:《畿辅丛书目录》,清铅印本。
蒋壑:《全上古三代秦汉三国晋南北朝文编目》,清光绪五年刻本。[补]
《申报馆书目续集》,清光绪间铅印本。[补]
金福曾:《吴江县志艺文志》,清光绪五年刻本。[补]

光绪六年（1880年）

陈之澍:《仙源书院书目初编》、《续编》,清光绪十四年刊本。[补]
陆心源:《金石学录补》,《潜园总集》本。[补]
国英:《共读楼书目》,清光绪六年刻本。[补]
《徐家汇藏书楼书目》,清光绪六年钞本。[补]

光绪七年（1881年）

郑珍:《郑学书目》,清光绪七年归安姚氏粤东藩刊本。
《直隶运售各省官刻书籍总目》,清光绪七年刻本。
胡虔:《钦定四库全书附存目录》,清光绪七年心矩斋钞本。[补]
《浙江书局价目》,清光绪七年刻本。[补]

光绪八年（1882年）

陆心源:《皕宋楼藏书志》,清光绪八年刊本。
陆心源:《陆心源捐资建阁归公书籍目录》,清钞本。
高嵘泉:《锡金历朝书目考》,清光绪二十八年活字本。
白钟元、范右文:《万卷楼藏书总目》,清光绪八年刻本。
《抱芳阁书目》,清光绪八年刻本。[补]
傅以礼:《挈经室经进书录》,清光绪八年大兴傅以礼刻本。[补]
《扫叶山房书目》,清光绪八年刻本。[补]
佚名:《湘水校经堂书目》,清光绪八年刻本。[补]

张心泰:《大明三藏圣教目录》,清光绪八年刻本。[补]

光绪九年（1883年）
《直隶津局运售各省书籍总目》,清光绪九年刻本。
张鸣珂:《寒松阁书目》,稿本。
魏锡曾:《绩语堂碑录》,清光绪九年刻本。[补]
杨以增藏,杨绍和编:《宋存书室目录》,清光绪九年吴县孙传凤钞本。[补]
黄彭年:《江苏学政黄彭年呈报名儒著述书录》,清光绪间刻本（又见国图藏《江苏督学采访耆旧著述札文及目录》,清光绪间刻本。）
朱记荣:《国朝未刊遗著志略》,民国间抄本。[补]
李铭皖:《苏州府志艺文志》,清光绪九年江苏书局刻本。[补]
曹禾:《医学读书志》,清光绪九年章同春钞本。[补]

光绪十年（1884年）
梦蝶生:《追来堂偶存书目》,稿本。
李嘉绩:《五万卷阁书目记》,清光绪三十年华清官舍刊本。
姚觐元:《清代禁毁书目》,清光绪九年《咫进斋丛书》本。
《同文书局石印书目》,清光绪十年同文书局石印本。[补]
缪荃孙:《畿辅通志艺文略》,清光绪十至十二年刻本。[补]
缪荃孙:《顺天府志金石志》,清光绪十至十二年刻本。[补]
邓琛:《黄州府志艺文略》,清光绪十年朱印本。[补]
王先谦:《郡斋读书志校补》,清光绪十年王氏刻《郡斋读书志》附录本。[补]

光绪十一年（1885年）
谢菘岱等:《南学书目札记》,清光绪十一年刊本。
《书瘾楼藏书目录》,清光绪十一年钞本。[补]

光绪十二年（1886年）
薛福成:《天一阁见存书目》,清光绪十五年崇实书院刊本。

秦荣光:《补晋书艺文志》,《二十五史补编》本。
江标:《持静斋宋元钞本书目》,《江刻书目三种》本。
《江左书林书目》,清光绪十二年刻本。[补]
蔡启盛:《皇清经解检目》,清光绪十二年刻本。[补]
陶治元:《皇清经解敬修堂编目》,清光绪十二年石印本。[补]
缪荃孙:《昌平州志艺文录》,清光绪十二年刻本。[补]
萧开泰:《求实济斋书目提要》,清光绪十二年刻本。[补]

光绪十三年（1887年）
凌忠照:《皇清经解编目》,清光绪十三年石印本。[补]

光绪十四年（1888年）
郑文焯:《南献遗征笺》,民国二十年刻本。
郑文焯:《国朝著述未刊书目》,清光绪十四年苏州书局刊本。
刘人熙:《楚宝目录》,清光绪十四年刻本。
姚振宗:《汉书艺文志拾补》,《二十五史补编》本。
耿文光:《万卷精华楼藏书记》,《山右丛书初编》本。
裕德:《经籍要略》,清光绪十六年山东书局刻本。

光绪十五年（1889年）
缪荃孙:《国朝常州词录》,清光绪十五年刻本。[补]
沈秉成:《榕湖经舍藏书目录》,清光绪十五年刊本。
佚名:《国子监南学经籍备志》,清光绪刊本。
孔广陶:《岳雪楼书画录》,清光绪十五年刻本。[补]
王韬:《泰西著述考》,清光绪十六年抄本。[补]
王韬:《弢园著述总目》,清光绪十五年排印本。[补]
姚振宗:《补后汉艺文志》,《二十五史补编》本。
姚振宗:《补三国艺文志》,《二十五史补编》本。
范迪襄:《廉让间居书录》,清光绪十五年朱丝栏抄本。[补]
邹存淦:《己丑曝书记》,台北文海出版公司影印本。[补]
《国子监南学第二次存书目》,清光绪十五年刻本。[补]

宗廷辅：《东莱书目汇纂》，清光绪十五年东莱博议附刻本。［补］
耿文光：《苏溪渔隐读书谱》，清光绪十五年刻耿氏丛书本。［补］

光绪十六年（1890年）
邵懿辰：《书目偶抄》，钞本。
《广西存书总目》，清光绪十六年刻本。
陆心源：《仪顾堂题跋》，清光绪十六年刻本。
曾朴：《补后汉书艺文志并考》，《二十五史补编》本。
《江南书局书目》，清光绪十六年刻本。［补］
《镕经铸史斋印行书目》，清光绪十六年江南书局刻本。［补］
胡凤丹：《退补斋书目》，清光绪十六年江南书局刻本。［补］

光绪十七年（1891年）
王懿荣：《海岱人文册目》，稿本。
彭懋谦：《关中书院志学斋藏书总目》，清光绪十七年刻本。
金武祥：《江阴艺文志》，清光绪十七年刻本。［补］
陈熙晋：《河间刘氏书目考》，清光绪十七年广雅书局刻本。［补］
陆心源：《穰黎馆过眼录》，清光绪十七年刻本。［补］
《萃升书院志学斋藏书总目》，清钞本。［补］

光绪十八年（1892年）
勤邦：《中秘书目》，清钞本。
姚振宗：《汉书艺文志条理》，《二十五史补编》本。
《浙江官书局书目》，清光绪十八年刻本。［补］
尹彭寿：《国朝治说文家书目》，清光绪十九年刻本。［补］
《潜庐藏书志》，清光绪十八年稿本。［补］

光绪十九年（1893年）
吴引孙：《有福读书堂书目》，清光绪十九年吴氏有福读书堂写本。
《九峰书院藏书记》，清光绪十九年九峰书院重刊本。
尤莹：《式古堂目录》，清光绪十九年刻本。

《江苏书局重订核实价目》，清光绪十九年刊本。
熙元：《艮轩藏书目录》，稿本。

光绪二十年（1894年）
康有为：《桂学答问》，清光绪间刻本。［补］
黄以周：《子叙》，清光绪间江苏南菁讲舍刻本。［补］
丁国钧：《补晋书艺文志》，清光绪二十年锡山文苑阁活字本。
邵懿辰：《四库简明目录标注》，清光绪二十年抄本。
耿文光：《目录学》，清光绪二十年刻本。［补］
顾璜：《豫南书院书目》，清光绪二十年刻本。［补］

光绪二十一年（1895年）
吴士鉴：《补晋书经籍志》，《二十五史补编》本。
王懿荣撰、罗振玉补：《汉石存目》，民国四年《雪堂丛书》本。
黄澄量：《五桂楼书目》，清光绪二十一年黄氏刊本。
张炤：《龙游凤梧书院藏书目》，民国《龙游县志》附本。
杨晨：《台州艺文志》，民国二十五年铅印本。

光绪二十二年（1896年）
华世芳：《近代畴人著述记》，清光绪二十二年石印本。
梁启超：《西学书目表》，清光绪二十二年时务报馆印本。

光绪二十三年（1897年）
袁昶：《袁氏艺文金石录》，清光绪中渐西村舍刻本。
瞿镛撰、江标辑：《铁琴铜剑楼宋元本书目》，清光绪二十三年江标《江氏书目三种》刊本。
瞿镛：《铁琴铜剑楼藏书目》，清光绪二十三年武进董康诵芬室校刻本。
杨守敬：《日本访书志》，清光绪二十三刻本。
姚福钧：《海虞艺文志》，清光绪二十三年刻本。
管作霖：《邻水县玉屏精舍藏书目》，清光绪二十三年刻本。

康有为：《日本书目志》，上海大同书局石印本。
沈桐生：《东西学书录提要总叙》，清光绪二十三年读有用斋影印本。
［补］
梁启超：《西书提要》，清光绪二十三年湘学报本。［补］
姚振宗：《隋书经籍志考证》，《快阁师石山房丛书》本。
盛宣怀：《常州先哲遗书》，武进盛氏汇刊本。［补］

光绪二十四年（1898年）
缪荃孙：《嘉业堂藏书志》，稿本。
刘铎：《若水斋古今算学书录》，清光绪二十四年上海算学书局石印本。
顾璜：《大梁书院藏书总目》，清光绪二十四年刻本。
黄庆澄：《中西普通书目表》，清光绪二十四年刻本。［补］
萧名湖编、萧士恒补：《如园架上书钞目》，清光绪二十四年刻本。
［补］
曼陀萝花馆主人：《书目提要初编》，清光绪二十四年刻本。［补］
梁启超：《中西学门径书》，清光绪二十四年上海大同译书局石印本。
［补］

光绪二十五年（1899年）
徐维则：《东西学书录》，清光绪二十五年石印本。［补］
《江苏官书坊各种书核实价目》，清光绪二十五年刊本。
丁福保：《算学书目提要》，清光绪二十五年《畴隐庐丛书》本。
丁丙：《善本书室藏书志》，清光绪二十七年刻本。
姚振宗：《七略佚文》，《快阁师石山房丛书》本。
姚振宗：《七略别录佚文》，《快阁师石山房丛书》本。
［英］傅兰雅：《农务要书简明目录》，清光绪二十七年上海制造局刻本。［补］
汪之昌：《补南唐艺文志》，清光绪二十五年抄本。［补］
朱一新：《德庆州艺文志》，清光绪二十五年刻本。［补］
谢元洪：《文正书院藏书目》，清光绪二十五年刻本。［补］

徐维则辑:《中国人辑著书》,清光绪二十五年石印本。[补]
徐维则辑:《东西人旧译著书》,清光绪二十五年石印本。[补]

光绪二十六年（1900年）
吴可舟:《瓻酴楼藏书目录》,清光绪间刊本。
杨溶:《固始诂经精舍章程书目》,清光绪二十六年萃文堂聚珍本。
缪荃孙:《艺风堂藏书记》,清光绪二十六年刻本。
《宁津书院书目》,清光绪二十六年刻本。[补]

光绪二十七年（1901年）
唐炯:《续云南通志稿艺文志》,清光绪二十七年刻本。[补]
朱一新:《广雅书院藏书目录》,清光绪二十七年广雅书局刊本。
杨守敬:《留真谱初编》,清光绪二十七年刻本。
黄庆澄:《普通学书录》,清光绪二十七年杭州小学堂刻本。[补]

光绪二十八年（1902年）
邵章:《杭州藏书楼书目》,清光绪二十八年刻本。
《皖省藏书楼书目》,清光绪末活字本。
《直隶官书局运售各省官刻书籍总目》,清光绪间直隶省城官书局学校司铅印本。
顾燮光:《增订东西学书录》,清光绪二十八年石印本。
梁启超:《东籍月旦》,见《乙丑重编饮冰室文集》册二十九。[补]
杨文会:《佛学书目表》,清光绪二十八年铅印本。[补]
《暂定各学堂应用书目》,京师大学堂刊本。[补]
李鸿筹:《河朔学堂书目》,清光绪二十八年刻本。[补]
王闻远:《孝慈堂书目》,《观古堂书目丛刻》本。[补]

光绪二十九年（1903年）
叶德辉:《征刻唐宋秘本书目》,清光绪二十九年至民国七年刻本。[补]
叶德辉:《秘书省续编到四库阙书目》,清光绪二十九年至民国七年刻

本。[补]

王景沂：《科学书目提要初编》，清光绪间铅印本。

吴士鉴：《补晋书经籍志》，清光绪二十九年刻本。

刘世珩：《聚学轩丛书总目》，清光绪二十九年刻本。[补]

邹代钧：《中外舆地全图目录序列》，清光绪二十九年大学堂官书局铅印本。[补]

徐先生辑：《经史次第标目》，清光绪二十九年刻本。[补]

沈卫：《陕刻书籍一百种》，清光绪二十九年刻本。[补]

《满汉书籍簿》，清光绪二十九年钞本。[补]

光绪三十年（1904年）

顾燮光：《译书经眼录》，民国十六年上海石印本。

丁福保：《历代医学书目提要》，《丁氏医学丛书》本。[补]

徐树兰：《古越藏书楼书目》，清光绪三十年石印本。

张鹏一：《隋书经籍志补》，清光绪三十年铅印本。

江人度：《书目答问笺补》，清光绪三十年刻本。

光绪三十一年（1905年）

刘锦藻：《清朝续文献通考·经籍考》，《万有文库》本。

沈兆炜：《新学书目提要》，清光绪三十一年上海通雅书局铅印本。

黄任恒：《补辽史艺文志》，民国十四年铅印本。

《上海格致书院藏书楼书目》，清光绪三十三年格致书院铅印本。

［日］岛田翰：《古文旧书考》，日本明治维新三十八年（清光绪三十一年）京都兰雪斋刻本。[补]

唐崇实辑：《高等小学堂暂用课本之书目》，清光绪三十一年刻本。[补]

唐景崇：《江苏学政审定高等小学暂用课本书目》，清光绪三十一年排印本。[补]

马其叙：《周易叙录》，清光绪三十一年李氏集虚草堂刻本。[补]

光绪三十二年（1906 年）

贺龙骧：《道藏辑要子目初编》，清光绪三十二年刻本。

沈德寿：《抱经楼藏书志》，民国十三年铅印本。

《学部第一次审定高等小学暂用书目》，清光绪三十二年铅印本。［补］

《学部第一次审定初等小学暂用书目》，清光绪三十二年铅印本。［补］

缪荃孙：《艺风堂金石文字目》，清光绪三十二年刻本。

刘铎：《地图分编简明目录》，清光绪三十二年铅印本。［补］

方燕年：《山西编译局审定中小学堂教科书目表》，清光绪三十二年排印本。［补］

光绪三十三年（1907 年）

法伟堂等编：《益都县图志艺文志》，清光绪三十三年刻本。［补］

吴昌寿：《宋金元词集见存卷目》，清光绪三十三年影刊本。

《奏缴咨禁书目》，清光绪三十三年上海国学保存会铅印本。

杨复：《浙江藏书楼甲乙编书目》，清光绪三十三年石印本。

邓实：《禁毁书目合刻》，清光绪间铅印本。［补］

苌楚：《译书提要》，清光绪三十三年北京政治官报局排印本。［补］

王仁俊：《存古堂丛刊目录》，清光绪三十三年排印本。［补］

光绪三十四年（1908 年）

吴庆坻：《杭州艺文志》，清光绪三十四年刻本。

王仁俊：《周秦诸子叙录》，民国间抄本。［补］

王仁俊：《白虎通义引书表》，清光绪三十四年江苏存古学堂木活字本。［补］

李宗莲：《怀珉精舍金石跋》，清光绪三十四年铅印本。［补］

［日］田中庆太郎：《文求堂唐本书目》，日本明治四十一年（清光绪三十四年）文求堂书局东京铅印本。［补］

宣统元年（1909年）

朱学勤：《结一庐书目》，清宣统元年《晨风阁丛书》本。

文廷式：《补晋书艺文志》，清宣统元年长沙铅印本。

潘祖荫：《滂熹斋宋元本书目》，民国十四年海宁陈氏慎初堂铅印本。

傅以礼：《华延年室题跋》，清宣统元年铅印本。

陆溲：《佳趣堂书目》，清宣统元年钞本。［补］

王仁俊：《敦煌石室真迹录》，清宣统元年石印本。［补］

《京师广东学堂书藏捐书目录》，清宣统间铅印本。

陈洙：《江南制造局译书提要》，清宣统元年铅印本。

王国维：《曲录》，清宣统元年刻本。

莫友芝：《邵亭知见传本书目》，清宣统元年铅印本。

罗振玉：《敦煌石室书目及发见之原始》，民国间油印本。［补］

罗振玉：《莫高窟石室秘录》，清宣统元年铅印本。［补］

［日］岛田蕃根：《昌平丛书目录》，日本明治四十二年（清宣统元年）六然堂刻本。［补］

傅栻《过庐题跋》，清宣统元年排印本。［补］

《驻日本使署藏书目表》，清宣统元年排印本。［补］

宣统二年（1910年）

刘世珩：《征访明季遗书目》，清宣统二年铅印本。

吴引孙：《测海楼藏书目录》，清宣统二年刊本。

叶铭：《说文书目》，叶氏存古丛书本。［补］

叶铭：《印谱目》，叶氏存古丛刻本。［补］

王保諲：《太原艺文录》，清宣统二年油印本。［补］

黄允中：《宋遗民类集序例总目》，清宣统二年铅印本。［补］

胡维德：《大清驻日本使署藏书书目表》，清宣统二年铅印本。［补］

《宣统二年吉林教育官报总目录》，清宣统二年排印本。［补］

宣统三年（1911年）

陈树灼：《带经堂书目》，清宣统三年上海神州国光社铅印《风雨楼丛书》本。

李宾:《河南图书馆书目》,清宣统三年铅印本。

保釐东:《山东图书馆辛亥年藏书目录》,清宣统三年石印本。[补]

吴荫培:《新安吴氏艺文略》,清宣统三年刻本。[补]

廉泉辑:《小万柳堂明清两朝书画扇存目录》,清宣统三年铅印本。[补]

谭新嘉:《江浙采购书目》,清宣统三年绿丝栏稿本。[补]

李滋然:《四库全书书目表》,清宣统三年京师京华印书局铅印本。[补]

缪荃孙:《缪氏考古录》,清宣统三年刻本。[补]

张钧衡:《张氏适园丛书初集总目》,宣统三年国学扶轮社上海铅印本。[补]

段朝端:《山阳艺文志》,清宣统三年刻本。[补]

《涵芬楼藏书目录》,清宣统三年排印本。[补]

民国元年(1912年)

佚名:《壬子文澜阁所存书目》,民国元年刻本。

缪荃孙:《艺风堂藏书续记》,民国元年刻本。

顾燮光:《古志新目初编》,民国间石印本。

凌瑕:《癖好堂收藏金石目录》,民国间刻本。

章箴:《壬子文澜阁所存书目》,1923年浙江公共图书馆刊本。

王国维:《罗氏藏书目录》,民国间钞本。[补]

陆心源:《归安陆氏旧藏宋元书目》,民国海宁费寅复斋钞本。[补]

缪荃孙:《清学部图书馆善本书目》,《古学汇刊》本。[补]

邓实:《云台金石记》,《古学汇刊》本。[补]

刘铎:《外交部地图目录续编》,民国元年铅印本。[补]

钱恂:《史目表》,民国元年刻本。[补]

《福州藏书楼书目初编》,民国元年铅印本。[补]

民国二年(1913年)

《频伽精舍校刊大藏经总目》,民国二年铅印本。[补]

朱希祖：《海盐朱氏癸丑七月迁京书目》，民国二年朱氏抄本。［补］

刘喜海：《刘燕庭所得金石》，民国二年抄本。［补］

谭新嘉等：《天津图书馆书目》，民国二年天津图书馆铅印本。

民国三年（1914年）

杨守敬：《丛书举要》，民国三年铅印本。

周庆云：《琴书存目》，民国三年刻本。

王国维：《国朝金文著录表》，民国间石印本。［补］

王国维：《宋代金文著录表》，民国间刻本。［补］

江标：《宋元本书目行格表》，民国三年上海文瑞楼石印本。［补］

《传奇汇考》，民国三年古今书室印本。［补］

《清军机处档案目录》，民国三年油印本。［补］

罗振玉：《续汇刻书目》，民国三年连平范氏双鱼室刻本。

《南通图书馆第一次目录》，民国三年翰墨林书局铅印本。［补］

罗振玉：《秦金石刻辞》，民国间影印本。［补］

民国四年（1915年）

王颂蔚：《写礼庼读碑记》，民国四年刻本。［补］

王颂蔚：《古书经眼录》，民国四年刻本。［补］

《重编教育部图书目录》，民国初刻本。［补］

由云龙、何秉智：《云南图书馆书目初编》，民国四年铅印本。［补］

项元勋《台州经籍志》，民国四年铅印本。［补］

《浙江图书馆书目》，民国四年铅印本。［补］

秦荣光：《补晋书艺文志》，民国四年国立北平图书馆抄本。

《图书汇目》，民国四年铅印本。［补］

孔祥霖：《曲阜清儒著述记》，民国四年山东铅印本。［补］

孙德谦：《汉书艺文志举例》，民国四年四益宧刻本。［补］

［日］池田四郎：《经解要目》，日本大正四年（民国四年）东京铅印本。［补］

佚名：《嘉兴藏目录》，民国四年京师图书馆钞本。［补］

谢洪赍：《读书指要》，民国四年铅印本。［补］

孙葆田：《山东通志艺文志》，民国四年至七年山东通志刊印局铅印本。[补]

《四川图书馆书目》，民国四年铅印本。[补]

《清华学校华文书籍目录》，民国四年油印本。[补]

民国五年（1916年）

张钧衡：《适园藏书志》，民国五年刻本。

《湖南官书报局图书汇目》，民国间影印本。[补]

杨守敬：《邻苏老人手书题跋》，民国五年石印本。[补]

瞿启甲：《常熟县图书馆藏书目录》，民国五年油印本。[补]

陈澹然：《晦堂书录》，民国五年铅印本。[补]

章炳麟：《八代文萃总目》，民国五年海盐朱希祖朱格钞本。[补]

《外交部藏书目录》，民国五年铅印本。[补]

《经书目录》，民国五年铅印本。[补]

罗振玉：《古器物范图录》，民国间影印本。[补]

民国六年（1917年）

何日章等编：《河南图书馆书目》，民国六年石印本。

杨守敬：《留真谱二编》，民国六年刊本。

顾葆龢：《小石山房佚存书录》，民国间抄本。[补]

《京师图书馆书目》，清末民初油印本。[补]

高树基、房鸿献：《陕西图书馆图书目录》，民国六年铅印本。[补]

袁绍昂：《山东图书馆书目》，民国六年山东图书馆石印本。

曹允源：《江苏省立第二图书馆书目续编》，民国六年刻本。[补]

[日]河田编：《静嘉堂秘籍志》，日本大正六年（1917年）铅印本。[补]

《文瑞楼书局图书汇报》，民国六年石印本。[补]

罗振常：《蟫隐庐书目》，民国六年至七年石印本。[补]

民国七年（1918年）

李之鼎：《增订丛书举要》，民国七年铅印本。

罗振玉：《雪堂校刊群书叙录》，《永丰乡人稿》本。[补]

罗振玉：《汉晋书影》，民国七年影印本。[补]

《江苏第一图书馆覆校善本书目》，民国七年铅印本。[补]

[日] 和田维四郎：《访书余录》，日本大政七年（民国七年）东京精艺出版合资会社影印本。[补]

陶传尧：《斠本志书目录》，民国七年京师图书馆油印本。[补]

《清内阁旧藏书目》，民国七年京师图书馆钞本。[补]

《黄岩九峰图书馆书目》，民国七年铅印本。[补]

金广泳：《金氏面城楼书目》，民国七年文明书局铅印本。[补]

民国八年（1919年）

陈乃乾：《南洋中学藏书目》，民国八年铅印本。[补]

严庸：《吴兴严氏艺文略》，民国八年铅印本。[补]

周毓邠：《汇刻书目二编》，上海千顷堂石印本。[补]

民国九年（1920年）

周贞亮、李之鼎：《书目举要补》，南城宜秋馆刻本。

罗振玉：《雪堂金石文字跋尾》，《永丰乡人稿》本。[补]

罗振玉：《雪堂书画跋尾》，《永丰乡人稿》本。[补]

陈田：《贵阳陈氏听诗斋所藏明人集目》，民国九年钞本。[补]

王国维：《庚申之间读书记》，《海宁王静安先生遗书》本。[补]

民国十年（1921年）

缪荃孙：《增辑书目答问》，民国十年石印本。[补]

民国十一年（1922年）

王国维：《两浙古刊本考》，《海宁王静庵先生遗书》本。[补]

卢靖：《四库湖北先正遗书提要》《四库湖北先正遗书存目》，民国十一年刻本。[补]

未详具体编纂时间（以书名拼音首字母分类）

B

方功惠：《碧琳琅馆藏书记》，民国间抄本。［补］

方功惠：《碧琳琅馆金石版目录》，民国间抄本。［补］

江藩：《半氈斋题跋》，清光绪年间刻本。［补］

黄逢元：《补晋书艺文志》，民国十五年铅印本。

王安定：《宝宋阁书籍法帖字画目录》，清稿本。

丁丙：《八千卷楼书目》，民国间钱塘丁氏聚珍本。

吴之澄：《拜经楼书目》，民国乌程张氏适园抄本。

宋祖骏：《补五代史艺文志》，清咸丰间刻本。［补］

邵懿辰：《半岩庐所见书目》，民国间朱希祖抄本。［补］

陆增祥：《八琼室金石补正》，民国间刻本。［补］

王仁俊辑：《别录补遗》，《玉函山房辑佚书续编》本。［补］

C

傅以礼：《长恩阁书目》，钞本。［补］

D

姚燮：《大梅山馆藏书目》，鄞县马氏平妖堂钞本。

曹廷杰：《东三省地理图说录》，民国间抄本。［补］

杨晨：《敦书卼闻》，清石印本。

蒋光煦：《东湖丛记》，《云自在龛丛书》本。

谢章铤：《赌棋山庄所著书》，清光绪间刻本。［补］

韩应陛：《读有用斋书目》，民国二十三年铅印本。［补］

E

张德容：《二名草堂金石聚》，清同治间刻本。［补］

F

佚名：《丰湖书藏目录》，清光绪间乐群堂朱印本。［补］

G

杨守敬：《观海堂书目》，民国间抄本。［补］

《广东省立图书馆图书目录》，民国间铅印本。［补］

平步青：《国朝文椒题辞》，民国间铅印本。［补］

《广学会译著新书总目》，清末抄本。[补]

顾燮光：《古志汇目》，民国二十三年石印本。

文廷式：《国朝诸人著述目录补编》，清绿丝栏钞本。[补]

徐友兰：《古越徐氏所刻书目》，清光绪间刻本。[补]

吴翊寅：《广雅书局史学丛书目录》，清光绪间广雅书局刻本。[补]

章钰：《国朝古文汇钞补目》，钞本（时间不详）。[补]

章钰：《广化寺图书馆检书草目》，民国间抄本。[补]

H

王仁俊：《海王村所见金石书画记》，民国二十二年国立北平图书馆传抄江安傅增湘藏手稿本。[补]

J

陆增祥：《金石萃编原目》，民国间抄本。[补]

关维振：《京师图书分馆藏书目》，民国间油印本。[补]

徐乃昌：《积学斋书目》，民国间抄本。

姚燮：《今乐考证》，1935年北京大学出版组影印本。

《江苏书局各书价目》，清刻本。[补]

佚名：《金石书目》，清光绪间钞本。[补]

佚名：《津河广仁堂所刻书总目》，清光绪间刻本。[补]

袁昶：《渐西村舍丛刻甲编目录》，清光绪间刻本。[补]

江南制造局编译：《江南制造局所刻书》，清同治至民国间刻本。[补]

王仁俊辑：《金楼子著书考》，《玉函山房辑佚书续编》本。[补]

L

王仁俊：《辽史艺文志补》，《二十五史补编》本。

缪荃孙：《辽艺文志》，《二十五史补编》本。

M

缪荃孙辑：《目录词小说谱录目》，民国间钞本。[补]

周庆云：《梦坡室收藏琴谱提要》，民国间刻本。[补]

周郇：《墨海楼书目补提要》，中国图书大辞典编辑馆民国二十二年影印本。[补]

N

缪荃孙：《拟清史艺文志稿》，手稿本。

P

李廷相：《濮阳蒲汀李先生家藏目录》，《玉简斋丛书二集》本。[补]

潘祖荫：《滂熹斋藏书记》，民国十四年铅印本。

Q

《清学部图书馆方志目》，《古学汇刊》本。[补]

钱恂：《清代进书表录存目》，民国间铅印本。[补]

黎庶昌：《秦汉十印斋藏书目录》，民国间刻蓝印样本。[补]

王仁俊辑：《七略别录》，《玉函山房辑佚书续编》本。[补]

王仁俊辑：《七录》，《玉函山房辑佚书续编》本。[补]

R

缪荃孙：《日本访书记》，清光绪间刻本。[补]

傅云龙：《日本艺文志》，清光绪间影印本。[补]

S

《陕西官书局书目》，清末铅印本。[补]

潘志万辑：《书籍碑版题跋》，清光绪间抄本。[补]

秦嘉谟：《思补精舍书目》，清秦氏思补精舍钞本。[补]

孔广陶：《三十有三万卷堂书目略》，抄本。[补]

马徵麟：《思古堂撰述叙目》，《马钟山遗书》排印本。

《山东全省官书局书目》，清宣统山东官书局铅印本。

缪荃孙：《宋元书式（书影）》，民国间影刻本。[补]

盛宣怀：《盛氏图书馆善本书目》，民国间愚斋钞本。[补]

姚振宗：《师石山房书目》，稿本。[补]

韩应陛：《松江韩氏宋元明本书目》，民国十九年抄本。[补]

张之洞：《诗经著述书目》，许氏抽印本。[补]

T

缪荃孙：《唐书艺文志考》，稿本。[补]

述庐：《通学书籍考》，民国间铅印本。[补]

W

唐翰：《唯自勉斋书目》，南通冯雄景岫楼钞本。

顾凤鸣：《武陵著作谭》，宣统年间刻本。[补]

徐世昌：《晚晴簃未选诗集目》，民国间铅印本。

康有为：《万木草堂丛书目录》，民国间刻本。［补］

X

于鬯：《香草校书》、《香草续校书》，清光绪间刻本。［补］

潘遵祁：《西圃藏书目》，稿本。

潘遵祁：《香雪草堂书目》，稿本。

王仁俊：《西夏艺文志》，《二十五史补编》本。

佚名：《学古堂藏书目》，清光绪间江苏书局袖珍本。

吴庆焘：《襄阳艺文略》，清光绪间刻本。［补］

王仁俊：《小方壶斋舆地丛钞目录》，清光绪间吴县王仁俊稿本。［补］

叶德辉：《郎园读书志》，民国十七年上海澹园铅印本。

Y

《仪董学堂藏书目》，清光绪间刻本。［补］

李希圣：《雁影斋题跋》，1935年李氏排印本。

徐时栋：《烟屿楼读书志》，民国十七年排印本。

孙衣言：《永嘉书目》，清钞本。

袁昶辑：《袁氏艺文志》，清光绪间渐西村舍刻本。

缪荃孙：《愚斋图书馆藏书目录》，民国二十一年大成印务局铅印本。［补］

韩应陛：《云间韩氏藏书目》，民国十九年影印本。［补］

王仁俊辑：《译书表》，稿本。［补］

Z

张穆：《张石洲所藏书籍总目》，稿本。

《旨准颁行诏书总目》，《太平天国印书》本。

佚名：《资州艺风书院藏书目》，清光绪间刊本。

袁昶：《中江尊经阁藏书目》，清光绪间刻本。［补］

曾钊：《曾诂训堂藏书总目》，清广雅书局绿格钞本。［补］

王仁俊辑：《中经簿》，《玉函山房辑佚书续编》稿本。［补］

附录二

晚清目录类型

对晚清目录学类型的划分，依据该时期学术文化发展的特征，将之分为传统目录和新兴目录两类。新兴目录有两点含义：一是指其所承担的学术文化意义之新；二是指其产生于晚清的新目录类型，如图书馆目录、敦煌目录等。鉴于以上的理解，兹将晚清目录类型划分如下：

一 传统目录类型

（一）公藏目录

1845 《俄罗斯进呈书目》，清道光二十五年钞本。

1847 ［日］精一尧陈：《官版书籍解题目录》，日本弘化四年（清道光二十七年）刻本。

1856 《武英殿修书处存书清册》，咸丰六年内府抄本。

1882 陆心源：《陆心源捐资建阁归公书籍目录》，钞本。

1883 黄彭年：《江苏学政黄彭年呈报名儒著述书录》，清光绪间刻本（又见国图藏《江苏督学采访耆旧著述札文及目录》，光绪间刻本）。

1892 勤邦：《中秘书目》，清钞本。

1903 沈卫：《陕刻书籍一百种》，清光绪二十九年刻本。

1903 叶德辉：《秘书省续编到四库阙书目》，清光绪二十九年至民国七年刻本。

1909 《驻日本使署藏书目表》，清宣统元年排印本。

1910 胡维德：《大清驻日本使署藏书书目表》，清宣统二年铅印本。

1910 《宣统二年吉林教育官报总目录》，清宣统二年排印本。

1912 刘铎：《外交部地图目录续编》，民国元年铅印本。

1914 《清军机处档案目录》，民国三年油印本。

1915 《重编教育部图书目录》，民国初刻本。

1916 《外交部藏书目录》，民国五年铅印本。

1918 《清内阁旧藏书目》，民国七年京师图书馆钞本。

钱恂：《清代进书表录存》，民国间铅印本。

《旨准颁行诏书总目》，《太平天国印书》本。

《清史馆库书档》，宣统间国史馆抄本。

（二）补史、考史志目录

1886 秦荣光：《补晋书艺文志》，《二十五史补编》本。

1888 姚振宗：《汉书艺文志拾补》，《二十五史补编》本。

1889 姚振宗：《补后汉艺文志》，《二十五史补编》本。

1889 姚振宗：《补三国艺文志》，《二十五史补编》本。

1890 曾朴：《补后汉书艺文志并考》，《二十五史补编》本。

1892 姚振宗：《汉书艺文志条理》，《二十五史补编》本。

1894 丁国钧：《补晋书艺文志》，清光绪二十年锡山文苑阁活字本。

1895 吴士鉴：《补晋书经籍志》，《二十五史补编》本。

1897 姚振宗：《隋书经籍志考证》，《快阁师石山房丛书》本。

1899 汪之昌：《补南唐艺文志》，清光绪二十五年抄本。

1903 吴士鉴：《补晋书经籍志》，清光绪二十九年刻本。

1904 张鹏一：《隋书经籍志补》，清光绪三十年铅印本。

1905 黄任恒：《补辽史艺文志》，民国十四年铅印本。

1909 文廷式：《补晋书艺文志》，清宣统元年长沙铅印本。

1915 秦荣光：《补晋书艺文志》，民国四年国立北平图书馆抄本。

1915 孙德谦：《汉书艺文志举例》，民国四年四益宧刻本。

黄逢元：《补晋书艺文志》，民国十五年铅印本。

宋祖骏：《补五代史艺文志》，清咸丰间刻本。

王仁俊：《辽史艺文志补》，《二十五史补编》本。

缪荃孙：《辽艺文志》，《二十五史补编》本。

缪荃孙：《拟清史艺文志稿》，手稿本。

傅云龙：《日本艺文志》，清光绪间影印本。

缪荃孙：《唐书艺文志考》，稿本。

王仁俊：《西夏艺文志》，《二十五史补编》本。

（三）私藏目录

1836　许槤：《许氏古韵阁书目》，清许氏古韵阁钞本。

1841　阮宽然：《有是楼书目》，清道光二十年稿本。

1843　牟房：《雪泥屋遗书目录》，清道光二十三年刻本。

1845　麟庆：《娜嬛妙境藏书目录》，《式训堂丛书》本。

1846　陈世溶：《问源楼书目初编》，清钞本。

1851　丁白：《宝书阁著录》，《松邻丛书》本。

1858　吴墀：《南窗藏书目》，清咸丰八年抄本。

1863　杨绍和：《海源阁藏书目》，清光绪十四年刻本。

1863　佚名：《墨海楼书目》，稿本。

1876　《志古堂校刊书目》，清光绪二年志古堂刻重订本。

1865　方功惠：《碧琳琅馆书目》，民国二十一年国立北平图书馆传抄本。

1868　周星诒：《书钞阁行箧书目》，民国元年抄本。

1868　唐翰：《安雅楼藏书目录》，民国二十六年国立北平图书馆抄本。

1870　丁日昌：《持静斋书目》，民国七年刻本。

1876　胡培系：《绩溪金氏胡氏所著书目》，清光绪十年胡氏世泽楼刻本。

1878　瞿世瑛：《清吟阁书目》，民国三年石印本。

1878　钱培荪：《金山钱氏家刻书目》，清光绪四年钱氏家刻本。

1879　瞿镛：《铁琴铜剑楼藏书目》，清咸丰间刻本。

1882　白钟元、范右文：《万卷楼藏书总目》，清光绪八年刻本。

1882　傅以礼：《挈经室经进书录》，清光绪八年大兴傅以礼刻本。

1882　佚名：《湘水校经堂书目》，清光绪八年刻本。

1883　张鸣珂：《寒松阁书目》，稿本。

1884　李嘉绩：《五万卷阁书目记》，清光绪三十年华清官舍刊本。

1885　《书瘾楼藏书目录》，清光绪十一年钞本。

1886　萧开泰：《求实济斋书目提要》，清光绪十二年刻本。

1888　耿文光：《万卷精华楼藏书记》，《山右丛书初编》本。

1889　王韬:《韬园著述总目》,清光绪十五年铅印本。

1889　范迪襄:《廉让间居书录》,清光绪十五年朱丝栏抄本。

1889　邹存淦:《己丑曝书记》,台北文海出版公司影印本。

1890　《镕经铸史斋印行书目》,清光绪十六年江南书局刻本。

1890　《退补斋书目》,清光绪十六年江南书局刻本。

1891　陈熙晋:《河间刘氏书目考》,清光绪十七年广雅书局刻本。

1893　吴引孙:《有福读书堂书目》,清光绪十九年吴氏有福读书堂写本。

1893　熙元:《艮轩藏书目录》,稿本。

1895　黄澄量:《五桂楼书目》,清光绪二十一年黄氏刊本。

1898　萧名湖编、萧士恒补:《如园架上书钞目》,光绪二十四年刻本。

1898　蔓陀萝花馆主人:《书目提要初编》,清光绪二十四年刻本。

1900　吴可舟:《瓿醵楼藏书目录》,清光绪间刊本。

1902　王闻远:《孝慈堂书目》,《观古堂书目丛刻》本。

1903　《满汉书籍簿》,清光绪二十九年钞本。

1905　[日]岛田翰:《古文旧书考》,日本明治维新三十八年(清光绪三十一年)京都兰雪斋刻本。

1909　朱学勤:《结一庐书目》,清宣统元年《晨风阁丛书》本。

1909　陆漻:《佳趣堂书目》,清宣统元年钞本。

1910　吴引孙:《测海楼藏书目录》,清宣统二年刊本。

1911　陈树灼:《带经堂书目》,清宣统三年上海神州国光社铅印《风雨楼丛书》本。

1912　王国维:《罗氏藏书目录》,民国钞本。

1913　朱希祖:《海盐朱氏癸丑七月迁京书目》,民国二年朱氏抄本。

1916　陈澹然:《晦堂书录》,民国五年铅印本。

1917　罗振常:《蟫隐庐书目》,民国六年至七年石印本。

1918　金广泳:《金氏面城楼书目》,民国七年文明书局铅印本。

方功惠:《碧琳琅馆藏书记》,民国间抄本。

丁丙:《八千卷楼书目》,民国间钱塘丁氏聚珍本。

吴之澄:《拜经楼书目》,民国乌程张氏适园抄本。

傅以礼：《长恩阁书目》，钞本。
姚燮：《大梅山馆藏书目》，鄞县马氏平妖堂钞本。
杨晨：《敦书咫闻》，清石印本。
谢章铤：《赌棋山庄所著书》，清光绪间刻本。
佚名：《丰湖书藏目录》，清光绪间乐群堂朱印本。
杨守敬：《观海堂书目》，民国间抄本。
文廷式：《国朝诸人著述目录补编》，清绿丝栏钞本。
徐友兰：《古越徐氏所刻书目》，清光绪间刻本。
徐乃昌：《积学斋书目》，民国间抄本。
李廷相：《濮阳蒲汀李先生家藏目录》，《玉简斋丛书二集》本。
黎庶昌：《秦汉十印斋藏书目录》，民国间刻蓝印样本。
秦嘉谟：《思补精舍书目》，清秦氏思补精舍钞本。
孔广陶：《三十有三万卷堂书目略》，抄本。
马徵麟：《思古堂撰述叙目》，《马钟山遗书》排印本。
唐翰：《唯自勉斋书目》，南通冯雄景岫楼钞本。
潘遵祁：《西圃藏书目》，稿本。
潘遵祁：《香雪草堂书目》，稿本。
佚名：《学古堂藏书目》，清光绪间江苏书局袖珍本。
孙衣言：《永嘉书目》，清钞本。
张穆：《张石洲所藏书籍总目》，稿本。
曾钊：《曾诂训堂藏书总目》，清广雅书局绿格钞本。
韩应陛：《读有用斋书目》，民国二十三年铅印本。
王仁俊辑：《金楼子著书考》，《玉函山房辑佚书续编》本。
周郇：《墨海楼书目补提要》，中国图书大辞典编辑馆民国二十二年影印本。
姚振宗：《师石山房书目》，稿本。
韩应陛：《云间韩氏藏书目》，民国十九年影印本。

（四）经部目录

1838　沈豫：《皇清经解提要》，清道光十八年《蛾术堂集》本。

1838　沈豫：《皇清经解渊源录》，清道光十八年《蛾术堂集》本。

1875　胡元玉：《雅学考》，清光绪间刻本。

1892　尹彭寿：《国朝治说文家书目》，清光绪十九年刻本。

1905　马其叙：《周易叙录》，清光绪三十一年李氏集虚草堂刻本。

1910　叶铭：《说文书目》，叶氏存古丛书本。

1915　[日]池田四郎：《经解要目》，日本大正四年（民国四年）东京铅印本。

1916　《经书目录》，民国五年铅印本。

姚燮：《今乐考证》，1935年北京大学出版组影印本。

张之洞：《诗经著述书目》，许氏抽印本。

（五）史部目录

金石目录之属

1838　孔昭薰：《至圣林庙碑目》，清光绪三十二年积学斋刻本。

1845　梁章巨：《退庵金石书画跋》，清道光二十五年自刻本。

1846　刘喜海：《金石苑》，清道光二十六年石印本。

1848　朱绪增：《开有益斋金石文字记》，清道光二十八年刻本。

1856　吴云：《二百兰亭斋收藏金石记》，清咸丰六年刻本。

1874　陈介祺：《簠斋藏古目》民国十四年石印本。

1875　汪鋆：《十二砚斋金石过眼录》，清光绪元年刻本。

1876　赵绍祖：《金石文钞》，清光绪二年刻本。

1877　杨守敬：《望堂金石文字》，清光绪三年飞青阁石印本。

1877　鲍昌熙：《金石屑》，清光绪三年刻本。

1880　陆心源：《金石学录补》，《潜园总集》本。

1883　魏锡曾：《绩语堂碑录》，清光绪九年刻本。

1889　孔广陶：《岳雪楼书画录》，清光绪十五年刻本。

1895　王懿荣撰、罗振玉补：《汉石存目》，民国四年《雪堂丛书》本。

1897　袁昶：《袁氏艺文金石录》，清光绪中渐西村舍刻本。

1906　缪荃孙：《艺风堂金石文字目》，清光绪三十二年刻本。

1908　李宗莲《怀珉精舍金石跋》，清光绪三十四年铅印本。

1910　叶铭：《印谱目》，叶氏存古丛刻本。

1911　廉泉辑：《小万柳堂明清两朝书画扇存目录》，清宣统三年铅印本。

1911　缪荃孙：《缪氏考古录》，清宣统三年刻本。

1912　顾燮光：《古志新目初编》，民国间石印本。

1912　凌瑕：《癖好堂收藏金石目录》，民国间刻本。

1912　邓实：《云台金石记》，《古学汇刊》本。

1913　刘喜海：《刘燕庭所得金石》，民国二年抄本。

1914　罗振玉：《秦金石刻辞》，民国间影印本。

1914　王国维：《国朝金文著录表》，民国间石印本。

1914　王国维：《宋代金文著录表》，民国间刻本。

1915　王颂蔚：《写礼庼读碑记》，民国四年刻本。

1916　罗振玉：《古器物范图录》，民国间影印本。

1916　罗振玉：《金泥石屑》，民国间东山学社影印本。

1920　罗振玉：《雪堂金石文字跋尾》，《永丰乡人稿》本。

1920　罗振玉：《雪堂书画跋尾》，《永丰乡人稿》本。

方功惠：《碧琳琅馆金石版目录》，民国间抄本。

王安定：《宝宋阁书籍法帖字画目录》，清稿本。

顾燮光：《古志汇目》，民国二十三年石印本。

王仁俊：《海王村所见金石书画记》，民国二十二年国立北平图书馆传抄江安傅增湘藏手稿本。

陆增祥：《金石萃编原目》，民国间抄本。

佚名：《金石书目》，清光绪间钞本。

陆增祥：《八琼室金石补正》，民国间刻本。

张德容：《二名草堂金石聚》，清同治间刻本。

目录之属

1870　费莫文良：《四库书目略》，清同治九年满洲费莫文良家刻本。

1884　王先谦：《郡斋读书志校补》，清光绪十年王氏刻《郡斋读书志》附录本。

1894　耿文光：《目录学》，清光绪二十年刻本。

1899　姚振宗：《七略别录佚文》，《快阁师石山房丛书》本。

1899　姚振宗：《七略佚文》，《快阁师石山房丛书》本。

1910　黄允中：《宋遗民类集序例总目》，清宣统二年铅印本。

1912　钱恂：《史目表》，民国元年刻本。

王仁俊辑：《别录补遗》，《玉函山房辑佚书续编稿本》。

王仁俊辑：《七略别录》，《玉函山房辑佚书续编稿本》。

王仁俊辑：《中经簿》，《玉函山房辑佚书续编稿本》。

袁昶辑：《袁氏艺文志》，清光绪间渐西村舍刻本。

舆地目录之属

1903　邹代钧：《中外舆地全图目录序列》，清光绪二十九年大学堂官书局铅印本。

1906　刘铎：《地图分编简明目录》，清光绪三十二年铅印本。

曹廷杰：《东三省地理图说录》，民国间抄本。

（六）子部目录

1870　《大清重刊龙藏汇记》，清同治九年金陵刻经处刻本。

1877　［日］高岛久也：《跻寿馆医籍备考》，日本明治十年丹羽元德东京铅印本。

1882　张心泰：《大明三藏圣教目录》，清光绪八年刻本。

1883　曹禾：《医学读书志》，清光绪九年章同春钞本。

1894　黄以周：《子叙》，清光绪间江苏南菁讲舍刻本。

1898　刘铎：《若水斋古今算学书录》，清光绪二十四年上海算学书局石印本。

1899　丁福保：《算学书目提要》，清光绪二十五年《畴隐庐丛书》本。

1902　杨文会：《佛学书目表》，清光绪二十八年铅印本。

1904　丁福保：《历代医学书目提要》，《丁氏医学丛书》本。

1906　贺龙骧：《道藏辑要子目初编》，清光绪三十二年刻本。

1908　王仁俊：《周秦诸子叙录》，民国间抄本。

1913　《频伽精舍校刊大藏经总目》，民国二年铅印本。

1914　周庆云：《琴书存目》，民国三年刻本。

周庆云：《梦坡室收藏琴谱提要》，民国间刻本。

（七）集部目录

1843　支丰宜：《曲目表》，清道光二十三年刻本。

1879　蒋壑：《全上古三代秦汉三国晋南北朝文编目》，清光绪五年刻本。

1889　缪荃孙:《国朝常州词录》,清光绪十五年刻本。

1907　吴昌寿:《宋金元词集见存卷目》,清光绪三十三年影刊本。

1909　吴荫培:《新安吴氏诗文存》,清宣统元年铅印本。

1909　王国维:《曲录》,清宣统元年刻本。

1914　《传奇汇考》,民国三年古今书室印本。

1916　章炳麟:《八代文萃总目》,民国五年海盐朱希祖朱格钞本。

1920　陈田:《贵阳陈氏听诗斋所藏明人集目》,民国九年钞本。

平步青:《国朝文槩题辞》,民国间铅印本。

章钰:《国朝古文汇钞补目》,钞本。

缪荃孙辑:《目录词小说谱录目》,民国钞本。

徐世昌:《晚晴簃未选诗集目》,民国间铅印本。

(八) 版本目录

1867　姚觐元:《咫进斋善本书目》,清末抄本。

1869　莫友芝:《宋元旧本书经眼录》,清光绪十年刻本。

1883　杨以增藏、杨绍和编《宋存书室目录》,清光绪九年吴县孙传凤钞本。

1886　江标:《持静斋宋元钞本书目》,《江刻书目三种》本。

1897　瞿镛撰、江标辑:《铁琴铜剑楼宋元本书目》,清光绪二十三年江标《江氏书目三种》刊本。

1897　丁丙:《善本书室藏书志》,清光绪二十七年刻本。

1901　杨守敬:《留真谱初编》,清光绪二十七年刻本。

1903　叶德辉:《征刻唐宋秘本书目》,清光绪二十九年至民国七年刻本。

1909　潘祖荫:《滂熹斋宋元本书目》,民国十四年海宁陈氏慎初堂铅印本。

1911　邵懿辰:《四库简明目录标注》,清光绪二十年抄本。

1912　陆心源:《归安陆氏旧藏宋元书目》,民国海宁费寅复斋钞本。

1912　缪荃孙:《清学部图书馆善本书目》,《古学汇刊》本。

1914　江标辑:《宋元本书目行格表》,民国三年上海文瑞楼石印本。

1917　杨守敬:《留真谱二编》,民国六年刊本。

1917　[日]河田编:《静嘉堂秘籍志》,日本大正六年铅印本。

1918　罗振玉：《汉晋书影》，民国七年影印本。

1922　王国维：《两浙古刊本考》，《海宁王静庵先生遗书》本。

缪荃孙：《宋元书式（书影）》，民国间影刻本。

韩应陛：《松江韩氏宋元明本书目》，民国十九年抄本。

（九）地方著述目录

1843　钱师璟：《嘉定钱氏艺文志略》，清道光二十三年刻本。

1845　许乔林：《海州文献录》，清道光二十五年刻本。

1847　管庭芬：《海昌艺文志》，民国十年铅印本。

1849　江赓：《兰陵江氏著述考》，清道光二十九年刻本。

1865　胡虔：《广西通志艺文略》，清同治四年刻本。

1865　胡虔：《广西通志金石略》，清同治四年刻本。

1873　王琛：《淮安艺文志》，清同治十二年刻本。

1878　孙诒让：《温州经籍志》，民国十年刻本。

1878　何绍基等：《重修安徽通志艺文志》，清光绪四年刻本。

1879　金福曾：《吴江县志艺文志》，清光绪五年刻本。

1883　李铭皖：《苏州府志艺文志》，清光绪九年江苏书局刻本。

1884　缪荃孙：《畿辅通志艺文略》，清光绪十至十二年刻本。

1884　缪荃孙：《顺天府志金石志》，清光绪十至十二年刻本。

1884　邓琛：《黄州府志艺文略》，清光绪十年朱印本。

1886　缪荃孙：《昌平州志艺文录》，清光绪十二年刻本。

1888　刘人熙：《楚宝目录》，清光绪十四年刻本。

1889　宗廷辅：《东莱书目汇纂》，清光绪十五年东莱博议附刻本。

1891　王懿荣：《海岱人文册目》，稿本。

1891　金武祥：《江阴艺文志》，清光绪十七年刻本。

1895　杨晨：《台州艺文志》，民国二十五年铅印本。

1897　姚福钧：《海虞艺文志》，清光绪二十三年刻本。

1897　盛宣怀：《常州先哲遗书》，武进盛氏汇刊本。

1899　朱一新：《德庆州艺文志》，清光绪二十五年刻本。

1901　唐炯：《续云南通志稿艺文志》，清光绪二十七年刻本。

1907　法伟堂等编：《益都县图志艺文志》，清光绪三十三年刻本。

1908　吴庆坻：《杭州艺文志》，清光绪三十四年刻本。

1910　王保譿：《太原艺文目录》，清宣统二年油印本。

1911　段朝端：《山阳艺文志》，清宣统三年刻本。

1911　吴荫培：《新安吴氏艺文略》，清宣统三年刻本。

1915　项元勋：《台州经籍志》，民国四年铅印本。

1915　孔祥霖：《曲阜清儒著述记》，民国四年山东铅印本。

1915　孙葆田：《山东通志艺文志》，民国四年至七年山东通志刊印局铅印本。

1915　佚名：《嘉兴藏目录》，民国四年京师图书馆钞本。

1918　陶传尧：《斠本志书目录》，民国七年京师图书馆油印本。

1919　严庸：《吴兴严氏艺文略》，民国八年铅印本。

1922　卢靖：《四库湖北先正遗书提要》《四库湖北先正遗书存目》，民国十一年刻本。

徐世昌：《大清畿辅书征》，民国间铅印本。

顾凤鸣：《武陵著作谭》，清宣统间刻本。

吴庆焘：《襄阳艺文略》，清光绪间刻本。

（十）丛书目录

1869　平步青：《葛园丛书初定总目》，清同治八年稿本。

1875　朱学勤：《增补汇刻书目》，清光绪乙亥京都琉璃厂藏本。

1875　朱记荣：《行素草堂目睹书录》，清光绪甲申仲冬古吴白堤孙谿槐庐家藏版。

1875　陈光照：《汇刻书目初编续编》，清光绪元年长沙陈氏无梦园刻本。

1876　傅云龙：《续汇刻书目》，清光绪二年刻本。

1879　王灏：《畿辅丛书目录》，清铅印本。

1881　胡虔：《钦定四库全书附存目录》，清光绪七年心矩斋钞本。

1903　刘世珩：《聚学轩丛书总目》，清光绪二十九年刻本。

1907　王仁俊：《存古堂丛刊目录》，清光绪三十三年排印本。

1909　［日］岛田蕃根：《昌平丛书目录》，日本明治四十二年（清宣统元年）六然堂刻本。

1911　张钧衡：《张氏适园丛书初集总目》，宣统三年国学扶轮社上海铅印本。

1914　杨守敬：《丛书举要》，民国三年铅印本。

1914　罗振玉：《续汇刻汇目》，民国三年连平范氏双鱼室刻本。

1915　《图书汇目》，民国四年铅印本。

1918　李之鼎：《增订丛书举要》，民国七年铅印本。

1919　周毓邠：《汇刻书目二编》，上海千顷堂石印本。

袁昶：《渐西村舍丛刻甲编目录》，清光绪间刻本。

吴翊寅：《广雅书局史学丛书目录》，清光绪间广雅书局刻本。

康有为：《万木草堂丛书目录》，民国间刻本。

王仁俊：《小方壶斋舆地丛钞目录》，清光绪间吴县王仁俊稿本。

（十一）知见目录

1878　姚觐元、钱保塘：《涪州石鱼文字所见录》，《古学汇刊》本。

1890　邵懿辰：《书目偶抄》，钞本。

1891　陆心源：《穰黎馆过眼录》，清光绪十七年刻本。

1897　杨守敬：《日本访书志》，清光绪二十三刻本。

1909　莫友芝：《邵亭知见传本书目》，清宣统元年铅印本。

1915　王颂蔚：《古书经眼录》，民国四年刻本。

邵懿辰：《半岩庐所见书目》，民国间朱希祖抄本。

缪荃孙：《日本访书记》，清光绪间刻本。

（十二）禁毁目录

1868　《同治七年江苏巡抚丁日昌查禁淫词小说目》，载《元明清三代禁毁小说戏曲史料》，北京作家出版社1958年。

1884　姚觐元：《清代禁毁书目》，清光绪九年《咫进斋丛书》本。

1907　《奏缴咨禁书目》，光绪三十三年上海国学保存会铅印《国粹丛书》第二集中《禁书目》合刻本。

1907　邓实：《禁毁书目合刻》，清光绪间铅印本。

（十三）见存目录

1847　刘喜海：《天一阁见存书目》，清钞本。

1851　[日]藤原佐世编：《日本国见在书目录》，日本嘉永四年（清咸丰元年）影印旧钞本。

1881　郑珍：《郑学书目》，清光绪七年归安姚氏粤东藩刊本。

1883　朱记荣：《国朝未刊遗著志略》，民国间抄本。

1884　梦蝶生：《追来堂偶存书目》，稿本。

1886　薛福成：《天一阁见存书目》，清光绪十五年崇实书院刊本。

1888　郑文焯：《南献遗征笺》民国二十年刻本。

1888　郑文焯：《国朝著述未刊书目》，清光绪十四年苏州书局刊本。

1899　徐维则辑：《中国人辑著书》，清光绪二十五年石印本。

1908　王仁俊：《白虎通义引书表》，清光绪三十四年江苏存古学堂木活字本。

1910　刘世珩：《征访明季遗书目》，清宣统二年铅印本。

1912　佚名：《壬子文澜阁所存书目》，民国元年刻本。

1912　章篯：《壬子文澜阁所存书目》，1923年浙江公共图书馆刊本。

1917　顾葆龢：《小石山房佚存书录》，民国间抄本。

1918　[日]和田维四郎：《访书余录》，日本大政七年（民国七年）东京精艺出版合资会社影印本。

沈家本：《古书目三种》，1963年中华书局《沈寄簃先生遗书》影印本。

（十四）读书志、题跋集、藏书志目录

1850　谭莹：《南海伍氏所刻书跋总目》，稿本。

1860　管庭芬：《花近楼丛书序跋》，清宣统三年铅印本。

1862　苏源生：《鄢陵文献志》，清同治元年刻本。

1867　莫友芝：《持静斋藏书纪要》，清光绪间丁氏刊本。

1878　朱绪曾：《开有益斋读书志》，清光绪六年刻本。

1882　陆心源：《皕宋楼藏书志》，清光绪八年刻本。

1885　谢菘岱等：《南学书目札记》，清光绪十一年刻本。

1889　耿文光：《苏溪渔隐读书谱》，清光绪十五年刻耿氏丛书本。

1890　陆心源：《仪顾堂题跋》，清光绪十六年刻本。

1892　《潜庐藏书志》，清光绪十八年稿本。

1898　缪荃孙：《嘉业堂藏书志》，稿本。

1900　缪荃孙：《艺风堂藏书记》，清光绪二十六年刻本。

1906　沈德寿：《抱经楼藏书志》，民国十三年铅印本本。

1909　傅以礼：《华延年室题跋》，清宣统元年铅印本。

1909　傅栻《过庐题跋》，清宣统元年排印本。

1912　缪荃孙:《艺风堂藏书续记》,民国元年刻本。

1916　张钧衡:《适园藏书志》,民国五年刻本。

1916　杨守敬:《邻苏老人手书题跋》,民国五年石印本。

1918　罗振玉:《雪堂校刊群书叙录》,《永丰乡人稿》本。

1920　王国维:《庚申之间读书记》,《海宁王静安先生遗书》本。

江藩:《半氈斋题跋》,光绪间刻本。

蒋光煦:《东湖丛记》,《云自在龛丛书》本。

潘祖荫:《滂熹斋藏书记》,民国十四年铅印本。

潘志万辑:《书籍碑版题跋》,清光绪间抄本。

于鬯:《香草校书》《香草续校书》,清光绪间刻本。

李希圣:《雁影斋题跋》,1935年李氏排印本。

徐时栋:《烟屿楼读书志》,民国十七年排印本。

叶德辉:《郋园读书志》,民国十七年上海澹园铅印本。

二　新兴目录

(一) 藏书楼、图书馆目录

1880　《徐家汇藏书楼书目》,清光绪六年抄本。

1880　国英:《共读楼书目》,清光绪六年刻本。

1902　邵章:《杭州藏书楼书目》,清光绪二十八年刻本。

1902　《皖省藏书楼书目》,清光绪末活字本。

1904　徐树兰:《古越藏书楼书目》,清光绪三十年石印本。

1907　杨复:《浙江藏书楼甲乙编书目》,清光绪三十三年石印本。

1911　李宾:《河南图书馆书目》,清宣统三年铅印本。

1911　保鳌东:《山东图书馆辛亥年藏书目录》,清宣统三年石印本。

1911　《涵芬楼藏书目录》,清宣统三年排印本。

1912　《福州藏书楼书目初编》,民国元年铅印本。

1913　谭新嘉等:《天津图书馆书目》,民国二年天津图书馆铅印本。

1914　《南通图书馆第一次目录》,民国三年翰墨林书局铅印本。

1915　由云龙、何秉智:《云南图书馆书目初编》,民国四年铅印本。

1915　《浙江图书馆书目》,民国四年铅印本。

1915　《四川图书馆书目》,民国四年铅印本。

1916　瞿启甲：《常熟县图书馆藏书目录》，民国五年油印本。

1917　何日章等编：《河南图书馆书目》，民国六年石印本。

1917　《京师图书馆书目》，清末民初油印本。

1917　高树基、房鸿献：《陕西图书馆图书目录》，民国六年铅印本。

1917　袁绍昂：《山东图书馆书目》，民国六年山东图书馆石印本。

1917　曹允源：《江苏省立第二图书馆书目续编》，民国六年刻本。

1918　《江苏第一图书馆覆校善本书目》，民国七年铅印本。

1918　《黄岩九峰图书馆书目》，民国七年铅印本。

《广东省立图书馆图书目录》，民国间铅印本。

章钰：《广化寺图书馆检书草目》，民国间抄本。

关维振：《京师图书分馆藏书目》，民国间油印本。

《清学部图书馆方志目》，《古学汇刊》本。

盛宣怀：《盛氏图书馆善本书目》，民国间愚斋钞本。

缪荃孙：《愚斋图书馆藏书目录》，民国二十一年大成印务局铅印本。

（二）译书目录

1890　王韬：《泰西著述考》，清光绪十六年抄本。

1896　梁启超：《西学书目表》，清光绪二十二年时务报馆印本。

1897　康有为：《日本书目志》，上海大同书局石印本。

1897　沈桐生：《东西学书录提要总叙》，清光绪二十三年读有用斋影印本。

1898　梁启超：《西书提要》，清光绪二十三年湘学报本。

1898　黄庆澄：《中西普通书目表》，清光绪二十四年刻本。

1899　徐维则：《东西学书录》，清光绪二十五年石印本。

1899　徐维则辑：《东西人旧译著书》，清光绪二十五年石印本。

1899　［英］傅兰雅：《农务要书简明目录》，清光绪二十七年上海制造局刻本。

1901　黄庆澄：《普通学书录》，清光绪二十七年杭州小学堂刻本。

1902　顾燮光：《增订东西学书录》，清光绪二十八年石印本。

1902　梁启超：《东籍月旦》，见《乙丑重编饮冰室文集》册二十九。

1903　王景沂：《科学书目提要初编》，清光绪间铅印本。

1904　顾燮光：《译书经眼录》，民国十六年上海石印本。

1905　沈兆祎：《新学书目提要》，清光绪三十一年上海通雅书局铅印本。

1907　《译书提要》，清光绪三十三年北京政治官报局排印本。

1909　陈洙：《江南制造局译书提要》，清宣统元年铅印本。

《广学会译著新书总目》，清末抄本。

述庐：《通学书籍考》，民国间铅印本。

王仁俊辑：《译书表》，稿本。

江南制造局编译：《江南制造局所刻书》，清同治至民国间刻本。

（三）导读目录

1847　龙启瑞：《经籍举要》，清光绪十九年刻本。

1860　张之洞：《书目答问》，清光绪间刻本。

1869　杨希闵：《读书举要》，清光绪八年刻本。

1888　裕德：《经籍要略》，清光绪十六年山东书局刻本。

1894　康有为：《桂学答问》，清光绪间刻本。

1895　江人度：《书目答问笺补》，清光绪三十年刻本。

1915　谢洪赉：《读书指要》，民国四年铅印本。

1920　周贞亮、李之鼎：《书目举要补》，南城宜秋馆刻本。

1921　缪荃孙：《增辑书目答问》，民国十年石印本。

（四）书业目录

1877　《湖北官书处书目》，清光绪三年刻本。

1877　《申报馆书目》，清光绪三年铅印本。

1879　《申报馆书目续集》，清光绪间铅印本。

1881　《浙江书局价目》，清光绪七年刻本。

1881　《直隶运售各省官刻书籍总目》，清光绪七年刻本。

1882　《扫叶山房书目》，清光绪八年刻本。

1882　《抱芳阁书目》，清光绪八年刻本。

1883　《直隶津局运售各省书籍总目》，清光绪九年刻本。

1884　《同文书局石印书目》，清光绪十年同文书局石印本。

1886　《江左书林书目》，清光绪十二年刻本。

1890　《广西存书总目》，清光绪十六年刻本。

1890　《江南书局书目》，清光绪十六年刻本。

1892 《浙江官书局书目》，清光绪十八年刻本。

1893 《江苏书局重订核实价目》，清光绪十九年刊本。

1899 《江苏官书坊各种书核实价目》，清光绪二十五年刊本。

1902 《直隶官书局运售各省官刻书籍总目》，清光绪间直隶省城官书局学校司铅印本。

1908 ［日］田中庆太郎：《文求堂唐本书目》，日本明治四十一年（清光绪三十四年）文求堂书局东京铅印本。

1911 谭新嘉：《江浙采购书目》，清宣统三年绿丝栏稿本。

1916 《湖南官书报局图书汇目》，影印本。

1917 《文瑞楼书局图书汇报》，民国六年石印本。

《江苏书局各书价目》，清刻本。

《津河广仁堂所刻书总目》，清光绪间刻本。

《陕西官书局书目》，清末铅印本。

《山东全省官书局书目》，清宣统山东官书局铅印本。

（五）学校、学堂、书院图书目录

1866 胡林翼：《箴言书院书目》，清同治五年刻本。

1873 刘光蕡：《陕甘味经书院藏书目录》，《烟霞草堂遗书续刻》本。

1880 陈之澍：《仙源书院书目初编》《续编》，清光绪十四年刊本。

1889 沈秉成：《榕湖经舍藏书目录》，清光绪十五年刊本。

1889 《国子监南学经籍备志》，清光绪刊本。

1889 《国子监南学第二次存书目》，清光绪十五年刻本。

1891 彭懋谦：《关中书院志学斋藏书总目》，清光绪十七年刻本。

1891 《萃升书院志学斋藏书总目》，清钞本。

1893 《九峰书院藏书记》，清光绪十九年九峰书院重刊本。

1894 顾璜：《豫南书院书目》，清光绪二十年刻本。

1895 张炤：《龙游凤梧书院藏书目》，民国《龙游县志》附本。

1897 管作霖：《邻水县玉屏精舍藏书目》，清光绪二十三年刊本。

1898 顾璜：《大梁书院藏书总目》，清光绪二十四年刻本。

1899 谢元洪：《兴化文正书院藏书目》，清光绪二十五年刻本。

1900 杨溶：《固始诂经精舍章程书目》，清光绪二十六年萃文堂聚珍本。

1900 《宁津书院书目》，清光绪二十六年刻本。

1901 朱一新：《广雅书院藏书目录》，清光绪二十七年广雅书局刊本。

1902 《暂定各学堂应用书目》，京师大学堂刊本。

1902 李鸿筹：《河朔学堂书目》，清光绪二十八年刻本。

1905 《上海格致书院藏书楼书目》，清光绪三十三年格致书院铅印本。

1905 唐崇实辑：《高等小学堂暂用课本之书目》，清光绪三十一年刻本。

1905 唐景崇：《江苏学政审定高等小学暂用课本书目》，清光绪三十一年排印本。

1906 方燕年：《山西编译局审定中小学堂教科书目表》，清光绪三十二年排印本。

1906 《学部第一次审定高等小学暂用书目》，清光绪三十二年铅印本。

1906 《学部第一次审定初等小学暂用书目》，清光绪三十二年铅印本。

1909 《京师广东学堂书藏捐书目录》，清宣统年间铅印本。

1915 《清华学校华文书籍目录》，民国四年油印本。

1919 陈乃乾：《南洋中学藏书目》，民国八年铅印本。

《仪董学堂藏书目》，清光绪间刻本。

袁昶：《中江尊经阁藏书目》，清光绪间刻本。

佚名：《资州艺风书院藏书目》，清光绪间刊本。

（六）索引

1865 郭传璞：《书目便查》，清同治五年郭传璞金峨仙馆蓝格稿本。

1873 黎永椿：《说文通检》，清同治十二年刻本。

1873 ［日］太田勘右卫门：《新刻书目便览》，日本明治六年（清同治二年癸酉1873）东京梅严堂万书堂刻本。

1886 蔡启盛《皇清经解检目》，慎勿堂影印本。

1886 陶治元：《皇清经解敬修堂编目》，清光绪十二年石印本。

1887 凌忠照：《皇清经解编目》，清光绪十三年石印本。

1893　尤莹：《式古堂目录》，清光绪十九年刻本。

1903　徐先生辑：《经史次第标目》，清光绪二十九年刻本。

（七）敦煌目录

1909　王仁俊：《敦煌石室真迹录》，清宣统元年石印本。

1909　罗振玉：《鸣沙山石室秘录》（《莫高窟石室秘录》），清宣统元年铅印本。

1909　罗振玉：《敦煌石室书目及发见之原始》，民国间油印本。

附录三

所见晚清目录提要

本提要编年所收书目以国家图书馆和北京师范大学图书馆藏书为主，且是笔者亲眼所见所录。凡来新夏先生《清代目录提要》一书中已收录者，不复编写。由于笔者能力所限，错误、遗漏之处敬请指正。

许梿《许氏古韵阁书目》，清许氏古韵阁钞本

是目凡二卷。前有许氏自序一篇，称"往岁暮春，礼闱报罢，抑郁□来，额无聊赖，侘傺之余，恒挑灯于丙阑夜静，整顿图籍，为消遣计，于是随手编录，漫分四部。"可见其编纂初衷乃为消遣而对其藏书进行登记整理。该书仅以经、史两部分类，每书下列卷数、撰者、刊本，无提要。其所收之书以明清人为主，所列版本亦多嘉靖、万历、康熙、乾隆年间及清内府刊本等。所见版本为国图藏，索书号为：目440\884

牟房《雪泥屋遗书目录》，清道光二十三年刻本

是目乃牟房收集其父牟默人生前读书笔记而成，卷首为"牟默人先生墓志铭"记其父生平简要，称其"精心著作，一贯群书，穷居而不悯，老至而不知，人事反覆不感于心，盖读书之乐，先生真得之矣。"可见其用功之勤。本书凡一册，共收五十余部书，另附有补遗一卷。每书下录其父所作读书心得，其中有对前人之说献疑者，如《学易录》条："子曰：'假我数年五十以学《易》，可以无大过矣。'五十，图书之数也，今此学无传，而希夷所得康节所传，以为即五十之学者，未敢信也。"又如前人据周太史儋"周秦分合论"推论老子与周太史儋非一人，对此牟氏在《释老》中考辨到："周秦分合之论，谓平王始东迁，秦襄公为周守丰镐，已而平王弃丰镐以予秦，是谓合而离。离五百年，秦昭王灭二周，并其地，是为复合。合七十年而为汉五年，汉高祖即皇帝位，是为霸王者出也。非有道者不能观变识微，预睹成败，儋与伯阳宛然一人。"这里推论出老子即为周太史儋。此外，还有论其读书态度和方法者，如前《学易录》条："夫六十四卦发明蕴奥至详也，今尚不能明而空谈图书，自谓已得之，愚恐其无是理也。……是故愚之学易不得于卦爻者，求于辞；不得于经者，求于传。一爻未明，六爻不敢从也；一卦未融，六十四卦不敢通也。本意不为欺人，欲慊于吾心而已矣。往见谈《易》者，率自许以知道，愚不敢效也。"可见其治学态度之严谨。还有对所读之书重新编订者，如《更定汉书王莽传》条："题《汉书·王莽传》后曰：孟坚虽非良史之才，实亦未应芜秽至此，此必滥写旧文，未经裁制，盖其草稿也。欲试删定之，为《王莽传》一篇，私录成卷，以俟通人知史法者观焉。"书下间或有牟房按语略加说明，如《删定唐人试律说》条："房案，此用纪文达公原本删去若干首，而更广其说。"又《明史论》条："房案，此未定本也，讫宣德十年，题云甲戌春月都门草。"所见版本为国图藏，索书号为：XD 8464

支丰宜《曲目表》，清道光二十三年刻本

是目凡一册。书衣有"苏州吴梅藏书"蓝色印章一枚。卷首有句吴钱泳昌序一篇，称"支君午亭，余旧友也。博雅好古，称于词曲，取艾塘收录之书，复参以近代所见者，汇为一卷，以便翻阅，俾知某曲出某本，某曲出某处，长歌之下，开卷了然，亦未始非顾曲者之一助也。"可见该书是在李艾塘《画舫录》所收词曲、传奇、杂剧的基础上增补而成。该书以表格的形式收录了"国朝传奇""国朝杂剧""元人传奇""明人传奇""明人杂剧"五类文献。每类中仅记曲名和作者，无提要。所见版本为国图藏，索书号为：目215\867.2

［日］藤原佐世编《日本国见在书目录》，日本嘉永四年（清咸丰元年）影印旧钞本

是目凡一册。据嘉永辛亥腊月十日饫肥安井衡"书现在书目后"称，此书"盖宽平中佐世在奥所辑，距今九百六十余年。按史，先是贞观乙未，冷泉院火，图籍荡然。盖此目所因而作，而所以有'现在'之称也。"该书分四十类，大致以传统四部分类法中的二级子目为纲，每书下详记卷数及作者。间或也有对书籍卷帙存亡加以说明者，如《东观汉记》百四十三卷条下云："右《隋书·经籍志》所载卷数也。而件《汉记》，吉备大臣所将来也，其同录注云：此书凡二本，一本百廿七卷，与集贤院见在书合。一本百廿一卷，与见书不合。又得零落四卷，又与两本目录不合。真备在唐国多处营求，竟不得其具本，故且随写得如件。今本朝见在百四十三卷。"也有对书籍献疑者，如《孝经》条云："孔安国注，梁末亡逸，今疑非古文。"书前卷首有"松坡图书馆藏""北京图书馆藏"印各一枚。所见版本为国图藏，索书号为：目 383.1 \ 878.1

方功惠《碧琳琅馆书目》，民国二十一年国立北平图书馆传抄本

方功惠湖南巴陵人，号柳桥，以父荫官广东监道知事。是编即其在任期间所购书籍之目。书凡四册，分经、史、子、集四部，书名下列卷数、本数、函数，间或著明撰者，无提要。书前有"上浣愚叔宗朝桐乡氏序"一篇，称"从侄柳桥，幼嗜学，长随先兄仕粤，援例得一官，学不废，俸入俭，用以其赢余购古书，前后得数万卷，仿四库馆藏书例，分经、史、子、集，另撰《目录》四卷。"该书所收史部书籍约占全书二分之一。所见版本为国图藏，索书号为：目 440 \ 895604，另有民国间抄本一部，索书号为 XD8833

郭传璞《书目便查》，清同治五年郭传璞金峨仙馆蓝格稿本

是书凡一册，乃郭氏对其藏书所作的索引式目录。郭氏自云："外书箱计十二口，以地文编号。内书厨四口，以四时编号。随查随编，不分部分，其友人借去书目，另编后叶。"每书下著卷数、撰者，有些书则仅列其名。所见版本为国图藏，索书号为：目 440 \ 8845

唐翰《安雅楼藏书目录》，民国二十六年国立北平图书馆抄本

是书凡四卷，书前有唐氏自序一篇，称"爰次为目，略记本书传刊源流、卷叶行款及收藏校勘题识、图记之足资考证者，备书于次，益以吾家先世储藏，母氏遗留之未为劫灰者，庚申后游历所得者，凡为种一千八百有奇，为卷二万有奇，录既成帙，署曰《安雅楼书目》。"又有光绪元年署名为鹪叟所作"书目书后"一篇,述唐氏生平概要及其收书之难。该书分经、史、子、集四部,每书下有提要、行款等内容,多有己见。如史部《历代地理指掌图》辨其非苏轼所作:"窃以为他姑弗具论,即以序文论,文笔冗而弱,其为伪托显然。卷末有'毗陵陈奎刻'五字,审写刻行款,当是正嘉以前翻宋刻本也。"书后附有同治庚午冬为葬母而不得不出售所藏之书简目。所见版本为国图藏,索书号为:目441\8933.1,另有满洲国英共读楼抄本,索书号为:XD8820

黎永椿《说文通检》,清同治十二年番禺陈昌治刻本

是书凡两册。前有黎永椿识语一则,称"永椿少时读《说文》,每苦难于寻检,尝欲仿《字典》检字之例,以《说文》篆书写为直书,依其画数次第编录。卷首检部,自卷末检疑字,卷一迄卷十四检本部之文,名之曰《通检》。"可见,此目乃为查检《说文》而编。该书将《说文》每部之字列于卷首,按字画数排列,每字皆注明其在《说文》之卷数、部数。凡每部之字,以画数为次第(画数中不计偏旁),字下皆著明其在本部第几字,是检索《说文》十分方便的工具书。所见版本为国图藏,索书号为:字131.1\254.7\9—10

《湖北官书处书目》,光绪三年刻本

该书目共一册。分经、史、子、集四部,惟子部下又分为儒家类、兵家类、法家类、农家类、术数类二级子目。其中分类多有商榷之处。如将丛书分到子部中,且其中如《韩诗外传》《尚书大传》《春秋繁露》皆非丛书。又集部将《外科》《女科》《温热经纬》等医学书纳入,将《大清一统地舆全图》《长江图》等也收录集部,多所谬误。书目后附有外省刊刻书目。光绪十二年,由于工料腾贵,故经另加核实而编成《湖北官书处新编书目》。书前有宜都杨蔚光启一篇,称:"吾鄂官书处始自清代,用便邦人读书稽古,订价极广,近年工料腾贵,原价仍未更张,出入迥异。"[①] 该书目分类在经、史、子、集四部以外,又增加了杂著、丛书两部,史部、子部又下分二级子目。书后另附有《新出石印铅印各种书目》

---

① (清)杨蔚光:《湖北官书处新编书目序》。

《宜都杨氏观海堂书目》。其中有《国会政见汇刊》《财政四纲》《警察新法》《铁路章程表》等一些反映新兴文化的书籍。所见版本为国图藏，索书号为：XD8905，另徐蜀、宋安莉所编《中国近代古籍出版发行史料丛刊》一书中也有收录

姚觐元、钱保塘《涪州石鱼文字所见录》，《古学汇刊》本

涪州大江中有石梁，长数十丈，上刻双鱼，故名涪州石鱼。自唐以来，许多文人墨客皆于此石上刻诗题名，以示纪念。适姚觐元治蜀，请缪荃孙带人为之访拓，"得宋谢昌瑜题记等一百零八段，自宋开宝，迄元至顺，而唐刻终不得。"① 又经由钱保塘略加考证而成此目。钱氏自称："光绪三年六月，姚彦侍观察自重庆至成都，以涪州石鱼题名百余种示保塘，命略考其仕履行事，以备稽核。因为排比先后，得北宋二十二种，南宋六十四种，附宋末九种、元五种，凡百种。"② 是目分上、下卷，每种下先以小字形式列其拓本形制，再列其题名内容，最后是作者对题名者的考证。如《谢□□题记》条：作者依据《太平寰宇记》所载开宝四年，黔南上言一事，考证出此乃谢昌瑜等状上言。但该石鱼在涪州，而为何由黔南上言？作者进一步通过对《太平寰宇记》的考察，得知当时涪州为黔南之行府，后涪州从黔南中独立建制，而《舆地纪胜》则在黔南、涪州下各载之，"盖因《寰宇记》言以为黔州亦有石鱼，微误"。该书目所考题名者"自明以来，不录诸人中史有传者朱昂、黄庭坚、庞恭孙、刘甲。史无传而其书行世者吴缜、晁公武、晁公遡、邓椿、秦九韶。其余间有见于他书可考者，略为按语，缀于各条下。"③ 可见，其有补史之阙的学术价值。所见版本为北师大藏，索书号为：083＼8372—2＼2963：7—8

蒋壑《全上古三代秦汉三国晋南北朝文编目》，清光绪五年刻本

是目凡十二册，一百〇三卷。首列汪日桢所纂严可均、蒋壑事迹，称蒋壑"得严可均编《全上古三代秦汉三国六朝文》手稿，世无副本，以六朝二字不能赅括，改名《全上古三代秦汉三国晋南北朝文》。谓其卷帙

---

① （清）缪荃孙：《涪州石鱼文字所见录·跋》。
② （清）钱保塘：《涪州石鱼文字所见录·跋》。
③ （清）钱保塘：《涪州石鱼文字所见录·跋》。

繁重，誊写不易，势必终归淹没，写编《目录》一百三卷。每篇必注明所出之书，其参校各书亦并备载，间有讹漏俱为改正。庶将来全书纵或缺佚，后人犹可按目补辑也。"后列"助资督刊并校勘姓名"及蒋壑之子题识一篇。其后接严可均为《全上古三代秦汉三国六朝文》所作序，以及严书总目、编纂凡例，然后列其篇目。每书下皆有考证性的按语。如《目》二《全上古三代文》卷十六老子撰《养生要》条："案，《史记》本传亦两说兼存，实则《礼记》之老聃非即作《道德经》之老子，读者必能辨之。至养生等说，皆道家依托。"又如《目》三《全秦文》之《议刻金石》条："案，《史记》隗林并当作隗状。颜之推云隋得称权，有丞相隗状、王绾二人列名，王劭亦云然。案《钟鼎款识》平阳斤及今所见秦权皆云状，绾，无作林字者也。"这为《史记》所载隗林为误，又提供了一条佐证。正文第一册中有"陈垣同志遗书"及"北京图书馆藏"印各一枚。所见版本为国图藏，索书号为：目211\868

《申报馆书目续集》，光绪间铅印本

书前为尊闻阁主人序一篇，称："二年以来，日积月累，又陆续印成六十余部，悉依袖珍之式，舟车所至，便于取携，且类多精雅绝伦者。"是目将所收书籍分为掌故类、谈艺类、讲武类、纪丽类、尺牍类、说部类、小说类、字典类、翻译类、图画类、法帖类。每书下先标明卷数、本数及价格，然后是提要，"先考作者之姓氏、爵里，次及其精神所专注之端，间或旁参当时之事迹，而辅以议论。"① 所见版本为国图藏，索书号为：目490\892，另徐蜀、宋安莉所编《中国近代古籍出版发行史料丛刊》一书中也有收录

《仙源书院藏书目录初编》《续编》，民国二十六年刻本

该书凡三册，八卷。书前有马氏自叙、后叙各一篇。自叙称，此书目书籍多来自其家藏书，亦有同郡人士慷慨捐赠者，经多次编写校订始成："是编始于丙子，再逾年更定成册。初次排比者陈之澍小农也。覆编后，分缮者周南晓峰、黄坤泰厚……覆缮一通者，胡伯芬达夫也。校勘再过者

---

① 《申报馆书目续集·序》。

则斋长方子之焕云槎也。"① 又有《仙源书院初议公集书籍章程》一篇，规定了书院借阅、典藏的相关规则。《初编》分经、史、子、集、群书、附录共六卷。卷首有简明总目。书目下记卷数、撰者、版本，每部类前有大序，每小类前有小序，书下有解题，其中多有所考辨。如经部孟子类《孟子注疏》条："汉赵岐注，其疏旧题宋孙奭撰。孙宗古，宋代名儒，此书畣陋已甚，伪托显然。"此目编成数年后，马氏"又劝同乡捐资爰从武昌、长沙、江宁、苏扬、杭广、上海等处，及日本之长琦购办书籍计得二千一百五十三种，二万七千三百五十三卷"。于是另编为《续编》。《续编》书前有光绪五年启元堂、景元堂首士跋文一篇，后有光绪十四年所撰《仙源书院经古课章程》。分经、史、子、集四类，无大序、小序，书下亦无解题，仅有附注，注明卷数、撰者、版本，有些书目下间注明捐赠者。所见版本为国图藏，索书号为：目 362.3\72.1，另有光绪六年启元堂刻本一部，索书号为：XD10506

国英《共读楼书目》，清光绪六年索绰络氏刻本

是目凡二册，十卷。前有国英自序一篇，书目凡例八则，卷首有"长乐郑振铎西谛藏书"印一枚。国英称："检所存书，编成目录，除丛、藏暂未列入，现计书三千余种，二万余卷，法帖四百余册。愿嗜古者暇则往观，果各就夫性之所近，谙练其才，扩充其识，将何以济时局，挽颓俗，储经邦济世，安民正俗之学？为异日报国，资是则余之厚幸而切望也夫。"② 可见该目不仅是对其藏书的整理，更赋有济民安邦之大义。在图书分类上，依《四库总目》例，分经、史、子、集四部，每部之中"以书无多，未与详分子目"③。四部之外，又设法帖一目，"今本楼实存各帖未便混列，故另编开"。又将《永乐大典》《古今图书集成》《四库全书》之目录附列于书后，以备考核。在著录方面，每书下仅列书名、卷数、作者，将满洲书列于卷首"以表尊崇"④，凡御纂之书"于每部各类之上示

---

① 《仙源书院藏书目录初编后叙》。
② （清）国英：《共读楼书目·自序》。
③ （清）国英：《共读楼书目·凡例》。
④ （清）国英：《共读楼书目·凡例》。

有区别"①。所见版本为国图藏，索书号为：XD8827

傅以礼《掔经室经进书录》，清光绪八年大兴傅以礼刻本

嘉庆年间，阮元视学浙江时曾先后搜访《四库》未收之书，并加以提要进奏当朝，后其子阮福略加整理而成《四库未收书提要》五卷行世。然"惜书成众手，时有抵牾，又未分门类，不便寻检"。②于是傅氏加以诠次，"凡考论偶疏，衍夺失校，辄据他书是正，并就所见新书椠本分别附注，用备嗜古者访求"。③是书凡四卷，二册，书前录有道光二年阮福题识一篇。在分类上"谨遵《四库全书总目》，厘为经、史、子、集四卷"。④每书下列卷数、版本，有提要。或指出其书学术价值，如史部编年类《元秘史》条："案，明初宋濂等修撰《元史》，急于蒇事，载籍虽存，无暇稽求。如是编所载，元初世系孛端叉儿之前尚有一十一世，太祖本纪述其先世仅从孛端叉儿始，诸如此类并足补正史之纰漏。虽词语俚鄙，未经修饰，然有资考证，亦读史者所不废也。"或指出其书社会功用，如史部政书类《五服图解》条云："嘉兴路牒称其有裨世教，厚风俗，洵不诬矣。其例以五服列五门，每门立男女已未成人之科分正、加、降、义四等之服，划图分章，展卷厘然，颇足为参考礼制之助。"或考其书存亡，如史部地理类《两京新记》条云："唐韦述撰，原本五卷，见《宋史·艺文志》及程大昌《雍录》、明郎瑛《七修类稿》亦尝及之。朱彝尊《书熙宁长安志后》云，《东西京记》世无全书，则彝尊所见已非完本矣。"是编收书多为丛书本，如《粤雅堂丛书》本、《守山阁丛书》本、《十万卷楼丛书》本、《平津馆丛书》本等，另有许多日本国《佚存丛书》本。所见版本为国图藏，索书号为：目325\56

《抱芳阁书目》，光绪八年刻本

是目凡一册，书前有抱芳阁主人题记一篇，称"凡若者局刊，若者

---

① （清）国英：《共读楼书目·凡例》。
② （清）傅以礼：《掔经室经进书录·序》。
③ （清）傅以礼：《掔经室经进书录·序》。
④ （清）傅以礼：《掔经室经进书录·序》。

家刻，若者闽粤楚蜀，书贾雕翻其为昔时未有而今始创行者，则有若铅版，有若石印，有若东洋本，悉罗而聚之一编，以待赏鉴家之访求。"可见其编目仅为鉴赏而非学术。故其分类简略，一书下仅录书名、价钱，间或说明书的纸质，或指明版刻。在分类上虽略依四部法，但较为混乱。如《小学钩沉》《说文句读》《舆地纪胜》《农政全书》等夹杂于集部之中，没有条理。所见版本为国图藏，索书号为：XD 8915，另徐蜀、宋安莉所编《中国近代古籍出版发行史料丛刊》一书中也有收录

《同文书局石印书目》，光绪十年同文书局石印本

书凡一册，前有"同文书局主人谨启"一篇，大致概述了该书局在各地的售书地址，及运售书籍的相关事宜。后有"股印《古今图书集》成启""股印《二十四史》启"两篇。是目将所收图书按各书价目分类，方便读者购买。每书下标明本数（或函数）、价格，为研究清末社会图书出版及流通情况提供了有价值的史料。所见版本为国图藏，索书号为：153439，另徐蜀、宋安莉所编《中国近代古籍出版发行史料丛刊》一书中也有收录

蔡启盛《皇清经解检目》，光绪十二年刻本

《清经解》是阮元为集汉唐诸儒经学之大成者而编。然其书卷帙浩繁，"其中所载如《日知录》等五十余种，皆就原书采辑，初不分别部居，虽皓首穷经者，不能检其所在，往往知有此而不知有彼，得其一而遗其十"①。因此，对该书进行编目，以便于检索就显得十分重要。在蔡氏成此书之前，有陶治元所编《皇清经解目录》一书（亦称《敬修堂编目》），但该书"分经编次者也，一义而群经互见者，必遍检群书而后得之于事，固非所便，且充其量亦不过《皇清经解》之目录而已矣"②。而蔡氏之书，"不分经而分类，以经证经，一展卷而咸在，可使学者触类贯通于治经之事，事半功倍"③。是目凡八卷，两册。书前有俞樾序、蔡氏自序各一篇，又有凡例十二则。卷首列"《皇清经解检目》录要"一篇，

---

① （清）俞樾：《皇清经解检目·序》。
② （清）俞樾：《皇清经解检目·序》。
③ （清）俞樾：《皇清经解检目·序》。

将经书分为天文部、时令部、地理部、人伦部、性情部、身体部、人事部、人品部、王侯部、国邑部、官职部、庶民部、政事部、文学部、礼制部、祭祀部、饮食部、宫室部等48部。各部之下又分小类，"但部名二字，恐初学尚茫然不知何在，因首列各部录要，俾先检得而后，依部检之"①，每部书下列"第几第几"字样，分别标明该书之卷数和其所在页数。所见版本为国图藏，索书号为：920，另有光绪十七年刻本一部，索书号为：919

范迪襄《廉让间居书录》，清光绪十五年朱丝栏抄本

是书凡五册，书衣内页有王祖彝手记一篇，后为范氏自序，称其家世代藏书，曾与天一阁相当，后遇兵火损之。故范氏在其旧藏所余基础上，"益以外王父王锡三先生所藏，及友人见遗者数十，又余年始得如千卷。虽无古椠旧钞，应读之书亦略备，而圣贤之微言大义，百家之说皆可于此靳取焉"。可见该目所录之书皆为平时学子所习见必读之书。本书以经、史、子、集、丛五部分类，"编目之次，多遵《四库提要》，间用诸家目录，或以己见参之，便检览也"。② 每书下记卷数、撰者，或录版本，无提要。其中唯史部地理类外纪之属中收录了《新译海道图说》《地球说略》两部有关外国之书。所见版本为国图藏，索书号为：目440\8958

金武祥《江阴艺文志》，光绪辛丑粟香室刊本

是目凡两卷，一册。书前有金武祥自序一篇，凡例六则。金氏以为："近世郡县志艺文一类，徒采辑诗文芜杂猥琐，转失其义。江阴新旧《志》，乃只有词翰而并无载籍，识者尤病之。咸丰庚申之变，邑中耆旧著述多毁于兵燹，或昔存今佚，或彼有此无，或副墨偶留，或残本间出。"③ 于是金武祥与缪荃孙，约共收集江阴先贤著作，编成此目。该书不以四部分类，缘于"江阴各家著述类多未见，原书难于校核，若分四部，强为配隶，必致循名失实"。④ 而是目以时代为序，收录自宋至清书

---

① （清）蔡启盛：《皇清经解检目·例言》。
② （清）范迪襄：《廉让间居书录·序》。
③ 金武祥：《江阴艺文志·自序》。
④ 金武祥：《江阴艺文志·凡例》。

籍共得933部，凡502家著作。这些著作取材于历代正史及《常州府志》《江阴县志》的人物传中。此外，也从有关诗文著作中辑录而成。其中有未见或原书存佚不可知者也列于目中，以待后来采访。在著录上，每一书下先是对作者姓氏的简短介绍，然后指明所录书籍出处。如《豆亭集》条："俞远，字之近撰，见《府志》《县志》，又见钱大昕《补元史艺文志》《秀野草堂元诗选》。"间或记有版本，如《诗经讲说》二十卷下注："有知不足斋刻本。"《东家子十二篇》条："有粟香室覆刻，汲古阁本。"所见版本为国图藏，索书号为：XD 260：18，另北师大有藏，索书号为：013.2921\987

《浙江官书局书目》，清光绪十八年刻本

该书目是浙江官书局编纂的营业书目，凡一册。书前有《浙江官书局减定书价》称，浙江巡抚体恤寒畯，恐购书不易，将各书书价在原价基础上核作八折至九五折出售。此目即其减价后所编。书目按四部分类，著录内容为书名、本数、纸质、价钱。所见版本为国图藏，索书号为：目490\8943，另徐蜀、宋安莉所编《中国近代古籍出版发行史料丛刊》一书中也有收录

萧名湖编，萧士恒补《如园架上书钞目》，光绪二十四年刻本

该书凡五卷，补一卷。前有萧士恒自序一篇，称："据伯兄名湖写本补入，甲午以后所购书，专著书名、卷数、某注某校、某省官本某氏家藏本。丛书则备列子目，便检寻也。"是书分五类，在经、史、子、集四类基础上，又增类书丛书类。在子部收录了少量西方格致类书籍，如《化学鉴原》《电学纲目》《电学镀金》《光学》《中西度量权衡表》等。在著录方面，每书下列卷数、本数，间或有简短附注，指出作者及版本等内容。如史部《国朝先正事略》条附注曰："李元度辑，同治丙寅循陔草堂刊本，元度自序○长沙刻本，有曾文正公序，校对不如原刻。"也有对书籍内容补充说明者，如《曾文正公密疏》二卷条："家君云，此即《奏稿》之三十一卷、三十二卷也，当时举劾诸人不便流布，故其书晚出。"还有对版本梳理者，如类书《太平御览》条附注曰："嘉庆十二年，歙鲍氏仿宋版开雕，阮元序，南海李氏重刻，光绪十八年板归学海堂，复校一过。"尤为特别的是，该书用圈识的方式对版本进行了标识："钞刻书目通行善本不复识别，其通行本之原刻初印，不易购得者，目录上加○，精

校精刻之本，目录上加〇〇，校刻皆精，旧书孤本，目录上加〇〇〇"①书后为《钞目补》及萧士恒于光绪丁丑年所作《补悔堂书目跋尾》，以及光绪戊戌年十月所作《如园书目跋尾》各一篇。所见版本为国图藏，索书号为：XD8836 或目 440 \ 8966

曼陀萝花馆主人《书目提要初编》，清光绪二十四年刻本

是目前有曼陀萝花馆主人序一篇，称："今者湘中贤士大夫，首倡学报，云雾大开，风气日转，自强之基，或此是赖。其报端付有书目提要百余种，条分缕析，究本穷源，已译之书略备一二，惜简零编断，浏览为艰。兹当一刻之余，汇成全帙，使欲习时务者得识其门径，不至叹迷津无筏也。"可见其经世致用的编纂主旨。该书集中外著作于一编，凡六卷。卷一为史学书目提要，卷二为掌故书目提要，卷三为舆地书目提要，卷四为算学书目提要，卷五为商学书目提要，卷六为交涉书目提要。每书下列卷数、所列版本皆"据近日最精之本也"。② 书下未列价钱，"因纸墨之价有不常，南北之地有各异，不能一律相同，概从删去"③。在提要中，首先指明一书编者、译者及口述者，然后是对书籍内容的简介，其中多带有指导阅读性质。如《四裔编年表》条云："学者先取此书与《纪元篇历代帝王年表》参看，于四千五百余年景象了如目前，然后遍读诸史，迎刃而解矣。"又如《戴校水经注》条云："诸家考地理者，皆以郡国为主而求山川，戴氏以山川为主而求郡县，故精审能出诸家之上。"所见版本为国图藏，索书号为：目 235 \ 898

《江左书林书目》，影印本

是目为私营书业目录。前有江左书局主人题识、自序各一篇，称"本坊虽云创始，搜辑经、史、子、集，雠校有用各书，必以料重工精印行海内，并由同文书局点石斋缩印石照，以及铜板、铅字等书，博采旁搜，精华略备。上自京畿、沈辽，下逮闽、广、楚、豫，通达无间。苟为

---

① 萧名湖编，萧士恒补《如园架上书钞目·凡例》。
② 《书目提要初编·例言》。
③ 《书目提要初编·例言》。

宇内所有之书，咸力致以应官绅贵客需用。古今书籍旧本亦搜罗甚富，价廉物美，定蒙博雅君子所赏鉴焉。"① 可见乃为推销书籍而编。该目将其所收图书以"各省局刻书籍""各种铅版书籍"分类，书下仅著书名、价钱，十分简略。此目虽仅是其售书的登记目录，但客观上对学术的传播起到了一定作用："国家文运昌明，人才蔚起，名山秘籍，月异日新。迩来铅版风行，尤为简捷。昔之宏儒硕彦，著述等身，因卷帙繁重，绌于资而未克付梓者，今则一校理之。"② 见徐蜀、宋安莉所编《中国近代古籍出版发行史料丛刊》一书中也有收录

[日] 田中庆太郎《文求堂唐本书目》，日本明治四十一年（清光绪三十四年）文求堂书局东京铅印本

该书凡一册，所收主要是由唐至清年间著作。将所收书分古唐本、新唐本两类，每类中又分经、史、子、集、丛五部，另有碑碣拓本法帖一类。每书下列撰者、卷数、版本、本数、价钱，无提要。书前有文求堂书局所编用日文书写的书目例言四则，书后附有"唐本书目追加"一则。所见版本为国图藏，索书号为：目490\995

保釐东《山东图书馆辛亥年藏书目录》，清宣统三年石印本

是目凡二册，不分卷。书前有"山东图书馆辛亥年藏书目录例言"六则和保釐东序言一篇。保氏称该目收书共九万一千卷有余，"都人士持符来观者，日或八九十人，按籍以求，罔不各得其所愿而去"。可见其藏书之多，检索之便。序后为勘误表数则。其书分经、史、子、集、丛书目、别录目六类，其中丛书目下收古今人著述合刻丛书、国朝一人著述合刻丛书。别录目下收群书读本、考订初学各书、词章初学各书、学堂教科各书、外国文原本及译著各书。每书下列卷数、撰者、版本，无提要。所列之版本以适用为原则，"自来藏书编订目录，或专取古刻，或兼载重本，丛残掇拾，例益加详。惟本馆藏书意在普通适用，先收各省官书局出

---

① 《江左书林书目·题识》。
② 《江左书林书目·序》。

版之书,次及家刻坊版之善本,然后注意于旧本"。① 此书目收录了许多山东人士著作,"山东为古文明之地,自两汉迄今,名儒硕彦代有传书。凡东人著作,必广为搜罗,以征是邦之文献"。② 此外,还收录了一些西方有关教育、财政、历史、语言等方面图书。这些书籍"先收京外官版译著之书,次收各国国文原本,次收私家译著之载有译著人姓名者。其隐名陋刻,渔利之书,即有捐送本馆者,是编概未登载"③。所见版本为国图藏,索书号为:目351.4\67

王国维《罗氏藏书目录》,民国钞本

是书凡三卷,《罗氏雪堂藏书遗珍·前言》云:"该书目未经刊行,稿本已佚,辽宁省图书馆现存日本稻叶岩吉氏钞本,已为雪堂藏书目录之历劫仅存者。"④ 此书分经、史、子、集、丛五部,每书下列卷数、著者、版本及本数,无提要。笔者从《罗氏雪堂藏书遗珍》一书中检出有关该书目部分信息,现录于下:

> 《罗氏藏书目录》由王国维先生编成,书目凡三册,总计收书3584部,有3万多册,10万多卷。案《罗氏藏书目录》分类统计,其中著录宋元版书87部,善本书319部,批校本书41部,稿本书70余部。又高丽、日版本书400部。《王国维年谱》中记录了罗氏对王国维为其编书目的追述:"公(王国维)居海东,既弃所学,乃寝馈于往岁予所赠诸家之书。予复尽出大云书库藏书五十万卷,古器物铭识拓本数千通,古彝器及他古器物千余品,恣公搜讨。"罗氏自言大云书库"藏书五十万卷"而《罗氏藏书目录》所载仅为十万卷,穷其原因,除复本不计以外,《罗氏藏书目录》所记应仅为雪堂所藏善本。⑤

---

① 《山东图书馆辛亥年藏书目录·例言》。
② 《山东图书馆辛亥年藏书目录·例言》。
③ 《山东图书馆辛亥年藏书目录·例言》。
④ 见《罗氏雪堂藏书遗珍(一)》,中华全国图书馆文献缩微复制中心2001年版,第9页。
⑤ 见《罗氏雪堂藏书遗珍(一)》,中华全国图书馆文献缩微复制中心2001年版,第9页。

书后另附有《罗氏藏书目录宋元本之部》，分宋元本部及钞本部，每部内以经、史、子、集、丛分类，每书下皆有提要，详记其书版本特征。如史部《晋书》条："元刊本，小黑口，卷一首有黄丕烈印荛圃、朱氏抚琴仙馆藏书印，畹生眼福诸印。卷一首页书口下有李友文刊四字。"也有记存亡者，如《后汉书》条："阙《帝纪》十卷，《志》卷一至卷五传。"《南史》条："阙卷一、卷四十三至卷五十四。"见于《中国著名藏书家书目汇刊（近代卷）》第二十三册

《传奇汇考》，民国三年古今书室印本

是目凡八册，八卷，著者不详。书前有"长乐郑振铎西谛藏书"及"北京图书馆藏"印各一枚。每卷首皆有目录，总计收入228部书。每书下皆有提要，先叙该书内容，后加以考证。有考其剧情者，如《全家庆》条云："按，正统、景泰时无富锦章、富昌宗二人，亦无公主婚配之事。青松子骊龙俱作者添设。正统十四年有土木之变，景泰在位七年安得倭寇侵犯十四年之久？且景泰时，王振已没，其害富锦章事尤属子虚。作者借此纽合关目，而不知其荒谬可哂也。"有考剧中人物者，如《蓝采和》条："按，陆游《南唐书》其时有蓝采和，相传以为即陈陶也。"有考其剧名命名者，如《求如愿》条："近时人作。剧以欧阳名三代清白，虔诵《法华经》，青湖龙王女如愿，亦诵《法华经》。感吕纯阳真人，指示结婚，广行善事，飞升仙去，故曰《求如愿》也。"所见版本为国图藏，索书号为：XD6277，另有清末抄本，索书号为XD7407

《重编教育部图书目录》，民国四年铅印本

是目凡一册，八卷。书前有民国教育部总务厅文书科所记序言一篇，称该书目始编于民国元年，其藏书来源于"清学部所有图书局、名词馆之中外图籍，旁及审定科所存参考之书，益以京师译学馆所藏"。时藏书凌杂，不便阅者检索，故"略依四部之例，次为部居，计得中国文书八万一千余册，而东西文者为册亦六千七百有奇，则为随列随记，标其书名册数，附以版本及著者姓名，期便寻检"。[①] 此后其中一些书归入京师图

---

① 《重编教育部图书目录记》。

书馆所有，同时又有一些贤达人士赠入图书多种，因此又加以重新编目。本书第一卷为经部书籍，二卷至五卷为史部书籍，六卷为子部书籍，七卷为集部书籍，八卷收录为丛书。其中卷四史部收录了许多政务类图书，如《通商各国条约》《中俄约章会要》《辛丑条约》《保和会条约》《光绪条约》《宣统条约》等，同时也收录了许多东西方历史、教育、议会、财政等方面书籍。这些书籍的分类与部次"仅仅为陈设时所录之次第，便检观而已，不能尽以目录家例绳之也"。① 每书下分书名、作者、版本、本数、索书号五项著录，无提要。所见版本为国图藏，索书号为：目 330\917

由云龙、何秉智《云南图书馆书目初编》，民国四年铅印本

是目凡两册，六卷。卷首有由云龙、何秉智序言各一篇。由序曰："吾滇去中原绝远，读书尤不易易。海内外有出版名著，必辗转流传，历久而始克到滇，寄递之难，运输之苦，又倍之。"何序亦云："滇处中国西南，风气晚开，转输尤滞，公众图书之设，仅书院、学校中有之。然卷帙无多，受益者鲜。至世家大族，间有收储，亦仍囿于地势，收罗不广。"于是省中大吏便合原有书院藏书而兴建了云南图书馆，以供省中士人读书。此目即在此背景下而成，"是编盖合古今中外之书而成，以为启沦民智，嘉惠士林之倡导，又岂徒备参考而已哉！"② 可见其编纂主旨不仅在于为馆藏图书编目，更在于启迪后学，保存国粹。本书将该馆所藏之书，依《四库全书总目》例，以经、史、子、集四部分类，然又有所创："比年来，又逐取新旧本若干册，四部之例未足包括，乃参用《天禄琳琅》、《河南书目》及《汉籍解题》诸书例，重为编订，于四部之外，增丛书、科学两部。"③ 丛书部包括古逸类、专丛类、家丛类、杂丛类四子目，科学部包括法政类、财政类、军事类、警察类、教育类、伦理学类、文学类、历史类、地理类、博物类、理化类、算学类、乐歌类、体操类、图画类、手工类、农业类、工艺类、商业类、杂著类二十子目。每书分第号、总目、分目、卷数、册数、部数、撰辑姓氏年代、版本、由来年月、

---

① 《重编教育部图书目录记》。
② 何秉智：《云南图书馆书目初编·序》。
③ 由云龙：《云南图书馆书目初编·序》。

价值、备考十一项以表格形式著录。所见版本为国图藏，索书号为：目353.5\35

《浙江图书馆书目》，民国四年铅印本

是目凡九册。第一册为浙江图书馆保存类书目，计四卷，分经、史、子、集四部，每书下著明卷数、刊本、册数，有提要。提要中指出撰者、书中印章题跋以及版本特征等。书后为附录，收有《通志堂经解子目》《宝颜堂广秘笈子目》《津逮秘书子目》《课余随录子目》，并有勘误表数则。第二册至第八册为浙江图书馆观览类书目，其中经史正编一册，子编三册，集编一册，另有补编两册。每书仅著录书名、撰者、版本和本数，无解题。第九册为浙江图书馆观览类东文书目，分宗教类、证文类、哲学类（总记之属、论理学之属、伦理学之属、心理学之属）、教育类、书目类、语学类、历史类、地理类、政治类、法律类、经济类、财政类、社会学类、统计类、数学类（算术之属、代数学之属、几何学之属、三角法之属、解析几何学之属、微积分之属）、理科类（理化学之属、物理学之属、化学之属、星学气象学之属、地文学之属、人类学之属、博物学之属、动物学之属、植物学之属、矿物学之属、地质学之属、辞典之属）、医学类、农业类、工业类、商业类、军事类、美术类（总记之属、音乐之属、图画之属）、杂志类、挂图类，总计二十四类。每书下著录撰者、版本及本数，无解题。所见版本为国图藏，索书号为：目352.4\435\部二

《湖南官书报局图书汇目》，影印本

该书目前有汤芗铭及湖南官书报局编辑处序言各一篇。汤氏认为，近来人心败坏，"岂民德之无恒，实儒风之颓敝"，故通过此书目所载图书以达到教化士人之用。又该书局编辑处序称："文化倡导士类者，首以振兴国学为己任，于是远效宋人公库榷场刊书之盛，近师前清平匪诸老设书局于江鄂之风，并广延儒宿任编辑校雠之役，甚盛举也。"可见，其编纂宗旨在于传承文化，教导乡人读书治学。是书著录上有书名、卷数，还编有提要。如《历朝经学史》一书的提要先指出了该书作者，然后从两汉至清代，概述我国经学发展线索，最后列出了该书篇目。此书一改近代书业目录为售书而编目的传统，而是较为注重对书目内容的概括和分析，具有一定的学术价值。见徐蜀、宋安莉所编《中国近代古籍出版发行史料丛刊》一书中也

有收录

瞿启甲《常熟县图书馆藏书目录》，民国五年油印本

是目凡一册，不分卷。书前有赵椒鸿序及瞿启甲自序各一篇，例言四则，另有常熟县立图书馆简章三十五条，单行于书目外。瞿氏自称："今藏书籍分五大部，内经部计一百八十一种，六千一百八十一卷，一千七百六十七册。史部六百二十一种，三万两千八百十五卷，一万二百七十二册。子部三百八十种，二万七千七百一卷，四千八百九十七册。集部七百五十种，一万六千七百九十九卷，六千六百三册。丛书七十九种，一万五千七百五十九卷，四千三百六册。都二千一十一种，九万九千二百五十卷，二万七千八百四十五册。"① 可见其藏书之富。该馆所藏新学书籍不在此目之内，另有编目。书下著卷数、册数、撰者、版本、捐赠者，无提要。另有勘误表单页夹于书中。所见版本为国图藏，索书号为：目 352.2 \ 62.1，另有民国八年铅印本一部，索书号为：XD 8699

《京师图书馆书目》，清末民初油印本

该目凡四册，以经、史、子、集四部分类，每类单为一册。经部先冠以"诸经总""经说总"后接易、书等子目。四部之中唯史部收录数量最多，约占整部书目二分之一，而史部中方志类又占整个史部所录书籍一半。每书下著卷数、撰者、版本、册数，间录存佚。所收书以清代康熙、乾隆年间版本为主，且通常是一些常见版本。偶有原刻本、汲古阁本等珍贵版本收录，同时还收录了一些日本排印本、东洋本等书籍。所见版本为国图藏，索书号为：150301

高树基、房鸿献《陕西图书馆书目》，民国六年铅印本

是目凡六册，不分卷。书前有李根源序、该馆馆长高树基编纂缘起各一篇，另有书目叙例八则。高氏详言此书编纂之不易："是录所收共经、史、子、集四部，都为八千二百一十六部，复杂佚残居大半，殆不足当收

---

① 瞿启甲：《常熟县图书馆藏书目录·自序》。

藏家一家之目，而陕西一省之力仅乃得此。"① 本目分经、史、子、集四部，然"是录之例，兼取各家目录，不以《四库》为局者"。② 如经部将原本二级子目"小学类"分入"群经类"中，即群经类有"群经类源流之属""群经类音注之属""群经类说文之属""小学类字典之属""小学类音韵之属"五目。再如史部政书类下设"政书类通制之属""政书类邦计之属""政书类典礼之属""政书类军政之属""政书类法令之属""政书类外交之属""政书类吏治之属""政书类教育之属""政书类实业之属"九目。之所以既守四部之例，又不局于此，因为"今之目录既为读者计，亦不能不为管理计也"。③ 在图书分类上多依其馆藏实际对一些类目加以合并。如传记中不分圣贤、名人，地理总志中兼收域外，官制官箴类附于诏令奏议类中而不单立，"此皆就馆中所有者纂录之，初非有心立异也"。④ 每书下列卷数、撰者、版本、册数，无提要。另有续编附于书后。所见版本为国图藏，索书号为：目 351.7 \ 74

《江苏第一图书馆覆校善本书目》，民国七年铅印本

是目凡四册。前有齐耀琳序一篇，称该目藏书来源于丁丙八千卷楼藏书，"凡宋元明旧椠，暨精钞孤行本，与夫经故家收藏，名流校勘者，胥于是乎在"。正文首页内有"长乐郑振铎西谛藏书"印一章。本书分经、史、子、集四部，"经之属三百五十三部，六千一百四十六卷。史之属四百九十部，二万零零七十四卷。子之属五百八十五部，一万一千零六十八卷。集之属一千一百二十部，二万二千五百九十二卷。都二千五百四十八部，五万九千八百八十卷"。⑤ 足见其收书之广。在传统四部分类之外，又兼顾标明其藏书所在箱号。每书下列卷数、撰者、版本、册数、藏书印及作序者，间著书籍存佚。所见版本为国图藏，索书号为：目 352.2 \ 38

---

① 高树基：《陕西图书馆图书目录·编纂缘起》。
② 高树基：《陕西图书馆图书目录·编纂缘起》。
③ 高树基：《陕西图书馆图书目录·编纂缘起》。
④ 高树基：《陕西图书馆图书目录·书目叙例》。
⑤ 齐耀琳：《江苏第一图书馆覆校善本书目·序》。

陈田《贵阳陈氏听诗斋所藏明人集目》，民国九年钞本

是目不分卷。全书分四部分：一为洪武至嘉、隆刊本，二为万历精刊及明刻专集之罕见者，三为普通明刊本，四为钞本。书后有编者题识，曰："以上计洪武至嘉、隆刊本一百部，一百十七函，七百零五本。万历精刊及明刊专集难得者，一百九十六部，二百二十四函，一千四百廿二本。普通明本十三部，二十五函，一百九十二本。钞本六部，六函，二十本，总计三百十五部，三百七十二函，二千三万四十三本"。本书著录较简，每书下列本数、作者、刊本，无提要。所见版本为国图藏，索书号为：目211\917.2，另有民国间抄本两部，出版地与出版者不详，索书号为：目211\917.2

罗振玉《雪堂书画跋尾》，《永丰乡人稿》丛书本

是书凡一册，不分卷，收藏在《永丰乡人丁稿》中。书前有罗氏自序一篇，称："今检理巾笥所储，尚得数十则，爰付儿子辈录之，以存鸿爪。……此编之作，盖将以美人伦，厚风俗，下之亦收多识之，益期无背于古人游艺之旨，而免于玩物之讥"。可见该书不仅在于鉴赏，更注重学术。罗氏此书共收六十三部书画题跋，其学术价值甚高。如《七泽卷跋》条云："此卷文二，曰唐荆川顺之，曰刘近村可。为诗三，曰孙性甫存，曰童士畴承叙，曰朱子谦隆禧。记郓人李化卿因观七泽之胜，遂以为号。唐襄文叙不见《荆川文集》中，《荆川集》十三卷，又《补遗》五卷、《外集》两卷，以此文观之，知遗佚仍不少矣。"这里指出了唐顺之文集收书之失。又如《苏文忠公画竹卷跋》条，罗氏考该画乃苏轼作于狱中，但仍"竹石高逸淳厚，题记清刚健劲，所谓多力丰筋，与流俗所传一味美满者大异"。由此，罗氏指出苏轼"历忧患而不惊"的性格，并以《春渚纪闻》中有关苏轼当狱，仍就寝鼻息如雷一事加以印证。这对于研究苏轼作品的形成不无裨益。书前有"北平辅仁大学图藏书"印章一枚。所见版本为北师大藏，089.82\8482—6\6834：4—5

杨守敬《观海堂书目》，民国间抄本

该书目凡六册，不分卷。以千字文为序著录所藏图书，每书下不列作者，仅列本数、卷数、版本、匣数，间或著明"残本""不全""抄本"

等。观其书版本，多为日本古钞本、日本刻本、日本活字本。其中也不乏宋元刻本、影宋本、仿宋本等。所见版本为国图藏，索书号为：目450\926，另有清抄本一部，索书号为：17396，民国二十一年故宫所藏观海堂书目两部，索书号为：XD 8677，还有两部年代不详的抄本两部，索书号为：目450\926.1

平步青《国朝文概题辞》，民国间铅印本

前有平氏自序一篇，称是书六卷，然检是本凡三卷。该书成书几经波折，平氏始于咸丰庚申年（1860）收集相关书籍，至丁卯年（1867）"所见无虑数千家，国朝人文亦逾千余家，手录文目则于习见及坊间易购者置之，凡得数百家"。后又遇变，不得编目，又过数年才将其"数百家之文，颇有世人少见之作，卷端题辞，虽评陟无当万一，而实兼小传为之。亦有数事为近人所未知者，弃掷可惜，爰录置箧中，凡六卷，第存文目，无题辞者，舍之。或有弃取得失，久贮胸中而其集不存案头，则亦姑已，亦无如之何"。其成书之难可见一斑。卷一收书42部，卷二收书54部，卷三收书60部，都156部。每书下皆有提要，内容多是对撰者的评介。如《南昌王轸石猷定四照堂集》评王轸石"情至之作，感怀家国悲壮苍凉，有不可磨灭者"。又《昆山顾宁人炎武亭林文集》条："（先生）生平耻为文，人以文为戒。然其文未尝求工，而工于文者，实莫之逮。其至者当与天地永垂。"尤为可贵的是，该书目收藏了一些世罕流传的清人文集，如《莱阳宋荔裳琬安雅堂文集》条：此书乃未刊稿"《四库全书》存目仅收《安雅堂拾遗文二十卷》，乾隆丙辰族孙邦宪所刻与此异。"所见版本为国图藏，索书号为：目17\895，另有清末禹域丛书本，索书号为：41944：6

《广东省立图书馆图书目录》，民国间铅印本

是目凡六册，八卷。卷一为经部，卷二为史部，卷三为子部，卷四为集部，卷五为杂部，卷六为丛书部，卷七为类书类，卷八为医学类、天文算术、艺术类、释典类。丛书类前有丛书检目，标明各丛书所在页数，甚便检索。每书下列卷数、撰者、版本、册数，无解题。许多书下标有"梁赠"字样，所列版本皆当时常用本。该书特色在于收录了众多类书和汉晋至唐宋年间的佛教典籍。所见版本为国图藏，索书号为：目353.3\27

关维振《京师图书分馆藏书目》，民国间油印本

是目凡三册，不分卷。前两册为经、史、子、集、丛部，每书下列卷数、作者、版本、册数及带有检书性质的编号，以某之某某标明。第三册为中文政法、科学类及外国文学类。政法类后附有法令章程，科学类中包括教育学、哲学、社会学、外国史学以及一些自然科学方面图书。外国文学类中收录英文、法文、德文、日文等综合性图书，其中英文居多。所见版本为国图藏，索书号为：目351.1\2754

缪荃孙辑《目录词小说谱录目》，民国钞本

是目辑目录类书76部，词类书150部，小说书151部，谱录书142部。每书下列卷数、撰者、册数、版本。有一书列多种版本者，如词类一《花间集》一书下罗列了明翻宋本、汲古阁本、临桂王氏摹宋鄂本。又小说类《西京杂记》下列《稗海》本、《学津》本、《抱经堂》本、《汉魏丛书》本。其所列版本均为常见易寻之本。见于《中国著名藏书家书目汇刊（近代卷）》第三十八册

李廷相《濮阳蒲汀李先生家藏目录》，《玉简斋丛书二集》本

是目凡一册，不分卷。书下不列作者，仅有本数。该目分类以书所在位置标注，如每类书前有"中间朝西""中间朝东""西间朝西"等字样，每一类中再分层著录。所见版本为国图藏，索书号为：8864：9

黎庶昌《秦汉十印斋藏书目录》，民国间刻蓝印样本

是书凡四卷，以经、史、子、集四部分类，每书下著卷数、撰者及版本，其中不乏善本。如有宋刻本朱熹《周易本义》、旧钞本黄宗羲《周易象数论》。有些书还并收不同版本。如汉郑玄的《仪礼注》收有明正德刻本和明陈凤梧刻本，宋代杨复的《仪礼图》收有宋刻本和明刻本。每书下无提要。所见版本为国图藏，索书号为：目440\89454

《清学部图书馆方志目》，《古学汇刊》本

是目收录在《古学汇刊》上册第十一编中，不分卷。该书将其馆所

藏方志书按地域分为陕西省、甘肃省、福建省、台湾府、浙江省、江西省六类，总计收书415部，每部后皆有统计。每省下又分府、州记录，即陕西省西安府、商州直隶州、同州府、乾州直隶州、邠州直隶州、凤翔府、汉中府、兴安府、延安府、前州直隶州、绥德直隶州、榆林府，凡一百零八部，不全八部。甘肃省兰州府、平凉府、固原直隶州、泾州直隶州、巩昌府、阶州直隶州、秦州直隶州、庆阳府、宁夏府、西宁府、凉州府、甘州府、肃州直隶州，凡三十八部，不全四部。福建省福州府、泉州府、建宁府、延平府、汀州府、兴化府、邵武府、漳州府、福宁府、永春直隶州、龙严直隶州，凡六十部，不全八部。台湾府凡一部。浙江省杭州府、嘉兴府、湖州府、宁波府、绍兴府、台州府、金华府、衢州府、严州府、温州府、处州府，凡八十二部，不全二十三部。江西省南昌府、饶州府、广信府、南康府、九江府、建昌府、抚州府、临江府、瑞州府、袁州府、吉安府、赣州府、定南厅、宁都直隶州、南安府，凡一百二十六部。每书下著明卷数、册数、编修者、版本及为该书作序者。所见版本为国图藏，索书号为：8077：21

秦嘉谟《思补精舍书目》，清秦氏思补精舍钞本

是书不分卷，分经、史、子、集四部。其中子部增花木类、禽虫类，集部增题跋类、仙释类。每书下列卷数、撰者、版本，无提要。所列版本以丛书本为主，如《知不足斋》本、《通志堂》本、《汉魏丛书》本等，可见其皆是易求之本。所见版本为国图藏，索书号为：目440\857

孔广陶《三十有三万卷堂书目略》，抄本

该书凡四卷，以经、史、子、集四部分类。每书列卷数、撰者，书下有附注，多为说明其版本、函数者。也有指明卷帙分合者，如《周易口义》十三卷条注曰："《四库》以十二卷著录即此，今序云分十二卷，原无序卦、杂卦。"又如《苏氏易解》八卷下注曰："《四库》以东坡《易传》九卷著录即此，将八、九合为一本，改名《易解》耳。"还有指出同书异名者，如《诗经大全》条："《四库》著录作《集传大全》即此。"《诗经读序私记》条："《四库》著录《诗经补义》即此。"见于《中国著名藏书家书目汇刊（近代卷）》第六册

《陕西官书局书目》，清末铅印本

该书目排印工整，但书目分类较为粗疏。首列经书，其后则将史类、子类、集类诸书互相混杂著录。仅列书名及其价钱。其中开列了一些带有鲜明新学色彩之书。时务类如《中外时务文编》，政治类如《万国公法》《各国政治汇编》，语言文字类如《英字入门》《英语撮要》，还有光学、化学、电学、冶金、汽机等自然科学方面的书籍。所见版本为国图藏，索书号为：XD8899，另徐蜀、宋安莉所编《中国近代古籍出版发行史料丛刊》一书中也有收录

康有为《万木草堂丛书目录》，民国间刻本

是目凡一册，不分卷，以经、史、子、集四部著录。其中经部收书十八种，史部六十二种，子部二十二种，集部二十六种，又有所辑书九种，并经部补目一种，史部补目二种，子部补目四种，都一百三十七种。每书下间或有简短注语，如经部《国语原本》条："伪《左传》从《国语》分出，今归还于《国语》。"史部《金主币救国论》条："宣统己酉刻于香港。"是书特色在于史部中所收许多外国历史、时政、游记类书。书后有康有为再传弟子赵羡渔跋文一篇，称"此南海康太夫子更生自订《万木草堂丛书目》也。昔年，东莞张篁溪丈尝为刊布，顾印本极稀，流通未广。顷以索阅者夥，爰由羡渔捐斥微俸续印百册。至若全书之梓，则羡渔方将醵金为之，欲观厥成，当在四年以后也。"书首页有"张次溪印""北京师范大学图书馆藏"印各一枚。所见版本为北师大藏，017.278 \ 668

徐世昌《晚晴簃未选诗集目》，民国间铅印本

该书目凡一卷。先著录康熙以来御制诗凡15首，后为宗室王公诗选19首。后接顺治朝诗人专集26部、康熙朝诗人专集58部、雍正朝诗人专集19部、乾隆朝诗人专集290部、嘉庆朝诗人专集242部、道光朝诗人专集401部、咸丰朝诗人专集174部、同治朝诗人专集217部、光绪朝诗人专集439部。此外，又有方外诗集8部，丛书诗集190部，共计2097首。每一诗下无提要，无卷数，仅著录册数，甚为简略。所见版本为国图藏，索书号为：111623

附 录 四

晚清目录分类比较

一 对传统四部分类法一级类目的调整比较

书目	一级类目							
《书目答问》		1 经部	2 史部	3 子部	4 集部	5 丛书		
《九峰书院藏书记》		1 经部	2 史部	3 子部	4 集部	5 丛书	6 类书	
《广雅书院藏书目录》	1 御制	2 经部	3 史部	4 子部	5 集部	7 丛书	6 杂著	
《大梅山馆藏书目》		1 经部	2 史部	3 子部	4 集部	5 小说	6 三藏	7 道藏	8 古今杂剧
《南洋中学藏书目》	第一部　周秦汉古籍部				第八部　天文算法之部				
	第二部　历史之部				第九部　医药术数之部				
	第三部　政典之部				第十部　佛学之部				
	第四部　地方志乘之部				第十一部　类书之部				
	第五部　小学之部				第十二部　诗文之部				
	第六部　金石书画书目之部				第十三部　诗曲小说之部				
	第七部　记述之部				第十四部　汇刻之部				

二 对传统四部分类法二、三级子目的调整比较

	《四库全书总目》	《京师图书馆书目》	《江南图书馆善本书目》
经部		1 诸经类	
		2 经总说	
	1 易	3 易	1 易
	2 书	4 书	2 书
	3 诗	5 诗	3 诗

续表

	《四库全书总目》	《京师图书馆书目》	《江南图书馆善本书目》
经部	4 礼周礼 　　仪礼 　　礼记 　　三礼通义 　　通礼 　　杂礼书	6 三礼 7 周礼 8 仪礼 9 礼记	4 礼
	5 春秋	10 春秋三传	5 春秋
	6 孝经	11 孝经	6 孝经
	7 五经总义		7 五经总义
	8 四书	12 四书	8 四书
	9 乐类		9 乐类
		13 尔雅	
		14 经翼	
	10 小学训诂 　　字书 　　韵书	15 小学小学总 　　小学形类 　　小学声类 　　小学义类	10 小学
		16 谶纬	
史部	1 正史	1 正史	1 正史
	2 编年	2 编年	2 编年
	3 纪事本末	3 纪事本末	3 纪事本末
	4 别史	4 别史	
	5 杂史	5 杂史	4 杂史
	6 诏令奏议	8 诏令奏议	5 诏令奏议
	7 传记圣贤 　　名人 　　总录 　　杂录		6 传记圣贤 　　名人 　　总录 　　杂录
	8 史钞	15 史钞	7 史钞
	9 载记	6 载记	8 载记
	10 时令		9 时令

续表

	《四库全书总目》	《京师图书馆书目》	《江南图书馆善本书目》
史部	11 地理 总志 　　都会郡县 　　河渠 　　边防 　　山川 　　古迹 　　杂记 　　游记 　　外记	10 地志 总志 　　分志 　　分志之直隶等 　　祠宇 　　山水 　　边防	10 地理 宫殿 　　总志 　　都会郡县 　　河渠 　　边防 　　山川 　　古迹 　　杂记 　　游记 　　外记
	12 职官	9 职官	11 职官
	13 政书 通制 　　典礼 　　邦计 　　军政 　　法令 　　营建	7 政书 政书总 　　吏政 　　户政 　　兵政 　　刑政 　　工政	12 政书 官箴 　　邦计 　　法令 　　考工
	14 目录 经籍 　　金石	11 目录	13 目录 经籍 　　金石
	15 史评	16 史评	14 史评
		12 金石 总类 　　目录 　　图像 　　文字 　　义例	
		13 传记	
		14 谱牒	
子部	1 诸子总		
	1 儒家	2 周秦诸子 3 儒家	1 儒家
	2 兵家	4 兵家	2 兵家
	3 法家	5 法家	3 法家
	4 农家	7 农家	4 农家

续表

	《四库全书总目》	《京师图书馆书目》	《江南图书馆善本书目》
子部	5 医家	6 医家	5 医家
	6 天文算法 推步 算书	8 算学 历算 中法 西法 中西合	6 天文算法 推步 算书
	7 术数 数学 占候 相宅相墓 占卜 命书相书 阴阳五行	9 术数	7 术数 数学 占候 命书相书 阴阳五行
	8 艺术类 书画 琴谱 篆刻 杂技	10 艺术类	8 艺术类 书画 篆刻 杂技
	9 谱录类 器用 食谱 草木虫鱼 杂物	11 谱录类	9 谱录类 器用 食谱 草木虫鱼
	10 杂家 杂学 杂考 杂说 杂品 杂纂 杂编		10 杂家 杂学 杂考 杂说 杂品 杂纂 杂编
	11 类书	15 类书	11 类书
	12 小说家 杂事 异闻 琐语	12 说家 考证 格言 杂家 小说	12 小说家 杂事 琐语
	13 释家	14 释家	13 释家
	14 道家	13 道家	14 道家
		16 丛书	

续表

	《四库全书总目》	《京师图书馆书目》	《江南图书馆善本书目》
集部	1 楚辞		1 楚辞
	2 别集	1 别集全集 　　文集 　　诗集	2 别集
	3 总集	2 总集总编 　　文编 　　诗编	3 总集
	4 诗文评	3 诗文评	4 诗文评
	5 词曲词集 　　词选 　　词谱词韵 　　南北曲	5 词曲	5 词曲词集 　　词话 　　曲选 　　曲韵
		4 韵书	

三　新型学科分类比较

	《西学书目表》	《增版东西学书录》	《译书经眼录》
西学类	1 算学	12 算学	12 算学
		12.1 形学	12.2 形学
		12.2 代数	12.3 代数
		12.3 三角八线	
		12.4 曲线	
		12.5 微积	12.4 微积
		12.6 算器	12.1 算术
	2 重学	13 重学重学、力学、重学器	
	3 电学	14 电学	
	4 化学	15 化学	11 理化
	5 声学	16 声学声学、音学	
	6 光学	17 光学光学、光学器	
	7 汽学	18 气学气学、水学、火学、热学、器具	
	8 天学	19 天学	

续表

《西学书目表》		《增版东西学书录》	《译书经眼录》
西学类	9 地学	20 地学	13 地理
		20.1 地理学	
		20.2 地志学	13.2 地志
			13.3 地图
			13.1 地文
	10 动植物学	22 动植物学植物学、动物学、虫学	
	11 医学	23 医学内科、外科、药品、方书、卫生学	16 卫生学卫生、方书
	12 图学	24 图学图算、测绘、画学、画器	
西政类	13 史志	1 史志	1 史志
		1.1 通史	1.1 通史
		1.2 编年	1.3 编年
		1.3 古史	
		1.4 专史	1.2 专史
		1.5 政记	1.7 政记
		1.6 战记	
		1.7 帝王传	1.4 帝王传记
		1.8 政治	
		1.9 臣民传记	1.5 臣民传记
			1.6 女史
	14 官制		
	15 学制	3 学校学校、礼仪	3 学校学制、教育、教授、文学、蒙学
	16 法律	2 政治法律制度、律例、刑法	2 法政政治、宪法、财政、经济、警察、法制、法学、法律
	17 农政	6 农政	6 农政
		6.1 农务	6.1 农务
		6.2 蚕务	
		6.3 树艺	6.2 树艺
		6.4 畜牧	
		6.5 农家杂艺	6.3 农家杂法
	18 矿政	7 矿务矿学、矿工	7 矿物矿学

续表

《西学书目表》		《增版东西学书录》	《译书经眼录》
西政类	19 工政	8 工艺工学、塘工河工路工、汽机总、杂工、续编、杂艺	8 工艺路工
	20 商政	9 商务商学、税则、会例	9 商务商学、会例
	21 兵政	5 兵制	5 兵制
		5.1 陆军	5.1 陆军
		5.2 营垒	5.2 营垒
		5.3 海军	5.3 船舰海军
		5.4 船舰	5.4 枪炮
		5.5 枪炮	5.5 子药器械
		5.6 子药	5.6 战术
	22 船政	10 船政船坞、船制	10 船政航务类
杂类	23 游记	28 游记	21 游记
	24 报章	29 报章	22 报章
	25 格致	11 格致总	23 议论通论、政论、论学
	26 西人议政之书		
	27 无可归类之书		
		4 交涉公法、交涉、案牍	4 交涉公法、交涉
		10 船政	
		21 全体学全体学、心灵学	14 全体学全体、心理、生理
		25 理学理学、书目	
		26 幼学幼学、体操学	
		27 宗教	19 宗教
		30 杂论通论、论政、论兵	
		31 杂著杂记、小说、琐录	24 杂著琐录、丛编、政治、科学、探索、儿女、冒险、神话
			12 象数
			15 博物学博物、植物、动物、昆虫
			17 测绘学测绘、书学
			18 哲理哲理、社会、名学
			20 体操

四　新旧图书分类并行制的比较

	《中西普通书目表》	《浙江藏书楼书目》	《上海格致书院藏书楼书目》	《古越藏书楼书目》
中学类分类表	1 中学入门书			1 学部： 1.1 易学 1.2 书学 1.3 诗学 1.4 礼学 1.5 春秋学 1.6 四书学 1.7 孝经学（历朝今古文学、东洋古文学）1.8 尔雅学 1.9 群经总义学（群经总义、授受源流、审音、校字、东洋校勘群经学）1.10 性理学 1.11 生理学（医学总义、东西洋医学总义、杂病、妇科产科儿科、眼科、外科、全体学、本草、方书、平时调摄）1.12 物理学（汉晋以来格物学、东西洋格物学、重学、电学、化学、声学、光学、气学、水学、热学、地质学、动植物学）1.13 天文算学（中法、西法、兼用中西法）1.14 黄老哲学 1.15 释迦哲学 1.16 墨翟哲学 1.17 中外各派哲学（周秦汉魏六朝哲学、唐宋以后哲学、东西洋哲学）1.18 名学（历朝名家之学、东西洋名家之学）1.19 法学（历朝法家之学、东西洋法家之学）1.20 纵横学（历朝纵横家之学、东西洋纵横家之学）1.21 考证学 1.22 小学 1.23 文学上、下
	2 经学	1 经部：正经正注、列朝经注经说经本考证（易书诗；周礼；仪礼；礼记；三礼总义；乐；春秋左传；公羊传；谷梁传；春秋总义；论语；孟子；四书；孝经；尔雅；诸经总义；诸经目录、文字、音义）、小学（说文；古文、篆、隶、真书、各体书；音韵、训诂）	1 经部：易、书、诗、三礼、春秋三传、四子书、孝经、尔雅、小学、经总	
	4 史学	2 史部：正史（正史合刻本、正史分刻本、正史注补表谱考证）、编年（司马通鉴、别本纪年、纲目）、纪事本末、古史、杂史（事实、掌故、琐记）、别史、载记、诏令奏议、传记、地理（古地志、今地志、水道、边防、外纪、杂地志）、政书（历代通制、古制、今志）、谱录（书目、姓名年谱名物）、金石（目录、文字）、史评（论史法、论史事）	2 史部：正史、编年、古史、别史、杂史、载记、传记、诏令奏议、地理、地理古今志书、政书、谱录、史钞、史评	

续表

	《中西普通书目表》	《浙江藏书楼书目》	《上海格致书院藏书楼书目》	《古越藏书楼书目》
中学类分类表	3 子学	3 子部：周秦诸子、儒家（议论经济、理学、考订附初学启蒙各书）、兵家、法家、农家、医家、天文算法、术数、艺术类、杂家、小说家、释道家、类书	3 子部：儒家、儒家考订、名法家、医家、农家、天文算法、技艺术数、类书、杂家、小说家、道家	2 政部： 2.1 正史兼补表补志考证附史学四种 2.2 编年史 2.3 纪事本末 2.4 古史 2.5 别史 2.6 杂史 2.7 载记 2.8 传记 2.9 诏令奏议 2.10 谱录 2.11 金石 2.12 掌故 2.13 典礼 2.14 乐律 2.15 舆地（"西洋测绘学"附"土谚土风"之后）2.16 外史（万国总史、亚洲东南洋列国专史、欧非美澳四洲列国专史、编年史、政史、战史、传记、水道、名胜、杂考杂记）2.17 外交（外交通论、公法约章、韩俄边务、藏印边务、缅越边务、各国交涉、出使酬酢礼节及出洋起居服食事宜、译学、侦探政俗、采风、外人来宾商务附计学，附船政）2.18 教育（设有"东西洋学校规则及教法"）2.19 军政（设有"东西洋列国陆军之制""东西洋列国水师之制""洋操"）2.20 法律（历朝法律书、东西洋法律书）2.21 农业（农学总说、东西洋农学总说、测天气、辨土壤、蓄肥料、通水道、植嘉种、去害虫、救荒歉、农业杂记、蚕桑、茶业、蔬果花木种植诸法、森林种植法、种植总说、总牧、水产、各方土附授时）2.22 工业（工业古制、西洋工业论说、河工、塘工桥工、路工、汽机、杂机器、农具机器、矿工、冶工、[ ]工、化学工、电学工、染色工、杂工、酿造工、烹调工、妆品工）2.23 美术（"西洋写字机器"附"书法"类后，"西洋画法及照像法"附"画法"后）2.24 稗史（设有"东西洋小说"）
	5 文学	4 集部：楚辞、别集附杂著、总集、诗文评、词曲	4 集部：楚词、别集文、别集诗、别集诗文、总集诗文、词文评、词曲	
	6 中学丛刻书	5 丛书汇录	5 丛书	
西学类分类表	1 西学入门书			
	2 算学	9 算学	2 算学	
	3 重学		9 重学	
	4 电学		5 电学	
	5 化学		4 化学	
	6 声光学		6 声学 7 光学	
	7 汽机学			
	8 动植物学			
	9 矿学		28 矿政	
	10 制造学			
	11 图绘学	5 图史		
	12 兵学	14 兵书	33 兵政	

续表

	《中西普通书目表》	《浙江藏书楼书目》	《上海格致书院藏书楼书目》	《古越藏书楼书目》
西学类分类表	13 史学		22 史志	
	14 公法学			
	15 律例学	1 法律章程附	25 法律	
	16 外交学		24 交涉	
	17 言语学	7 文字		
	18 教门学	4 教育	17 教育学	
	19 寓言学		37 小说	
		2 政治	26 政治	
		3 宗教		
		8 理学	8 力学 14 物理学	
		10 美术		
		11 杂志	36 杂著	
		12 工业	29 工政	
		13 商业	31 商政 32 财政	
		15 生理	13 医学	
		16 农业	30 农政	
	20 西学丛刻书		1 科学	
			3 格致学	
			10 名学	
			11 天学	
			12 地学	
			15 家政学	
			16 伦理学	
			18 体育学	
			19 哲学	
			20 女学	
			21 道学	
			23 传记	
			27 路政	
			34 船政	
			35 通论	
			38 报章	

参考文献

一 主要古籍

刘锦藻：《清朝续文献通考·经籍考》，浙江古籍出版社2000年版。

容闳：《西学东渐记》，湖南人民出版社1981年版。

孙殿起：《贩书偶记》，上海古籍出版社1999年版。

孙庆增：《藏书纪要》，上海古典文学出版社1957年版。

王韬等：《近代译书目》，北京图书馆出版社2003年版。

叶昌炽：《藏书纪事诗》，上海古籍出版社1989年版。

叶德辉：《书林清话》，北京古籍出版社1957年版。

章学诚：《文史通义》，上海书店1988年版。

章学诚：《校雠通义》，上海古籍出版社1987年版。

赵尔巽等：《清史稿·艺文志》，中华书局1977年版。

郑樵：《通志·校雠略》，浙江古籍出版社2000年版。

二 主要专书

（一）有关目录学专书

安平秋：《中国禁书大观》，上海文化出版社1990年版。

《北京师范大学图书馆古籍善本书目》，北京图书馆出版社2002年版。

《北京师范大学图书馆中文古籍书目》，中国出版对外贸易公司1983年版。

《北京图书馆普通古籍书目》，书目文献出版社1990年版。

昌彼得：《中国目录学》，台北文史哲出版社1986年版。

［日］长泽规矩也：《中国版本目录学书籍解题》，书目文献出版社1990

年版。
陈晓华:《清代目录学研究》,光明日报出版社2019年版。
程千帆:《校雠广义·目录编》,齐鲁书社1998年版。
黄俊贵,罗健雄:《新编图书馆目录》,书目文献出版社1986年版。
蒋伯潜:《校雠目录学纂要》,北京大学出版社1990年版。
金敏甫:《图书编目学》,台北正中书局1946年版。
柯平:《文献目录学》,河南大学出版社1998年版。
科尔舒诺夫主编、彭斐章译:《目录学普通教程》,武汉大学出版社1987年版。
来新夏:《清代目录提要》,齐鲁书社1997年版。
来新夏:《古典目录学浅说》,中华书局2003年版。
雷梦辰:《清代各省禁书汇考》,书目文献出版社1989年版。
李瑞良:《中国目录学史》,台北文津出版社1994年版。
李万健:《清代私家藏书目录题跋丛刊》,国家图书馆出版社2010年版。
李万健、赖茂生:《目录学论文选》,书目文献出版社1985年版。
李万健:《中国著名目录学家传》,书目文献出版社1993年版。
李曰刚:《中国目录学》,台北明文书局1983年版。
梁子涵:《中国历代书目总录》,台北中华文化出版事业委员会1955年版。
林夕:《中国著名藏书家书目汇刊(近代卷)》,商务印书馆2005年版。
刘国华:《书目控制与书目学》,中国物价出版社1997年版。
刘国钧:《图书目录》,北京高等教育出版社1957年版。
卢正言:《中国古代书目辞典》,广西教育出版社1994年版。
卢正言:《中国索引综录》,上海辞书出版社2000年版。
吕绍虞:《中国目录学史稿》,安徽教育出版社1984年版。
《明清以来公藏书目汇刊》,北京图书馆出版社2008年版。
《目录学概论》,中华书局1982年版。
《目录学教学参考资料》,北京大学图书馆学系1980年印行。
《目录学研究资料汇辑》(1—4册),武汉大学图书馆学系1979—1980年版。
倪波、黄俊贵:《书目工作概论》,书目文献出版社1989年版。
彭斐章:《目录学教程》,高等教育出版社2004年版。

彭斐章、乔好勤、陈传夫：《目录学》，武汉大学出版社1986年版。
彭斐章、谢灼华、陈传夫：《目录学资料汇编》，武汉大学出版社1986年版。
彭斐章、谢灼华：《目录学文献学论文选》，书目文献出版社1991年版。
彭斐章、谢灼华：《目录学研究文献汇编》，武汉大学出版社1985年版。
乔好勤：《中国目录学史》，武汉大学出版社1992年版。
申畅：《中国目录学家辞典》，河南人民出版社1998年版。
《书目丛编》，台北广文书局1967年版。
王绍曾：《清史稿艺文志拾遗》，中华书局2000年版。
王重民：《普通目录学》，南京省市图书馆工作人员进修班1957年版。
王重民：《中国目录学史论丛》，中华书局1984年版。
吴哲夫：《清代禁毁书目》，载《清代禁毁书目研究附录》，台北嘉新水泥公司文化基金会1969年版。
熊月之：《晚清新学书目提要》，上海书店出版社2007年版。
徐蜀、宋安莉：《中国近代古籍出版发行史料丛刊》，北京图书馆出版社2003年版。
徐蜀：《国家图书馆藏古籍题跋丛刊》，北京图书馆出版社2002年版。
许世瑛：《中国目录学史》，台北中国文化大学出版社1982年版。
许逸民、常振国：《中国历代书目丛刊》，现代出版社1987年版。
严灵峰：《书目类编》，台北成文出版社1978年版。
严佐之：《近三百年古籍目录学举要》，华东师范大学出版社1994年版。
姚名达：《目录学》，台北商务印书馆1971年版。
姚名达：《中国目录学年表》，上海商务印书馆1934年版。
姚名达：《中国目录学史》，上海古籍出版社2002年版。
余嘉锡：《目录学发微》，中国人民大学出版社2004年版。
余庆蓉：《中国目录学思想史》，湖南教育出版社1998年版。
张树三：《图书目录概论》，台北中华书局1980年版。
周少川：《古籍目录学》，中州古籍出版社1996年版。
周彦文：《中国目录学理论》，台北学生书局1996年版。
周振鹤：《晚清营业书目》，上海书店出版社2005年版。
朱士嘉：《官书局书目汇编》，北平中华图书馆协会1933年版。

（二）有关图书馆学专书

白国应：《图书分类理论与实践》，书目文献出版社1981年版。

白国应：《图书分类学文集》，书目文献出版社1985年版。

程焕文：《晚清图书馆学术思想史》，北京图书馆出版社2004年版。

何日章、袁涌进：《中国图书十进分类法》，北平师大图书馆1934年印行。

蒋元卿：《中国图书分类之沿革》，上海中华书局1937年版。

李希泌、张椒华：《中国古代藏书与近代图书馆史料》，中华书局1982年版。

潘树广：《古籍索引概论》，书目文献出版社1985年版。

（三）有关藏书史专书

陈彬和、查猛济：《中国书史》，上海商务印书馆1931年版。

程焕文：《中国图书文化导论》，中山大学出版社1995年版。

范凤书：《中国私家藏书史》，大象出版社2001年版。

傅璇琮：《中国藏书通史》，宁波出版社2001年版。

来新夏：《中国近代图书事业史》，上海人民出版社2000年版。

李雪梅：《中国近代藏书文化》，现代出版社1999年版。

苏精：《近代藏书三十家》，台北传记文学出版社1983年版。

杨立诚、金步瀛：《中国藏书家考略》，台北文海出版社1971年版。

袁咏秋：《中国历代国家藏书机构及名家藏读叙传选》，北京大学出版社1997年版。

周少川：《藏书与文化》，北京师范大学出版社1999年版。

（四）有关出版学专书

杜石然：《中国科学技术史稿》，北京科学出版社1982年版。

李白坚：《中国出版文化概观》，广西教育出版社1999年版。

叶再生：《中国近代现代出版通史》，华文出版社2002年版。

宋原放：《中国出版史料》（第三卷）山东教育出版社、湖北教育出版社2004年版。

张静庐：《中国近代出版史料》（初编），上海书店出版社2003年版。

张静庐：《中国近代出版史料》（二编），中华书局1957年版。

张秀民：《中国印刷史》，浙江古籍出版社2006年版。

张召奎：《中国出版史概要》，山西人民出版社1985年版。

（五）有关学术、文化专书

安宇：《冲撞与融合：中国近代文化史论》，学林出版社2001年版。

昌切：《清末民初的思想主脉》，东方出版社1999年版。

陈国庆：《晚清社会与文化》，社会科学文献出版社2005年版。

陈国庆：《晚清新学史论》，三秦出版社2003年版。

陈祖武：《清代学术源流》，北京师范大学出版社2012年版。

高瑞泉：《中国近代社会思潮》，华东师范大学出版社1988年版。

葛兆光：《中国思想史（第二卷：七世纪至十九世纪中国的知识、思想与信仰）》，复旦大学出版社2001年版。

龚书铎：《近代中国与近代文化》，湖南人民出版社1988年版。

龚书铎：《中国近代文化概论》，中华书局2004年版。

李开：《晚清学术简史》，南京大学出版社2003年版。

梁启超：《清代学术概论》，上海古籍出版社2005年版。

梁启超：《中国近三百年学术史》，山西古籍出版社2006年版。

梁漱溟：《东西文化及其哲学》，《梁漱溟全集》，山东人民出版社1989年版。

刘小林：《近代中国文化的嬗变》，中国文史出版社2001年版。

刘志琴《近代中国社会文化变迁录》，浙江人民出版社1998年版。

卢钟峰：《中国传统学术史》，河南人民出版社1998年版。

钱穆：《中国近三百年学术史》，商务印书馆2005年版。

汪林茂：《晚清文化史》，人民出版社2005年版。

王汎森：《中国近代思想与学术的系谱》，河北教育出版社2001年版。

王继平：《近代中国与近代文化》，中国社会科学出版社2003年版。

王先明：《近代新学：中国传统学术文化的嬗变与重构》，商务印书馆2000年版。

熊月之：《西学东渐与晚清社会》，上海人民出版社1994年版。

张国刚：《中国学术史》，东方出版中心2002年版。

张立文：《中国学术通史（清代卷）》，人民出版社2004年版。

中国史学会：《戊戌变法》，上海人民出版社2000年版。

中国史学会：《洋务运动》，上海人民出版社2000年版。

朱维铮：《求索文明——晚清学术史论》，上海古籍出版社1996年版。

三 相关论文

（一）对晚清目录学的综合研究

陈超：《晚清目录学初探》，《图书与情报》1985 年第 1 期到第 4 期连载。

傅荣贤：《加强对近代目录学的研究》，《图书馆杂志》1996 年第 2 期。

蒋秀英：《传统改造与科学发展的互助相促：略论中国近现代图书目录学的发展性特征》，《古籍整理研究学刊》2003 年第 6 期。

蒋秀英：《中国近现代目录学发展述要》，《黑财专学报》1993 年第 3 期。

来新夏：《清代目录学成就浅述》，《历史研究》1981 年第 2 期。

刘国华：《对中国古典、近代目录学基点问题的几点质疑》，《内蒙古图书馆工作》2002 年第 1 期。

彭斐章、谢灼华：《关于我国目录学研究的几个问题》，《武汉大学学报》1980 年第 1 期。

王心裁：《从古典目录学到现代目录学：中国目录学产生、发展、演变的轨迹》，《图书情报工作》1999 年第 4 期。

吴杰、黄爱平：《论清代目录学》，《清史研究》1992 年第 3 期。

谢俊贵：《清代社会与目录学的关系》，《赣图学刊》1983 年第 3 期。

徐华洋：《西学东渐与近代中国目录学》，《大学图书情报学刊》1989 年第 3、4 期。

余庆蓉：《新文化与我国目录学的近代化》，《图书馆论坛》1991 年第 2 期。

张凤英：《略论中国传统目录学系统的近代化》，《湘潭大学学报（图书情报论文集）》1989 年（102—106）。

章春野、罗友松：《清代学风对目录学的影响》，《江苏图书馆学报》1986 年第 1 期。

（二）对晚清目录类型的研究

艾克利：《论梁启超的新学书目》，《西安外国语学院学报》1999 年第 1 期。

曹书杰：《清代补史艺文志述评》，《史学史研究》1996 年第 2 期。

曹之：《清代版本学述略》，《图书馆工作》1990 年第 1 期。

程磊：《关于〈西学书目表〉的一些问题》，《图书馆学刊》1984 年第

2期。

程磊：《〈西学书目表〉与图书目录》，《广东图书馆学刊》1983年第1期。

戴和冰：《清代学者对正史艺文（经籍）志的增补》，《图书情报工作》2001年第1期。

方衍：《论〈书目答问〉》，《图书馆建设》1979年第3期。

韩继章：《正史艺文志补注考略》，《图书馆》1983年第3期。

侯文学：《〈补晋书艺文志（经籍志）〉比较研究》，《古籍整理研究学刊》1999年第1期。

黄强祺：《论我国现存最早的推荐书目——〈经籍举要〉》，《图书馆界》1989年第3期。

金虎：《从现代读书治学看张之洞〈书目答问〉的今昔》，《图书馆》1991年第3期。

寇淑慧：《钱泰吉和他的〈曝书杂记〉》，《贵州文史丛刊》2006年第4期。

李华英：《书肆目录的产生及其功用》，《图书馆研究与工作》1985年第4期。

李向群：《近代三种版本目录学专著之比较》，《图书馆杂志》1988年第5期。

李颖：《近代书院藏书考》，《图书与情报》1999年第1期。

林立强：《明至清末译书书目的状况和评价》，《东南学术》1999年第3期。

林申清：《试论〈西学书目表〉的成就和它在目录学史上的地位》，《江西图书馆学刊》1982年第4期。

林艳红：《论我国第一部举要书目〈经籍举要〉的目录学价值》，《河南图书馆季刊》2003年第5期。

刘汉忠：《莫友芝〈宋元旧本书经眼录〉的学术价值》，《贵图学刊》1990年第1期。

刘洪全：《姚振宗与〈隋书·经籍志考证〉》《内蒙古师范大学学报》1983年第1期。

刘明铛：《评梁启超的〈国学入门书要目及其读法〉》，《湖北大学学报》（哲学社会科学版）1998年第1期。

刘逸：《孙殿起及其〈贩书偶记〉》，《河南图书馆季刊》1984年第4期。

刘逸：《孙殿起及其〈贩书偶记〉》，《河南图书馆季刊》1984 年第 4 期。

鲁海：《梁启超的〈东籍月旦〉》，《贵图学刊》1984 年第 2 期。

鲁海：《早期译书与译书书目》，《图书馆研究与工作》1989 年第 1 期。

孟昭晋：《书业书目概论》，《青海图书馆》1982 年第 3 期。

祁晨越：《"藏书志"界义初探》，《图书馆杂志》2006 年第 8 期。

沙嘉孙：《马国翰和〈玉函山房辑佚书〉》，《山东图书馆季刊》1983 年第 2 期。

邵胜定：《〈曝书杂记〉的性质与钱泰吉的学术》，《广东图书馆学刊》1987 年第 3 期。

申畅：《姚觐元与〈清代禁毁书目〉》，《河南图书馆季刊》1984 年第 4 期。

沈国强：《我国近代科技目录学概述》，《四川图书馆学报》1982 年第 3 期。

史迁：《书〈书目答问〉后》，《南都学刊》1983 年第 2 期。

谭华军：《论〈书目答问〉的学术文化影响》，《图书情报知识》1997 年第 4 期。

王晋卿：《营销书目及其编制法》，《高校图书馆工作》1992 年第 2 期。

王渭清：《谈罗振玉〈经义考目录〉及其〈校记〉》，《广东图书馆学刊》1987 年第 3 期。

王心裁：《文化冲突交融中的导读目录》，《图书情报知识》1998 年第 4 期。

王余光：《清以来史志书目补辑述略》，《文化图专八十周年纪念文集》，北京图书馆出版社 2001 年版。

王重民：《〈补晋书艺文志〉书后》，《北平北海图书馆月刊》1928 年第 1 卷第 5 期；

王重民：《补晋书艺文志》，《学文》1932 年第 1 卷第 5 期。

王重民：《清代两个大辑佚书家评传》，见《中国目录学史论丛》中华书局 1984 年 277 页—317 页，原载《辅仁学志》第三卷第一期。

翁仲康：《简介〈邵亭知见传本书目〉评莫友芝做学问是否"粗疏与斯罔"》，《贵州文史丛刊》1990 年第 3 期。

吴晓明：《〈贩书偶记〉和孙殿起》，《图书馆杂志》1984 年第 4 期。

谢芦青、吴鹏程：《补史艺文志述略》，《黑龙江图书馆》1989 年第 6 期。

辛平:《清代学者对正史艺文志(经籍志)的增补》,《图书情报工作》2001年第1期。

信沪成:《龙启瑞和他的〈书目举要〉》,《河南图书馆学刊》1986年第4期。

徐雁平:《20世纪20年代的国学推荐书目及其文化解读》,《学术研究》2000年第10期。

徐有富:《谈谈经籍举要》,《古籍整理研究学刊》2002年第6期。

许伯卿:《从〈书目答问〉看张之洞的教育思想》,《江苏教育学院学报》(社会科学版)2001年第3期。

许司东:《〈补晋书艺文志〉五家优劣论》,《山东图书馆季刊》1996年第2期。

严仲仪:《〈书目答问〉及其学术源流初探》,《图书馆学研究》1986年第4期。

杨帆:《龙启瑞及其〈经籍举要〉》,《图书馆界》1984年第1期。

叶树声、张立敏:《马国翰窃章宗源辑佚成果辨》,《河北图苑》1994年第4期。

余庆蓉:《导读书目在晚清目录学史上的地位和特点》,《图书馆界》1985年第1期。

袁行云:《〈书目答问〉和范希曾的补注》,《社会科学战线》1979年第1期。

臧其猛:《王仁俊的辑佚学成就》,《淮北煤炭师范学院学报》(哲学社会科学版)2005年第4期。

张升:《王仁俊的辑书》,《江苏图书馆学报》1996年第4期。

张学军:《清代辑佚第一家:马国翰》,《图书馆理论与实践》2007年第1期。

张志伟:《近代东西学书目初探》,《四川图书馆学报》1989年第2期。

张志伟:《中国近代图书馆目录初探》,《图书与情报》1991年第1期。

郑伟章:《莫友芝的藏书和目录学》,《贵州师范大学学报》(社会科学版)1986年第2期。

周振鹤:《新闻史未被发现与利用的一份重要资料:评介范约翰的〈中文报刊目录〉》,《复旦学报》(社会科学版)1992年第1期。

朱晓民:《我国近现代推荐书目述略》,《安庆师院社会科学学报》1996 年第 3 期。

(三) 对晚清目录图书分类的研究

白国应:《康有为〈日本书目志〉分类的研究》,《山西图书馆学刊》1982 年第 4 期。

白国应:《沈祖荣先生是我国近代图书分类学的先驱者》,《山西图书馆通讯》1981 年第 3 期。

傅荣贤:《〈西学书目表〉论》,《山东图书馆季刊》1996 年第 4 期。

胡平:《〈书目答问〉分类中的特色》,《宁夏图书馆通讯》1984 年第 3 期。

蓝兰:《〈书目答问〉并非对〈四库〉分类法的突破与创新》,《暨南学报》(哲学社会科学版) 1993 年第 1 期。

李建中《梁启超:近代图书分类法的开创者》,《云南图书馆》1982 年第 3 期。

林申清:《试论〈西学书目表〉的成就和它在目录学史上的地位》,《江西图书馆学刊》1982 年第 4 期。

罗平、赵薇:《中国图书分类法发展中的中西合璧》,《图书馆学刊》1986 年第 3 期。

罗权松、林申清:《〈日本书目志〉与〈西学书目表〉成书先后问题》,《图书馆杂志》1982 年第 3 期。

谢灼华:《论古越藏书楼在中国近代图书馆史上的地位》,《图书馆》1961 年第 1 期。

许学霞、叶树声:《〈西学书目表〉对分类的突破和影响》,《图书馆杂志》1988 年第 4 期。

左玉河:《典籍分类与近代中国知识系统之转化》,《华东师范大学学报》(哲学社会科学版) 2004 年第 6 期。

(四) 有关目录学与文化的研究

陈耀盛:《文化的异质交流与目录学的嬗变》,《图书馆理论与实践》2000 年第 2 期。

付先华:《中国文化传统的演绎与目录学之发展》,《高校图书馆工作》2006 年第 2 期。

傅荣贤:《传统目录学的文化价值》,《图书与情报》1995 年第 2 期。

贺修铭：《试论目录学的文化基础》，《高校图书馆工作》1987年第3期。

柯平：《关于目录学研究的文化思考》，《武汉大学学报》1993年第2期。

钱振新：《传统目录学之文化角度研究论》，《四川图书馆学报》1987年第3期。

钱振新：《论传统目录学对文化积累的意义》，《四川图书馆学报》1984年第4期。

钱振新：《文化目录学断想》，《湖北高校图书馆》1986年第3期。

卿家康：《论目录的文化功能体系》，《图书馆》1995年第1期。

王涛：《四部分类法与传统文化》，《图书馆理论与实践》1997年第4期。

王心裁：《文化冲突与交融中的导读目录》，《图书情报知识》1998年第4期。

王心裁：《中国文化与目录学发展研究》，武汉大学博士论文，1994年。

肖明：《目录学是时空文化的缩影》，《山东图书馆季刊》1994年第3期。

余庆蓉：《新文化与我国目录学的近代化》，《图书馆论坛》1990年第2期。

（五）对晚清目录学家的研究

艾克利：《试论梁启超前期的书目实践活动及其目录学思想》，《图书馆学刊》1984年第2期。

艾露：《梁启超目录学思想与实践研究综述》，《北京图书馆馆刊》1999年第1期。

陈德弟：《清季目录学家姚振宗生平及其成就》，《津图学刊》1984年第1期。

陈光祚：《梁启超的目录学理论观点和实践活动》，《武汉大学学报》（人文版）1963年第4期。

陈耀盛：《扬变法、启民智、构建"参采中西"新体系：论康有为目录学思想》，《四川图书馆学报》1995年第1期。

初昌雄：《杨守敬在版本目录学上的成就》，《山东图书馆季刊》1995年第3期。

戴维民：《姚振宗目录学研究》，《四川图书馆学报》1985年第6期。

丁宏宣：《梁启超在目录学和藏书上的贡献》，《图书馆论坛》1995年第3期。

方衍:《略论张之洞的目录学》,《学习与探索》1981年第3期。
黄炯旋:《试论梁启超对中国目录学的贡献》,《云南图书馆》1982年第4期。
黎正芷:《缪荃孙目录学思想初探》,《大学图书情报学刊》2005年第6期。
李葆华:《王国维与书目工作》,《图书馆建设》1993年第5期。
李万健:《梁启超对我国目录学的开创性贡献》,《中国图书馆学报》1992年第2期。
李昕:《〈温州经籍志〉和它的时代》,《兰台世界》2005年第6期。
李耀彬、蔡公天:《康有为藏书考》,《图书馆学研究》1987年第5期。
刘静:《略论梁启超的〈西学书目表〉》,《山东图书馆季刊》1994年第1期。
刘明铛:《从〈西学书目表〉看梁启超早期的目录学思想》,《图书馆学研究》1997年第1期。
卢正言:《康有为著述书目汇评》,《图书馆杂志》1994年第2期。
孟昭晋:《康有为的目录学思想》,《图书馆论坛》1993年第4期。
孟昭晋:《康有为的书目实践活动》,《图书馆杂志》1991年第4、5期。
闵定庆:《维新派目录学的文化内蕴》,《学术研究》1994年第3期。
沈俊平:《叶德辉观古堂藏书述略》,《中国典籍与文化》2000年第3期。
盛兴军、沈红:《论梁启超目录学思想之历史贡献》,《上海高校图书情报工作研究》2005年第4期。
士君:《八十年来(1915—1995)杨守敬研究述评》,《中国史研究动态》1997年第2期。
唐宇辉:《叶德辉在历史文献学上的成就》,《湘潭师范学院学报》1996年第4期。
王海刚:《缪荃孙于晚清目录学的贡献》,《图书情报知识》2004年第3期。
王晋卿:《叶德辉的目录学思想与方法》,《图书馆》1994年第4期。
吴晓明:《论叶德辉在目录学方面的活动和成就》,《津图学刊》1984年第3期。
叶树声:《论维新派对目录学的贡献》,《四川图书馆学报》1988年第

6 期。

余庆蓉：《姚振宗目录学研究补述》，《图书馆》1989 年第 4 期。

赵辉：《梁启超与中国近代目录学》，《唐都学刊》2004 年第 5 期。

周启付：《王国维对图书馆学、目录学的贡献》，《图书馆学刊》1983 年第 3 期。

朱静雯：《试论孙诒让的书目实践及其目录学思想》，《新世纪图书馆》1985 年第 3 期。

邹华清：《论杨守敬在目录学方面的主要成就》，《湖北大学学报》（哲学社会科学版）1999 年第 4 期。

（六）其他相关研究论文

包云志：《目录学在我国近现代学者治学中所起到的作用》，《图书馆研究与工作》1983 年第 4 期。

门庭：《中国古典目录学的基本特征》，《滨州师专学报》2003 年第 1 期。

申畅：《中国历代主要目录学著作鸟瞰图》，《图书馆》1983 年第 6 期。

王东明：《浅论目录之功用》，《社会科学》1984 年第 2 期。

王桂兰：《论 20 世纪中国目录学的公共应用性特征》，《高校图书馆工作》2005 年第 3 期。

王国强：《中国古典目录学新论》，《图书与情报》1991 年第 2 期。

王文章：《浅谈书本式目录》，《河北图苑》1989 年第 5 期。

徐寿芝、傅荣贤：《以文献为本位的中国古代目录学研究》，《图书馆》2002 年第 3 期。

印永清：《中国索引发展史略》，《图书与情报》2007 年第 1 期。

后 记

2006年，我有幸师从著名历史文献学家周少川先生，治目录之学。在周先生悉心指导下，完成了博士学位论文《文化视野下的近代目录学研究（1840——1919）》。而今这部习作《晚清目录学研究》，就是在此基础上修改而成的。

周先生提出目录学要与学术史、文化史、社会史相结合的观点，使我拓展了对目录学的认识。早在毕业之初，先生就多次督促我修改书稿，尽快出版，但由于个人原因，迟迟未能如愿。现在书稿粗成，先生又欣然为小书作序，鼓励有加，令我铭感在心。尤为难得的是，在古代史所学习、工作期间，陈祖武先生又带我走进清代学术史领域，深化了我对目录学与学术史关系的理解。目录学是治学的基础，更是治传统学术的一种方法。目录是文献的聚集，其背后则蕴含着一个缤纷多彩的学术思想世界。这部小书，姑且视作学术文化视角下，对目录学研究的一种粗浅尝试吧。

书稿出版之际，感谢古代史所学术委员会诸位先生们对本书的认可，感谢两位匿名外审专家的建议。袁立泽先生、林存阳先生、杨艳秋先生都在书稿修改过程中给予了我无私的帮助，中国社会科学出版社吴丽平女士在编辑本书过程中付出甚多，在此一并致谢。书中还有许多尚待完善之处，敬请方家裁察。

李立民
2023年5月25日